Emilio Castelar

Crónica internacional

Barcelona **2024**
Linkgua-ediciones.com

Créditos

Título original: Crónica internacional.

© 2024, Red ediciones S.L.

e-mail: info@linkgua.com

Diseño de cubierta: Michel Mallard.

ISBN tapa dura: 978-84-1126-554-6.
ISBN rústica: 978-84-9816-006-2.
ISBN ebook: 978-84-9816-945-4.

Cualquier forma de reproducción, distribución, comunicación pública o transformación de esta obra solo puede ser realizada con la autorización de sus titulares, salvo excepción prevista por la ley. Diríjase a CEDRO (Centro Español de Derechos Reprográficos, www.cedro.org) si necesita fotocopiar, escanear o hacer copias digitales de algún fragmento de esta obra.

Sumario

Créditos	4
Brevísima presentación	13
La vida	13
1. Diciembre 1890	15
2. Febrero 1891	32
3. Marzo 1891	50
4. Diciembre 1891	70
5. Enero 1892	82
I	83
II	84
III	85
IV	86
V	87
VI	88
VII	90
VIII	91
IX	92
X	93
6. Marzo 1892	94
I	95
II	98
III	101
IV	103
V	105
VI	106

VII _____ 108
   VIII _____ 109

7. Mayo 1892 _____ **110**
   I _____ 111
   II _____ 112
   III _____ 113
   IV _____ 115
   V _____ 117
   VI _____ 118

8. Noviembre 1892 _____ **119**
   I _____ 120
   II _____ 121
   III _____ 123
   IV _____ 125
   V _____ 127
   VI _____ 129
   VII _____ 131
   VIII _____ 134

9. Abril 1893 _____ **137**

10. Junio 1893 _____ **150**

11. Diciembre 1893 _____ **167**

12. Marzo 1894 _____ **186**
   I _____ 186
   II _____ 187
   III _____ 188
   IV _____ 189
   V _____ 189
   VI _____ 190

VII	192
VIII	193
IX	194
X	196
XI	198
XII	201

13. Abril 1895 — **204**

I	204
II	207
III	209
IV	212
V	214
VI	216

14. Julio 1895 — **220**

I	220
II	222
III	224
IV	225
V	227
VI	230
VII	232
VIII	234
IX	237

15. Febrero 1896 — **238**

I	239
II	240
III	241
IV	242
V	243
VI	243
VII	244

VIII	245
IX	246
X	247
XI	248
XII	250
XIII	251
XIV	252
XV	254
XVI	256
XVII	257
XVIII	259
XIX	261
16. Marzo 1896	**263**
I	263
II	265
III	265
IV	266
V	267
VI	267
VII	268
VIII	268
IX	269
X	270
XI	271
XII	272
17. Marzo 1897	**274**
I	274
II	275
III	277
IV	279
V	280
VI	282
VII	283

VIII	284
IX	285
X	285
XI	286
XII	287
XIII	287
XIV	288
XV	288

18. Septiembre 1897 .... **289**

I	290
II	291
III	292
IV	293
V	295
VI	296
VII	297
VIII	298
IX	299
X	300
XI	301
XII	302
XIII	303
XIV	305

19. Enero 1898 .... **307**

I	307
II	308
III	309
IV	310
V	311
VI	312
VII	313
VIII	314
IX	314

X	315
XI	316
XII	317
XIII	318
XIV	318
XV	319
XVI	320
XVII	321
XVIII	322
XIX	322
XX	323

20. Febrero 1898 — **324**

I	324
II	325
III	326
IV	327
V	328
VI	329
VII	330
VIII	331
IX	332
X	332
XI	333
XII	334

21. Marzo 1898 — **336**

I	336
II	337
III	337
IV	338
V	339
VI	340
VII	341
VIII	342

IX	343
X	343
XI	344
XII	345
XIII	346
XIV	347
XV	347
XVI	348

22. Octubre 1898 — **349**

I	349
II	352
III	353
IV	355
V	358
VI	359
VII	362

Libros a la carta — **367**

Brevísima presentación

La vida
Emilio Castelar y Ripoll (1832-1899). España.
Nació en Cádiz y estudió derecho y filosofía y letras en la universidad de Madrid (1852-1853). Actuó en la vida política defendiendo las ideas democráticas; fundó el periódico La Democracia, en 1863, y apoyó el republicanismo individualista. A causa de un artículo contrario a Isabel II, fue separado de su cátedra de historia de España de la universidad central, lo que provocó manifestaciones estudiantiles y la represión de la Noche de san Daniel (10 abril 1865). Castelar conspiró contra Isabel II y se exilió en Francia, donde permaneció hasta la revolución de septiembre (1868). A su regreso fue nombrado triunviro por el partido republicano junto a Pi y Margall y a Figueras. Diputado por Zaragoza a las cortes constituyentes de 1869, al proclamarse la I república ocupó la presidencia del poder ejecutivo. Gobernó con las cortes cerradas y combatió a carlistas y cantonales. Tras la reapertura de las cortes, su gobierno fue derrotado, lo que provocó el golpe de estado del general Pavía (3 enero 1874). Disuelta la república y restaurada la monarquía borbónica, representó a Barcelona en las primeras cortes de Alfonso XII. Defendió el sufragio universal, la libertad religiosa y un republicanismo conservador y evolucionista (el posibilismo).
Emilio Castelar murió en 1899 en San Pedro del Pinatar.

Este libro es una documentada crónica de la política de Europa durante la segunda mitad del siglo XIX. Comprende comentarios sobre Alemania, Bulgaria, Cuba, España, Francia, Inglaterra, Italia, Portugal y Rusia.

1. Diciembre 1890

Errores económicos de la gran República sajona. Diferencias entre los demócratas y los republicanos en América. Orígenes del proteccionismo anglosajón. La reacción económica en Europa y sus consecuencias. Correlación entre la guerra por tarifas y la guerra por armas. Daños traídos por los últimos bills americanos a la producción europea. Necesidad que tiene América de compenetrar su política y su economía. Situación de Portugal y España. Buena ventura de Francia en este período último. La muerte del rey Guillermo, la desgracia de Parnell y los crímenes nihilistas. El resultado electoral en Italia. El Papa y Lavigerie. Los pietistas germanos y el emperador. Estado de Oriente. Conclusión

Hace ya mucho tiempo, en los hervores de la revolución española, cuando resonaba tanto por el mundo la tribuna de nuestras Cortes, que recibía y encarnaba el verbo de la civilización universal bajo las lenguas de fuego del espíritu moderno, parecidas a las que lloviera el Espíritu Santo sobre los primeros discípulos y Apóstoles de Cristo, presentóse a felicitarme, tras un discurso mío, cierto joven yankee, cuya visita jamás olvidaré por las especies que vertiera él en una conversación larga conmigo, rayanas, según su originalidad, con verdadera extravagancia. Viejo admirador yo de la joven República sajona, en quien el cristianismo democrático de los inmortales peregrinos con tanta verdad se cristalizara, no ponía término a los encarecimientos de mi admiración, sugeridos por el culto fervoroso mío a las instituciones republicanas. Estaba reciente aún la guerra por los negros, mantenida en virtud de un sentimiento que avivó y esclareció más las estrellas del pabellón americano, gloriosas constelaciones donde lucen radiantes los ideales del derecho moderno, y vivas las palabras con que yo había defendido a los redentores contra los negreros; empeñado en una obra semejante a la inmortal de Lincoln dentro de mi nación, que aún sostenía la esclavitud por sus Antillas; y estas temporales circunstancias aumentaban mis efusiones, a las cuales se creyó en el caso de poner algunos prudentes frenos. Había emprendido nuestro interlocutor viaje tan largo, como el necesario para venir desde las orillas del Potomac a las orillas del Manzanares con tres objetos: primero, ver la increíble Alhambra; segundo, presenciar una corrida de toros; tercero, oír un discurso de Castelar. Alabéle su primer propósito con entusiasmo, y condené los dos últimos; su gusto de mis discursos, por no valer la pena, y su presencia en el toreo por darla demasiado a un corazón demócrata y puritano. Mas buscando una diversión al desasosiego en que sus alabanzas me ponían, encontrela por el camino de mis admiraciones, muy sinceras, a su patria y a su República. Y entonces me respondió que mi razón encontraría tres plagas en los Estados Unidos, las cuales eran a saber: la inmoralidad cancerosa de su administración, las falsificaciones increíbles de sus licores, la plétora desastrosísima de su tesoro. Recuerdo que me dijo en fórmula pintoresca: padecemos de perversos ayuntamientos, pésimos alcoholes y sobrado dinero.

Ya comprenderá, quien leyere, la cara que yo pondría en casa tan pobre como mi casa y en Estado tan mísero como el nuestro, al recuerdo del tesoro nacional mermadísimo por la falta de tributos consiguiente a los desórdenes de una revolución, oyendo a un ser humano que se quejaba y plañía de achaque tan gustoso como la sobra y el exceso de cuartos, No eché a reír el trapo, simplemente porque un soberano dominio sobre mis nervios y un hábito antiguo de recibir visitas me imponen como sagrados los códigos de la cortesía, vigentes en las comunes relaciones humanas, aunque mucho más todavía en las relaciones internacionales. Sin embargo, yo debí poner el rostro muy extrañado y alegre, cuando se apresuró a decirme que no me riera de sus aserciones, algo para mí nuevas, y escuchara los fundamentos de razón y experiencia en que las erigía. Cortando con celeridad el hilo a sus aprensiones, aseguréle cuán justa me parecía su pena por la falta de rectitud en la municipal administración, enfermedad grave, de cuyos estragos adolecíamos nosotros también; pero cuán injusta la que a su ánimo tan patriota causaban dos fenómenos sociales, uno insignificante, como los malos licores, y el otro feliz, como los buenos excedentes. «¡Insignificante la calidad pésima de los licores!», me dijo, indignándose por la incomprensible indiferencia mía respecto de tal cosa. ¡Cómo se conoce que ha crecido V. en pueblos mediterráneos, aguados de suyo! Si viviera donde se necesita el alcohol como aquí el agua, comprendería toda la extensión del mal, por mí tan ingenuamente lamentado, probando mil observaciones en la diaria vida el daño traído a la salud material, intelectual y moral por venenosas bebidas. Luego la cuestión de los alcoholes en el consumo, como la cuestión de los excedentes en el Tesoro, están ligadas con el daño capitalísimo de mi patria, con aquél donde radican todas las imperfecciones de unas leyes constitucionales tan sabias y de un organismo político tan perfecto; con la protección que paraliza el trabajo nuestro y aísla de la humanidad al más humanitario y mas progresivo de los pueblos. Por esa protección la fábula del rey Mydas toma cuerpo en el ser y estar económico americano, viéndonos expuestos a morirnos al pie de nuestros productos, cual puede por plétora desorganizarse y romperse nuestro tesoro. Mucha sangre tenemos, ¡oh!, muchísima; y, por lo mismo, nos hallamos expuestos a sufrir una fulminante apoplejía.

No he vuelto a tener noticia del interlocutor, desaparecido en la corriente de los viajes, que traen a unos y se llevan a otros; pero en cuantas ocasiones la protección casi prohibicionista y el comercio libre han luchado en América, las observaciones del joven americano han surgido en la mente mía, mostrándome su fundamento y su verdad. Por mucho que deseemos excusarnos de inscribir nuestros nombres en las ardientes luchas de los partidos extranjeros, el pensamiento no puede sino ejercer sus juicios sobre todos ellos por necesidad ineluctable, y, ejerciéndolo, no puede sino inscribirse con preferencia en alguno: pues creo imposible impedir a las dobles corrientes de nuestras creencias y de nuestras simpatías mezclarse con la humana vida en todas partes y en todas las varias manifestaciones suyas. Nihil humani a me alienum puto. Así yo, en América, pertenecí al partido republicano toda la vida. En su combate con los oligarcas del Mediodía, yo estaba por la colectividad representante del humano derecho y enemiga de la torpe servidumbre. Sus mártires ocuparon en mi corazón un altar como el consagrado a nuestros propios mártires. Las obras de la imaginación, dirigidas entre los anglo-sajones a procurar la libertad de los negros, devorábalas yo de niño cual nuestras propias obras literarias. Los sermones de los eclesiásticos unitarios y las arengas de los tribunos populares entusiasmaban mi pecho, no como entusiasma lo leído en una silenciosa biblioteca, sino como entusiasma lo escuchado en la plaza pública. El nombre de Lincoln resplandece a mis ojos cual el de todas aquellas personas históricas a quienes convertimos en ideal vivo, a virtud y por obra de un fervoroso culto. Yo he sido siempre republicano en América, porque yo he llorado en el patíbulo de los mártires y he asistido al combate de los héroes con mi corazón y con mi espíritu. Cuando cayó la Babilonia de los negros, todos respiramos como en los días creadores del Génesis de nuestra propia libertad. Pero debemos como publicistas la verdad a nuestros hermanos, y se la decimos con toda lisura: la protección, en que han caído, los coloca hoy dentro del problema de las relaciones económicas humanas donde se hallaban por su mal antes los demócratas dentro de otro problema no menos trascendente y grave de la libertad y de la igualdad en el trabajo universal. Y dicho esto, pues mucho importaba decirlo en el examen de tan graves fenómenos como la economía sajona en América, vamos a otras consideraciones.

Desconoceré yo la fisiología de una sociedad humana; pero creo el mérito mayor de la sociedad sajona en América su organismo relacionado con el trabajo. Así como hay especies carniceras, hay sociedades conquistadoras; y así como hay especies industriales, hay, por una correlación entre la sociedad y el universo, también sociedades trabajadoras. Las hienas, las águilas y milanos, los tigres, los leones, incapaces de asociarse a la creación y a la virtud del trabajo nuestro, representan, como los animales heráldicos en vicios escudos, esos imperios destinados a la conquista y nutridos por la guerra; mientras representan las abejas y sus mieles, los castores y sus chozas, las lombrices y sus sedas en las especies lo que representan en el planeta las sociedades libres, democráticas, republicanas. Pues bien: América esplende como ningún otro pueblo en los hemisferios del espíritu, porque representa lo contrario precisamente a la guerra; y por ello el reemplazo de los ejércitos numerosos por los numerosos trabajadores compone y resulta la verdadera característica de su maravillosa entidad. Y si esto es axiomático, ¿no comprende cómo al fomentar la guerra, donde más la indispensable armonía se impone, aquí en las esferas económicas y mercantiles, desmiente su ministerio social, desconociendo su finalidad humana, y por proceder así, puede hundirse por necesidad en el mal, como les acontece a todos cuantos contrarían el bien, que se halla en la observancia de nuestras leyes naturales y en el cumplimiento de nuestro fin providencial? La guerra económica, en término postrero, adolece de tan enorme gravedad como cualquier otra guerra y mal. A medida que descendemos en las escalas animales, encontramos el odio y el combate mutuo entre las especies; a medida que descendemos en las escalas sociales, encontramos la guerra entre las tribus donde no han madurado la razón y la conciencia. No puede, no, un pueblo de la inconmensurable alteza por todos reconocida en los Estados Unidos, llegar, dentro del desarrollo humano, a un retroceso que lo confunda, en el continente de la Democracia, de la República, de la Libertad, con lo que fuera China en el continente de las monarquías, del privilegio, del retroceso, en Asia, condenada por su complexión propia y por su ministerio histórico a un profundo estancamiento intelectual y económico.

Por mucho que nos duela tal estado, contrario a los intereses de la humanidad, cuyo desarrollo deben servir todos los pueblos libres y cultos, no podemos desconocer los antecedentes antiguos y las circunstancias actuales, que dan explicación, aunque no alcancen a justificarlas, de tan dañosas tendencias. Constituido el pueblo americano recientemente, sobre todo si la fecha de su constitución se compara con la que otros pueblos guardan en sus anales, debía constituirse contra su metrópoli, frente a la cual se alzaba con gloria, y de cuyo Estado y Gobierno se dividía con esfuerzo. Potencia industrial de primer orden la vieja metrópoli de los Estados Unidos, el preclaro fundador de la nueva Confederación y sus ilustres cooperadores, herederos y reemplazantes de aquel poder, viéronse precisados por la magnitud propia de su obra, y por los medios empleados en lograrla completamente, a separar su industria colonial de la industria metropolitana. Inferior aquella por imposiciones del régimen a que se hallaba sujeta, no podía entenderse y aunarse con ésta, su madre antes de la guerra, y tras la guerra su madrastra. Por consiguiente, mientras duró el combate por la independencia y la organización al triunfo adscrita, una guerra cruel debió extenderse a todo, y una contradicción implacable imperar, sobre todo en cumplimiento de leyes ineludibles. Las ideas nuevas maldicen y aborrecen a las viejas ideas de que provienen; las instituciones surgen como enemigas de las instituciones que las han precedido en las lógicas series; los pueblos recién emancipados se revuelven contra las metrópolis que los han a sus pechos nutrido. Salió la Iglesia católica de una conjunción entre la sinagoga judía y el paganismo heleno; mas, desconociendo por completo tales orígenes al comienzo de su vida, maldijo la Iglesia en tales albores a su padre y a su madre. Llámanse los pueblos occidentales del europeo continente pueblos latinos, por su lengua, por su fisiología, por su historia; y, a pesar de esto, resistieron en lo posible a la dominación romana, y de la dominación romana se apartaron para constituir su independencia. No podrá exentarse de pasar por semejantes períodos el pueblo que inició la autonomía de todo los pueblos americanos y que cortó los cables políticos mediadores entres los dos continentes. Receloso de que la superioridad industrial de Inglaterra pudiese dañar a la independencia política de su joven emancipada colonia, declararon como en estado de sitio su industria propia, y la recluyeron dentro de un cordón aduanero tan estrecho y sigiloso como aquéllos que suele poner el terror público entre las regiones limpias o sanas y las regiones afligidas por las aisladoras epidemias. El régimen aduanero de América resultó un estado de guerra declarada contra la secular metrópoli, así como las aduanas fortalezas erigidas en defensa del territorio emancipado contra un viejo y formidable sitiador, cuyas asechanzas pudieron coronar inevitables victorias.

Pero, definitiva ya la separación entre los Estados Unidos y la monarquía inglesa; destinado el pueblo inglés a copiar en porvenir más o menos remoto las leyes americanas, mientras que la Monarquía no puede revivir en América; todas las precauciones tomadas al fin de precaver la nueva contra la vieja Inglaterra, y aquella constitución contra el contagio de los miasmas monárquicos, hoy huelgan, imponiéndose la sustitución y reemplazo de semejantes arqueológicas contradicciones por una efusión humanitaria, la cual debe impulsar los cambios universales, como el calor cósmico impulsa la fuerza y el movimiento sideral. Habiendo pasado el período fatalísimo en todos sentidos de la oposición, y al par las contradicciones antiguas, el Nuevo Mundo combate sus destinos providenciales y aun traiciona su ministerio histórico, agravando cual agrava en este momento su protección aduanera, convertida, por decretos verdaderamente odiosos, en una desoladora prohibición. Yo conozco, en la serenidad imparcial de mi juicio, cuántos pretextos ha dado al proceder americano la Europa contemporánea. Parece imposible; mas cuando imperaba una reacción política como la reacción cesarista, teníamos, en cambio, una grande libertad económica en el continente nuestro. a poderes tan reaccionarios como aquellos régulos germánicos dominados por el viejo Sacro Imperio, les impuso List, su fundador, el Zolverein alemán; y en los senos de la Inglaterra patricia y de la Francia imperial encontró el ilustre Cobden medios de prosperar la expansión mercantil contenida en sus humanitarias doctrinas. Pues bien: ahora contra el Imperio, fundada la República en Francia; contra el feudalismo histórico y el César austriaco, fundada la unidad en Alemania; contra la teocracia y los Borbones, fundada la unidad en Italia; contra los terratenientes moscovitas, alcanzada la emancipación de los siervos en Rusia; el movimiento político todo se dirige al humano derecho, mientras el movimiento económico a la bárbara retrogradación. El espíritu, socialista de Bismarck, sumado con tendencias reaccionarias en economía política; y el proteccionismo intransigente de Thiers, coincidiendo todo ello con la restauración borbónica en España, determinaron este retroceso económico, por cuyos estragos los productos no pueden moverse, cuando debieran, como los átomos, irradiarse, reinando en las relaciones económicas internacionales el odio exterminador y la ruinosa guerra.

Esta pestilencia de la reacción económica se volvió contra la joven América. Parangonando los reaccionarios europeos la esterilidad creciente del Viejo Mundo, explicable por el esquilmo de una muy trabajada tierra, con los fecundísimos territorios americanos de naturaleza virgen; las instituciones democráticas, tan apropiadas al trabajo, con las instituciones monárquicas, tan apropiadas al combate; nuestros ruinosos armamentos con aquel feliz desarme, dieron el grito de alarma; y lejos de aconsejar, como pedía el más rudimentario buen sentido, una grande adaptación de nuestra vida continental a la vida propia de los americanos, propusieron odiosa y desoladora guerra económica. Mientras América, no obstante su reaccionario proteccionismo, goza la libertad mercantil desde las playas del Atlántico a las playas del Pacífico, sin levantarse la sombra de aduana ninguna entre Nueva York y San Francisco; allí los pueblos europeos se dieron entre sí al exterminador combate mercantil, y se juntaron todos a una en oposición a los productos americanos. Cargaron las salazones y cerdos de América; cargaron los trigos; cargaron los petróleos: atrayéndose así las plagas de los desquites y los horrores de las represalias. Creyeron alcanzar su provecho con guerrear, cuando solo alcanzaban desangrarse por completo económicamente, y morirse al pie de sus productos, como se muere todo aquél a quien se le congela y paraliza la sangre. Con tal guerra económica, declarada por los unos a los otros, y por la universalidad a los productos americanos, consiguieron solamente un resultado: que de la protección por el Estado a los altos industriales y agricultores se pase a la protección del Estado al jornalero con todas sus desastrosas consecuencias; y la protección trajo consigo el socialismo, su hermano gemelo. Mas como no haya en Europa satisfacción posible a las imperiosas y universales aspiraciones socialistas, despertadas por el error de las protecciones sistemáticas, se desplomaron los gobiernos europeos en otra ruina mayor todavía, si cabe, que la economía proteccionista y el socialismo asolador; en la ruina espantosa de los acaparamientos coloniales. Y Francia se desunió para siempre de Italia por Túnez; y Alemania se indispuso con Inglaterra, España y América por su protectorado de Zanzíbar, por su ataque a las Carolinas, por sus asechanzas a las Samoas; y el pueblo inglés devoró al pueblo lusitano con la implacable voracidad que a los peces chicos los peces grandes; y la diestra Italia disipó tesoros múltiples de sus arcas y preciosísima sangre de sus venas en los desiertos líbicos; todo por dar ocupación al exceso de brazos y factorías al exceso de productos, no hallando ninguna otra cosa más que la desolación y la miseria. El armamento excesivo, el Imperio cesarista, el proteccionismo asfixiante, y el socialismo en que se mezclan anarquía y retroceso, tienen poco menos que arruinada nuestra fecunda y luminosísima Europa.

Dolémonos de América, y olvidamos que nosotros, europeos, dimos la orden de una guerra económica continental, precursora de la guerra económica intercontinental. Tras la célebre alianza entre Francia e Inglaterra sobre los campos de Crimea contra el predominio ruso en Oriente, vino el tratado liberal anglo-francés; y tras el rompimiento a las orillas del Nilo por la ocupación egipcia, viene toda esta guerra llegada hoy a su extremo último en el proyecto de las dos tarifas presentado por la República. Mientras Bismarck tenía interés en cegar a Francia para que le dejase las manos libres contra el Austria, sostenía en sus conversaciones públicas y privadas cómo les importaba más que las dilataciones territoriales la extensión del Zolverein germánico a los franceses tan colocados sobre los alemanes en la moderna industria; y así que los engañó, mejor dicho, engañó al Imperio, no se contentó con la conquista material de dos provincias, impuso también su predominio económico en el tratado terrible de Francfort, artículo cuya letra y espíritu le sirvieron para extender los productos industriales de su Confederación por todas las regiones de nuestra Europa. Los esfuerzos que Alejandro II, último representante de la idea occidental en Rusia, empleara con el fin de comunicar esta potencia semi-asiática y el resto de nuestro continente, se han estrellado, no solo en el mantenimiento de una grande reacción política, en el mantenimiento de una grande reacción económica. Congruentes con los conflictos en mal hora estallados entre Italia y Francia, surgieron los conflictos de la guerra económica, tan dañosos a las dos potencias, que cada cual echa sobre la otra su responsabilidad, y tan ineficaces para las enseñanzas, las experiencias y los escarmientos, que crecen lejos de disminuir y aplacarse. Nosotros, durante la revolución, así como en lo religioso y en lo científico, rompimos en lo mercantil aquellas murallas infranqueables que nos aislaban del mundo, y las rompimos con extraordinario provecho de nuestra riqueza; mas, vino la Restauración, y tornamos a recluirnos dentro de nosotros mismos y a urdir tratados como el de Alemania, en que sacrificamos todos nuestros progresos económicos al mantenimiento de la reacción monárquica europea, cuya clave se halla en el Imperio alemán. Inútilmente muestra la realidad que si declaramos la guerra económica, y a consecuencia de tal declaración, la Gran Bretaña grava nuestros hierros, nuestros plomos, nuestras pasas, nuestros agrios, nuestros aceites; los Estados Unidos nuestros tabacos, nuestros azúcares, nuestros cafés; y Francia nuestros vinos, podemos quedarnos a pedir limosna; la reacción proteccionista crece, y ha servido, en su incurable ceguera, de apoyo a la vuelta de los conservadores y a la rota de los liberales. Digámoslo paladinamente: un soplo de asoladora reacción económica sacude a Europa desde la ciudad de Estocolmo hasta la ciudad de Cádiz.

En esa misma Inglaterra, eterna mantenedora del comercio libre, no existe un gobierno radical bastante fuerte para desafiar a la casta privilegiadísima de los cerveceros y abrir en bien de la moral y de la salud públicas, perturbadas por dañosas bebidas, las aduanas a nuestros riquísimos y salutíferos caldos. Pésima la reacción económica que han consagrado los desatentados bills puestos en vigor a causa de una gran ceguera de América; pero no desconozcamos cómo aquí en Europa comenzó el retroceso, de cuyas últimas naturales consecuencias hoy tan terriblemente nos dolemos. Si por las disposiciones económicas, que llevan el nombre de Mac-Kinley, padecen los tejidos de Nuremberg en Alemania, la peletería y la pasamanería; si padecen los guantes y casi todos los curtidos en Austria; si padecen los bordados y los encajes en Suiza; si padecen los algodones y los aceros en Bélgica; si padecen los hierros y los fósforos en Suecia; si padecen las conservas y el papel en Holanda; si padecen las frutas y los mármoles en Italia; si padece la sedería en Francia; si padecen los vinos y los azúcares, y las pasas y los tabacos, y hasta los tejidos catalanes entre nosotros; cúlpese a la reacción económica europea, que se ha gozado en declarar una guerra continental interior, de la que proviene ahora una guerra exterior intercontinental, a cuyos golpes hoy periclita el trabajo en todas sus manifestaciones y en todo el planeta. No exculpan estas verdades a los Estados Unidos. Los pueblos, como los individuos, conforme suben a las altas cimas de un ilustre renombre, contraen una inexcusable responsabilidad. No se puede representar dentro de las fronteras propias la paz, la libertad, la democracia, la república, el trabajo progresivo, y fuera la reacción, el combate a muerte de las razas, el retroceso en las relaciones humanas. El pueblo que ha descargado la tempestad y sometido el rayo; puesto en las entrañas de nuestros buques las calderas de vapor para que sometan las olas y anden a todos los vientos; dado a la palabra nuestra la rapidez del relámpago; extendido la voz humana por toda la redondez del planeta, merced a los milagros del teléfono, comunicado por las cuerdas mágicas del cable arrojadas en la profundidad del Océano a las más apartadas tierras; encendido la luz eléctrica en la frente de nuestra especie; tiene que contribuir con las libertades completas del trabajo y del cambio a la efusión universal.

Los acontecimientos europeos con tanta rapidez corren y en tanto número se aglomeran, que tiempo material nos falta de notar su multiplicidad y su importancia. Mucho se van los ánimos calmando en Portugal, después que ha transigido Inglaterra un poco en el asunto africano y puesto ligera sordina en las cláusulas de aquellos convenios, a cuya virtud se produjeron choques eléctricos tan tonantes y tempestuosos. La conformidad con ciertas restricciones a lo pactado en el estío último revelaba el fenómeno de haber arribado a Lisboa un escuadrón colonial reunido en Río Janeiro para defensa de la madre patria, y no haberse determinado con esta ocasión y motivo ninguna de las ruidosas manifestaciones a que hace poco se daba Portugal en los espasmos propios de su aguda neurosis. Un desaire a la Reina hecho por la tripulación de buque oficial surto en el Tajo, y las ardentísimas proclamas de los estudiantes, partiendo, no solo contra el Gobierno nacional, por traidor, contra los jefes de la democracia, por pacatos, son los dos acontecimientos únicos generadores de algunas inquietudes. En cambio, la ola política sube y sube mucho en España. Un mal añejo, a cuyos estragos hemos ocurrido con algún remedio en las leyes, tristemente se arriesga y encona en las costumbres: el desorden, por no llamarlo de modo más duro, el desorden electoral. Habían las Cortes últimas tratado de tenerlo a raya y disminuirlo en lo posible con la institución de la junta Central, compuesta de las primeras autoridades parlamentarias y encargada de velar por la salud y robustez de la raíz en toda elección, por la salud y robustez del censo. Mas, a fin de que tal junta prestase los últimos bienes, a cuya generación la llamaba el espíritu de las nuevas leyes electorales, necesitábase un Gobierno partidario del sufragio universal, armónico y de acuerdo con la noble y altísima institución inspectora. Mas han venido a practicar el sufragio universal sus mayores contrarios y han puesto empeño en adulterarlo antes de nacido y en reñir con su más elevada y genuina representación legal. De aquí un estado patológico nacional bastante peligroso. Fernando el Católico decía que nada tan difícil como desunir a los aragoneses y unir a los catalanes entre sí: yo digo, nada más difícil de subvertir que nuestro vecino Portugal y nada más fácil que nuestra propia España.

El establecimiento definitivo, e incontestado ya, de la República en Francia, trae a esta generosa nación bienes de que nos holgamos todos cuantos queremos la democracia en Europa. Constans entró en el retablo de los pretendientes, y dio en tierra con todas sus siniestras figuras, al soterrar su esperanza última, el demagogo y cesarista Boulanger. Desde que crisis tan grave pudo sobrepujarse con habilidad tan feliz, el régimen democrático solo encuentra en su desarrollo facilidades, alistando bajo su enseña luminosa día por día múltiples desertores de las oscuras enseñanzas monárquicas. M. Piou ha iniciado este movimiento, muy parecido al que detuvo hace tres años la inesperada súbita muerte del joven orador imperialista, mi amigo Raoul Duval. Y, al iniciarlo, aguarda solamente de los republicanos consideración para los católicos en dos leyes tan graves como las leyes de pública enseñanza y de servicio militar, donde radican las capitales diferencias entre los conservadores y los radicales franceses. La dificultad para una inteligencia resulta grandísima, pero no invencible. Muy tarde se prestará el partido republicano a ceder en cuantos progresos haya conseguido sobre los privilegios de la teocracia; pero con suma circunspección debe apreciar lo factible hasta en tal punto, si quiere unir y allegar fuerzas a institución tan contrastada por todos los reaccionarios del mundo como la institución republicana de Francia. León Say llega, según mi sentir, a lo más justo, a lo más conveniente, a lo más político en esta materia, cuando propone, con reflexión madurísima, no la renuncia imposible a principios consubstanciales con la moderna civilización, el tacto más exquisito y el pulso más firme y sereno en sus aplicaciones, a fin de armonizar todos los contradictorios intereses del progreso y de la estabilidad. No será la primera antinomia que, irreductible de suyo en síntesis dentro de la razón pura, se ha reducido y armonizado dentro de la razón práctica. Lo cierto es que a diario registra la República sus victorias. Los cesaristas ya no existen. Se han devorado, como los peces, unos a otros. Le Figaro, el periódico de la elegancia parisién, publica esta fórmula de clara exactitud: «Tenemos en Francia muchos conservadores, pocos monárquicos». Eminencia tan alta en todos los sentidos de tal moderno vocablo, poco aplicado por los viejos españoles a las alturas morales, como el cardenal arzobispo Lavigerie, ha pronunciado en una comida, por él dada, con orgullo a los oficiales de la marina nacional, su adhesión a la República, y después ha mandado que tocara la música de los Carmelitas el himno de la República universal a los postres, la sublime animadora Marsellesa. Hasta el Banco de Inglaterra, la vieja rival de Francia, se ha visto en estos días, felices para la libertad, obligado a demostrar el poderío francés en todos los órdenes de la vida, emprestando a su copia de riquezas, producto del trabajo y del ahorro, acumuladas en los sótanos del Banco Nacional, setenta y cuatro millones de francos en oro. ¡Cuál satisfacción para cuantos hemos dicho que restauraría Francia en las instituciones republicanas su gloria y su prosperidad!

Pero hay tristísimas notas en este concierto de venturas dentro y fuera de Francia. La dinastía de Orange se ha extinguido. El postrimer descendiente de aquel joven, sobre cuya espalda se apoyaba Carlos V en el acto de abdicar la corona de nuestra España, cuyos esplendores competían con los esplendores del Sol, ha muerto después de haber dado sus presidentes más excelsos a la República holandesa y sus reyes más parlamentarios a la Monarquía británica. El principio de casta y herencia con sus caprichos disminuyó en tales términos a los representantes varones de la dinastía, que solo quedan, representando el viejo histórico derecho, una tierna niña como la reina recién proclamada, que cuenta diez años, y otra reina, la regente viuda. El ducado de Luxemburgo, donde impera la ley sálica, pasa, por su parte, a la dinastía de Nassau. Otro rey parece también muerto, un rey sin corona, el célebre Parnell. Sus enemigos han tratado a una de perderlo en su vida privada, ya que tanto mal en su hercúlea y casi legendaria vida pública les causara. Enamorado de la mujer de un partidario suyo, conocido bajo el nombre de O'Shea, y habiendo con ella sustentado relaciones amorosas por mucho tiempo, el marido se ha enterado ahora, y, delatándolo a los tribunales, ha conseguido hacer pública su propia deshonra, y desconsiderar ante la opinión al jefe de los irlandeses. Discútese ahora con sumo empeño el papel que puede representar, tras este proceso, en la política patria, y no falta quien lo crea perdido para siempre. Sin embargo, la prensa tory ha mostrado un tan vivo interés en su perdición, que podría la horrible saña suya restaurarlo en el sentimiento irlandés, y levantar del cieno su maltrecha y desceñida corona. Entre tanta tragedia, la muerte del general moscovita Sliverstroff ha despertado viva emoción. Funcionario de la policía secreta en San Petersburgo, y enviado a París con tan feo carácter, habíase muchas veces ensañado en los nihilistas allí refugiados, y no desceñidos ni por la proscripción de los brazos del zar. Últimamente había enviado al proceso de una joven rusa, comprometida en aquellas intrincadas conspiraciones, papeles sorprendidos en París, tan graves, que la condenó a pena capital el consejo de guerra, y la ejecutaron sin piedad los verdugos imperiales. A estas muertes acompañan y suceden otras muertes en las civiles guerras entre los dos partidos rusos. Así un polaco vengador se fue la otra mañana en París al Hotel de Baden, donde se alojaba el implacable general, y, trasmitiéndole una tarjeta de invitación para el concierto de cierta sociedad franco-rusa, establecida en la calle Real, logró penetrar hasta su cuarto, y, una vez en él, aplicole segura pistolilla de salón al oído derecho, disparándola con apunte certero, y le derribó por tierra como herido violentamente de un rayo. A los pocos minutos expiró sin proferir palabra. Esta muerte demuestra cómo el despotismo no logra nunca la necesaria tranquilidad, y cómo nunca concluyen las conspiraciones en Rusia.

Las elecciones de Italia despiertan hoy con suma viveza, el interés general. Muy exaltados los ánimos allí, a causa de la política extranjera sustentada por Crispi, como a causa de las calamidades interiores por tal política desatadas en las fabriles industrias y en la general agricultura, temían unos y aguardaban otros, si no una reprobación paladina, siempre difícil, dadas nuestras costumbres meridionales, más amigas de la manifestación tumultuaria que del voto reflexivo, un contraste y un límite opuesto, a tantos y tan desastrosos errores por un grupo de representantes considerable y de alta calidad. Alimentaba tales seguridades de la opinión en el resultado electoral definitivo, la frialdad con que Italia oyera en los meses últimos la facundia de su primer ministro. Consagrado a la política exterior su discurso de Florencia y a la política interior su discurso de Turín, en uno y otro encontrara el sentimiento italiano margen y ocasión a muchos y muy fundados reproches. En esta última ciudad, particularidades enojosas del sitio y del momento en que fuera público el discurso, acrecentaban este general enojo. Difusa, leída con voz cascada, impresa por una insana solicitud antes de leerse, la triste arenga ministerial había cedido en daño, y no en bien y ventaja de su autor, el primer ministro. A pesar de lo muy escogida que fue la concurrencia y de lo muy preparada que la reunión estuvo, aquella fatigosa lectura, interrumpida por toses del orador leyente y por vueltas de las hojas impresas, produjo a la postre un patentísimo fracaso. Alguna que otra maligna interrupción agravó las nocivas impresiones. Como hablase Crispi de la quebrantada economía nacional y de sus remedios, exclamó donoso bromista, interrumpiendo: «Enviadla pronto al doctor Koch». Pues bien: el caso es que acaba de obtener Crispi un señaladísimo triunfo. De quinientos diputados, habrá contra él cien. Y éstos pertenecerán, en su mayor parte, a las inútiles e inofensivas oposiciones radicales, que no han aparecido más numerosas en los escrutinios por su absoluta falta de tacto y su excesiva sobra de discordes fracciones. Los que pudieran sustituir a Crispi, los capitaneados, bien por Nicotera, bien por Bonghi, bien por Magliani, todos yacen rotos sobre los campos de batalla en vergonzosísimas derrotas. Yo atribuyo, en mi juicio, su infortunio a error tan grave como la separación de dos factores estrechamente unidos en el Estado, como alma y cuerpo en el hombre, la separación entre la política exterior y la política interior, que se corresponden y armonizan, sobre todo en Italia. El intento de vencer a Crispi, manteniendo su propia política extranjera, paréceme un vano intento. El mal interior de Italia está en lo excesivo del presupuesto de gastos, y lo excesivo del presupuesto de gastos dimana originariamente de la política exterior. Mantener esta política desastrosa y derribar a su más ilustre mantenedor aparece como un contrasentido, cuyas consecuencias tocamos ahora en las elecciones. A pesar, pues, de la oposición larga contra Crispi, que ha batido las olas de cóleras múltiples y elevándolas al cielo en tantas deshechas borrascas, el ministerio triunfó, por la división entre los candidatos demócratas y la timidez de los oposicionistas monárquicos. Un solo hecho ha causado extremo júbilo: el nombramiento de cierto diputado irredentista por la Ciudad Eterna. Con tan plausible motivo, han menudeado mucho las manifestaciones de júbilo en las calles y hasta corrido cohetes de colores por los aires. El afligido que así no se consuela en este mundo, es porque no quiere consolarse.

Puesto que hablamos de Italia, parémonos a contemplar el Vaticano. Mucho se ha picado la curiosidad pública por saber la consiguiente acogida que dispensaría León XIII a Mons. Lavigerie, nuevo cardenal republicano. Así, en seguida corrió la especie de que contra el escándalo eclesiástico, puesto en vías de protestar, por haber tocado la Marsellesa los padres Blancos a una señal del arzobispo, había el Papa soltado esta especie: «Ya preferiría yo ahora oír la Marsellesa desde mi palacio a oír la Marcha Real». Si la gracia fue inventada o dicha, no hace al caso en esta época de la publicidad y de las publicaciones; lo que hace al caso, es decir cómo un periódico, inspirado arriba, el Monitor de Roma, propende a las ideas del cardenal, quien corrobora lo dicho en Argel, añadiendo que la nación única donde hay Estado católico, es el Ecuador, una República; y la nación donde se reconoce la libertad cristiana, es otra República, la República sajona. El clero francés y los partidos monárquicos no quieren oír por la oreja que les comunicara la para ellos terrible salida de Lavigerie. Así, Mons. Freppel, tan combatiente y pendenciero, ha roto por la calle de en medio y puesto al atrevido prelado innovador como no digan dueñas. Ayúdanle ahora en tal tarea la Gaceta de Francia y otros ultramontanos periódicos. En uno de los más reaccionarios, escribe cierto publicista muy extravagante, que se llama católico masón, caballero de Cristo Rosa Cruz, mago por oficio, venido a unir el dogma universal y la ciencia cabalista, quien declara cismático a Lavigerie, por demócrata, y se propone preguntar al confesor suyo de la próxima Pascua, si ha entrado en tales herejías, para dirigirse a su prelado de París en persona y rogarle que le designe a él, penitente piadoso y ortodoxísimo, confesores incapaces de creer en la República francesa. Pero no están en lo justo quienes así desvarían e ignoran lo que realmente les conviene. La máquina enorme que ha cometido el pecado, imperdonable para los ultramontanos, de haber convertido la Europa teocrática en Europa civil y laica, no ha sido la República, no; ha sido la Monarquía, principal autora de todas cuantas regalías han pesado, a guisa de cadenas, desde largo tiempo, sobre la Iglesia y su autoridad. Monarcas y monárquicos fueron los que desorganizaron las dos grandes milicias del Papa, los Templarios en la Edad Media, los Jesuitas en la Edad moderna. Monarcas y monárquicos fueron los que dieran al Estado la parte del león en el asunto de las investiduras y destituyeron a la Iglesia de sus más altas prerrogativas. Monarcas y monárquicos aquellos filósofos con corona, servidos por otros filósofos con cartera, José II, Carlos III, Pombal, Choiseul, Aranda, que iniciaron la revolución y combatieron a la Iglesia. No es mucho, pues, que así el arzobispo Lavigerie como el Papa León XIII, recuerden todo esto y procedan en consecuencia.

Las cuestiones teológicas no imperan aquí tan solo entre nosotros los occidentales; embargan mucho los ánimos en el Oriente y en el Norte de nuestra Europa. Desde la proclamación en el Imperio germánico de un César, como Guillermo II, juzgado por todos universalmente de oposición radical a su padre muerto, el infeliz Federico III, las agitaciones religiosas y las agitaciones comunistas hanse juntado allí en triste coincidencia. Uno de los engaños más difundidos por la ignorancia en que todos estábamos del temperamento natural a un joven originalísimo y extraordinario, era creer fórmula de su política religiosa la vulgar de pastor tan célebre como SStker. Antisemita éste, con propensiones a una doctrina socialista de la Iglesia, muy vaga; fanático por las creencias protestantes; en pugna con todos los que disentían de la realeza o de la religión oficiales, creíamoslo el verdadero Profeta de un dios casi niño como Guillermo, poco apercibido a pensar sobre tan vastos y profundos problemas con personal independencia. Por este motivo y razón, el socialista de la cátedra, muy religioso, nerviosísimo, intransigente, locuaz, inquieto, parecíanos a todos el destinado a pensar en religión como pensaba tan exaltado y feroz ortodoxo. Mas nos habíamos engañado. Los ensoberbecimientos de su orgullo, las intemperancias de su lenguaje han perdido al diablo predicador. Lo que mayor daño le infiriera fue la familiaridad, con que llamó su amiga, sin empacho, a la emperatriz de Alemania. Para penetrar en lo enorme del desacato y comprenderlo, necesítase alcanzar un poco el ceremonial de las cortes imperiales y el espacio inmenso mediante allí entre los Monarcas y sus súbditos. Mas no paró en esto el atrevimiento suyo; presentóse con altivez en una de las regiones más liberales que tiene Alemania, en el gran ducado de Baden, y se disparó a predicar contra la tolerancia religiosa y la libertad científica. Tachadas tales predicaciones de incómodas por el Gran Duque, tío de Guillermo, el apóstol se llevó diversas repulsas, las cuales han determinado el alejamiento de la corte así como la sabia limitación a sus increíbles exageraciones. Nótese que si el Catolicismo por boca de Lavigerie, a quien acaba de secundar el obispo de Annecy con mucho calor, propende hacia la República en Francia, la exageración, que llamaremos pietista en Alemania, esa especie de ultramontanismo luterano, si vale reunir palabras tan discordes y contradictorias, baja por series de su antigua intensidad y se ve forzado por la necesaria lógica de los hechos a una irremisible transigencia.

Pero donde más las cuestiones menudean es en Oriente. Cosas tales como un asunto de divorcio y otro asunto de vestido, que parecen propios de la vida particular, traen a mal traer los ánimos en Servia, Bulgaria, Turquía y Grecia. El divorcio entre Natalia y Milano de Servia, que parecía terminado por completo desde que lo pronunció quien para ello tenía poder y autoridad, el metropolitano correspondiente, renace ahora, y con todos los aspectos de un escándalo enorme. Como el mal ejemplo cunde tanto y tan poco el bueno, tentada Natalia por las indiscreciones cometidas en Francia respecto de Boulanger, pretende arrojar la llave de su alcoba matrimonial a la pública murmuración, harto maliciosa y mal pensada de suyo, para que la nutran despechos suicidas con tales próvidos pastos. La reina de Servia se granjeó la estimación universal, como toda mujer a quien su marido desama, y que ama ella con todo el corazón a sus hijos. Mas hoy, sabedora la opinión de que no deja reinar en calma y serenidad al propio unigénito suyo, quien ha menester sobre su trono y a sus tiernos años del respeto y de la circunspección en cuantos le rodean, hásele vuelto muy en contra, y no la cree digna de su compasión como en otros días para ella mejores. Así parece que la Cámara y el Sínodo servio beben los vientos para impedir tal escándalo.

Mas están muy escandalizadas, y son muy escandalosas las regiones orientales. Y particularidad tan baladí, como el traje de los nuevos obispos búlgaros electos para Macedonia en los meses últimos, exacerba todas estas neurosis. Padres de la iglesia oriental ortodoxa los helenos, créense facultados a impedir en los cismáticos búlgaros las vestiduras litúrgicas, puesto que deben distinguirse ante las poblaciones de la Iglesia por ellos abandonada con

31

grande solemnidad. Mas, como quiera que las mismas poblaciones búlgaras no respetan a sus curas de ningún modo, si llegan a desvestirse alguna vez del hábito consagrado por los siglos, Bulgaria pretende que su clero no crea lo creído por Grecia, y se vista como se viste la iglesia griega. En este litigio entran cuatro familias orientales, que se creen con derecho sobre Macedonia, búlgaros, servios, griegos, turcos, y cuatro monarquías hechas y derechas. No lo creeríais; pero muy superior en mérito el presidente Tricoupis de Grecia sobre su rival Deyalnnis, ha ganado éste las elecciones y perdídolas aquél, por las vestimentas litúrgicas de los obispos búlgaros. Así es todavía la misérrima humanidad, y así anda todavía nuestra madre tierra.

2. Febrero 1891

El cenit de la democracia francesa. Los descensos del partido irlandés. Complicación de sus intereses con el proceder de los fenianos proscritos en América. Fuerza de Parnell. Convenios con O'Brien. Alemania. Exaltación de Bismarck. Sus Memorias. Sus coloquios. Desavenencias cada día mayores con el emperador y con el Imperio. Inútiles propósitos de romper y dividir a Francia. Unidad de las naciones latinas. La reacción religiosa en Rusia. Estado interior de la Iglesia protestante germánica. Persistencia de la unión evangélica y de la extrema derecha hegeliana. Agitaciones en Bélgica. Conclusión

Continúa subiendo al cenit Francia, después de haber tantas veces declinado, y aun corrido, hacia el ocaso. La última suscripción al empréstito, cubierta veinticinco veces, revela una copia de ahorros en lo relativo a la economía nacional y una confianza tan profunda en lo relativo a las instituciones políticas, que no hay Nación alguna en Europa tan sólidamente asentada sobre bases inconmovibles. Así la opinión cada día se pronuncia con más resuelta y firme decisión por la forma republicana. Si duda cupiese a este respecto, desvaneceríanla con su inapelable veredicto las últimas elecciones senatoriales. En estos comicios de segundo grado, compuestos por compromisarios provenientes de una verdadera selección, donde concentraciones muy reflexivas de la conciencia pública permiten acuerdos muy maduros de la voluntad general, ha flotado la fórmula salvadora, promulgada y mantenida por mí cuatro consecutivos lustros: la República gubernamental. Comicio tan escogido alcanza poder extraordinario; y el paso de doce nombres desde las filas monárquicas al partido republicano significa la estabilidad ya para la República francesa, cuyas raíces concluyen por mezclarse y confundirse con las bases y con los fundamentos del mismo patrio territorio. Entre los elegidos, hállase a la cabeza mi respetable amigo Freycinet, presidente del Consejo. Los electores le han significado con su designación el aprecio en que tienen sus altas dotes de gobierno y el recuerdo que guardan de su competencia en la organización militar. Presidente del Consejo y ministro de la Guerra, sus numerosísimos votos le traen aparejada una doble sanción al desempeño de sus sendos difíciles ministerios. Entre los elegidos hállase mi viejo correligionario Ranc. Y le llamo así por nuestra común categoría de republicanos, pues nada más discorde que nuestros mutuos criterios personales en las aplicaciones a los términos varios del problema político francés. Mientras yo me precio de republicano conservador intransigente, mi amigo discurre por las vaguedades múltiples del radicalismo, y como tal palabra preste muy poco de sí, conténtase con meter a los republicanos conservadores y radicales en el mismo saco para que tiren juntos del gobierno, sin ver cómo, tirando en sentidos opuestos, cual aquellos muy célebres caballos de las fábulas antiguas, destruye cada cual de los grupos las acciones correspondientes al otro, y no pueden tomar ninguna dirección. Siendo tan avanzado como veis, la suerte ha querido impelerlo a la Cámara conservadora por excelencia. Ya que nunca perdió en las constantes disputas amistosas nuestras el radicalismo vago suyo, aprenda en el comercio diario con los republicanos machuchos del alto Cuerpo Colegislador que la República no puede pensar seriamente, ni en meterse para nada con la Iglesia católica, ni en soñar por mucho tiempo con la reforma constitucional. Así lo dice hoy el hombre de temple mayor entre los electos, mi fraternal amigo Julio Ferry. Y puesto que mentamos con tanta satisfacción este acertadísimo nombramiento, no despreciemos con omisión inexplicable las indecibles cóleras por él despertadas, así en los reaccionarios como en los radicales franceses, porque los unos jamás le perdonan que haya contribuido tanto a fundar la República, y los otros que haya puesto tanto empeño en dar a la República un carácter gubernamental. Y digo adrede gubernamental, para distinguirlo y separarlo del carácter conservador. Ferry, por su fuerza de voluntad, ha dado muchas fuerzas políticas al gobierno republicano; pero, por sus ideas religiosas, no podrá contarse nunca entre los conservadores de la República. Un dogmatismo hugonote y nativo en su espíritu, aumentado por su educación, le desaviene un tanto de la Francia tradicional y lo compromete con los viejos procedimientos, tan dañosos a la República de Gambetta, quien adolecía del dogmatismo positivista en estos nuestros días de pestilencias intelectuales reinantes sobre los más conspicuos y los más elevados talentos. Y la educación hugonote, no tan solo daña en sus ideas a Ferry, lo daña en su carácter. La mitad, por lo menos, de los muchos enemigos que le combaten a una con desusada furia, provienen de cierta malhumorada tesura, incompatible con las flexibilidades propias de toda política y con las exigencias naturales a toda democracia. Pero, como hasta la sepultura genio y figura, no pidamos a hombre de tanto mérito un cambio en su complexión interior; pidámosle un cambio en sus convicciones religiosas. Con reflexionar sobre la paz, a los espíritus traída por las últimas declaraciones republicanas de obispos y arzobispos, bastaríale, para comprender cómo el Catolicismo impera, con qué fuerte soberanía espiritual, sobre la mayor parte de los ciudadanos en la Nación católica por excelencia. Transfundidos a las costumbres principios tan humanos como la libertad religiosa y la libertad científica y la libertad civil, no hay temor alguno de que la Iglesia pueda entrar en irrupción abierta por tan vedadas esferas y quitarle a la gobernación general su puro carácter de laica. Y no pudiendo hacer esto ella de ningún modo ya con nosotros, no podemos nosotros ingerirnos en su gobierno interior, y menos despojarla de una primacía ungida por siglos de siglos, contra los cuales inútilmente nos revolvemos, e indispensable a esta democracia histórica nuestra, que no conoce ningún otro ideal.

La cuestión de Irlanda priva entre todas las cuestiones europeas; y, sin embargo, no anda un paso adelante más en estos días últimos. Cuestión muy compleja de suyo hállase relacionada estrechamente con problemas religiosos, políticos, agrarios, industriales, de intrincada confusión. Las tempestuosas pasiones que despiertan aquellas seculares desgracias, son allí causa primera y permanente de una guerra civil perdurable. Y tamaña guerra civil perdurable lanza por necesidad allende las aguas del Atlántico una emigración muy numerosa. Esta emigración influye de un modo harto anormal, así en el Imperio de la Gran Bretaña como en la gran República del Nuevo Mundo. Educados tales irlandeses, por proscritos, en el combate revolucionario, no hay para qué decir cómo andarán de nociones jurídicas. Fervientes católicos tampoco hay para qué decir cuál convivirán, dada su fe antigua, con los descendientes de aquellos anglicanos que los oprimieron y los vejaron en tal número de siglos. Soldados los unos de Cromwell en su ascendencia, y soldados los otros del Papa, mal se avendrán bajo un solo techo, siquier parezca tan amplio y luminoso como el coronado por la bandera, donde reluce con tal brillo el conjunto magnífico de las estrellas americanas. Pero divididos yankees e irlandeses por tantas causas, al extremo de que algunos publicistas entre aquellos anuncian como un peligro para la confederación esta numerosísima familia céltica, únense por opuestos motivos en sentimiento de común odio contra la común madre Inglaterra, tenida por los unos como abuelastra y por los otros como madrastra insoportable. La tenacidad histórica del celta puede tanto más cuanto menos raya en violencia. Ninguna tenacidad tan próvida como la serena y dulce. Fatigaréis al violento; no fatigaréis al moderado. Tras un esfuerzo extremadísimo puede sobrevenir el triunfo; pero seguramente, con triunfo o sin él, sobreviene también el cansancio. La voluntad, ejercitada sin sobreexcitaciones, medida con grados, puesta en movimiento por impulsores mesuradísimos, adquiere una constancia superior a todos los arrebatos. Esta constancia serenísima guarda, durante toda su vida, la raza céltica dentro del Imperio inglés, como lo demuestra el que no haya querido asimilarse a los ángeles, ni siquiera en trescientos años de una dominación absorbente y poderosa. Pero los más exaltados, los más batalladores, los más fuertes de Irlanda; todos aquellos que se conforman y resignan muy difícilmente con la dominación británica, promotores de las resistencias violentísimas, agentes de las protestas revolucionarias, alma y fuerza de los desórdenes habituales, emigran al Nuevo Mundo, llevándose la patria impresa en el corazón desgarrado; y no pudiendo prestarle ya la sangre que golpea en éste, le ofrecen los ahorros allegados en los trabajos continuos de la emigración ultramarina con el sudor de sus frentes. Y fluye de América un Pactolo hacia Irlanda. Y este Pactolo tiene un administrador, que lo encauce primero, y que luego irrigue con él todas las secciones varias de la complejísima causa irlandesa. Y he aquí la superior fuerza de Parnell, su administración de los dineros tributados a Irlanda por la emigración de los antiguos fenianos. Y hase visto más patente aún tamaño poder en las consideraciones grandísimas guardadas en estos momentos al rey sin corona por el embajador de la América irlandesa, o de la Irlanda americana, por O'Brien. Los cronistas y relatores de periódicos hanle perseguido, como suelen perseguir moscas a mieles, no dejándolo vivir con sus importunas inquisiciones; pero él hase amurallado en inexpugnable silencio, no rendido por ningún formidable asedio. Y si puede traslucirse algo de lo pactado entre dos mudas esfinges, Parnell se retirará por algún tiempo; en cuanto encuentre y designe un sustituto temporero sacado de los montones anónimos, por la más o menos desinteresada selección suya. A quien jamás podrá tolerar es al atrevido que ha osado, en su vanidad, subírsele a las barbas, creyéndose con aptitudes y derechos, el vanidoso, para sustituirlo. Eximio escritor, M. Carthy, universalmente apreciado por su Historia Contemporánea de Inglaterra, muy pintoresca, y por sus artículos en el diario gladstoniano, muy elocuentes, carece de palabra, carencia dañosísima en pueblos parlamentarios, y hasta carece de acción, carencia todavía peor en los activos y tenaces encuentros de la oprimida gente celta con la opresora gente sajona. Así, lo recabado, en primer lugar, por el imperioso Parnell, ha sido la destitución de quien lo destituyó y reemplazó a él sin miramientos en su inocencia. Y luego Dios dirá.

Pero en tanto que Dios no dice por ahora nada, el taimado y sagacísimo Parnell dice mucho. Ya tiene sometidos los nervios que habíansele desarreglado en desarreglo suicida. Y como tiene sometidos los propios nervios, no profiere una queja contra los demás, ni desliza insinuación malévola ninguna contra rebeldes que han de volver a las plantas del rey rendidos por la necesidad. Así ocúpase todo entero en demostrar su culto a la patria. Y para servir a la patria vuélvese hacia Gladstone, preguntándole con requerimientos de un verdadero apremio qué hará por los irlandeses y cómo regulará su autonomía, en el caso de convencer a los comicios y aquistar el Gobierno, pues ahora salimos, tras los últimos disentimientos, con que ni en materia de policía, ni en materia de justicia, ni en materia de representación, el grande orador, jefe de los liberales británicos, había soltado ni dicho muchas cosas allende lo prometido por los torys en persona. Diestro, habilísimo, consumado estratego es el tal Parnell. Por si acaso, tirando a desautorizarle y perderle hasta en Irlanda, no ha querido el elocuentísimo viejo tanto vengar la moral ofendida por los devaneos de su émulo, como ingerir dentro del radicalismo toda la diputación irlandesa, convirtiendo ambos factores diversos en todo consubstancial dominado por la unidad superior de un alto pensamiento servido por una poderosa palabra;

Parnell ha tirado por completo de la manta y dicho cómo sus huestes quedan, siendo un ejército en acción y armado, con personalidad propia y distinta, muy dispuesto a irse con quienes más les prometa, y les procure, y les granjee para su Irlanda, siquier sean torys, y hasta retrógrados. Precisa confesar por culto al arte, que la partida está perfectamente jugada y muy bien asestado el golpe. La neurosis de Parnell se ha calmado; pero la que nunca se calma es la neurosis de Bismarck. Imaginaos que a Carlos V le hubieran ofrecido, para consolarlo de su Imperio, la humilde alcaldía de Quacos. Pues un duquecillo alemán de tres al cuarto hale ofrecido al férreo canciller la presidencia de su Consejo de Ministros. Aquella Germanía una se convertiría en mísero feudo bajo sus plantas; aquellos atilescos y exterminadores ejércitos en pinches de la cocina ducal; aquellos presupuestos, arreglados con tan colosales trabajos y esfuerzos, en cuentas de la lavandera o de la plaza. ¿Qué bufón representa, oculto en los enigmas y misterios de lo infinito, estas caricaturas vivas? Yo he visto muchos leones en jaulas, muchas águilas sin plumas en el ala, muchos cóndores aprisionados en jardines de aclimatación; y hame dolido siempre su mirada de rabia. ¿Cómo Bismarck mirará hoy? No lo sabemos; pero, merced a indiscreciones periodísticas, ya sabemos cómo habla. Los hombres mayores cometen las mayores inepcias en cuanto sufren una contrariedad insuperable. Recógense a manos llenas las tonterías y las sandeces en los dos destierros de Napoleón, en el riente de la isla de Elba y en el siniestro de la isla de Santa Elena. Imaginaos lo que pasara por Bismarck en su desgracia. Ya dice y anuncia con toda solemnidad al mundo entero cómo se propone dictar sus Memorias, cual si, a su altura, tras el papel desempeñado en la escena de nuestro tiempo, entre las obras levantadas por su esfuerzo y por su genio, todos a una en este mundo moderno, tan bien informado por los innumerables medios de comunicación y de publicidad, no nos lo supiésemos a él de memoria. Y como nos lo sabemos, también sabemos que imputa errores no cometidos a su propia conciencia; y atribuye responsabilidades a su voluntad no contraídas ante la Historia. Por ejemplo: lo exentamos todos del irreparable crimen cometido por los excesos y borrachera de la victoria germánica el día nefasto en que se alzó con Alsacia y Lorena para eterna debilidad propia y elevado dolor de nuestra culta Europa. Para cuantos de cerca miraban y seguían la guerra franco-prusiana en sus angustiosos incidentes, no daba muestras de previsor estadista quien se quedaba en este tiempo de relaciones entre los pueblos más pacíficos y más mercantiles que las relaciones entre los pueblos de las edades antiguas, con una piedra tal de muy enorme y continuo escándalo como las brutales conquistas de Metz y Estrasburgo, cuyos cuerpos estarán por un caso de fuerza incontrastable con Alemania, pero cuyas almas, después de la revolución francesa, están y estarán siempre con Francia. De la misma suerte que sabemos cómo la sustitución del antiguo Imperio católico austriaco, personificado en los Hapsburgos, pasó por alucinaciones poético-históricas del Konpritz Federico en Versalles a los protestantes y boreales Brandemburgos, también sabemos que por imposiciones hasta violentas del partido militar al rey Guillermo y del rey Guillermo al canciller Bismarck, pasaron Alsacia y Lorena, tan profundamente francesas, del pueblo francés al Estado Alemán. Guillermo el rudo no veía en aquellas dos acaparadas ciudades otra cosa que dos despojos del triunfo; pero Bismarck el político no podía menos de ver que, al acapararlas, aquistándole así el odio eterno de Francia, su aliada indispensable, cedía en las combinaciones mecánicas del sistema solar europeo una fuerza de atracción incalculable a Rusia, y se quedaba por este predominio inevitable de los rusos a merced y arbitrio de dos potencias como Austria e Italia, muy poco seguras ambas en su amistad con Alemania: la primera, por lo que tiene de eslava, y la segunda, por lo que tiene de latina. Pero el Canciller no se cansa de contrariar al emperador, y sabe que no puede contrariarlo en cosa ninguna tanto como en extraer de la familia imperial todos los viejos timbres históricos, y con ellos alzarse, negando al padre de Guillermo II la fundación del Imperio y al abuelo el acaparamiento de Alsacia y de Lorena. Por esta necesidad incontrastable de venganza y desahogo explícase también sus tratos y sus coloquios continuos con todos los periodistas alemanes, que van molestando mucho al emperador, y exponiéndole, por ende, a cualquier grave represalia, muy de temer en la pasión exaltadísima que siente allá en el trono por su poder incontestado y por sus ideas personales.

Sin embargo, en el afán de contar que aqueja hoy a los periodistas europeos, pululan muchos por el retiro de Bismarck y su familia, con el fin de oír y anotar los tristes lamentos y suspiros arrancados al Canciller y a sus afines por lo desmedido e inesperado de su irreparable desgracia. El periodista últimamente presentado en la montaña donde Prometeo se plañe y queja de Júpiter, llamase Max Bewer. No le creeríais un historiador, según lo mucho que se parece a un poeta. Su pluma no refiere, canta lo visto y escuchado. Desde las primeras líneas hasta las últimas, el relato huele a voluntario y premeditado apologético. No sabiendo con quien comparar al gran estadista de Alemania, lo compara con el gran poeta, con Goethe mismo, cuando hay tanta paridad entre ambos como entre un casco prusiano y un laurel apolino. Lo más gracioso en tales encarecimientos resulta el cambio de sexos verificado por lo extremo de un entusiasmo, que califica en su desmedida hipérbole, por encarecer y por loar a dos hombres tan hombres, cual Goethe y Bismarck, de hermano y hermana. Hecho y dicho todo esto, cede la palabra con sumo arte a su ídolo. Pero el ídolo divaga, como diciendo con retintín en sus conscientes omisiones la imposibilidad completa de ocupar un espíritu como el suyo con cosas mayores que las humaredas del encendido tabaco y los dejos del sabroso lúpulo. Así, no pudiendo agarrarse a los mástiles de la nave, que se llama Estado, se agarra con amor a los árboles de su jardín, que bien pudiera llamarse con propiedad selva. Y encarece Bismarck los titánicos vegetales; el hueco de sus troncos parecido a cabañas; el verde gratísimo de su fronda; la música de su ramaje; la dulzura de sus frutos; el oxígeno comunicado por sus expiraciones a los aires; la transformación, por sus raíces, verificada sabiamente de la materia inorgánica en materia orgánica, coadyuvando al poema inmenso de los universales Metamorfóseos.

Desde tal idilio, impulsado por la palabra de su interlocutor, Bismarck ha entrado en plena tragedia. La política europea le ha servido para desquitarse del forzoso silencio que sobre la política interior le impone la necesidad tristísima de una pasiva inocencia. Sin embargo, bastábale haber leído promesas pacíficas en los discursos anuales del emperador, para presagiar él, como ave de mal agüero, inevitables guerras. Aunque Alemania saliera victoriosa de la próxima, no podría cerrar el templo de Jano, inscribiéndola como la última posible y anunciando el desarme: los hados nos condenan a lo que no condenó, en su misericordia por las bestias, ni a los tigres, ni a los leones: nos condenan sabiamente a nutrirnos unos a otros, comiéndonos mutuamente como los peces. Habrá, pues, otra guerra, y otra, y otra. Pero no creáis que se deberá la victoria en estos combates, ni a la inteligencia, ni a la voluntad, ni a la dirección sabia, ni a la estrategia diestra, ni a la táctica superior, como en tiempo de Carlos V, Condé, Federico el Grande o Napoleón I; se deberá pura y simplemente a la química, es decir, a la mejor pólvora sin humo. ¡Quién sabe, ya entrado en este camino, si encontrada la sustancia enemiga de la tuberculosis por un afortunado farmacéutico, podrá encontrarse algo así como el agua tofana, como el veneno célebre de los Borgias, que, llevado en tarros y diluido por aires, mate a las naciones enemigas de un soplo, como en la tarde misma del juicio Final, cuando suene allá en el reloj de la eternidad el día último de la Creación! Lo cierto es que, allá en Sedán, cuando las tropas francesas oponían su disciplina, y su formación, y su número, y su arranque al contrario, los fusiles agujas y las ametralladoras en forma de abanico, invisibles e incontrastables, segaban las gentes y hacíanlas caer segadas como haces sobre la tierra, como hace cualquiera de los agentes mortales invisibles a que llamamos en el habla vulgar asoladoras pestes.

He aquí todo cuanto hemos adelantado en esta civilización, de la que nos ufanamos con soberbia tan senil: que las fatalidades múltiples abrumadoras de las misérrima humanidad, que las ciegas aniquiladoras fuerzas, que los combates entre opuestos elementos, que todo lo contingente puesto como una cadena inaguantable sobre lo intelectual y lo moral, pese cada día sobre nuestros débiles hombres con más avasalladora pesadumbre. El Canciller se calló, después de haber trompeteado sus Apocalipsis de universal exterminio, y tomó la palabra el buen Max Bewer, que nos demuestra en sus conceptos cuál demencia trastorna hoy las cabezas germánicas desvariadas a los vértigos de una verdaderamente dementadora victoria. ¿Pues no propone con suma gravedad la incorporación al mundo germánico de toda la Francia del Norte? ¿En esas estamos? ¿Con qué nuevo mongolado sueñan los alemanes? ¡Pues qué! ¿Basta romper en guerra, como cualquier Khan de Tartaria, por los cercanos pueblos, para que desaparezcan, suprimidos por el combate y la victoria? Napoleón el Grande no ganó el Occidente nuestro por haber ganado el combate de Castalla, ni tampoco el Oriente por haber ganado el combate de Moskowa. Suponiendo el triunfo indudable, la resistencia de toda región digna duraría tanto como duró la resistencia del Milanesado y del Véneto, tanto como durará la resistencia de Alsacia, de Lorena, de Polonia. La Flandes, animosa de suyo; la Bretaña, tan tenaz; la Vendée, francesa esencialmente, opondríanse con una resistencia secular, si preciso fuese, a esa dominación de una guerra vencedora, sin otro título para su victoria que la fuerza y la violencia. Para el confidente de Bismarck no debe quedar más región independiente y autónoma en el suelo francés que la región provenzal, con sus bosques de laureles, cantados por los trovadores; con su fuente de Vallclusa, donde suenan aún las lágrimas de Petrarca por Laura; con sus olivos helenos, cargados de cigarras; con sus abejas áticas, chupando mieles en lentiscos y romeros; con sus viejos monumentos, que la constituyen, armónicos y proporcionados, en una prolongación de Italia; con sus viejos odios a la Francia de allende, todavía sangrienta y conquistadora en las ruinas amontonadas por el suelo y en los recuerdos amontonados por la memoria de los cantores heroicos provenzales. Mas, ¿por quién habrá tomado Provenza el escritor germánico? ¿Habrala tomado por alguna Baviera o por algún Baden? Lo mismo en Liguria que en Provenza, lo mismo en Provenza que en Cataluña, lo mismo en Cataluña que en Valencia, regiones parecidas que se dirían animadas por un solo espíritu, nadie piensa en separarse de la madre tierra patria de las tres gloriosas Naciones, con cuyos nombres se relamen los labios y se regodean los espíritus, Italia, Francia, España. Esos apartamientos suicidas, esas separaciones hostiles, esos Estados varios dentro de una misma nación, quédanse para la feudal Alemania, donde un individualismo que no excluye la servidumbre política, un individualismo verdaderamente indisciplinado, tiene dividida la patria en porciones parecidas a las monteras de Sancho. En Francia, en Italia, en España, tras nuestras revoluciones democráticas, hay tres Estados únicos, los cuales corresponden a la unidad de nuestro suelo, a la unidad de nuestro espíritu, a la unidad de nuestro ser. Déjense los alemanes de politiqueos retrospectivos y arqueólogos. Así como nadie se acuerda ya del reino de Arlés, y menos de que perteneció a un emperador alemán llamado Lotario en el Mediodía de Francia, nadie se acuerda ya tampoco del episodio terrible de los albisenses y de las guerras, y de las conquistas que lo ensangrentaron, Bismarck mismo ha refrenado los desenfrenos de su interlocutor, y dicho lo que dicen cuantos hombres cultos viven dentro de la civilización universal: precisa para el bien de todos que haya una Francia en Europa.

Lástima grande verla tan estrechamente ligada con Rusia. Esta interior amistad entre la República de Occidente y la Monarquía del Norte no empece al desarrollo de sus respectivas instituciones. Y como no empece a este desarrollo, hay que reconocer cuánto el absolutismo prospera en aquellos helados territorios, donde no brillan por ninguna parte, ni en sentido alguno, esperanzas de libertad o asomos de progreso. Y en lo que principalmente claudica el Imperio ruso es en materia de libertad religiosa. Pedro el Grande, la grande Catalina; participaban del pensamiento propio a la centuria suya, y pertenecían, por ende, a la ciencia enciclopédica, generadora de la revolución universal. Alejandro I, si bien se apartaba de tal filosofía en todo, aproximábase a una especie de theosofismo asiático. Muy déspota su heredero y hermano, el zar por excelencia, Nicolás, anteponía y sobreponía el absolutismo a todo, y cual a todo a la Iglesia. En su bizantinismo natural, contaba el Sínodo entre los consejos áulicos de su corona-tiara. El segundo Alejandro aparece, cual en todo, conciliador en materia religiosa, y deja, contra la oficial ortodoxia, cierta libertad a tanta y tanta secta como pululan por doquier, nidos de supersticiones, en su vasto Imperio. Mas instala una desgracia terrible, la muerte violenta de Alejandro II, al tercero en el trono. Y este sumo imperante, advenido tras una dinastía tolerantísima con relación a su naturaleza propia, recoge las tradiciones eslavonas y personifica la idea ortodoxa. Para recoger la tradición eslava, remacha más y más los eslabones de su autoridad autocrática; y para personificar la idea ortodoxa, retrograda mucho en materia de tolerancia religiosa. Los primeros a quejarse fueron los protestantes, muy tolerados en otro tiempo. Mayoría en los territorios conocidos con el nombre de provincias bálticas, estaban acostumbrados a vivir como si vivieran bajo el propio patrio techo. Amén de la tolerancia tradicional en el Estado ruso, contaban ellos con la influencia de las princesas moscovitas, naturales u oriundas de la Germanía luterana. ¿Cuál no habrá sido pues, el asombro suyo cuando se han visto atribulados por una intolerancia sistemática? Si tratan mal a los protestantes, cristianos en suma, imaginaos cómo tratarán a los judíos, víctimas de todas las diferentes ortodoxias. Indígnase uno al saber cómo el Prefecto de Odessa procede con estos desgraciados. No le basta verlos vejados cruelmente por las costumbres universales; exacérbalas él con sus mandatos y con sus ejemplos. Así todos allí se creen a una con derecho de insultar y perseguir al pobre y triste grupo judío, ingerido de antiguo en aquella población total. Apedrean a la vejez los chiquillos, faltan a las mujeres los mozos. Cuando sucede a un israelita cualquier desgracia, en vez de socorrerlo, como Dios manda, le aprietan la soga del dolor al cuello hasta estrangularlo. Parece aquello un aduar de la Edad Media, por iras horribles religiosas atravesado y herido. Entre las plagas que pudieran caer sobre la humanidad con más atroz pesadumbre, acaso fuera el retroceso a los combates religiosos la primera. Un sentimiento como la fe, que, bien dirigido, nos asciende sobre los ángeles; mal dirigido, nos echa bajo las bestias. Un religioso extraviado llega en sus extravíos hasta inquisidor antropófago. Y un pueblo intolerante derrama los horrores de la guerra en el alma y convierte las ideas puras, que deben abrirnos el horizonte de lo espiritual infinito, en manadas de fieras, que se pelean y se devoran entre sí, tenaz y perpetuamente. Comprendo, pues, que sociedad tan culta, como la sociedad británica, se haya conmovido por una calamidad tan horrible como el movimiento antisemita, y se haya dirigido al zar en demanda y requerimiento de libertad para los espíritus. El zar habrá cerrado los oídos a esta voz de la conciencia humana, porque los despotismos tradicionales e históricos no se transforman, viven ejerciendo la tiranía más horrible, hasta que mueren a manos de la revolución más desenfrenada. Si lo negáis, acordaos de los nihilistas.

Dos emperadores muy jóvenes, Guillermo y Alejandro, dirigen dos Imperios muy enormes: Alemania y Rusia. Pero hay una diferencia grandísima entre ambos. Mientras el emperador de Rusia muestra constancia casi tenaz en sus ideas y en sus propósitos, el emperador de Alemania muestra en unas y otros volubilidad casi mariposeante. Yerra en la cuestión religiosa el tercer Alejandro, pero con sistema en sus móviles y con objeto en sus acuerdos: quizá acierte Guillermo en las mismas cuestiones dentro de su Imperio; pero ni al acertar promete seguridad ninguna de continuación y pertinacia en su acierto. A cada paso de su vida le salta un arrepentimiento de Canosa entre los pies. Ahora, en estos días, ha tenido que devolver a los obispos y a los arzobispos católicos ochenta millones de reales retenidos con grande arbitrariedad y violencia de las congruas episcopales en aquellos lustros de los combates del Imperio con la Iglesia católica, durante los que dije yo siempre al emperador y al canciller de hierro cómo habrían de bajar la cabeza ante un poder tan impalpable, y etéreo, y espiritual, como el poder de los Papas. ¡Cuánto no gritaron los alemanes en las postrimerías de los siglos medios porque se alzaba con tanto dinero de las indulgencias el arzobispo de Colonia! Cuatrocientos años van transcurridos ya de la revolución iniciada por Lutero; todas las consecuencias políticas y hasta religiosas de la revolución luterana se tocan en estos gobiernos completamente laicos y en estos contemporáneos Estados establecidos sobre las prácticas del examen libre y sobre los derechos de la humana conciencia; pero la virtud religiosa del catolicismo y la fuerza social del clero aún aparecen a nuestros ojos tan enormes, que todo un emperador de Alemania debe sin remedio entregar al arzobispo de Colonia cuantiosas arras, las cuales signifiquen y representen promesas de pacificación espiritual en las almas indispensable a la paz material de los pueblos. Tras el arzobispo de Colonia, que percibirá sus dieciséis millones arriba dichos, viene un señor obispo de Treves que debe percibir diez millones y medio. ¡Singulares fenómenos de un Imperio tan por todo extremo confuso como el Imperio alemán! Hay arzobispos extranjeros a quienes alcanza esta devolución. El arzobispo de Praga en Bohemia recibe unos ocho mil duros por causa y razón de las ovejas que cuenta bajo el dominio político de Prusia. Grandes ventajas para el clero católico indudablemente; pero debemos decir que las ha granjeado el consumadísimo estadista llamado Windthorst, pequeño por su estatura, grande por su destreza, verdadero Papa laico del Catolicismo alemán. Este parlamentario de primer orden, a quien jamás pagarán las gentes de su religión lo que por ellas hace, resalta entre todos los políticos europeos por dos calidades superiores de primer orden: por su habilidad y por su paciencia. Conseguida la paz entre una Iglesia tan por todo extremo pontificia como la Iglesia romana y un Imperio tan por todo extremo luterano como el Imperio germánico; restituidos a sus altas sedes los obispos considerados por Guillermo I como tizones de guerra civil en sus Estados; devueltas y reintegradas a sus legítimos dueños las cantidades retenidas como un botín y despojo de guerra; el Papa laico pretende ahora el permiso de reingreso para los jesuitas expulsados en los ardores de tan gigante campaña. A esto se resisten los luteranos germánicos de la derecha con todas sus fuerzas, como acontece también con escándalo de muchos en la democrática Suiza, cuya constitución, dictada en sus bases capitalísimas tras la victoria de los cantones protestantes sobre los cantones católicos, proscribe y expulsa implacablemente a los jesuitas como en tiempos de los reyes filósofos, pero absolutos y hasta despóticos. Mas quisiera yo trasladar cualquier creyente católico al seno de una familia protestante, bien alemana, bien inglesa, para que pudiesen ver cuánto esfuerzo necesita el jefe de los católicos alemanes para sostener la vuelta de los jesuitas a su Alemania. Los jesuitas, dicen todos los protestantes a una, representan una lamentable retrogradación, que, sembrando las guerras religiosas, ha sembrado la calamidad mayor indudablemente de las sociedades modernas. Ellos atizaron las hogueras de la Inquisición. Ellos se metieron como los demonios en la carne flaca del pobre Portugal. Ellos impulsaron a la matanza de San Bartolomé. Ellos consiguieron la revocación del Edicto de Nantes, que perturbó la paz religiosa en el centro de la Europa moderna y tantas nubes extendió sobre la recién emancipada conciencia. Si la reacción británica se recrudeció en términos que, para combatirla, resolvieron los ingleses la horrible decapitación de dos reyes, como Carlos y María Estuardo, el definitivo destronamiento de toda su familia en la última inapelable revolución, débese también a la orden de los jesuitas. Sus negras sotanas dirigían los ejércitos de Felipe II, cuando intentaban aplastar la libertad religiosa y la república democrática en la emancipada Holanda. Su conspiración maquiavélica y continua encendió la guerra de los Treinta Años, que tan funesta fue al mundo germánico en particular y al mundo europeo en general. Quitáronle al Pontificado aquel carácter universal, por cuya virtud recibía la grande alma del catolicismo los afluyentes de todas las ideas, y diéronle aquella estrechez y egoísmo, por cuyo maleficio se trocaba el jefe de la cristiandad entera en jefe de una secta. Do quier revolvió su sombra, extendió la muerte, como diz que hacen ciertos árboles de las primeras selvas en América. Alemania, en odio a ellos, se apartó más y más de la Iglesia católica; y en odio a ellos constituyó Inglaterra su oficial anglicanismo. El Concilio de Trento, llamado, para unir a las dos ideas enemigas, Asamblea ecuménica, en cuya controversia debió hallarse la síntesis luminosa entre la vieja Iglesia y el nuevo cristianismo, llegó por culpa de los jesuitas a degenerar en triste Congreso de cortesanos, que ungió con el óleo santo el más grave de todos los errores y la más abominable de todas las instituciones: el absolutismo eclesiástico. Solo hubo allí una cosa grande, una personalidad deslumbradora: el fundador de la orden. Su valor, su constancia, su tenacidad, su previsión, su conocimiento de la naturaleza humana para combatirla, su esfuerzo, el genio verdaderamente organizador que mostrara en aquella crisis, merecen, como todas las grandezas, admiración sin límites a la humanidad y a la Historia. Pero he ahí la suerte de las grandes personalidades reaccionarias. Dios aglomera sobre su frente las extraordinarias cualidades, para que se vea mejor su irremediable impotencia. Nacen estos hombres de las retrogradaciones con fuerzas materiales y morales incontrastables, y, sin embargo, llegan a estrellarse contra el etéreo seno de una idea viva y a dejarse arrastrar como cuerpos inertes por los torrentes del progreso universal. Así hablan los protestantes de los jesuitas, y estas consideraciones oponen a la propuesta de su regreso presentada casi a diario por el jefe de la escuela católica en Alemania. Pero este jefe advierte unas señales de próximas catástrofes tan evidentes, que anuncian, en porvenir no lejano, el llamamiento de Germanía y su Imperio al jesuitismo, sin miedo ni recelo de reacción.

Pero es el caso que la religión protestante no puede no extenderse a su vez de una extrema derecha, tan retrógrada como el criticado jesuitismo católico. Ningún jesuita en España, o en Italia, o en Francia, o en Portugal se hubiera atrevido a emprender contra los judíos la campaña emprendida por el pastor evangélico Hæker en Alemania. Ya sea por imposibilidad completa, ya sea por prudencia propia, el jesuitismo de nuestra Iglesia no llega jamás a los extremos donde han llegado aquellas sectas reaccionarias luteranas, a quienes podríamos llamar con toda propiedad, magüer protestantes, jesuíticas y aun ultramontanas. Y no creáis reo de tal reacción solamente al Pastor antisemita, hoy tan universalmente célebre por sus predicaciones desatentadas. A cada paso topáis con escritores y oradores en el mundo alemán, a cuyo lado habrán de pareceros liberales y racionalistas desde Nocedal y Orti hasta el P. Salvany en persona. Parece imposible; mas un hombre que había nacido con todas las cualidades necesarias para cautivar a los pueblos; tribuno más que teólogo, y tribuno de club y de plebe; rudo campesino del Oeste de Holstein, hijo de un carpintero y trabajador de un molino; fuerte en su carácter, enérgico en su voluntad, humorista en su lenguaje; poeta muchas veces, sin perder nunca la serenidad del buen sentido; indisciplinado por conciencia, inquieto en su vida y múltiple en sus profesiones; sacerdote, jurisconsulto, médico, boticario; dotado de ingenio pedagógico; copioso de antítesis bruscas; propio para el arte y la literatura popular, se puso al frente de la reacción religiosa y llamó Anti-Cristo a la razón, como se lo habían llamado a los Nerones los antiguos cristianos; y llamó rebelde y destronadora de Dios a la conciencia libre; y dijo que no tenía derecho a levantarse contra la antigua religión luterana un púlpito por esa religión levantado; y sostuvo que sobre los huesos de Lutero iba a consumarse el adulterio de la Iglesia protestante con el espíritu de nuestro siglo; y rechazó toda explicación natural dada a la Biblia, diciendo que solamente era digna de fe la palabra de Dios en sus literales sentidos; y tuvo toda constitución por atentatoria a la lógica, y todo poder intermediario entre el gobernante y el gobernado por perturbador de la sociedad, y toda República popular por la más cara y la más odiosa de las instituciones, y todo pueblo deliberante y legislador por el más arbitrario de los tiranos, trazando como límite de las humanas perfecciones la religión germánica y la monarquía absoluta. Después de esto, ya nada hay que extrañar en nuestras reacciones católicas, en la vuelta al siglo XIII, en las apoteosis del Papa-rey, en los deliquios por la teocracia, en la brutal franqueza con que la reacción entre nosotros convidaba a la conciencia a dormirse en la barca donde había permanecido incólume e inmóvil por espacio de diecinueve siglos. La religión de la Reforma, de la conciencia, de la libertad, de la interpretación individual en las lecturas evangélicas, había caído en el abismo de servidumbre en que antes cayeran los neo-católicos. Hengstenberg sostuvo la reacción religiosa y política con menos entusiasmo, pero con más ciencia y con más habilidad que el impetuoso Harms. La Biblia es por él adorada con el sentido materialista de los antiguos judíos carnales y con la intolerancia sangrienta de los modernos inquisidores reaccionarios. Su vocación fue el periodismo, y el periodismo insolente, desvergonzado, libelesco, rico en brutales agresiones, en diatribas, en calumnias, que espía a todos los librepensadores, que los sorprende en los secretos de su familia y en las intimidades de su conciencia, que los arrastra a la picota, contando con la complicidad y la satisfacción de las autoridades políticas, y que ya en la picota horrible agarrotados, expirantes, sin voz, sin defensa, los maldice, los abofetea y los escupe. Figuraos un Veuillot, sin su ingenio y sin su estilo, y tendréis una imagen fidelísima del escritor evangélico. Babea sobre la literatura clásica, inspirada en el paganismo; confunde la democracia con la demagogia; llama frívola, y ligera, y calaveresca a la Francia moderna; niega toda autoridad a la razón y toda virtud al derecho; declara la ciencia contemporánea más asoladora que el cólera morbo; califica a la teología sentimental de rehabilitación de la carne; todo bajo la bandera del

más puro luteranismo, y con el propósito firme de restaurar la antigua religión. Y no le basta con la reacción religiosa; sostiene también la reacción política más insensata. Los mandamientos de Dios cometieron imperdonable olvido cuando mandaron honrar padre y madre, sin añadir igual respeto al rey y a la reina; porque para este piadosísimo cristiano, el rey y la reina son nuestros padres, nos han dado su sangre, nos han mantenido a sus pechos, nos conducen por la vida, y hasta nos aseguran la paz eterna en el seno de la muerte. Parécele incompatible tiranía orar por las Cámaras, según los preceptos de la Constitución y los rescriptos del rey, sobre todo por la Cámara popular, nacida del libre examen y de la revolución política; consagrada a regatear tributos al monarca y a encender pasiones en el pueblo; llena de reformadores, que son, al fin y a la postre, con toda su apariencia de sensatos, dementes demagogos. El clero luterano debía orar tan solo por la Cámara de los señores, por esos campesinos que traen la santidad del terruño, por esos caballeros feudales que mantienen la servidumbre de la gleba, por esos reaccionarios que adoran de rodillas la Santa Alianza, por esos luteranos que pegarían fuego en todas las Universidades a todos los simulacros de la diosa razón, y a todos los filósofos, sus falsos y corrompidos sacerdotes. La separación de la Iglesia y del Estado es el error de los errores. Los reyes necesitan de la Iglesia como del cielo donde el cetro se forja; la Iglesia necesita de los reyes, como de los ministros que le abren con sus varas y con sus sables el camino para la dominación material del mundo. Todos estos insensatos podían libremente entregarse a sus insensateces; renegar de la conciencia libre, sin comprender que renegaban de Dios; suprimir la libre voluntad, sin comprender que suprimían al hombre. Su rabia, su locura, sus negaciones de la luz, sus combates al progreso, su bárbara conjuración para oprimir y envilecer a nuestro tiempo, demostraba con qué razón, con qué derecho, con qué verdad había sostenido el siglo XVIII el salvador principio de la incompatibilidad absoluta entre las Iglesias tolerantes y las modernas libertades. He aquí la reacción espantosa contra la cual empiezan a moverse los espíritus liberales en Alemania.
Bosquejada la crisis religiosa que atraviesa el Imperio alemán, réstanos únicamente ocuparnos en los capitales hechos del mes transcurrido y casi finado. Para mí, el primero entre todos es la grande agitación democrática de los belgas, anhelosos por el sufragio universal. Bajo un ministerio retrógrado, en

todo el estado de reacción permitido por aquellas instituciones progresivas, los belgas piden la igualdad absoluta de derechos políticos, juzgada por muchos medrosos como un atentado a la fundamental y sacrosanta libertad. Las intensidades múltiples del deseo y opinión popular se conocen por las resistencias ciegas del Gobierno y de la política imperantes. No comprendiendo cómo el instinto de la muchedumbre adivina que su aspiración se cumple y su plan se realiza dentro del orden más completo y bajo la más escrupulosa legalidad, temían una revolución, según las precauciones decididas y las tropas consignadas, únicamente porque había el partido avanzado resuelto cierta manifestación solemne y pública en favor del sufragio universal. Si Alemania o Francia hubiesen violado la neutralidad belga, no se arma en la Nación y en el Estado ruido tan fragoroso como el que hase armado con motivo de la inocente procesión cívica. Disposiciones muy severas del ministro de la Gobernación; proclamas y órdenes muy alarmantes de los burgomaestres y demás autoridades, a cuyo cargo corre la conservación del orden público en Bélgica; llamamiento de las milicias nacionales acaso para detener con sus bayonetas el cielo que se debía venir abajo; concentración de tropas cual en víspera de guerra; todo esto y mucho más ha pensado el ministerio belga para conjurar los alardes inofensivos de un pueblo que reclama una intervención en el Estado, admitida por Francia, Suiza y España en sus leyes fundamentales. No había cosa que temer, pues, de aspiración popular tan legítima, expresada por un partido, el cual debía mostrar tanto empeño, como el Gobierno mismo, en la completa conservación del orden por indispensable a sus designios. Así llegó el temible día; los asustados pudieron ver con sus ojos y tocar con sus propias manos la inania de los recelos suyos. Unos cuatro mil hombres recorrieron las calles en orden de formación casi militar, y se dispersaron delante del palacio de la ciudad sin escándalos ni atropellos. Habían prometido pasar ante las ventanas del Monarca y ante los vestíbulos del Congreso; mas no realizaron tal intento. Lo crudo y horrible del tiempo, así como lo nevado y frío del suelo, contribuyeron a la general tranquilidad. El problema de todos modos está inscrito ya en la viviente realidad, y no podrá resolverse sino por la victoria del sufragio universal. Todas las ideas bien sembradas germinan, brotan, florecen y maduran. Entre tales agitaciones ha sobrevenido a la dinastía una inmensa desgracia: la muerte del príncipe Balduino, heredero de la corona belga. Hijo del conde de Flandes, y sucesor designado al trono por no contar con hijos varones el Monarca, los belgas han llorado su temprana muerte, atribuida por algunos maliciosos a triste accidente, muy análogo al que acabó con persona tan afamada como Rodolfo de Habsburgo. El Gobierno desmintió esta infundada especie; y el diario propalador de ella responderá de su embuste ante los tribunales de justicia. Pero seguramente la muerte del heredero de Bélgica reabre las heridas mortales que lleva en su corazón la dinastía del heredero de Austria. El emperador éste y el Imperio suyo atraviesan ahora supremas circunstancias. La Dieta central acaba de ser disuelta por un decreto, cuyas disposiciones adelantan de algunos días la muerte natural de tamaño Congreso. Mal, muy mal, ¡ay!, lo deja todo el Parlamento muerto al Parlamento futuro. Los años tan solo sirven para ir moviendo las discordias entre aquellos pueblos desafines que consumen su vida en perpetuos litigios de unos contra otros. Los irredentistas del territorio italiano, los tcheques del bohemio, los transilvanos y croatas del húngaro, los turcos del bosniaco, los ilirios y demás naturales del dálmata, los polacos del gracovio, los eslavones de todas partes, mueven un pleito a sus convecinos y convivientes por tal manera fragoroso, que no hay medio de oírlos y atenderlos, por el escándalo mismo que ellos promueven y levantan. En el confuso estado y situación de ahora, únicamente podemos pedir al cielo que no caiga sobre nosotros plaga tan horrible y desastrosa como la guerra. La censura infligida por el Parlamento italiano al Gobierno de Crispi, demuestra cómo Europa desea la paz y la libertad.

3. Marzo 1891

Estado triste de la política portuguesa. Despego de la dinastía británica con la dinastía lusitana. Exageradísimas pretensiones de los ingleses en Manicá. Patriotismo. Sus sobreexcitaciones en Francia. Temerario viaje de la emperatriz de Alemania a París. Daños y peligros de tan impremeditada peregrinación. Las relaciones entre la Iglesia y la República en Francia. Tacto exquisito de León XIII y patente claridad de propósitos. Confirmación solemne a las ideas de Lavigerie. Analogías entre las ideas católicas y las ideas republicanas. El movimiento religioso en Prusia. Explicación del hegelianismo cristiano. Papel que se reserva el emperador. Dimisiones de grandes dignidades eclesiásticas en Prusia. Su significación. Movimiento religioso en Inglaterra. Grandeza de ánimo en Gladstone. El nuevo ministerio de Italia. Conclusión

Aparece Portugal mucho más tranquilo en los días últimos, porque aparece Inglaterra mucho más conciliadora. El ministro Salisbury comprende cómo las mermas intentadas en el patrimonio lusitano y requeridas para compañías inglesas que preside un yerno del heredero de la corona británica, pueden descoronar a los Coburgos portugueses, con lo cual conseguiría tan solo traerse a sí mismo un grave cuidado y complicar más de lo que todavía está la difícil situación de nuestra Europa. No merece la paz doméstica del príncipe de Gales un holocausto de suyo tan cruento como esa inmolación de dinastía, muy próxima, por varias afinidades, a su propio trono. Aquí, en el Parlamento español, suele llamarse yernocracia de antiguo al conjunto de diputados, idos allí por el influjo de sus correspondientes suegros ministros, que desmienten de tal modo las generales supersticiones, empeñadas en descubrir guerras continuas entre tales géneros de agnados. Pues paréceme a mí cosa de poco momento las satisfacciones de un yerno, aunque sea para los ingleses yerno imperial, comparadas con el reposo de un pueblo, aunque sea para los ingleses pueblo ibero. Los protegidos no quieren verse abandonados por su poderosa protección; y se reúnen ahora en Londres al fin de revolver fuerza tan incalculable como la fuerza británica en contra de pueblo tan débil como el pueblo lusitano. Hasta el gobernador de la colonia del Cabo ha ido al palacio de Negocios extranjeros en demanda y requerimiento del criminal despojo. Un Imperio como el inglés, poseedor hoy de la desembocadura del Nilo, y poseedor del cabo de Buena Esperanza, los dos extremos del África, no puede conformarse con que interponga entre tales posesiones su cuerpo el viejo Portugal, y así como la toma del protectorado de Zanzíbar indica un gran paso en el proyecto de unir por medio de factorías el Cabo al Nilo, debe indicar otro gran paso la toma del territorio de Manica, hoy reclamado, y desde cuyos senos puede con facilidad aquistarse la codiciadísima desembocadura del Zambeze, objeto entre Portugal e Inglaterra de tantos y tan ruidosos litigios. Muy tentadores aparecerán tales proyectos a las ambiciosas miradas de un ministro tory, pagado del poder colonial de su nación, a cuyo aumento han cooperado, como por tradición y costumbre, las clases aristocráticas y conservadoras en aquel Imperio de los contrastes bruscos y enormes. Pero un átomo de territorio arrancado a Portugal es un mazazo destructor dirigido sobre la corona del Monarca; y un mazazo destructor sobre la corona del Monarca equivale a la fundación de tres o cuatro Repúblicas occidentales más; y tres o cuatro Repúblicas occidentales más no deben prosperar gran cosa los intereses de la excelsa monarquía de Occidente, la monarquía británica. Parlmeston procedió en su tiempo de otra suerte. Dondequiera que se levantaba una monarquía parlamentaria en el continente nuestro, allí estaba él con su intervención diplomática para combatir los dos grandes enemigos de Inglaterra, que son, a saber: el absolutismo, por cuanto Inglaterra tiene de parlamentaria, y el republicanismo, por cuanto Inglaterra tiene de monárquica. Fenómeno curiosísimo ciertamente que un rey tan rey como el férreo Guillermo de Prusia llevase ayer, mal de su grado, a Francia la República; y que una Monarquía tan tradicional como la monarquía inglesa la trajese a Iberia. Por tal consideración, debe dejarse ya Salisbury de acaparamientos que pueden salirle muy costosos. Y si el ministro debe proceder así por su parte, los portugueses por la suya deben proceder con grandísima cautela. Enardecida la juventud, exaltada la Universidad, minado el ejército, las gentes extremas en pujanza, la monarquía tradicional en decaimiento, una grande agitación por todos los ánimos, erupciones políticas por todas las ciudades, ejemplos como el del Brasil muy recientes, los temores a España muy disminuidos, tanto y tanto pródromo terrible, no convida, no, a las represalias y venganzas de un gobierno débil, que puede confundir los sacudimientos causados por el escalofrío de sus terrores con internas tensiones de su poder y de su fuerza. Por tal razón, todos reprobamos a una que un escritor como Emigdio Navarro sople soplos de ira sobre las personas exaltadas y encrespe tantas olas amargas y tempestuosas como allí braman al golpe de terribles y desatados huracanes. Jamás la política de persecución prosperó la fortuna de los perseguidores, jamás. Nada en el mundo social abona tanto las doctrinas contrarias al Gobierno y al Estado como las cenizas del martirio echadas por el Gobierno y el Estado mismos sobre sus gérmenes. Al partido republicano portugués le faltan, para subir como un organismo real y vivo a la superficie política, el combate y el dolor. Legión de pensadores, aparece hoy como un sacerdocio consagrado al culto y religión de lo ideal. Mas, para convertirlos en guerreros, no hay como destinarlos a mártires. El estado de sitio permanente, los consejos de guerra en actividad, las supresiones de periódicos, el apresamiento de publicistas, las denuncias y delaciones, no resultarán más eficaces que los potros, y los torcedores, y los tormentos, y las hogueras de otras edades, en que tenía el poder medios superiores de resistencia y no lograba ningún positivo resultado; pues la mayor parte de las ideas perseguidas han concluido por subir, triunfantes y soberanas, el trono de sus perseguidores. Lo que necesita Portugal en esta crisis gravísima que padece hoy, no es tanto presentarse a los ojos de la soberbia Inglaterra, comido por una lepra como el odio entre sus hijos, o destrozado por una epilepsia como la guerra civil, cuanto presentarse gobernándose a sí mismo con plena soberanía e imponiéndose por el tranquilo ejercicio de su propio derecho, que pide y necesita verdadera calma. El Gobierno y la dinastía no pueden exigir mucho de los demás, cuando necesitan ellos del olvido y del perdón. Mantengan la integridad territorial sin alardeos ridículos y sin desfallecimientos femeniles; prueben, asistidos por la calma de quien tiene razón, la verdad completa de su derecho; créanse mandatarios, y no dueños del pueblo portugués; dirijan por la delegación y confianza de éste, con arreglo al Código fundamental y a las demás leyes vigentes, aquella sociedad; arreglen su presupuesto y cuiden de su administración; prueben al mundo la sabiduría con que regentan las colonias, y estarán seguros del concurso de un pueblo dócil, ordenado, culto, pacífico, el cual solamente necesita que le respeten los de dentro el conjunto de sus derechos y los de fuera la integridad de sus territorios.

El sacrificio por la patria es un deber de cada ciudadano, y un deber irredimible y perdurable, porque a la patria se une desde la cal de los huesos hasta el verbo de los labios, y desde la cuna, donde como un ángel custodio sonríe a nuestro advenimiento, hasta el sepulcro, donde nos guarda por toda una eternidad en su amorosísimo regazo. Los pueblos despegados de su tierra y suelo, ¿a qué podrán ya en el mundo apegarse? Así no huelgan jamás las demostraciones patrióticas. Y como no huelgan jamás, paréceme una temeridad en el Gobierno alemán tolerar viaje tan provocador a tales manifestaciones en Francia, como el viaje a París de la emperatriz madre, unida por siempre a los que arremetieron últimamente con Francia y la desmembraron sin piedad. Dícele que la emperatriz ha ido por causas y razones de orden puramente familiar y doméstico: el ajuar de un palacio en construcción, y el deseo de que concurran los pintores franceses al próximo certamen germano hanla movido a esta peregrinación. Pero quien ocupa las cumbres altísimas del Estado por honor o por necesidad solamente, a la razón de Estado tiene que consultar y obedecer. Muy natural empeño, propio de una señora de su casa, ver con sus propios ojos los muebles fabricados en París, capital del gusto artístico aplicado a la industria, y ajustarlos regateándolos, que todos necesitamos, en la carestía hoy reinante, del ahorro; pero no justifica el pretexto la presencia de la Princesa en ciudad como París, quien todavía lleva las frescas cicatrices de las heridas abiertas por bombas, que lanzaran, si no las manos, las disposiciones y las órdenes del Príncipe imperial. Hay en ese viaje un desacato a Francia viva y otro desacato a la memoria del esposo muerto. ¿Pudo ir después del 48, una emperatriz de Austria con familia y séquito a Turín? De hacerlo, ¿no hubiera dicho todo el mundo que se proponía insultar a los vencidos en campos tan funestos como los de Sedán, y recordar la reincorporación al Imperio del Estrasburgo y del Metz de entonces, o sea, de Venecia y Milán? ¡La Exposición de pinturas y sus dulces emociones artísticas! No hay dulce y artística emoción que valga, cuando tratamos de otras terribles, como las promovidas por el combate, por el saco, por el incendio, cortejo infernal de las desmembraciones, a una conquista consiguientes. Los pueblos desmembrados y los pueblos oprimidos están en la obligación moral de aborrecer al conquistador y al déspota. El pueblo español aparecerá siempre como un modelo de los pueblos que saben pelear y morir por la tierra patria. Y este su heroísmo se halla mantenido en el horror eterno que le inspiran los Bonapartes. Hay una táctica, una poesía, un teatro, un arte, hasta una manera de hablar, nutridos por tan sublime horror. Cuando, tras cuarenta o más años de los combates horribles y titánicos por nuestra independencia, vinieron aquí el príncipe Jerónimo Napoleón, como embajador de su primo el entonces príncipe Luis Napoleón, o la princesa Murat acompañando a la emperatriz Eugenia, nuestro Madrid, sin faltar al decoro propio y a la cortesía debida con los ajenos, les mostró cuán viva estaba su memoria y cuán lastimado su corazón a las evocaciones hechas con sus dos visitas de tales dolorosísimos recuerdos. En Francia se corre hoy un peligro: el grave de que las correrías continuas del más o menos importante cortejo imperial por las calles, traigan un desagrado a la emperatriz; y este desagrado genere nuevas dificultades entre alemanes y franceses, tan enemigos y enconados. Algún que otro patriota exaltadísimo hase puesto a soplar los rescoldos y encender las llamas de pasiones ¡ay! nunca extintas. Poned a Deroulède coronando nuevamente la estatua de Estrasburgo y ofreciendo al mártir artista Regnault homenajes en otras condiciones, antes de su entrega increíble al nuevo César, y promueve una formidable manifestación en París, que acaso hubiera interrumpido las relaciones de los dos Estados contrapuestos, y quizá, quizá, quizá abierto la guerra. Molesta el célebre viaje tanto más cuanto que la emperatriz no se ha propuesto con él cosa ninguna y para cosa ninguna entró de rondón en Francia. Por opuestas razones, la emperatriz madre de Alemania desempeña un papel tan insignificante de suyo en la política de Alemania, como el que representa su augusto hermano en la política de Inglaterra. La emperatriz madre no pincha ni corta en Alemania, porque hay allí un emperador absoluto, y el príncipe de Gales no pincha ni corta en Inglaterra, porque hay allí un Parlamento nacional. Y, sin embargo, todo el mundo cree que late un misterio en todos los hechos últimos, en todos; en la desgracia de Crispi, tan batallador e imperioso, y su reemplazo por un ministerio de Ahorro y Economía; en la vuelta de Ferry a la política, muy partidario de inteligencia y paz perpetua con Alemania e Inglaterra; en el viaje a Petersburgo del Príncipe imperial austriaco, nacido para tener tarde o temprano una guerra con Rusia, y evitándola por todos los medios; en el silencio y apaciguamiento de los Principados danubianos, que hace dos meses no dicen palabra ni del regente de Servia, Ristich, ni del dictador de Bulgaria, Stambouloff, ni del divorciador monarca Milano, ni de la divorciada Natalia; en el celo con que Alejandro de Rusia se consagra desde su retiro campestre a procurar la paz y el celo con que Abdul de Constantinopla se consagra desde su áureo santuario a promover la industria; en la protesta unánime de todos los pueblos contra el armamento universal de todos los Estados; en el impulso que arrastra todos los ánimos a una reconciliación; en el sentimiento de la humana fraternidad, cada día más divulgado y manifiesto. Pero ¡ah! que actos como el tan deplorable y deplorado viaje, solo sirven a contrariar la obra progresiva que los espíritus superiores labran a una, sin curarse de las sonrisas burlonas con que los zahieren aquellos otros espíritus que se creen a sí mismos consumados y expertos. Habían ido los publicistas franceses al Congreso de las doctrinas socialistas en Berlín; habían ido los doctores al Congreso de las Ciencias médicas iniciado por el ilustre Virchow; habían ido los micrógrafos a las experiencias del sabio Koch y al estudio de sus linfas; preparábanse los artistas al certamen de bellas artes; cuando la emperatriz tan a deshora se presenta y detiene todo este impulso, consiguiendo una reunión de pintores franceses, en la cual por unanimidad se ha decidido la irrevocable abstención, a las reapariciones de recuerdos que relampaguean todos con siniestros y continuos relámpagos en las noches caliginosas compuestas dentro de nosotros mismos por las tristezas del alma. Si una inteligencia soberana como la inteligencia de Bismarck, si su brazo fuerte como el brazo de Moltke, si una omnipotente autoridad como la incontestable de Guillermo I, si una reserva como la consuetudinaria en los años últimos, si un sistema como el tan tristemente abandonado, si un principio claro y un objeto explícito la política germana tuviera, cual en días no lejanos, con seguridad no viéramos el espectáculo de un viaje así, cuyo sentido nadie adivina, cuyo resultado se reduce a retrasar la reconciliación entre dos pueblos, expuestos uno y otro al desagrado de hostilidades y desaires que solo evita la cultura indudable de los parisienses y los respetos debidos a una señora. Mas los alemanes tienen el entendimiento hecho de manera que todo lo ven al revés de como lo vemos nosotros con la vista propia de un entendimiento latino. Fuera del conato frustrado en la manifestación Deroulède no hubo en París ningún otro, y han tomado pie de tan fútil pretexto los diarios germánicos para dirigirse a Francia en términos descompuestos e insultantes. Esto de insultar a un pueblo vecino, cuando se halla en él uno entre los primeros personajes del pueblo que insulta, no sabemos cómo se llamará, de no llamarlo premeditada provocación al desquite severo, muy tentador de suyo en los enardecimientos de sangre naturales al herido e insultado. Así es que las palabras del periodismo alemán sobreexcitan a Francia, cuando todavía de Francia no se ha partido la huésped ilustre, pero provocativa y temeraria. ¡Deliciosa institución la Monarquía! Sus representantes álzanse a una con todos los privilegios y todos los provechos congénitos a estas instituciones de casta, y luego, al toque de sus conveniencias, pretenden pasar como particulares e irse por donde se les antoje, sin género ninguno de circunspección propia y sin miramientos a lo que significan en el mundo. La emperatriz viuda y madre tiene derecho a toda clase de respetos por su posición y por su sexo; mas debe también ella, o los que tal viaje le han aconsejado, guardarlos a gentes tan susceptibles como son siempre los vencidos. Pues qué, ¿no buscaba con mucha razón el emperador Guillermo [I], cuando entró vencedor en París, de Príncipe y de joven, allá con los aliados el año 14, un desquite a Jena y una venganza de los insultos a su madre inferidos por Napoleón el Grande? Consideremos el mundo, y procedamos con arreglo a lo que nos impone su reconocida complexión y naturaleza. Para convencerse de cómo anda todo, no hay sino ver que a mediados de mes hubiera sido más barata que a fines la excursión de S. M., pues no hubiesen bajado los fondos todos en las Bolsas europeas al preciso momento de la última liquidación mensual. ¿Quién le habrá podido aconsejar a la emperatriz un acto de tal género? Indudablemente (dicen) que la persona del embajador francés, y sin para cosa ninguna contar con el ministro de Negocios extranjeros en Francia. Pues no puedo explicarme tal error en persona tan lista sino por la explicación que doy a tantos errores como suelen cometer los emigrados respecto de la patria lejana y ausente, a espejismos dibujados en el horizonte o en los ojos por la separación y ausencia del suelo nativo. ¡Dios quiera sacarnos en bien del viaje de la emperatriz!

No podemos apartar de Francia nuestros ojos, pues diríase que lleva sobre sí esta inspirada nación los destinos de la humanidad. El problema que hoy priva más en Europa y más a la humanidad entera, cuando tantos y tantos surgen, resulta el problema de las relaciones entre su clero católico y su República liberal en pueblo tan eximio. Desde que pronunció un discurso republicano el arzobispo de Argel en banquete ofrecido a la Marina, y luego las músicas religiosas entonaron la Marsellesa, el debate sobre la doctrina y la conducta del clero en sus relaciones con el Gobierno republicano, a la verdad no tiene tregua, pues el ánimo y el espíritu estarán en tensión indudable, hasta las completas y definitivas soluciones. Así no conozco pregunta que tanto se haya repetido como la que interroga, si el Papa esta con las declaraciones republicanas del arzobispo Lavigerie o contra. Abrid cualquier periódico y las encontraréis a cada columna repetidas. Los impacientes y los nerviosos quisieran una respuesta clara, como la que pudiese dar un publicista de cualquier parte a un examinador e interrogante de cualquier calidad y origen. Desconociendo la soberana prudencia del Vaticano; aquella circunspección propia de quien goza un poder moral tan enorme y puede contraer una responsabilidad histórica tan duradera; el respeto guardado por todos los sacerdocios a todas las tradiciones, hurgan muchos a León XIII, para que declare con declaración paladina, sin ambages y sin reservas, como si el Pontificado no tuviese consideraciones que guardar, él, tan por todos considerado, cuál decisión toma y cuál sentencia dicta. Pero el Papa, muy reservado, en cumplimiento de sus deberes y en observancia de su tradición secular, dice lo relativo a política y a su desarrollo con una extraordinaria mesura. Y lo dicho por él basta para sondear hasta el fondo último de su pensamiento que parecía insondable. Dadas las relaciones entre los Estados modernos y la Iglesia católica, tendentes de antiguo a formar como los órganos de un solo cuerpo con el trono y el altar, una indicación dividiendo los intereses pontificios de los intereses políticos basta para la nueva orientación de las sociedades modernas y para el comienzo de una inteligencia verdadera entre la fe cristiana y la libertad democrática. Repugnando el Papa unir la suerte del Catolicismo a la realeza, rinde al progreso un homenaje tan profundo y le presta un servicio tan grande que no puede pedírsele más en este período, sino por quién ignore la naturaleza y el ministerio de institución tan alta como el Pontificado. Así, un hormigueo de continuas peregrinaciones dirige sus pasos a Roma en busca de la correspondiente aclaración, La necesitan hoy con mayor imperio los católicos que se han republicanizado y la piden a una con mayor urgencia. El político heredero de la gloriosa tentativa iniciada por Raoul. Duval para unir los conservadores franceses con la República vigente, M. Piou, hase ido a Roma y recabado con fortuna del Papa un prudente comentario a las palabras pronunciadas por Mons. Lavigerie confirmativo de la propensión del Pontífice a las instituciones republicanas. En cuanto se ha sabido esto, el monarca honorario, Felipe de Orleáns, ha enviado un orador tan aristócrata, como Haussonvile, con los rayos de la excomunión apercibidos para fulminarlos a una sobre todos los conservadores monárquicos y católicos capaces de cualquier veleidad republicana. Pero Piou ha respondido con arrogancia que no puede ligarse la Iglesia, la propiedad, la familia, la religión, los intereses de la estabilidad social a forma de gobierno, tan destruida en el suelo francés como la forma monárquica. Y vista semejante insistencia, escudada tras nombre tan prestigioso cual el nombre de León XIII, ha ido el señor obispo de Angers al Vaticano, so pretexto de una visita episcopal y de liturgia, pretexto que no ha colado en

Europa, pues acaba de ver al Papa, y, no obstante la prudencia y la reserva eclesiástica, el malhumor de tan combatiente Prelado ha trascendido a todas partes y determinado innumerables comentarios. Freppel se distingue por sus arrojos de combatiente. Dentro de las conveniencias religiosas, a que no falta nunca, paréceme un Casagnac: verdadero con báculo y mitra. Esta complexión guerrera crece por fuerza en su cargo de diputado, que le obliga y constriñe a perdurable lucha. Y en las diarias luchas pierden hasta los más serenos ánimos el sentido de lo justo. Así el gladiador no ha podido comprender cómo el Pontífice no ha bajado a su arena. Y no ha bajado, por absorto en la serenidad celestial, propia de su ministerio altísimo. Hasta la duquesa de Uzes, la célebre captadora de Boulanger, ha ido a Roma, quizá en la seguridad completa de que puede la tiara venderse como en tiempo de las Marozias. Pero el Papa no es Boulanger; y se ha resistido al áureo prestigio de la célebre compradora, no obstante llegarle por mil conductos cómo se aperciben los monárquicos franceses a mermar su dinero, el dinero de San Pedro mejor dicho, si bendice la trilogía sublime que forman la libertad, la democracia, la República. Solamente a quien desconozca por completo el enlace de una idea con otra en la serie lógica del desarrollo dialéctico de todo sistema, puede maravillarle que, dentro del Catolicismo, se haya encontrado, como natural consecuencia, la República. Un Evangelio como el nuestro, dictado a favor de todos los oprimidos; una vida y una muerte como la vida y la muerte del Salvador; unas indignaciones como las fulminadas por los profetas sobre los tiranos; aquel sermón de la montaña tan sublime; los acentos republicanos del Magnilicat; los coloquios de Cristo con la Samaritana en favor de los derechos del espíritu a sus creencias religiosas; la confederación democrática, compuesta por los obispos frente a los bárbaros; el combate con los poderes monárquicos durante siglos y siglos; la igualdad y la fraternidad naturales al Cristianismo, traen consigo tal acerbo de pensamientos y de afectos propicios a la República y a la democracia, que no pueden menos de cuajarse por necesidad en verdaderas instituciones. Así como trajo la sinagoga el Evangelio sin quererlo y sin saberlo, el Evangelio ha traído a su vez la República. Por consecuencia, nadie se ha extrañado menos que yo, iniciador de la reconciliación entre la Iglesia y la democracia desde las alturas del gobierno un día, nadie se ha extrañado menos que yo del asentimiento publicado por los periódicos del Pontífice a las ideas de su hermano en la Iglesia ecuménica el cardenal y arzobispo Lavigerie. Lo que traen, así los movimientos de las ideas creadoras como los movimientos del tiempo eterno, jamás podrá evitarse por género alguno de sofismas.

Esta especie de agitación teológica saludable se nota en los pueblos protestantes también; y para enterarnos debemos ver lo que pasa en Alemania e Inglaterra. Las disposiciones tomadas por el emperador en materia religiosa, desde luego revelan en él un propósito de poner en ejercicio sus facultades varias de supremo jerarca sobre su Iglesia, cual ha puesto las de generalísimo sobre su ejército y las de César sobre su Imperio. No hay mucho que calcular para presentir con cuál terquedad el joven César luterano defenderá la Iglesia ortodoxa, la Iglesia unida, tal como su ilustre bisabuelo, el heredero inmediato de Federico II, la ideara en sus combinaciones religioso-políticas. Un proceder así está en sus antecedentes, en su historia, en sus compromisos, en todo cuanto se halla por naturaleza propia, por atavismo, a su persona vinculado, según mil varias y diversas con causas. Guillermo II nunca se desasirá de la ortodoxia. Mas, aunque la ortodoxia protestante pueda llegar en la reacción política tal vez allende la ortodoxia católica, en todo cuanto al dogma se refiere, admite una latitud completamente desconocida en el catolicismo, cuya rigidez canónica y dogmática nada puede poner en duda. El inmenso trabajo metafísico iniciado en Leibnitz y concluido en Lotze y Hartmann, compenetra la Iglesia oficial misma de su espíritu, y le sugiere, así para la Exposición del dogma cristiano como para la historia del desarrollo suyo, una multitud incalculable de ideas, bien comprensible dentro de la fluidez, y de la variabilidad, y de la grande amplitud naturales en la Reforma. Imposible pasar almas como el alma de Kant, Fichte, Schelling y Hegel, sin que tal paso por la mente nacional deje de trascender a todas las manifestaciones sociales. Kant y Fichte, puros metafísicos, tenderán a comentar la religión natural más que la religión positiva; pero Schelling y Hegel, que llevan su idealismo el primero al Universo, el segundo al Universo y a la Historia, tratarán de comentar y explicar hasta el cristianismo por su sistema. Hegel, además de metafísico, de naturalista, de historiador, se mostró teólogo tan admirable como admirable maestro en estética. Tal pensador no podía menos que tener extraordinarios discípulos, y estos discípulos habían de ingerir su pensamiento en el mundo luterano eclesiástico. Las exageraciones de la escuela ortodoxa llevaban por necesidad los ánimos con verdadero impulso hacia las escuelas filosóficas. Ninguna tan dominante entonces como la escuela hegeliana. En su afán de constituir una síntesis, dentro de la cual cupieran todas las manifestaciones de la actividad, Hegel acepta la religión como fase necesaria del espíritu, como instante preciso en el total desarrollo de la idea. En este concepto servía su sistema a los teólogos. Pero la religión, superior al arte en la teoría de Hegel, es inferior a la filosofía. En este concepto servía poco, muy poco, el sistema hegeliano a los teólogos protestantes. No era posible que las almas piadosas admitiesen, como manifestación más digna de fe, más pura, más luminosa, la ciencia humana, que las revelaciones tradicionales de Dios. Y los excesos de la escuela teológica habían sido tales y tantos, que el sentido general se refugiaba, huyendo de ese dogmatismo asolador, en el seno de la filosofía, donde a lo menos el aire de la libertad volvía a refrigerar y templar las almas. Uno de los teólogos más eminentes de este tiempo y de esta tendencia era Daub. Y Daub se extasiaba, primero ante la contemplación de las fórmulas kantistas; de su imperativo categórico, dictado por la conciencia como ley suprema del deber; de su pura subjetividad, donde el individuo recababa para sí todas las libertades internas; de su severa y austerísima moral; de su Dios, enterrado en las frías eminencias donde la razón pura se aísla, y resucitado luego en los hondos valles de la realidad, en la razón práctica; y desde la filosofía crítica se precipitaba de un salto, como tocado de vértigo, en el inmenso océano del idealismo objetivo; en su vida embriagadora, en su naturaleza exuberante, en su magnetismo misterioso, en sus corrientes eléctricas, en su gigantesca flora de ideas, en su intuición sobrenatural, en sus milagros y en sus revelaciones; para irse después, como cansado de todo reposo, como repulsivo a toda constancia, hacia el hegelianismo y sus viajes eternos desde el ser primitivo a la idea pura, desde la idea pura a la dialéctica, desde la dialéctica a la naturaleza, desde la naturaleza al Estado, desde el Estado, que se desarrolla en mil formas y que vive en innumerables siglos, al arte, que pone el Universo material sobre la conciencia en el Oriente, que armoniza el espíritu y la materia en Grecia, que eleva el alma sobre la naturaleza en el mundo moderno; y pasa de allí a la religión, y de la religión a la filosofía, siempre bajo una ley de contradicción, la cual engendra abiertas oposiciones, para resolverlas en síntesis y trinidades sublimes; hasta llegar por fin a la plena conciencia de sí misma, siendo la idea, por esfuerzos sobrehumanos y por desarrollos sucesivos, eterno y absoluto Dios. Marheineke es el gran teólogo de la escuela hegeliana; lucha por consecuencia contra todos los extremos, así contra aquellos que se entregan, retrocediendo, al idealismo objetivo; como contra aquellos que caen por completo en los excesos y en las violencias de la extrema izquierda hegeliana. La ciencia es el desarrollo lógico de la idea en sí; la teología, por consiguiente, a su vez, el desarrollo lógico de la idea como Dios. La idea de Dios no es una pura representación de Dios, no es un puro espejo donde Dios se refleja: es Dios mismo, inmanente en el alma del hombre. La idea de Dios no comienza a tener conciencia de sí misma, sino cuando un objeto exterior a ella la solicita fuertemente a definirse, a concretarse, y este objeto es el Evangelio. De aquí la revelación, a la cual se somete ciegamente la idea recién nacida, como el niño se somete a su madre. Y de la revelación, tenida por sobrenatural, proviene la fe ciega y obediente; pero esta fe primitiva, esta creencia ciega, es el borrador primero del conocimiento y el grado más elemental de la idea. No hay certidumbre verdadera sino en el momento en que el objeto de la fe se reconoce por la filosofía, como idéntico y uno con el contenido de la conciencia subjetiva. La dogmática es la fe comprendiéndose a sí misma. Así como la conciencia de Dios no se revela en el hombre, sino por la tesis y la antítesis, la dogmática no se presenta sino en forma de contradicción. Pero como todas las contradicciones se resuelven al cabo en verdaderas armonías, el descubrimiento de estos principios está llamado a reconciliar todas las iglesias. La división del sistema se explica por estas premisas filosóficas. En su desarrollo lógico, la idea divina «Dios» se concibe primero como sustancia absoluta, y por consiguiente impersonal. Así el ser de Dios y sus atributos constituyen la parte primera de la teología dogmática. Distinguiendo en seguida de este espíritu absoluto aquel espíritu que lo piensa, que lo ama, que lo adora; la dogmática, en su segunda parte, trata del Hombre-Dios, revelado en su Hijo. La idea divina rompe en Cristo su forma subjetiva, y se eleva, sin dejar de ser individual, a universal, como Cristo, sin dejar de ser hombre, llega a ser Dios; hasta que el espíritu adquiere plena y definitiva conciencia de sí mismo en el seno de la Iglesia. Y la ciencia de la Iglesia forma la tercera sección de la dogmática. Si el hombre se niega a sí mismo la posibilidad de comprender a Dios, niega en el mismo hecho a Dios, puesto que el pensamiento del hombre no es otro sino el pensamiento del Creador. Dios es comprensible. El conocimiento de Dios se llama religión. La historia religiosa es el desarrollo del trabajo empleado para llegar a la idea de Dios, y el desarrollo del trabajo empleado por la idea de Dios para llegar a su vez a la plena conciencia de sí misma. La religión cristiana es la religión definitiva; porque en ella el espíritu llega a la plena evidencia de ser en sí mismo absoluto. Como la idea de Dios es Dios concibiéndose a sí mismo, no puede haber otra prueba de la existencia de Dios, sino esta idea misma, Dios es pensamiento. Y como el pensamiento es idéntico al ser, Dios es el ser. Sus atributos se refieren a la substantividad, al Padre; a la subjetividad, al Hijo; y a la beatitud, al Espíritu Santo. La creación es eterna, incesante, sin ningún género de interrupciones, ni eclipses, necesaria, porque sin ella Dios no sería más que una abstracción. El objeto de la naturaleza es revelar Dios a Dios mismo. Idéntica a lo absoluto en cuanto a su esencia, diversa en cuanto a su individualidad; el alma humana es la imagen de Dios. La identidad, que confunde el espíritu finito con el espíritu infinito, como el feto está confundido con el vientre de su madre, constituye la inocencia o el estado inconsciente. El espíritu se distingue pronto en subjetivo y en objetivo, y por consecuencia se distingue de Dios. Y el individuo llega pronto al egoísmo, y somete el mundo a sus goces. De aquí el nacimiento del mal. El pecado tiene su raíz en la naturaleza del hombre. El pecado es primero original, vicio inherente a nuestra naturaleza. El hombre no puede existir sin Dios, ni Dios sin el hombre, porque lo finito necesita de lo infinito, y lo infinito de lo finito. Dios y el hombre son eternos. Dios es esencialmente Dios Hombre, y el hombre es esencialmente Hombre-Dios; y las religiones no tienen más objeto que divinizar al hombre y humanizar a Dios. El Cristianismo es la síntesis absoluta de lo finito y de lo infinito. El Cristo histórico es la realización del ideal divino en una individualidad humana. Todo por el mundo, nada para sí propio, es su divisa. Así domina todo instinto, borra todo pecado, sujeta toda pasión, y es el centro luminoso de la Historia. Cristo se llamará siempre nuestro Redentor, porque nos ha mostrado con el ejemplo de su vida y de su muerte que es posible llegar a la santidad. Su vida es la realización de la virtualidad de justicia existente en la naturaleza humana. Dios se descompone en trinidad y se recompone en unidad. El individuo muere, pero la personalidad es inmortal, y de grado en grado de perfección subirá hasta Dios. Tal aparece a los ojos de la posteridad el pensamiento religioso de Hegel, encaminado a reconciliar el Cristianismo con la filosofía. Este pensamiento se hallaba representado en la Iglesia germánica por quien parecía con mayor derecho a representarlo, por un hijo del gran Hegel. Presidente del Consistorio de Brandemburgo, núcleo de la monarquía en Prusia, ocupaba lugar eminentísimo y propio para influir sobre la conciencia de sus conciudadanos e impeler las ideas religiosas hacia los ideales de su padre. Y no ha dimitido tan solo este personificador de la idea filosófica-cristiana, también ha dimitido quien personificaba otra más ortodoxa tendencia, también ha dimitido Hermer, presidente del Consejo superior de la Iglesia unida en Prusia. Esta unión de las dos Iglesias protestantes, predicada por el ilustre orador Scheleimaker, más para hecha por medios morales, hízola de golpe y porrazo un rey tan extraño, como el heredero de Federico. Supremo jerarca de todos estos institutos religiosos, nacidos unos de la tradición y otros de la Historia, es el joven Guillermo, por lo que intenta con reflexión tenerlos a todos bajo su poder y dirigirlos según su guisa. La Iglesia protestante no adolece del absolutismo que su imperial Estado en Alemania. Bajo un régimen parlamentario vive, pues Parlamentos deben llamarse aquellos consistorios formados de pastores evangélicos y de cristianos laicos. Tal composición trae una muy natural consecuencia, el combate continuo entre ambos factores, propenso el uno al acrecentamiento de la influencia eclesiástica y el otro al acrecentamiento de la influencia civil. Hegel ha tendido siempre a la reacción luterana, renegando así del Cristianismo humanitario que su padre difundiera, con lo cual, no solamente ha olvidado una gran idea, sino que también ha olvidado su gloria personal y el brillo de su ilustre familia. Metido en tal empeño, tiende a incapacitar a los pensadores progresistas, por grandes que parezcan, para el ejercicio y profesión de sus cátedras. El ilustre historiador de la filosofía griega, Zeller, que ampliara las maravillosas ideas de Hegel en esta materia tan sublime y alta; Welhausen, el historiador de Israel, no han encontrado piedad a sus ojos. Ha llevado el hijo su descastamiento al extremo de regalar la mesa en que su ilustre genitor, a quien debiera nombre y vida, escribió dos monumentos de la ciencia humana como su Estética o Filosofía de las Artes y su Fenomenología del Espíritu. Por eso la dimisión suya y la dimisión del cómplice que le ayudaba en impeler atrás las ideas religiosas de Alemania, muestran cómo hasta la fe cristiana hoy atraviesa una crisis en el

Imperio, y cómo todos los alemanes en todos aquellos territorios, o algo temen, o algo esperan de su emperador. Cuando éste arenga, con una elocuencia semi-pajarera, en discursos entre pretorianescos y místicos, a los caballeros feudales de Brandemburgo; cuando, a guisa de Parsifal o de Lohengrin, como si estuviese por Dios destinado a guardar el Santo Graal, el misterioso cáliz en que beben los ángeles del cielo, pronuncia tocatas wagnerianas en los oídos muy abiertos de los mílites a la teutónica orden adscritos como los cachivaches de antaño a los museos arqueológicos, creeríaisle un aparecido y evocado por impenitente reaccionario; mas así que despide al energúmeno anti-semita llamado Hæker, o constriñe para que presenten su dimisión de altísimos cargos religiosos a Hegel y a sus cómplices, lo tomaríais por un innovador y un revolucionario. ¿Qué es? Averígüelo Vargas.

Todas estas agitaciones religiosas demuestran que no está el mundo moderno tan alejado de lo ideal como creen algunos torvos o extraños pesimistas. Lo que nunca perdonaré yo a muchos pensadores contemporáneos es el empeño insensato de sostener y propagar el ateísmo. Desconfiemos de todos aquellos sistemas que suprimen adrede, y por prejuicios y preocupaciones verdaderamente sistemáticas, ora la razón, como quieren los místicos exagerados, ora la intuición, como quieren los exagerados racionalistas; ya la fe viva en lo sobrenatural y divino, ya los arrobos y los éxtasis de la poesía y del arte. La verdad es que, mientras el filósofo en sus abstracciones y en sus apotegmas niega la necesidad imprescindible del sentimiento religioso, los corazones heridos por la muerte de los seres amados buscan más allá del sepulcro esperanzas y consuelos inenarrables; los arquitectos erigen templos y altares, donde van a cuajarse aquellas lágrimas y aquellos lamentos, brotados de nuestros dolores eternales; los pintores trazan esas vírgenes revestidas de la luz increada y ceñidas de inextinguibles estrellas, que guardan en su mirar extático nuestras nostalgias celestes; y los músicos y los poetas llenan el espacio inmenso que se dilata entre las miserias nuestras y lo infinito misterioso con himnos, a cuyas cadencias el movimiento de nuestro corazón se acelera, el vuelo de nuestra inteligencia se agranda, y nosotros, gusanos del estiércol, infusorios perdidos en el llanto, generados por la corrupción, puestos bajo el dominio de la muerte, nos creemos ángeles descendidos del cielo por misteriosa manera, y al cielo destinados por una sublime transformación de nuestra contingente naturaleza. La razón pura podrá decirnos que el paso de los seres contingentes al ser necesario sería un salto mortal de la imaginación más que una deducción lógica del entendimiento; que la existencia de una idea en la mente no supone su realidad en el espacio, y, por lo mismo, la perfección aparecerá como un arquetipo del alma, cuya existencia espiritual no implica la existencia real de un ser absoluto y perfecto; que las armonías y el orden reinantes en el Universo no suponen la conclusión racional de un Supremo Hacedor omnipotente, incomprensible a todas nuestras especulaciones e indemostrable por el estrecho criterio de nuestra experiencia: mientras meditamos absortos en una larga meditación sobre todos estos argumentos, álzanse los ojos al cielo estrellado, ábrense los oídos al coro de las aves, sube la idea en raudo vuelo al círculo de las esferas luminosas, el dolor nos trae a los labios amargados la oración, el sepulcro nos comunica la esperanza de nuestra inmortalidad; y el Dios, negado por la razón abstracta en sus apotegmas teóricos, ¡ah! surge como un Sol místico, esclareciendo y avivando todos los seres a una en el Océano infinito de la vida. Naturalmente, Dios no es demostrable, porque no hay verdad ninguna que pueda contener en sí esta verdad suprema y eterna. Mas ¿por ventura no hay en las ciencias mismas cosmológicas, en las ciencias exactas, mil principios verdaderos que no pueden por prueba ninguna vigorosa obtener una demostración? Las ciencias matemáticas, las ciencias más exactas, se fundan sobre teoremas conocidos con el nombre de postulados, los cuales son de una evidencia irrefragable al par que de una demostración imposible. Demostradme por algún medio esta verdad evidente, a saber: que las líneas paralelas no podrán encontrarse jamás ni en lo infinito. Demostradme otra verdad, que dos líneas no cerrarán una superficie. Tronáis contra la metafísica, y en todas partes, y a cada minuto habréis de tropezar en la metafísica. Vuestra ciencia tiene por principal principio el átomo, y el átomo no se ve ni se toca en punto alguno del espacio y en instante alguno del tiempo. Habláis de la fuerza y de la materia, cuando la unión entre vuestra materia y vuestra fuerza resulta de suyo tan inexplicable como la unión de mi alma con su cuerpo y de mi planeta con su Dios. Decís alcanzar todos los misterios de la fisiología, y no alcanzáis la razón de que la imagen invertida en la retina rectifique tal inversión en el nervio llamado por antonomasia óptico. Está vuestro universo material tan rodeado de misterios como el Dios de mi conciencia y de mi alma. Por eso admiro yo tanto las grandes almas, como el alma de Gladstone, adscritas a una creencia religiosa, y dentro de su creencia personal abiertas a la tolerancia cristiana. La proposición presentada por el gran orador pidiendo a la Cámara de los Comunes que pueda ser un católico gran canciller en Inglaterra y visorrey en Irlanda, honra su nombre. Pocas religiones tan del Estado como la religión anglicana. Intereses políticos, voluntariedades regias, pasiones varias, y hasta misterios de alcoba, cambiaron allí la Religión católica en religión denominada con fundamento anglicana por su carácter exclusivamente insular y británico. Enrique VIII produjo lo que llamaban la cisma de Inglaterra nuestros padres, para poner la primacía de su persona sobre los Papas y sobre los cleros, así ortodoxos como heterodoxos. A virtud y eficacia de tal pretensión, castigó con pena de muerte a dos católicos y dos protestantes, audaces hasta negarle su eclesiástica primacía; solo que ahorcó a los protestantes y quemó a los católicos. Tal resultaba la iglesia de Inglaterra, que seguía las mismas oscilaciones del Estado. Reinó Enrique VIII, y la iglesia fue anglicana; reinó Eduardo VI, y la iglesia fue protestante; reinó María Tudor, y la iglesia volvió al dogma católico; reinó la hija de Ana Bolena, y la iglesia recayó de un modo definitivo e inapelable ya en la ortodoxia luterana, conservando siempre cierto carácter nacional, y esgrimiendo, según la exigencia de su propio interés, persecuciones horribles. La monarquía ejerció, pues, un tal pontificado en Inglaterra, que con su amor a la legalidad, el cual hízola llegar hasta recibir como rey al hijo de su víctima ilustre, al vástago de María Estuardo, no pudo consentir en su trono a la tercera generación de príncipes católicos, y buscó en una revolución príncipes protestantes, aunque fuesen extranjeros. Por esta serie de tradiciones me parecen de suyo tan excelsos todos cuantos estadistas se han sobrepuesto a las fuerzas oficiales, mantenedoras de los antiguos privilegios anglicanos, y los han abierto al espíritu y al viento de la libertad. La última proposición de Gladstone corona un edificio bien gigantesco, la supresión de aquella iglesia protestante que llevaba la católica Irlanda, como la marca de una esclavitud, cuyos últimos eslabones romperá el divino Viejo, por un favor providencial bien justo y bien merecido, antes de su muerte. Precisa esperarlo del Dios de la libertad. Así nos lamentamos todos los liberales a una de que el convenio entre las dos fracciones irlandesas entre sí mismas y con Gladstone acaba de romperse por la terquedad invencible de Parnell, empeñado en guardar su jefatura, bajo la cual el partido irlandés no puede, no, dejar primero de escindirse y luego disolverse. Teme el emperador estadista que lleguen los celtas en sus retrogradaciones futuras, a creerle víctima de un atavismo irremediable, que le condena, como nuevo Edipo, a, por un salto atrás de su aristocrática sangre inglesa y de su fe viva y protestante, revolverse contra la tierra y contra la gente celtas. Tal como se va en esta ocasión poniendo el desvariadísimo, delátase a sí propio de un crimen imperdonable, de poner su jefatura personal sobre la libertad y sobre la patria. Su horror a Gladstone, al admirable redentor de Irlanda, no puede comprenderse y explicarse hoy, sino por la dureza del corazón y de la memoria que se llama en todas las lenguas con el odioso nombre de infame ingratitud. Mal momento ha escogido el irlandés para herirle. Jamás un estadista se levantó a tantas alturas morales como ahora Gladstone. El discurso último en defensa de que los católicos lleguen a dos dignidades que les vedan leyes y costumbres, a cancilleres de Inglaterra y Visorreyes de Irlanda pasa en estos instantes por todas las grandes almas europeas como un soplo del cielo. Parécenos que las palabras de humanidad, vibrantes en aquellos labios inspirados; las invocaciones en pro del derecho de los que fueron seculares contrarios a su Iglesia; la idea de justicia brillando sobre las conveniencias y las utilidades pasajeras; todo ello, expresado en lengua digna de los profetas antiguos y contenido en obra de arte inmortal, resplandece como una idealidad y resuena como un himno, a los cuales nuestra especie se transfigura y asciende un grado más hacia la posible perfección. Y cuando tantas furias de intolerancia se desatan por todas partes, aquí en España los obispos católicos fulminando sentencias de proscripción sobre los que quieren aliar la democracia con la Iglesia; en Rusia los legisladores volviendo sus códigos al horror de la Edad Media; en Francia los republicanos creando una especie de Jacobinismo intransigente y ortodoxo; en todas partes los antisemitas destruyendo la igualdad sobre las conciencias y empujando atrás la sociedad; palabras como las dichas por el orador excelso, bajo las bóvedas sublimes de aquel Parlamento sacro, tráennos consuelos a los dolores presentes, muy necesarios en la tribulación, y esperanzas en que las generaciones por venir jamás destruirán la obra religiosa nuestra de libertad y de paz.

Así, nos place mucho ver en Roma un gobierno que no sea, ni tan por extremo anti-francés, ni tan por extremo anti-clerical, como el gobierno de Crispi. Las relaciones del nuevo presidente con la derecha le prestaban cierto aire de retroceso, repulsivo a nuestra conciencia, y le teñían de cierto matiz muy conservador, nada grato a nuestra vista. Pero se notan dos propensiones en su política muy plausibles, y a las cuales un verdadero demócrata liberal tendrá que prestar todo su concurso. La propensión al desarme y la propensión al ahorro merecen universal aplauso. Yo conozco muy bien la grande autoridad necesaria en los llamados a emprender obra tan extraordinaria y excelsa. Yo conozco muy bien las aptitudes que para desempeñar un ministerio hay en Rudini, y sus deficiencias para personificar toda una situación. Mediana oratoria, mediana riqueza, mediana política, mediano carácter, decía de Rudini un diario del Piamonte. Pero, ¿quién sabe si todas estas medianías concluirán por componer un verdadero estadista, como varias candelas concluyen por componer un cirio pascual? Rudini está rodeado por hombres de verdadero mérito. Si el senador Ferrari, ministro de justicia, octogenario, reemplaza con desventaja en el ministerio a un repúblico del valor de Zanardelli, en cambio Luzzatti representa la ciencia económica de su tiempo, Villari la ciencia histórica, Nicotera la tradición liberal, catedrático en Universidad, como la de Padua, tan gloriosa, Luzzatti, de origen semítico y de religión judía, logra la gloria de representar un triunfo más de la tolerancia religiosa, por ser el primero entre los de su fe y sangre que llega en el pueblo italiano a las alturas del gobierno. Muy experimentador, el estado social de su patria le debe muchos cuidados, y los libros que sobre tal punto ha escrito le granjean mucha consideración. Así procurará iniciar el nuevo régimen social, un régimen que huya de la guerra y prospere a conciencia el trabajo. Únicamente hallo a su breve administración esta falta, que denuncio como la veo, su empeño en robustecer y aumentar contribución añeja, tan desmoralizadora de los pueblos meridionales, como la triste lotería. Pero, con esto y con todo, Luzzatti será un buen ministro de Hacienda. También lo será bueno de Instrucción Villari. Yo he leído mucho sus libros y admirado mucho las enseñanzas en ellos contenidas. Casualmente ha estudiado con esmero dos personajes tan opuestos y tan extraordinarios como aquel Savonarola que intentó fundar la República de Cristo, y aquel Maquiavelo que intentó fundar la Monarquía de Satanás. En el aire y en el suelo, y en los monumentos, y en los recuerdos italianos hay mucha política que recoger y muchas revelaciones que mirar. El primero entre los dones de familia nacional tan excelsa resulta la destreza, que pide siempre una ejemplar prudencia. Y si se necesita esta virtud en grado sumo al objeto y fin de cambiar sin sacudimientos peligrosos la orientación del espíritu italiano, muy desorientado hace tiempo, servirá también a esta obra el prestigioso Nicotera. Un poco violento, como Crispi, a la postre, sus violencias propias le han golpeado y herido más a él que a todos aquellos contra quienes las asestara. Vuelto al poder tras larga experiencia, tendrá Italia en Gobernación un ministro experto. Bien lo necesita, pues vanle faltando sus hombres más eminentes. La muerte de Magliani abre un hueco en la Cámara que pocos podrán rellenar. Habiendo hecho conversiones cuantiosísimas, abolido el curso forzoso del papel-moneda, manejado incalculables tesoros, ha muerto muy pobre; y la nación le ha pagado sus virtudes y su ciencia en unos esplendorosos funerales. Volvemos a decirlo: Italia, como Europa, no puede salvarse ya sino Por estos tres lemas: libertad, economía, desarme. Cuando veamos la realización completa de tal trilogía, nos moriremos en paz.

4. Diciembre 1891
Muerte del emperador don Pedro II. El obispo esclavón Strossmayer y su renuncia. Ministerio histórico de los paneslavistas. Peligros de la prepotencia rusa en el mundo. Las cuestiones económicas y las cuestiones religiosas en Francia. El pueblo católico y la República francesa. Estado interior de Italia. Debates acerca de la política nacional en el Parlamento italiano. Diferencia entre Italia y Francia en sus relaciones respectivas con el clero. Conclusión
La dinastía de Portugal se ha extinguido. El postrero de los Braganzas ha bajado al sepulcro. Un enfriamiento, complicado con diabetes crónica, lo ha concluido. Fue una tarde húmeda y sombría desde Saint-Cloud a Versalles el emperador don Pedro, y la llovizna glacial, conocida en la lengua nuestra con el nombre de calabobos, penetrándole hasta los huesos, le produjo una fiebre terminada por el eterno frío de la muerte. Si abrís los periódicos, y consultáis sus juicios respecto de don Pedro, hallareislos extremadamente lisonjeros. Había nacido el difunto en tierra tan republicana por su complexión social, que parecía un demócrata con corona, empeñado en que le perdonaran la necesi-

dad impuesta por su nacimiento de llamarse monarca; y de ahí una cierta boga entre los escritores europeos, aquejados todos en su educación histórica de fetichismo realista. Y digan cuanto quieran, don Pedro, allá en sus adentros, conservaba todos los humos regios connaturales a príncipes de su estirpe, y no consentía el menor olvido, así de sus títulos como de su prosapia, ni el menor descuido en el debido tratamiento. Lo confieso, costándome trabajo decirlo, ante un cadáver. Entre las dinastías correlacionadas con la historia nuestra, ninguna tan enemiga de la patria y tan funesta por todos conceptos a la Península Ibérica cual esta dinastía portuguesa de Braganza. La primer dinastía de los Borgoñas nunca olvidó las relaciones con Castilla, y mucho contribuyó al rescate de la común patria desde su realeza feudal, generada por el fraccionamiento propio de una bárbara centuria, en que tomaban los reyes la tierra como su patrimonio, concepto de allende traído por Sancho el Mayor de Navarra, y dividían el territorio nacional como una regia finca entre todos sus hijos. Los Avís, aunque por la victoria de Aljubarrota puestos en el trono, quisieron siempre relaciones con los reyes castellanos y aspiraron a la unidad peninsular, como lo demuestran sus bodas y sus pactos. Pero los Braganzas, que se dividieron y apartaron de nosotros, haciéndonos una traición horrible, merced a la cual se perdieron para la Península el mayor número de las colonias lusitanas vilmente cedidas o abandonadas por auxilios de todas clases prestados a ingleses y batavos contra nosotros, no puede hallar sino desvíos del corazón y maldiciones del labio en esta patria herida y menguada por sus funestas ambiciones. Así, creyendo yo en una providencia histórica, presentí el destronamiento de don Pedro siempre, y anuncio ahora la imposibilidad completa de una restauración monárquica en el Brasil por mucho que cuesten la infancia y mocedad de toda nueva forma política, y más todavía de la forma republicana. Pero semejantes crisis, muy agudas y peligrosas, generarán alguna dictadura transitoria o quebrantarán el territorio nacional, o traerán por algún tiempo el fenómeno de una restauración transitoria; pero no podrán destruir en definitiva la forma republicana. De origen portugués todos los reaccionarios y todos los monárquicos del Brasil, pueden caer en un sebastianismo impropio de nuestro siglo republicano, pero propio de sus viejas tradiciones históricas. Entendemos por sebastianismo la ciega esperanza en la vuelta de un muerto que ha dado nombre a todo un sistema político y a todo un período largo de la historia lusitana. Don Sebastián, al partirse desde Lisboa para conquistar el África, último representante de los escudriñadores y marinos príncipes del nombre de Avís, llevaba consigo la corona de Fez, hecha para ceñírsela desde su arribo a la sien; y con la corona llevaba el predicador destinado a componer el sermón en alabanza del triunfo. Pero los moros le llamaron al interior de su territorio, para que no pudiera defenderse de ningún modo sobre aquel tórrido suelo; y cuando ya le vieron engolfado en las arenas ardientes, sin base ninguna de operaciones, lejos de la costa donde tenía punto de apoyo tan seguro como Tánger, lanzáronse con el furor astuto de los tigres sobre su presa en el momento más propicio a su premeditada defensa. No era un ejército el ejército cristiano; era una legión de cadáveres ambulantes. Así nada más fácil que concluir con ellos. Hora y media duró la batalla. No caen las espigas del trigo al furor de fuerte granizada como cayeron los soldados de aquel ejército al filo de la tajante cimitarra. Parecía que se los tragaba el desierto como devora las gotas de lluvia lanzadas por una tempestad. Don Sebastián, que nunca creyera en la derrota, desapareció; y todavía no supo la Historia su paradero. El pueblo, sin embargo, aún lo espera, y cree que volverá de nuevo a encontrarlo en lo porvenir, porque algún ángel se lo subió al cielo y lo tiene sobre las dos alas de la muerte para volverlo resucitado a la patria. Esa esperanza engañosa de la vuelta y regreso de un rey resucitado ¿no se asemeja mucho a las aseveraciones de los monárquicos del Amazonas, esperanzados aún hoy en el readvenimiento y reaparición del principio monárquico sobre la tierra, donde la república se produce y se arraiga tan fácilmente como en todo el territorio americano? La frecuencia de las restauraciones en toda revolución, y dificultades con que luchan todos los pueblos al comienzo del gobierno de sí mismos, podrá originar un retroceso, que sería muy rápido, pues en la sociedad, como en la naturaleza, el organismo superior vence a los organismos inferiores.

Pero, dejando esto aparte, consideremos la grande agitación religiosa, que hoy reina en casi todo nuestro continente a consecuencia de muy especiales y particularísimas circunstancias. Un fenómeno, producido por tal situación patológica es la renuncia, que ha presentado el obispo Strossmayer de su alta dignidad religiosa en Croacia. Para conocer a este prelado precisa volver atrás la vista. Eran las últimas sesiones del Congreso Vaticano, cuando se trataba la infalibilidad pontificia. El obispo de Orleáns, insistía en su negativa implacable a reconocer la oportunidad de tal declaración. Por esta misma causa, por haberla tachado de inoportuna, exigían los ultramontanos que se promulgara. «Quod inopportunum dixerunt, necessarium fecerunt», exclamaba uno de los más exaltados obispos. Los oposicionistas se parapetaban, como en refugio último, en lo necesario de la unidad moral de aquella votación para que el nuevo principio tuviese fuerza y carácter de antiguo dogma. Pero el Pontífice amenazaba mucho a los tímidos y ganaba con facilidad a los vacilantes. Monseñor Spalding, venido de lejos y animado por evangélica fe contra los exagerados y los violentos, cambió de opinión así que alcanzó una plaza en las grandes comisiones y una entrevista con el Papa. Los obispos de la América del Norte tuvieron una ocurrencia que hizo reír a toda la cristiandad. Idearon celebrar un meeting religioso para conocer la opinión de los congregados, como si las orillas del Tiber, que arrastra tantos dioses muertos, fueran como las orillas del Potomac, que exhala tantas ideas vivas, y el trono autoritario de San Pedro como la tribuna republicana de Washington. El episcopado inglés, exageradísimo papista en sus largas luchas con los antipapistas, fue solemnemente desautorizado por Newman, el más grande y más ilustre de los teólogos británicos. Este escritor, discípulo de Oxford; sectario un día de la iglesia evangélica; autoridad más tarde de la iglesia anglicana, donde ocupó tan altos puestos y consiguió tan renombrados triunfos; autor de la obra de los arrianos en el siglo IV, que predicaba con fe tan firme la divinidad de Cristo a un mundo completamente racionalista; muy amigo del doctor Pusey, que ha impulsado a tantos ingleses a entrar en el seno de una iglesia semi-católica, converso a los pies del Papa y en la misma Roma a la plena fe romana por la cual escribió tantos libros, pronunció tantos sermones e hizo tantos esfuerzos, sentíase descorazonado, triste, apenadísimo, viendo que los Concilios antiguos se habían reunido para conjurar los peligros, y el Concilio Vaticano para aumentarlos, los antiguos para salvar a la Iglesia, y el Concilio Vaticano para perderla. El doctor Michaelis formulaba el pensamiento de toda Alemania cuando decía que la declaración de la infalibilidad era una obra de sutileza cuyo triunfo solo podrá explicarse por una deplorable reacción jesuítica contra el espíritu liberal de la Iglesia, indecible calamidad para la civilización y para el cristianismo. El cardenal Schwarzenberg se elevaba a la más alta elocuencia.

Su voz tenía algo de la majestad de los profetas y de las tempestades del Sinaí. Su pensamiento recordaba que había contribuido a la fundación de la Iglesia no solo San Pedro, el apóstol que negó a Cristo en la hora de su pasión y de sus tristezas; el judío de estrechísimo sentido que no quería apartar la nueva Iglesia de la antigua Sinagoga; sino también el gran apóstol de las gentes, San Pablo el gran reconciliador de todas las razas, semita por su origen, griego por su educación, romano por su dignidad y por su derecho, que había visto la antigua fe apagarse en las reverberaciones del desierto y la nueva fe surgir en las tempestades de la conciencia, y que desde aquel punto, desde aquella hora solemne había prescindido de todo el egoísmo judío y condenado todo rito de secta abriendo la nueva fe a todos los hombres, a todas las razas, a todos los continentes para fundar la verdadera comunidad de la humilde criatura con su divino Criador. Hizo más el sabio Obispo. Recordó las desgracias de la Santa Sede por su empeño en traspasar los límites señalados a su autoridad y a su poder. Dijo que así como Bonifacio VIII había visto su palacio invadido, su trono asaltado, su persona desacatada y su mejilla herida muriendo como fiera que los cazadores acorralan por haber demandado y querido el supremo dominio sobre todas las potestades temporales, Pío IX podía verse a su vez expulsado de la conciencia humana y del humano espíritu, convertido en presa de sus contrarios, olvidado de los mismos que antes le adoraban, por pretender lo que ningún hombre puede alcanzar, la infalibilidad y la impecabilidad de Dios. Pero quien más brilló fue Strossmayer, el obispo dimisionario ahora de Croacia. A pesar de haberle dado muchísimos disgustos las oraciones primeras que pronunciara contra la infalibilidad, no se creyó vencido y tornó nuevamente a la tribuna del Concilio para sostener la inoportunidad del dogma. Mucho se había hablado de este orador. Los liberales poníanlo en las nubes y los ultramontanos le censuraban fuertemente. Había de todos modos facilidad en su decir, cadencia en su entonación, calor en su sentimiento, fuerza en su palabra. Aunque los obispos italianos y españoles hablaban un latín, no diré más puro, pero si más eclesiástico, Strossmayer, como buen habitante de Hungría, y por ende muy acostumbrado al empleo diario de la lengua latina, hablábala con pasmosa facundia y aun con gracia. Sin embargo, los prelados reaccionarios se reían mucho de este su latín, y recordaban que cierto pedante decía que los prelados en el extranjero celebraban la misa cum pantalonibus y que el latín de Strossmayer era también latín cum pantalonibus. De todos modos su palabra impresionaba fuertemente, puesto que tenía la misma fuerza de su razonamiento. El Concilio contaba estas fracciones: primera, ciento cuarenta obispos enemigos de la infalibilidad, los más ilustres por su ciencia, los más admirados por sus virtudes, los representantes de las naciones más poderosas y de las mayores diócesis: cincuenta Cardenales que, como buenos cortesanos del Pontífice, tenían que votar la proposición Pontificia: cien Vicarios apostólicos revocables y pendientes todos por ende del arbitrio de la Santa Sede: cincuenta Generales y abates mitrados de las órdenes monásticas todas conversas al más exagerado ultramontanismo: ciento de esos obispos de la propaganda poseedores de sillas inocupables: doscientos setenta italianos, de los cuales ciento cuarenta y tres eran vasallos políticos del Papa y habitantes de los antiguos Estados romanos. Total quinientos ochenta votos a favor de la innovación que tantos dolores debía traer sobre la Iglesia. Pero sea de esto lo que quiera, es indudable, indudable; los verdaderos salvadores de la Iglesia, eran aquellos que, no pudiendo reformarla, trabajaban por no convertirla en cómplice y guía de la reacción universal. La elocuencia de Strossmayer podía ser más o menos ardiente, más o menos literaria, más o menos latina; pero en realidad era profundamente previsora y próvida. Para mantener el ideal religioso, no hay que seguir los errores condenados ya por la conciencia humana. Un absolutismo que se extienda desde el espíritu al suelo, un hombre que se divinice, una sociedad que se petrifique, la idolatría materialista, el egoísmo llevado a sus últimos extremos, la coacción moral sustituida por la fuerza y por la violencia, no pueden reformar de ninguna manera la sociedad presente. Para reemplazar un ideal vicio y gastado, es necesario sustituirle otro ideal más progresivo y más humano: Strossmayer se llenó de gloria en el combate por una Iglesia progresiva, y consiguió, merced a él, inmarcesible renombre público. Pero después de tal esfuerzo, como viera el dogma de la infalibilidad convertido en pabellón de guerra contra la Iglesia y manejado como arma de verdadero exterminio contra el pueblo fiel por la Germanía y por la Suiza protestantes, llegó a reconciliarse del todo con la Sede romana, diciendo cómo el ardor puesto en la defensa de sus tesis propias y personales, cuando el dogma estuvo en litigio, ahora lo pondría en adoración del dogma ya definitivamente proclamado y reconocido por la

Iglesia universal. Pero activo, propagandista, batallador, entró con empuje sumo en la gran batalla moral entre su patria, Croacia, y el Estado magyar, que hoy la domina y la dirige. Por su familia esclavona, Strossmayer antepone y sobrepone los intereses de su raza, con empeño, a los intereses austriacos y magyares. En esta sobreposición, el obispo ha llegado a los confines de la heterodoxia, celebrando fiestas del rito griego como si fueran fiestas del rito romano, y a los confines de la rebeldía, moviendo sus fieles contra el Gobierno húngaro directamente y por modo indirecto contra el Gobierno austriaco. Así el patriciado magyar de Budapest nunca lo perdonará, y el mismo emperador Francisco José, tan cauto y precavido y reservado, llegó a reprehenderle un día en palacio delante de toda la corte. La batalla entre aquel príncipe del clero católico tan rebelado y la corte austriaca tan herida, llegó hasta extremos como delatarle, sin respeto a sus dignidades y a sus canas, de simoniaco y prevaricador. Injusto sería el cargo, como generado por la pasión política, de suyo dispuesta en los extravíos del combate a esgrimir siempre la calumnia. Pero lo cierto e indudable resulta que todas las ideas del obispo se dirigían a defender la potencia valedora de los eslavos, la Rusia; y todo adelanto de la Rusia resulta una terrible amenaza de suyo a la civilización europea. Muy en moda quieren poner los franceses al pueblo ruso; pero no habrán de conseguirlo, porque la conciencia humana y el sentido común dicen todo lo contrario de cuanto pretenden ellos. Y esta idea del peligro, que trae aparejada toda excesiva influencia rusa en Europa, impídele indudablemente al obispo de Croacia convivir en paz con austriacos y magyares, cada día más levantados y subvertidos contra Rusia. Y bajo la pesadumbre de tal contradicción, hase resuelto por dejar su mitra y por irse a la sombra paternal del Vaticano. Pero sean cualesquiera sus ideas, las nuestras ven cada día con mayor claridad los peligros de una prepotencia rusa en Europa, y conjuran con empeño a los franceses para que no la sirvan de modo alguno ni la prosperen, si quieren servir y prosperar la libertad.

No hay que desconocerlo, ni que ocultarlo inútilmente; la fuerza excesiva de Rusia en Europa es peligro inmediato y gravísimo. Este Imperio se cree grandiosa confederación armada, que un general, ceñido de doble corona, emperador y Pontífice a un mismo tiempo, dirige, como una reserva de la Providencia, para castigar los vicios y renovar la sangre del decaído Occidente.

Y la grandeza de Rusia proviene en su mayor parte de los despojos de Turquía. Por el tratado de Radzin, a fines del siglo XVII, se apoderó de Ucrania, primer despojo turco, y desde entonces no ha cesado un punto en su obra de allegar nuevos territorios en Europa y en Asia, Suecia, que pudo un día contrastarla, cayó a sus pies rendida, y el tratado de Nystadt consagró a principios del siglo XVIII la definitiva prepotencia rusa en el Norte. Apenas habían transcurridos treinta años de este último tratado, cuando Rusia podía llamarse señora del golfo de Finlandia en los mares del hielo y de las nieblas, como señora de Crimea en los mares de la luz y del arte. Casi a un mismo tiempo estuvieron a su arbitrio y aumentaron su colosal grandeza desde 1772 a 1774 Turquía por sus derrotas y Polonia por sus desgracias. dieciséis o diecisiete años más tarde tomó en una nueva guerra con La Puerta todo el territorio que se extiende desde el Dnieper al Dniester, a lo largo del mar Negro territorio a primera vista despoblado y estéril, pero luego fecundísimo por la fundación de Odessa y otras poblaciones importantes. Y a los tres años de este nuevo crecimiento sucedió la última desgracia de Polonia y su terrible desmembración. Así, cuando pasara de esta vida Catalina II, en 1796, Rusia medía cinco millones trescientas sesenta mil millas cuadradas. No es mucho, pues, que al despuntar nuestro siglo, los rusos vencieran al pueblo más poderoso entonces de Occidente, al pueblo francés, por mar en las Islas Jónicas, por tierra en Novi. Si esta brillante estrella moscovita se eclipsó por breves momentos, primero en Zurich y luego en Fiedland, hasta sus derrotas le reportaron engrandecimiento, pues en el año primero de nuestra centuria adquiría la Georgia, y en el año siete, estipulado el convenio de Tilsitt, se aumentaba con el territorio de Bialystock y una parte de la Prusia oriental. Y para que nada le faltara, mantenía en 1808 a 1811 sus dos guerras tradicionales, la guerra con Suecia en el Norte, la guerra con Turquía en el Sur; y arrebataba toda la Finlandia hasta el río Tornex, inclusa la isla Aland, a los suecos, y a los turcos Besarabia y la parte oriental de Moldavia, ensanchándose hacia el Pruth y el Danubio. Y si en la amistad con Napoleón adquirió territorios, en la guerra última contra Napoleón los adquirió también, quedándose con el Ducado de Varsovia después de demostrar cuán difícil era vencerla en sus madrigueras, defendidas por los furores de su clima que podía ocasionar catástrofes como el paso del Beresina y por los furores de sus soldados, que podían en una noche incendiar ciudades como la sagrada ciudad de Moscú. En 1828 y 1829, recogió nuevos fragmentos de Turquía y dos provincias de Persia, sin perder jamás de vista su cruzada eterna, que parece fabulosa, no solo en lo audaz, sino en lo tenacísima, por la cual penetra en el corazón de la gran Tartaria y amenaza el territorio de China, y se encuentra frente a frente de las posesiones británicas en la India. Una potencia de tal condición tiene ideales que acarician unánimes todos sus hijos. Rusia está dividida en dos partidos formidables, a saber: un partido puramente ruso, tradicional, reaccionario, y un partido avanzado, innovador, comunista. El uno sustenta la vieja tradición del Patriarcado moscovita y del dogma griego, mientras el otro sustenta el ateísmo materialista en ciencia y quiere la terrible anarquía internacional en política. Pero ambos a dos pugnan por el predominio de la raza esclavona en el mundo europeo. Os dirá el uno a la continua: nuestra historia es la historia de nuestras ciudades; Kiev es la ciudad que nos bautizó con sus monjes ortodoxos; Moscú es la ciudad que nos unificó con sus Czares rusos; Petersburgo es la ciudad que nos administró con su burocracia germánica; Constantinopla es la última ciudad que nos falta, la ciudad en donde Rusia será más que una Europa, en donde Rusia será toda la humanidad. Para llegar a Constantinopla precisa fortalecerse con la tradición puramente rusa; desceñirse de los lazos germánicos que nos han atado al escepticismo protestante y a la confusa filosofía hegeliana; condenar esa literatura impregnada de la desesperación byroncesca en que nos han metido Pushkin y Lermontov; maldecir de esa crítica inspirada en la idolatría occidental que han acreditado Herzen y Belinski; levantarse más allá de Pedro el Grande y sus legiones extranjeras; desasirse de Petersburgo, pues, a título de sustraernos a la germana sustituye con arte sumo el pedantismo alemán a nuestra vivacidad nativa y la burocracia oficial a nuestras costumbres patriarcales; retroceder hasta los tiempos de Iván el Terrible para fortalecernos en la ortodoxia griega y en la grande autoridad moscovita, infundiendo en el Occidente corrompido sangre nueva purificada por la estepa virgen y fe ardorosa extraída del primitivo cristianismo. Y os dirán los comunistas por su parte. Se necesita destruir la propiedad, desarraigar el Gobierno, disolver el capital, desmontar esa máquina del Estado que todo lo deshace, poniendo tanto las fuerzas como los bienes en común. Para esto no hay raza como la raza esclavona, individualista de suyo hasta frisar en la indispensable anarquía y social hasta llegar al comunismo; raza, que no quiere la herencia, sino el procomún; y prescinde con facilidad de esa suerte de autoridades políticas, donde todo se pierde; raza municipal por excelencia, en quien los bienes colectivos se elevan a la categoría de instituciones fundamentales y que podrá traer a las venas de los pueblos viejos sangre nueva y a la tierra de Occidente desolada por las divisiones y subdivisiones de sus campos la tribu patriarcal venida hoy a resolver todos los antagonismos y a fundar la perdurable igualdad hermanada con la justicia. Un pueblo, en el cual están los partidos separados por todo, y solo juntos en oprimir las tierras occidentales, nos inspirará, sean cualesquiera sus patronos, eterna desconfianza.

La dimisión del obispo Strossmayer prueba dos cosas: primera el rompimiento cada día mayor entre alemanes y eslavos, segunda la grande agitación religiosa que reina en Oriente. Bien es verdad que no les vamos en zaga por Occidente respecto de grandes agitaciones religiosas. Un secundario incidente, la riña entre varios peregrinos más o menos franceses y los guardianes del Panteón más o menos italianos ha traído una cola, que ni el mayor cometa la presenta en profunda noche de terrores apocalípticos. Por tal casualidad el Episcopado francés ha creído tener una ocasión de mostrarse dispuesto al martirio y otra ocasión el partido realista de asediar la forma republicana. Poco podrían importarnos los asedios realistas en verdad, si no aparecieran complicados con las intransigencias radicales, que los empujan y mantienen. Con efecto, de la izquierda republicana o salen proposiciones tan anacrónicas como el mantenimiento estricto de un concordato inaplicable a nuestro tiempo y a nuestra sociedad, o salen proposiciones tan aventuradas como un régimen imposible de separación entre la Iglesia y el Estado. Todas estas proposiciones en sí tampoco valdrían cosa, destinadas como están a caer en el cesto de los papeles parlamentarios inútiles; pero también las agrava el carácter indeciso de un Gobierno perplejo, el cual, convencidísimo de que no pueden alterarse las relaciones actuales entre la Iglesia y el Estado, abandona las riendas del Parlamento y deja indeciso a cada fracción republicana tirar por donde quiera en materia tan ardua, cuando todas debían estar sujetas a su dirección y encaminadas por su impulso. Francia está preparando las vías a un régimen como el régimen americano de separación entre las Cámaras y la Presidencia, o lo que sería peor, a un régimen de dictadura desenfrenada, solución más en sus antecedentes, por el empeño de la mayoría republicana en dirigirse a su gusto como si no hubiera pensamiento y Gobierno directores y por el empeño a su vez del Gobierno en dejar a la mayoría los negocios como si éstos pudieran tratarse y resolverse con fruto por un poder de cuatrocientas cabezas, sin armonía entre sí ninguna y sin responsabilidad. Así, asuntos como las relaciones mercantiles de Francia con los demás pueblos, van manga por hombro y se resuelven tristemente, sin aquella circunspección pedida por las más rudimentarias nociones políticas a los poderes públicos. El asunto de los convenios mercantiles no puede tratarse como lo han tratado las mayorías del Congreso y del Senado francés, como un asunto que solo atañe a los intereses de ciertas regiones; precisa tratarlo con aquellas miras generales propias de la vida compleja que tienen los pueblos y los Estados modernos; precisa tratarlos en su aspecto meramente útil, sí, pero uniendo a este primer aspecto el aspecto político. No puede perdonarse que hayan convertido sus proteccionistas la republicana Francia, la nación por excelencia reveladora, en una China europea. Aislaréis otras naciones; imposible aislar Francia, como podéis aislar en el cuerpo un brazo y un pie, pero no el corazón. Francia, tan amenazada, pierde con su proceder increíble todas las simpatías políticas y abandona en sus relaciones internacionales, a la ciega casualidad una retaguardia cual su línea de los Pirineos como por Túnez y por los espejismos coloniales entregó al enemigo tradicional el flanco de los Alpes y por no haber querido seguir en Egipto una sabia política de inteligencia con Inglaterra le cedió a ésta puntos intercontinentales de primer orden como el Canal y el Nilo al par que la impulsó a una inteligencia con Alemania, bien siniestra en los futuros conflictos. La votación sobre los vinos es ya el error último de los proteccionistas. Imposible nuevas torpezas ya; no obstante su fecundidad en idearlas y su resolución en cumplirlas. Únicamente les falta hoy a los insensatos atizar con proposiciones descabelladas una sublevación religiosa. ¡Qué diferencia entre Italia y Francia, qué diferencia!

Italia siempre aparecerá como la nación, donde, por ley natural, más debía el clericalismo agravarse, a causa de la estancia del Papa en su territorio, y donde, gracias a una destreza y habilidad nunca bastante loadas, con la fortuna mayor se burlan las dificultades y se salvan los obstáculos. No hay sino ahora observarla para persuadirse a creerla incólume, viendo como autora ella de los desórdenes del Panteón y aún responsable hasta cierto punto única, sabe la muy cauta zafarse de todo peligro y declinar los tristes resultados y las exacerbadas consecuencias del descuido de unos y del desacato de otros sobre los gravados hombros de Francia. Mientras en el Senado francés republicanos de ideas conservadoras y de temperamento gubernamental echan por la trocha, sin reparar en tropiezos, y dan todo género de gustos a la suelta lengua, diciendo de la Iglesia lo que no digan dueñas, desahogo inocentísimo, al cual no seguirán obras, ni actos de ningún género; en Italia la parte del Parlamento, incapacitada para constituir mayoría, suele con grande maquiavelismo encargarse de lanzar utopías envueltas en frases más o menos insolentes a la corona y tiara del Pontífice; mientras las mayorías y los ministeriales guardan la mayor circunspección y nunca se van del seguro, ni se levantan a mayores, ni se corren hacia ningún extravío, usando toda la circunspección y toda la paciencia característica de verdaderos y concienzudos repúblicos. Los Monettas, los Canzios, los Imbrianis, sobre todo, podrán sulfurarse a manera de clubistas y descerrajar el tiro de cualquier frase temeraria contra el corazón del Pontificado; aquellos estadistas, en el Congreso y en el Gobierno aprovechan las intemperancias del ajeno lenguaje para echárselas de conservadores y congraciarse con el Papa indicándole todos cuantos servicios le prestan y todos cuantos combates le conjuran. Y el Papa solo pide a Francia una corta participación en el Estado, mientras a Italia le pide, amén de la misma participación en el Estado que a Francia, una participación en el territorio. Pero comparad los discursos de Rudini tan circunspectos con los discursos de Freycinet tan temerarios; y decidme después si no confirman estos sendos caracteres opuestos la oposición en las complexiones de los unos y de los otros aun aplicados a idéntico problema. La extrema izquierda pide que la ley de garantías llegue a modificarse, vista la resistencia del Pontífice a toda transacción; y ni en la izquierda liberal, ni mucho menos en el partido conservador hay quien semejantes ideas comparta y ni siquiera se arriesgue a ningún compromiso de esa clase.

Algo ha dicho Crispi de pasada muy malhumorado; pero ningún estadista en la oposición y fuera del Gobierno tan atrevido, ni tan mesurado así que tiene mayoría y debe cumplir cuanto dice. Que Rudini se le haya levantado con el santo y la limosna tras unas elecciones por él dirigidas; que Nicotera le moje la oreja en materia de liberalismo y democracia; que los reyes vayan a Palermo en compañía de otro cuando ideara la Exposición él en su ardoroso patriotismo isleño; que un siciliano, un paisanejo suyo, le sustituya y le mejore; que a su grande amigo Bismarck se le hayan llevado todos los demonios y este rápido descenso del Gobierno alemán le haya herido en su propio incipiente cancillerato itálico, ya deshecho en amargas espumas de tristes desengaños; que su compañero Kalnoky oiga delegaciones austriacas, emperradísimas en creer la cuestión de Roma una cuestión internacional y en mostrarle cuántas dificultades encierra la triple alianza y qué baldío ha sido el sacrificio de su irredentismo idealista; que tanta y tanta desventura le caiga encima hoy a él, quien era tan venturoso no ha mucho, fuertes cosas en verdad, muy propias para desazonarlo y sugerirle palabras parecidas a las enviadas en principios de octubre al pueblo sicibano, cuando se dolía de que fuese ahora con Humberto a la Exposición, a la fiesta pacífica, uno, jamás encontrado en otra clase de más peligrosas exposiciones; a saber: en la campaña de los mil contra los Borbones con Garibaldi. Pero hay que dejarlo: en el mismo discurso donde se plañía de tanto privilegio acordado al Pontífice, recordaba con orgullo como nunca.

Jamás hubiera en Cónclave alguno la libertad gozada por el Cónclave destinado a nombrar el sucesor de Pío IX. Y por cierto, que tras una defensa calorosísima del código de garantías pontificias hecha por el presidente Rudini, la Cámara le ha dado un voto de confianza. Aprendan los franceses.

5. Enero 1892

Estado general de los pueblos europeos. Sus respectivos sistemas de política interior y de política exterior. Los presupuestos del trabajo y los presupuestos del combate. Incompatibilidad entre ambos. Portugal. Necesidad que han tenido los republicanos revolucionarios allí, de convertirse en republicanos evolucionistas. España. Cómo debe predominar en ella el interés económico sobre todos los intereses. Francia. El movimiento proteccionista y el movimiento anti-católico. Alemania. El emperador Guillermo y el canciller Caprivi. Austria. Guerras patentes entre sus razas y nacionalidades diversas. Oriente. Caracteres de los soberanos danubianos. Rusia e Inglaterra. Sus contradicciones irremediables. Conclusión

I
Comencemos el año y dispongámonos a historiarlo. El registro, recuento, fijación, como quiera llamársele, de los hechos piden un punto de partida segurísimo; y ninguno, tan claro y concreto, como el señalamiento de la situación particular en cada pueblo tal como se halla hoy constituido. Así, al mirar la tarea correspondiente a este año que comienza, e inscribir por quincenas todos sus hechos, importa y conviene definir el estado político interior de cada nación en una verdadera síntesis y correlacionarlo con su política extranjera, mediante lo cual presentaremos las dos fases de su espíritu y los dos términos de su ideal. Hay pueblos en quienes el Estado se deriva, por un unánime sentimiento, de la sociedad, como el pueblo inglés entre los monárquicos y el pueblo helvecio entre los republicanos, cual hay pueblos en quienes el Estado pugna con una parte considerable de la opinión general, como el pueblo ruso entre los monárquicos, donde la gente superior e intelectual se da por completo al nihilismo en su desesperanza de conseguir por modo legal y pacífico la libertad, o como el pueblo francés entre los republicanos, donde una parte de la opinión, quizás, al revés de Rusia, la inferior intelectualmente, no quiere, vueltos los ojos a pasados tiempos, las nuevas instituciones democráticas, incontrastables a pesar de tal disentimiento, como se probará en el transcurso de una larga y reveladora experiencia. Pues cual hay pueblos en armonía y concordancia con su Estado, y pueblos en pugna; también hay pueblos devotos a una política extranjera muy lógica y natural en ellos, mientras hay pueblos devotos de una política extranjera completamente arbitraria. Cuadra con las necesidades múltiples de Alemania el apego al Austria, no obstante haber disminuido a ésta en su territorio tantas veces y haberla reemplazado a la cabeza de una confederación como la germánica, conforme con seguir a la vieja dinastía del gran Carlos V por el amor de aquellos príncipes, magüer luteranos en gran parte, a las tradiciones del mundo feudal y a las obras del tiempo histórico. Sin esta grande alianza entre Austria y Prusia no podrían una y otra guardar sus respectivas tutelas sobre las sometidas razas esclavonas; conjurar al Oriente la enemiga de Rusia y al Occidente la enemiga de Francia; prepararse y apercibirse a recoger una gran parte del cuantioso patrimonio que dejará en su próximo abintestato la Turquía. Lógica la inteligencia y alianza

entre Austria y Alemania resultan ilógicas las alianzas de Francia con Rusia y de Italia con Austria. Naciones mediterráneas las dos naciones latinas, particularidad a que deben sus respectivas culturas, están ambas a dos en el caso de comprender que Austria y Rusia de consuno aspiran al predominio en el Mediterráneo, y que aspirando a este predominio las dos en sus luchas, cualquiera de ellas que triunfase, amenguaría de seguro a sus rivales, disputándoles aquella felicísima posición que les toca en el codiciado mar, cuyas riberas guardan en su seno y ofrecen a las generaciones con todos los prestigios del arte y con todos los arreboles del ideal todas las ventajas propias de su activo comercio como todos los productos de su feraz y bendecida tierra.

II

Grande anomalía la política exterior de Francia e Italia; pero no menor anomalía el estado guerrero coincidiendo en Europa entera con el estado industrial. Notadlo; y permitidme lo vulgar de la frase, por lo exacta: Europa quiere cazar dos liebres de un tiro, quiere prosperar la condición de sus trabajadores y aumentar el número de sus soldados con un solo presupuesto. Aquí, en tal situación, lo mismo pecan los dos pueblos, el alemán y el francés, aunque tenga este último excusa o explicación a tales procederes en su carácter de ofendido por la victoria y de mermado por la conquista, pues uno y otro presentan leyes relativas al estado de los trabajadores muy caras todas ellas y leyes relativas al número de sus soldados más caras todavía. Si necesitamos un presupuesto de trabajo, no podemos pensar en un presupuesto de conquista; y si necesitamos un presupuesto de conquista, no podemos pensar en un presupuesto de trabajo. Anúlanse unas partidas a otras. El pueblo, que ha de conquistar, debe organizarse como el profeta Mahoma organizó al pueblo árabe; mientras que el pueblo que ha de trabajar, debe organizarse como el redentor Washington organizó al pueblo americano. El presupuesto de los combates debe ser uno; y contrario a él por completo, de todo en todo distinto de él por lo menos, todo presupuesto consagrado al progreso y al trabajo. Tiene gracia predicar a diario la solución del problema social buscándola con porfía en legislaciones económicas que forman ya intrincado laberinto, y luego no comprender cómo la mayor obra factible para semejante fin, deseado por todos los Gobiernos según dicen ellos, habría de ser el sacar a los pueblos del mundo inferior en que pelean como las especies carniceras, y abrirles por medio de una instrucción próvida los cielos del pensamiento arriba y por medio de una libertad completa del trabajo, naturalmente organizado, el suelo a sus pies, que metamorfosean los esfuerzos de los agricultores e industriales en el inmenso espacio abierto a los humanos progresos. Pero pensar en redimir al pueblo en esta organización de guerra y de conquista en que nos hallamos, paréceme tan inútil como querer la dignidad humana en el esclavo, y lejos de darle su característica primera, el derecho, recluirlo en los abismos de la ergástula y abrumarlo con el peso de la cadena. Un ejército numeroso pide un presupuesto crecido, y un presupuesto crecido pide una tributación onerosa, y una tributación onerosa pide una triste servidumbre del pueblo, sobre cuyas espaldas gravitan en último término todos los tributos. Y de aquí el peor de los males presentes, el peor, a saber, la guerra y la reacción económicas en el universo, sin excluir a los Estados Unidos, quienes burlan así, con sus leyes aduaneras, el ministerio de Trabajo para que fueron instituidos y forman otra de las grandes contradicciones existentes en el mundo culto y opuestas en esencia de suyo al concierto y al movimiento universal.

III

El Principio capital de la economía, jamás puede compaginarse y compadecerse con el principio capital de la conquista. Mientras que para la economía, el bien de todos está en la prosperidad interior de cada uno; en la conquista el bien de los vencedores, es el mal y opresión de los vencidos. Un pueblo conquistador necesita en torno suyo pueblos débiles incapaces de oponerle resistencia, mientras un pueblo trabajador necesita en torno suyo pueblos ricos, capaces de comprarle sus productos. El pueblo conquistador se parece a viejo salvaje que cortara los árboles; de donde sacan sus pulmones oxígeno para la respiración y las venas por el alimento proporcionado en sus frutos jugo para la sangre; mientras el pueblo trabajador sabe y comprende cómo se relacionan y se completan a una la respiración vegetal con la respiración animal, y cómo la fauna y la flora se corresponden dentro de las universales armonías terrestres. Así vemos, por ejemplo, que la primer materia producida en este punto, cual el fino algodón, se transforma lejos por medio de la industria en lienzos; así los cafés de la zona tórrida, los tes de la remota China, los zumos destilados por la templada tierra de Jerez y de Madera, se difunden en las venas de las razas boreales y endulzan sus noches eternas con imaginaciones y ensueños del próvido y fecundo Mediodía; estando el ministerio de los Estados en toque facilísimo, en procurar la libre circulación del cambio tan difusa y tan rápida por los continentes como la libre circulación del éter por los espacios. Mas a pesar de todo esto, llano y vulgar, caemos en plena guerra económica, guerra completa y absolutamente reaccionaria. Cada línea de aduanas parece una línea de fortificaciones, apercibidas a mantener la guerra feudal y no el cambio mercantil; cada tarifa de aranceles un sitio en regla y un combate a muerte; cada presupuesto nuevo, un asalto que se dan los pueblos unos a otros, sin acordarse de que silba el vapor a sus puertas; de que necesita la locomotora impaciente arrastrar productos sin medida y número; de que las máquinas piden alimento de primeras materias, las cuales no se producen por todas las zonas; de que los efluvios de ideas despedidos por la imprenta y por la cátedra libres, han de completarse con esos otros de cambios tan parecidos a la cohesión de las moléculas y tan superiores a las leyes convencionales y artificiosas que, cuando no penetran dentro de cada pueblo por aranceles bajos y por aduanas comunicativas, penetran por el contra bando y por el fraude.

IV

Bajo estas tres grandes calamidades entramos en el mundo moderno: calamidad de la paz armada, calamidad del socialismo burocrático, calamidad del combate y guerra económicos. Apestados por ellas casi todos los pueblos, pues empapan en sus miasmas los poros mismos de todos, igualmente decimos de los espontáneos retadores y de los que admitieron el reto, cómo caminan a un irremediable retroceso, contrariando la confederación universal que forman los pueblos por sus cambios, y de los que resultan mensajeros y cumplidores los buques mercantes diseminados por el mar inmenso. Y dicho esto, vamos a particularizar el respectivo estado de cada pueblo, comenzando por los dos que más de cerca nos tocan: Portugal y España. En aquél un poco se ha calmado ahora la grande agitación revolucionaria, suscitada por las violencias de Inglaterra y por las complicaciones coloniales. Durante algún tiempo creyeron variarlo todo los que imaginan cosa tan fácil cambiar el estado político en un pueblo como cualquier decoración en un teatro, y alzarse a nuevas formas, las más progresivas, y a nuevos adelantos políticos por el medio fácil de captar cuatro soldados y un cabo, que, por súbita e improvisada manera, los llevasen a ellos del cuartel subvertido al Gobierno nacional. Parapetábanse para esto, con ejemplo tan deslumbrador como el ejemplo de su antigua colonia, el Brasil, olvidando que la República se fundó allí el día mismo de la proclamación de su independencia nacional y que la incomprensible y mitológica y antinatural existencia de una Monarquía ficticia y aparentísima, tanto tiempo solo puede comprenderse por la perduración de un instituto, como la esclavitud negra, cuya ruina irremisible impuesta por la conciencia universal, trajo consigo la destrucción del privilegio de los privilegios, por la destrucción del abominado y abominable privilegio que personificaba don Pedro, el último de los Braganzas. Ni el estado moral, ni el estado mental, ni el estado fisiológico de la tierra y de la gente brasileña se prestaban de suyo a la Monarquía, como no se prestan hoy el estado moral, el estado mental, el estado fisiológico de la tierra y de la gente lusitana, por modo alguno a la República. Así los mismos que me acusaban a mí en Portugal de traicionar la República vilmente; a mí republicano de toda la vida, por anunciarles con exactitud la frustración de sus esperanzas, y persuadirles a una política de legalidad y evolución, hanse avenido a esta política hoy con grande conformidad y han visto cómo se puede más fácilmente acalorar por medio de discursos revolucionarios a un club que transformar a un pueblo.

V

Lo que necesitan Portugal y España es reconcentrar toda su atención en el problema de los problemas, en la obra de procurarse un presupuesto nivelado y bueno. Ahí está el quid verdadero de sus dificultades y ahí la meta única de su carrera en el corriente lustro. La posición geográfica occidental nos aísla del centro europeo, y la desventaja de nuestro forzoso aislamiento debe compensarse con la ventaja de nuestra forzosa neutralidad. Jamás podríamos con satisfacción explicar cómo, no habiendo estado nunca en los repartos europeos a las maduras, procediésemos con tal imprevisión y torpeza que ahora estuviésemos a las duras. Nadie nos pagó y satisfizo el año 14 y 15 cuanto hiciéramos desde la insurrección del 2 de mayo hasta la batalla de San Marcial contra la irrupción napoleónica y por la independencia europea, ni siquiera devolviéndonos Gibraltar, detentado con violencia y que nos pertenecía de derecho. Nosotros no hemos debido a los varios Congresos convocados en Europa durante todo el siglo para composición y arreglo de los litigios europeos favor alguno. Por consecuencia nosotros, muy satisfechos del territorio extendido entre los Pirineos y los dos mares; muy seguros del suelo nuestro en Europa y Asia y África y Oceanía no podemos estar a la ofensiva porque con nadie contendemos ahora, ni a la defensiva porque de nadie debemos preservarnos. Y esta magnífica situación exterior se completa y se perfecciona con una magnífica situación interior. Nosotros no tenemos necesidad de sustraernos a tutelas extrañas como ha de sustraerse Portugal a la tutela británica; nosotros no sufrimos de las agitaciones religiosas que aquejan a Francia; nosotros no luchamos con cuestiones de Irlanda como Inglaterra; nosotros no tenemos una dificultad territorial interna como la que suscita en Italia el Pontífice, ni un partido irredentista como el que ahora en Italia sueña con la Iliria y la Dalmacia, con el Trentino y con Trieste; nuestras regiones a pesar de su variedad nunca entre sí combatirán, como las regiones del Austria enemigas irreconciliables bajo el mismo techo; y nuestra unidad no habrá para mantenerse necesidad ninguna de apelar a un ejército tan extraordinario y a un armamento tan costoso como el ejército y el armamento de Alemania: la reconciliación del clero con las instituciones democráticas ha soterrado la guerra civil en los campos y el restablecimiento de todos los principios democráticos ha soterrado la revolución armada en las ciudades, no hay nada pues que temer. Nuestra neutralidad exterior se halla garantizada por el respeto que inspiramos a todos los pueblos europeos y nuestra paz interior garantida por el concurso de todos los ciudadanos españoles. Hay, pues, que fundar sobre tales ventajas el presupuesto futuro, el presupuesto de la paz y de la libertad, así como hay que iniciar en esta Europa terriblemente abrumada por el número de sus ejércitos una política de radicales economías y de sucesivos desarmes.

VI
Dicho esto sobre nuestra España, pongamos los ojos en Francia. Dos movimientos de igual importancia continúan determinando su política interior y su política exterior: el movimiento proteccionista y el movimiento anti-religioso.

No pueden calcular los franceses reaccionarios en economías, los puestos al frente de la reacción proteccionista hoy en boga, todo el daño que infieren a Francia con esos aisladores llamados por ellos las nuevas tarifas, El movimiento de progreso notado en Alemania hoy hacia principios más liberales que los principios sustentados por el férreo canciller Bismarck y el proyecto de un zolverein entre las potencias centrales análogo al pactado entre los pueblos germanos, debe demostrar a Ferry, a Reinach, a Mèline cómo su incurable ceguera puede traerles daños tan graves en esta guerra económica como los que pudieran experimentar en una guerra intercontinental. Si yo fuera francés gritaría de continuo al oído del Parlamento republicano: nada de reacción económica y nada de supersticiones anticlericales. Uno y otro movimiento ceden por lógica necesidad en daño completo de las libertades necesarias, con tanto coste readquiridas. Cuando uno ve a radical, tan enrojecido como Goblet, idear una ley de asociaciones encaminada en este tiempo al error de poner derecho tan primitivo como aquél de juntarse los hombres para fines lícitos, a merced y arbitrio del poder público, no puede menos de reconocer y confesar que todo radicalismo encierra y contiene virtualmente los gérmenes venenosos de una irremediable dictadura. No prosperará la democracia francesa mientras crea en el fantasma de una reacción clerical como no está sana la fantasía que imagina verdaderos los duendes y los aparecidos. Tan ridículo creo yo el recelo de los republicanos franceses temerosos de que la Roma pontificia les ate a un yugo teocrático, cual el recelo de los patriotas italianos, temerosos de que la Francia republicana les restaure un día el poder temporal de los Papas. A eso únicamente se atrevería hoy la imposible restauración monárquica. Y comprendiéndolo así el desatentado Conde, que ha recibido en herencia el viejo derecho histórico, tantas veces vulnerado por su dinastía, declara en una epístola que las echa de intencionada, cuando solo merece la denominación de inocente, eterna la discordia entre la Iglesia y la República mientras eterno el contacto entre la Iglesia y la Monarquía, ¿Quién le ha dicho eso? El vástago de un luterano como Enrique VI; el continuador de la doctrina galicana conducida por Luis XIV a sus últimos extremos; el heredero de una tradicional revolución muy anti eclesiástica; el hijo de un protestante y de un enciclopedista; el rey último de dinastía por todo extremo antijesuítica como la dinastía Luis Felipe mantenida por la Universidad y Por los universitarios contra la Iglesia y el clero tiene por fuerza en sus antecedentes y en sus propósitos y en sus ideas atavistas el secular compromiso de convertir la Iglesia en triste concubina del Estado. Pero la necia inocentada del Pretendiente debe mostrar a los republicanos franceses la imprescindible necesidad en que se hallan de no romper con la Iglesia.

VII

Por fortuna para Francia la política imperial de Alemania no tiene so la mano del joven la consistencia que tenía so la mano del viejo Guillermo. Con decir que aún se cree posible la vuelta de Bismarck al poder, todo está dicho. Verdad que ha transmitido esta especie un periódico, afecto al sistema contemporáneo de levantar sensaciones muy exacerbadas en los ánimos con muy estupendas noticias de propia cosecha innumerables veces. No me ha extrañado en El Herald neoyorkino la nueva más o menos verosímil, hame solo extrañado el comentario, con que la presenta y adoba. Eso de suponer diario escrito en pueblo libre a un hombre, siquier se llame Bismarck, rumiando allá en el santuario secreto de su inteligencia, misteriosa como una Isis, planes litúrgicos semejantes a cábalas y quiromancias y alquimias para de nuevo refundir a Europa como un mago y un hechicero de las edades antiguas, paréceme cosa impropia de la experiencia y de la ilustración que se ajustan en el sumo ejercicio de todos los derechos. Cuantos caminos puede Bismarck emprender se hallan señalados en el mapa de las teorías políticas al uso y cuantas sorpresas damos descontadas en el comercio de las ideas modernas. No tiene ningún secreto indescifrable como el de las esfinges asiáticas y no guarda fórmulas sacramentales parecidas a las conjuras de saludadores y milagreros, Volvería con su antigua política ya experimentada y con sus procederes ya sabidos. Lo que ha prestado algún cuerpo a tales fantaseos fue, ya el silencio de tan gárrulo estadista, ya su ausencia del Parlamento, cuando se ha callado por no tener gran cosa que decir y se ha ido por no conformarse la soberbia suya con aparecer en el Congreso como igual a todos ¡él! que durante lustros enteros había tronado sobre todos. El Canciller tiene una idea tal de la suficiencia propia, que a Julio Ferry le dijo esta frase, contada por el gran orador francés a mí en los paseos melancólicos de Versalles todavía manchado por el humo de la guerra: «Yo me paso la noche deshaciendo los disparates que mi viejo señor hace todo el día». Guillermo I podía tolerar estas ínfulas porque su gloria y su autoridad personales se hallaban demasiado establecidas en el seno de su propia conciencia y en el asentimiento de la opinión general. Pero Guillermo II no puede sufrir al privado erigido en dueño por su propia personal voluntariedad. Así, nombrando a Caprivi alta dignidad palatina, le dirige calurosos elogios, gusta de su política, le llama elocuente; y para separarse del canciller antiguo en todo, riñe con Rusia, marca una inclinación hacia el librecambio, declara la paz perdurable, y deja libérrimo espacio a las ideas socialistas abrumadas en otro tiempo bajo leyes restrictivas y medidas excepcionales. El Canciller debe reducirse a la espera de fastuoso entierro.

VIII

Quien está en lucha, parecido a un jabalí que persiguen los perros en vencedora jauría, es el primer ministro de las diversas nacionalidades austriacas, destinado a conciliar elementos y factores tan inconciliables como los esclavones y los germanos. Cuando se hallan las nubes cargadas de una corriente positiva en los efluvios de nuestra electricidad y la tierra u otras nubes cargadas de una corriente negativa estalla el rayo, culebrea el relámpago, retumba el trueno, generándose y produciéndose la tormenta. Pues igual o parecido fenómeno entre las razas diversas del Imperio austriaco, donde chispea cada cual con su electricidad correspondiente y truena y fulmina. Cuando el huracán surge y el oleaje hierve y la tormenta estalla en las procelas oceánicas, no se arma un estruendo como el armado por las pasiones de raza en el Parlamento austriaco, donde Taafe alza inútilmente la voz de mando e inútilmente agita como batuta de orquesta desacordadísima el menguado cetro de su malherido soberano. Teutones y cheques pueden a una brotar bajo el mismo cielo y sobre la tierra misma de Bohemia: la sangre difusa por las generaciones antiguas en sus venas les habla sobre todo y se les impone a todos, como en las tribus primitivas, sin que les importe un bledo estas palabras de nación y patria que nos hacen a nosotros enloquecer y nos llevan a milagrosos portentos como la producción del estro nacional de Quintana y a sacrificios como la inmolación heroica de Zaragoza y de Gerona. Los dos fenómenos nuevos aparecidos en las discusiones últimas son la renuncia del conde Taafe a los procedimientos federalistas usados no ha mucho y las tendencias antidinásticas patentizadas en el discurso último del elocuente jefe de la joven Bohemia, Eduardo Greg, tan respetuoso un día con el emperador y con el Imperio. No hay más que aplicar el oído al debate para recoger el eco de la terrible tempestad. Todo su verbo huele a pólvora; todo su acento se parece al impetuosísimo de los profetas hebreos delante de los tiranos asirios. Su juvenalesca crónica sobre las botas cortesanas de talón rosa con que Taafe ha sustituido las férreas abarcas germánicas pasará por un modelo acabadísimo de alta elocuencia sardónica muy a la inglesa. Pero se cuenta de lo mucho que pagará Bohemia en tributos al Austria y de lo poco que recibiera en cambio; su recuerdo del pacto sinalagmático entre la corte tradicional de los Hapsburgos y la nacionalidad independiente de los cheques; sus ataques a los que desde arriba rompen un contrato, en cuya virtud únicamente pueden reinar sobre los de abajo; todos sus apóstrofes y todas sus indignaciones recordaban la elocuencia de Mirabeau, cuando conjuraba los pueblos a erguirse; pues los grandes nos parecen grandes, porque los miramos de rodillas. La verdad es que las relaciones entre Bohemia y Austria entran en bien difícil período.

IX

Y estas cuestiones interiores se complican mucho con la cuestión exterior en Austria, obligada, para cumplir su finalidad histórica en el tiempo y en el espacio, a proteger con su tutela todos los esclavones meridionales contra la opinión, contra el sentimiento, contra la fuerza de todos los esclavones boreales. Así los Gobiernos danubianos se dividen hoy en Gobiernos austriacos y Gobiernos antiaustriacos, a los cuales debíamos llamar también por antífrasis y por oposición Gobiernos anti-rusos los primeros y rusos los segundos. En Rumanía, por ejemplo, como el rey pertenece a la familia imperial de Prusia, y como la familia imperial de Prusia profesa el principio de que a los Hapsburgos atañe la tutela de los esclavones danubianos, que deben ser a cualquier precio germanizados, proclama a este pensamiento hereditario difundido en sus venas y propende al Austria. Todo lo contrario del rey de Rumanía, el rey de Servia. Como el primero pertenece a la raza germánica, pertenece a la raza esclavona el segundo. Y por su complexión, por su sangre, por su cultura, por sus ideas y por sus afectos, pertenece a Rusia. En plena minoridad se halla bajo la regencia de los radicales y la regencia de los radicales prefiere a las alianzas con el emperador Francisco José las alianzas con el emperador Alejandro. Pero donde Austria más predomina es en el pueblo, recortado para sus fines propios y especialísimos por la espada de los rusos en el suelo de los Balcanes, en el pueblo búlgaro. El príncipe de Bulgaria es un pupilo del Austria; la política del primer ministro Stambuloff está sugerida por Austria; el curso de los hechos y de las ideas recibe las impulsiones austriacas. Por eso el nuevo principado combate allí en los Balcanes y en sus territorios anejos con todo cuanto se opone a la política del Austria. La Rusia en el Norte, la Grecia en el Mediodía resultan las dos enemigas de los proyectos del Austria sobre Constantinopla y sobre Salónica, pues a Rusia, su bienhechora tradicional, y a Grecia, su afín por tantos lados, combate Bulgaria sin pensar en la contingencia probable de que Austria mañana la contraste así en Macedonia como en Anatolia, cual puede hoy contrastarla Turquía o Rusia, Por esta razón, la subida y la bajada de las temperaturas austriacas en todo el Danubio significan mucho, y dos Gobiernos, como los Gobiernos de Hungría y de Rumanía, conservador éste y liberal el otro, se han visto precisados por las procelosas discusiones de sus Cámaras, divididas en austriacos y anti-austriacos, a cerrarlas, trayendo algo más grave que una grande agitación electoral.

X

La revista del comienzo de año, a los pueblos danubianos pasada, me lleva a recordar los demás pueblos naturalmente comprometidos en la suerte suya como Rusia y como Inglaterra. No hay que forjarse ilusiones: así como Rusia en Europa jamás podrá entenderse con Alemania, Rusia en Asia jamás podrá entenderse con Inglaterra. Ocupando ésta las desembocaduras de los ríos y aquélla las altiplanicies de los continentes hállanse abocadas a una guerra perpetua. Rusia tiene la meseta de Armenia e Inglaterra el Canal de Suez; Rusia las puertas de Persia por el Norte que se llaman Sarrchs e Inglaterra las bocas del Eufrates, no poseídas directamente, pero indirectamente apropiadas a sus intereses por una influencia continua sobre la persona del Shah; Rusia el Turquestán, de donde amenaza descolgarse a un tiempo, sobre China y sobre India, Inglaterra la desembocadura del Ganges que tanto poder le presta sobre los golfos pérsicos y sobre los mares índicos; y estas posiciones diversas traen aparejados conflictos como los que hubieran asirios y caldeos con la vieja Bactriana desde los tiempos fabulosos.

Por fortuna para los dos Imperios, las sendas imposiciones de su política interior los divierten y los apartan de la política exterior, ocupado el uno en sus nihilistas y en sus hambres mientras ocupado el otro en sus irlandeses y en su Irlanda. El nihilismo ruso no tiene otra salida que las catástrofes, ni otro procedimiento que la revolución, por hallarse Rusia en el período geológico de las violencias; pero el celtismo irlandés tiene una salida fácil en las próximas elecciones generales por hallarse Inglaterra dentro del período de la evolución. Sin embargo, si no quiere Irlanda perder una partida que se le ofrece bajo tan buenos auspicios, ha menester suma prudencia en el proceso político de su vida y suma confianza en la virtud y eficacia de su propio derecho. Hace pocos días unos dementes, inspirados en la intransigencia irreconciliable que caracterizó la política de Parnell en su período último, soltaron unas bombas en sitios públicos de alguna importancia, y aunque no hubo desperfectos de ningún género, han valido para que los ingleses disputen a la vieja Erin el poder de gobernarse a sí misma en paz y libertad. Esperemos sea este un acto pasajero y dispongámonos a oír el fallo de las próximas elecciones británicas. Un accidente, a primera vista secundario, determina un impulso político muy grande: la traslación de Hartingthon, el jefe de los liberales unionistas, desde la Cámara de los Comunes tan influyentes a la Cámara de los Lores tan arqueológica. La elección del jefe, que debe sucederle ahora en la dirección de los diputados unionistas, puede ceder en provecho de Gladstone; como deseamos y queremos todos los demócratas europeos. Así sea.

6. Marzo 1892

Felicitaciones a León XIII por su exaltación al Trono pontificio. Carácter del Papa reinante. Reconciliación entre la Iglesia y la democracia. Antecedentes históricos de una democracia católica y de un catolicismo democrático. Mala inteligencia entre la República y el clero en Francia. Necesidad imprescindible de que concluya una situación semejante. Nuevo Ministerio francés. Resistencias de todos los republicanos a reabrir el período constituyente. La futura reforma constitucional en Bélgica. Pretensiones del rey Leopoldo al Referendum. Pretensiones de los reyes contemporáneos al gobierno directo en todo contrarias con el régimen constitucional. Crisis de Grecia. Progresos del partido liberal en Inglaterra. El emperador Guillermo y el socialismo. Conclusión

I

En la sala del Vaticano, donde aguarda León XIII las visitas solemnes o recepciones, como en el habla moderna se denominan ahora los antiguos besamanos de corte, hase reunido el Colegio cardenalicio con el fin de felicitar al Pontífice por su cumpleaños. En efecto, acaba de cumplir ochenta y tres; edad avanzadísima, muy agravada por el estudio continuo de todas las ciencias así divinas como humanas y por las vigilias impuestas a la más alta y mayor autoridad moral que hay en el mundo. Así León XIII vive como de milagro. La demacración en él a tales extremos ha llegado que parece figura de blanca transparente cera. Fina y alba su piel pégase tanto al hueso que veis el esqueleto, como en algunas efigies de santos esculpidas por los artífices católicos. Y sin embargo, la vida espiritual sobre su rostro en animación continua luce, como las visiones beatíficas lucen sobre las caras de los penitentes en arrobado éxtasis. Y esta luz proviene de aquellos sus ojos, los cuales irradian como astros espirituales el resplandor de una idea viva desde sí, cual sondean en los demás con su aguda penetración las profundidades del pensamiento y los secretos del alma. Así León XIII vive con el espíritu y para el ideal. No de otra suerte podemos explicarnos la epístola reciente a los cardenales franceses, en que la Iglesia y la República se han dado un ósculo de paz, por cuya virtud la democracia encuentra una idealidad moral indispensable a su vida; y la Iglesia ve aumentarse ahora el número de fieles con aquellos numerosos que habían dejado de frecuentar sus altares mientras la creyeron enemiga de todo progreso y en pugna perpetua con el principio de la humana libertad. Quien esto escribe se halla en tales vías. Destinado a combatir por los humanos derechos y por la democracia universal, sublevose contra la Iglesia, cuando la Iglesia quiso un día obligarnos a optar entre la fe y la libertad, optando por la libertad resueltamente. Mas ahora que la Iglesia comprende cómo el Cristianismo habrá de ser la eterna religión de los pueblos libres y mueve los católicos franceses a la paz y concordia con el régimen republicano, tan combatido antes por el clero, ahora el demócrata de toda la vida está en el caso de cumplir lo previsto y anunciado en la sesión de nuestra inmortal Constituyente del 79, a 5 de mayo, que traslado con las emociones del auditorio aquí del Diario de Cortes: «Yo, señores diputados, yo, decía entonces quien escribe hoy estas líneas, yo no pertenezco al mundo de la teología y de la fe; pertenezco, creo pertenecer, al mundo de la filosofía y de la razón; pero si alguna vez hubiera de volver al mundo de que partí, no abrazaría la religión protestante, cuyo hielo seca mi alma, seca mi corazón, seca mi conciencia; esa religión protestante, eterna enemiga de mi patria, y de mi raza, y de mi historia; volvería de seguro al hermoso altar que me inspiró los más grandes sentimientos de mi vida; volvería de hinojos a postrarme ante la Virgen Santísima que serenó con su dulce mirada mis primeras pasiones; volvería de seguro a empapar mi espíritu en los aromas del incienso, y en los arpegios del órgano, y en la luz cernida por los vidrios de colores y reflejada en las áureas alas de los ángeles, eternos compañeros de mi alma en su infancia; y al morir, señores diputados, al morir, pediría un asilo a la cruz, bajo cuyos brazos se extiende hoy el lugar que más amo y venero sobre la faz del planeta: la tumba de mi madre. (Aplausos en todos los lados de la Cámara.)» Copio este movimiento del Congreso, como está en el Diario de Sesiones, no por pueril vanidad oratoria, por demostrar que yo expresé con acierto en aquella ocasión solemnísima, defendiendo la humana libertad, el estado de ánimo en que respecto de la religión católica nos habríamos de hallar todos los demócratas el día feliz de una esperada compatibilidad y concordia entre la creencia religiosa, verdadera levadura de nuestra vida espiritual, y los progresivos principios a cuyo triunfo y arraigo hemos consagrado todas nuestras ideas y todas nuestras fuerzas. Hablando hace pocos días yo con un amigo mío tan católico y tan artista como el marqués de Cubas, en quien la religión y la estética señorean el esclarecido pensamiento y el gran corazón, antiguo discípulo de las nacionales Academias, ilustradas luego por sus obras, y habitante en la mocedad suya de Roma, adonde le condujeron premios ganados por sus méritos, contábame cómo el Papa se acordaba mucho de tal párrafo de mis discursos, y lo traía frecuentemente en sus conversaciones varias con nuestros compatriotas en general, y especialmente con él, a quien por todo extremo aprecia y distingue. Pues bien: yo debo decir que me sentí movido a ese reingreso en la religión de mis padres, nunca por mí totalmente abandonada, nunca, desde la hora misma en que subió León XIII por providencial designio al trono de los Papas, No revelo ningún secreto recordando cómo desde el poder ejecutivo de la República hice cuanto estuvo en mi arbitrio por prosperar la reconciliación entre los gobiernos republicanos y la Iglesia católica con el nombramiento de obispos y recordando también cómo con satisfacción y honra perdí la jefatura del Estado por tal acto de mi programa, reducido a la idea clara y al propósito firme de concluir con la guerra carlista en breves días a cualquier precio. Y no revelo tampoco un secreto si digo que yo un día llegué a enemistarme con los republicanos oportunistas franceses por lo acerbo de mi censura constante a su proceder respecto del clero y respecto de las ideas religiosas. Las siguientes palabras del discurso de Alcira, dichas el 2 de octubre de 1888, se pueden aplicar por tal modo a la situación presente, que parece imposible tengan doce años de fecha. «Todo enseña que aspira hoy el Pontificado a una conciliación en la venerable persona de León XIII. Pues bien: hay que buscarla de nuestra parte, hay que buscarla con perseverancia, porque no conseguiríamos poco si consiguiéramos calmar ciertas inquietudes religiosas y traer la parte más ilustrada del clero, si no a la democracia y a la libertad, a un desistimiento de toda tendencia política y a un espiritualismo capaz de levantar consoladores ideales, sobre las inclinaciones demasiado positivistas de nuestro siglo, quien peca, como la civilización romana en sus últimos tiempos, de sobrado economista y utilitario. Así declaro que no conozco momento más inoportuno para reñir con la Iglesia que este momento, no lo conozco. Aun comprendo que cierto emperador gibelino satisfaga las tenaces aspiraciones germánicas, representando enfrente de la Ciudad Eterna el papel de Arminio y de Lutero. Pero no lo comprendo en la República francesa. El sentido que hoy domina en los asuntos religiosos de Francia, me asusta por su carácter jacobino; y el carácter jacobino me asusta porque todo Robespierre será el predecesor inevitable de todo Napoleón.» (Pido a mis lectores que se fijen cómo está con ocho años de anticipación anunciado aquí el movimiento boulangerista.) «El partido republicano francés, con sus procedimientos, se ha separado de los principios de libertad naturales a la democracia moderna; se ha salido de las tradiciones de M. Thiers; se ha ahuyentado de hombres como Julio Simon; ha herido ministerios como el ministerio Freicynet; y ha llegado a una tan estéril agitación y a una tal violencia, que solo puede ceder en daño de esa democracia, la cual hasta aquí había merecido la noble admiración del mundo por su tacto exquisito y por su exquisita prudencia.» «Conservaremos nosotros el presupuesto y el patronato eclesiástico, si volvemos al poder; y en nombre de la libertad religiosa, en nombre del derecho individual, en nombre del respeto al principio de asociación, dejaremos que los seres tristes, desengañados del mundo y poseídos del deseo de la muerte, se abracen, si quieren, a la cruz del Salvador, como la hiedra al árbol, y aguarden la hora del último juicio, envueltos en el sayal del monacato y tendidos sobre las frías losas del claustro, hasta evaporar su vida, como una nube de incienso, en la inmensidad de los cielos: que si nuestro respeto a la libertad nos impide poner tasa al interés, tasa al lucro, tasa al cambio, nuestro respeto a la libertad también nos impide poner tasa a la oración, tasa a la piedad, tasa a la penitencia.» Citamos todo esto para demostrar con qué mezcla de verdadero entusiasmo y de firme tenacidad nosotros hemos deseado una política como la formulada hoy por León XIII; y con qué grande satisfacción veremos que le sobrevive a él mismo y se vincula en sabio sucesor para trascender al venidero siglo y engendrar un estado religioso muy superior al que nosotros hemos podido alcanzar en el corriente siglo, porque muy de antiguo tenemos notado con verdadero dolor, cómo en los pueblos latinos se dividen las gentes entre supersticiosas y escépticas, así como se consumen las fuerzas del Estado combatiendo con el ideal de la Iglesia y el poder vivificante de este ideal se disminuye y hasta concluye por fin eclipsándose en su lucha continua con todos los progresos de nuestra política y con todos los términos de nuestros derechos. El pensamiento humano jamás podrá medir la felicidad moral y la luz espiritual y el bienestar práctico que habrá de traer a las naciones de sangre y de prosapia latinas esta bendición del Pontificado a la libertad y a la democracia.

II

Así una brisa de consoladora esperanza corre por todo el océano de la vida cristiana. Sabíamos cómo las naciones tienen el derecho de gobernarse a sí mismas y cómo este derecho lo habían formulado innumerables doctores cristianos. Habíamos visto el concepto aristotélico de la soberanía en el Estado y de los organismos naturales al gobierno social, secularmente legado por un filósofo heleno como Aristóteles a un doctor católico como Santo Tomás.

Habíamos compenetrado nuestro pensamiento con el pensamiento de las Universidades castellanas del siglo XVI, donde, cual un día me dijo el sabio alemán Gneist, naciera el derecho natural moderno. Recordábamos la santa indignación del P. Las Casas contra la increíble apropiación del hombre por el hombre y sus vehementísimas invocaciones al derecho natural y de gentes contra tan bárbaro crimen. No habíamos olvidado que las nociones fundamentales del decálogo democrático y la infusión de humanos afectos en estado tan crítico y morboso cual el estado de guerra se debían al P. Victoria, y que Suárez observaba cómo diera el Criador la soberanía sobre los animales al primer hombre, pero no la soberanía sobre los demás hombres. En las páginas de nuestros clásicos, a manos llenas hemos recogido mil veces enseñanzas profundas acerca de la correlación íntima entre un Gobierno sacado de las entrañas del elemento social y el alma cristiana de estas sociedades por Cristo redimidas y salvadas del antiguo fatalismo pagano. Pero no recordamos haber visto en autor ninguno esta serie de verdades con tanta lógica dispuestas y de manera tan clara dichas, como en la epístola de León XIII a los cardenales franceses. La pretensión de los monárquicos a convertir la Monarquía en organismo consustancial con el ser y estado perpetuos de las humanas sociedades, queda con un soplo de los inspirados labios del Pontífice desvanecida, y declarado el movimiento político sujeto a cambios diversos de la inmutabilidad que alcanzan por su complexión intrínseca el principio moral y el dogma religioso. Tras esta declaración sublime de principios los reyes no podrán alegar títulos divinos a la dominación soberana y menos creer vinculada en sus generaciones una perenne autoridad política, sino que habrán de reconocerse por completo sujetos a lo que les imponga el estado social, compuesto por factores, los cuales pueden convertirlos de reyes teócratas en reyes feudales, de reyes feudales en reyes parlamentarios, de reyes parlamentarios en reyes demócratas, o anularlos en estas perdurables metamorfosis del alma y de la sociedad para siempre. Así, el Papa rompe la consustancialidad establecida por los jurisconsultos restauradores del Derecho romano entre la incomunicable autoridad de Dios y la movible autoridad real, a la hora misma en que un emperador germánico se proponía como un delegado directo del cielo en inverosímil discurso a sus súbditos espantados.

Y después que así condena las pretensiones cesaristas de los reyes a un poder parecido al que gozaron en Asia y Roma los emperadores idólatras, persuade al clero francés a que acepte la República y se proponga dentro del Derecho común suyo prosperarla y prosperar también, una relación del todo congruente con la verdad católica. Profundísimo y agudo al par el pensamiento pontificio, va del análisis a la síntesis con segurísimo paso y distingue con grande acierto el Gobierno de la legislación observando la imposibilidad completa de mejorar las leyes del Estado cuando se concentra todo el esfuerzo humano en la obra demoledora de arruinarlo y destruirlo en las varias encarnaciones del poder y del Gobierno. Es, por ende, luminosísimo el pensamiento y el propósito de mostrar al clero francés cómo imposibilita en sus relaciones con el Gobierno republicano el intento desatinado de destruirlo para el intento recto y justo de mejorarlo. Yo conozco pocos documentos políticos en la historia universal comparables con la epístola de León XIII, que debemos poner sobre nuestra cabeza como si fuese una epístola de San Pablo. La paz reina en ella, la paz del Gloria in excelsis y del ósculo santo en la Misa. Por eso la oímos con la cabeza inclinada bajo el peso de un grande respeto y con el corazón henchido de un profundo agradecimiento. Y como así la oímos, parécenos mal hayan los cardenales comparado la grandeza de Inocencio III con la grandeza de León XIII. La coincidencia de haber levantado éste a su predecesor un sepulcro glorioso no autoriza paralelo semejante. Inocencio III fue un Papa de combate, mientras León XIII es un Papa de reconciliación y de paz. Cierto que Inocencio III combatió, según las circunstancias aquellas, con los Suavias en el siglo XIII, y que combate con los Brandemburgos León XIII, según las circunstancias éstas, en el siglo corriente. Pero aquí acaba el paralelo. Ha debido comprender la disparidad entre unos y otros tiempos. Usando con esa claridad que le caracteriza para distinguir los semejantes, ha dicho el Papa que la civilización en los tiempos del ilustre antecesor suyo tenía mucho de ruda y que la civilización hoy tiene mucho de humana y de culta en paralelo admirable, aventajándola solo en el espíritu religioso al de hoy superior y en la influencia de la fe cristiana sobre las almas. Justo, pero nosotros nos permitiríamos a este respecto una observación que creemos justísima y que nadie podrá contrastar en verdad. Las creencias resultan más cristianas en la centuria de Inocencio III que en la centuria de León XIII; pero no las instituciones, no las leyes, no los Estados, no las costumbres, no la vida. El castillo feudal ha caído ha impulsos de su propio peso, y la servidumbre del terruño hase acabado para siempre, demostrando que la democracia moderna tiene raíces idénticas a las raíces del árbol de la Cruz.

III

Por esta razón y causa nos dolemos tanto nosotros de que la democracia oficial francesa no aparezca en el mundo tan cristiana como lo es indudablemente la democracia nacional. Con una ligereza indigna de consumados repúblicos firman proposiciones de discordia religiosa y política los radicales sin alcanzar que han difundido en el suelo gérmenes de guerra civil, y de lo consiguiente a la guerra civil en Francia, de irremediable cesarismo. Si la crisis última, según aseguran muchos, provino de incompatibilidad entre Constans y Freicynet, nada digo. Un estadista, en su proceder tan violento, y en su idea tan exagerado, cual Constans, no contará con mis predilecciones y mis preferencias nunca. Pero huéleme a ingratitud este desabrimiento con quien saltara sobre todo género de consideraciones en la hora de arrancar a las uñas del General Boulanger, muy en potencia propincua de dictador, la magistratura del modesto Carnot, muy en riesgo por las complacencias de los hoy arrogantes con el competidor suyo, favorito entonces de la plebe. Detesto la ingratitud y repruebo los medios empleados en derribar a Constans del Gobierno, si, como el rumor público dice, ha en ello andado Rochefort metido; pero comprendo una crisis pensada con el ánimo y hecha con el objeto de combatir y derribar tal o cuál ministro. Lo incomprensible para mí es el combate político a muerte y el voto contrario a un Gobierno y a un programa que creeríanse desaparecidos para siempre, y la reaparición inmediata del mismo Gobierno resucitado nuevamente y del mismo programa nuevamente rehecho. ¡Cuán larga crisis y cuán corto resultado! Primero Freicynet, como en las comedias nuestras, hace que se va y vuelve. De idéntica manera se van y vuelven Rouvier como Ribot. No me quejo yo de su vuelta, siendo correligionarios y amigos míos muy amados; me quejo de su ida. Si necesitaban quedarse, ¿cómo se fueron de súbito? Y si de súbito se fueron, ¿cómo vuelven estos señores tan pronto? Y si las idas y vueltas atropelladas al modo de las usuales entre los autores dramáticos malos, parécenme informales; aún me lo parecen más los encargos decernidos a tanta opuesta gente de formar gabinete. Sabido por todos que Rouvier significa la derecha del partido republicano, ¿cómo comprender que se le llame a formar Gobierno en el día mismo en que llaman al representante de la izquierda, es decir, a M. Bourgeois? ¿Y cómo Freicynet, que no ha querido entrar en un ministerio Ribot, ni en un ministerio Bourgeois, porque diz no consentía le presidiese ningún igual suyo, consiente luego la presidencia de Loubet? Ministerio impenetrable quizá a los que nos hallamos tan apartados hace tiempo de la política francesa y a tanta distancia de París. Pero si el anterior ministerio ha caído al empuje de una fácil coalición entre la derecha y la izquierda por juzgar ésta demasiado reaccionaria su política religiosa y aquélla demasiado radical, parecíame llegada la hora de una definición bastante clara para traerse consigo, bien a los unos, bien a los otros; y bastante fija para impeler a un objeto claro y seguro el Gobierno. Mas al oír o leer el programa de Loubet, las palabras, duda y resolución, y perplejidad y marasmo surgen a uno en la mente; pero no las palabras que puedan significar pauta, norma, programa, gobierno. En primer lugar, no está permitido en los sistemas parlamentarios esa designación personal de presidentes del Consejo que ponen las cabezas en los pies y los pies en la cabeza. Como en Londres no sería ministro Gladstone, desde que ascendió a primero bajo la presidencia de ninguno de sus colegas, en Francia no deben Rouvier y Freicynet dejarse presidir por un Loubet, aunque sea talentudo y elocuentísimo. Pero lo que debían permitir menos a los demás, y aun a sí mismos, es la confusión coalicionista de términos en programas por igual repulsivos a la derecha y a la izquierda. Esos discursos, en que arrojan los ministros una de cal y otra de arena, diga cuanto le parezca mi exaltado amigo el casi radical Ranc, no pueden servir sino a sostener el equilibrio inestable de una política, ocasionada como cualquier cabalgadura de mal paso, a echar por un costado u otro al suelo, por la cola, por las orejas, con grandes y peligrosos y hasta ridículos batacazos un gobierno. Decir que no se irá de modo alguno a la separación entre la Iglesia y el Estado, pidiendo luego apoyo a los mismos que profesan tales principios, paréceme un proceder análogo al de aquellos que ofrecieran al catecúmeno deseoso de ingresar en la religión cristiana, no el bautismo litúrgico nuestro, no, la circuncisión israelita, Ya es hora de definirse o de fijarse, republicanos franceses.

IV

La separación entre la Iglesia y el Estado supone un período constituyente; y un período constituyente supone a su vez la debilitación de Presidencia, Senado, Congreso, régimen parlamentario y republicano. El peligro de tales crisis a la vista salta en cuanto uno lo estudia con cualquier motivo, sobre los ejemplos ofrecidos por las sociedades contemporáneas. Y si lo dudarais, ahí tenéis Bélgica. El establecimiento de su Monarquía parlamentaria significó el triunfo de las clases medias; y este triunfo dictó aquella Constitución por todo extremo burguesa. Un monarca irresponsable y un censo alto constituían los dos elementos de tal régimen, cual constituyen el agua dos gases, el hidrógeno y el oxígeno. En la ceguera de su triunfo, las clases medias colocaron el censo, una constitución aborrecible sin duda, entre los artículos de la Carta, artículos fundamentales, y, por lo mismo, intangibles a la legislación ordinaria. No pueden los belgas, por ende, ahora, establecer ningún otro medio de nombrar su Cámara sin herir la Constitución y resignarse a un período constituyente. Así el problema de la indispensable complicación del sufragio, surgido cuando las democracias progresan, y con el progreso de las democracias el trabajo y la industria crecen, aparecía a los ojos de las clases conservadoras belgas como algo apocalíptico y tenebroso que traía indefectiblemente aparejado el juicio final. Esta especie de terror misterioso se presenta de bulto a la sola consideración de que las clases medias belgas han resistido sesenta y más años el sufragio universal aceptado hasta en la monárquica y nobiliaria Prusia. Pero poned puertas al campo. Las abstracciones huyen al conjuro de las realidades. Creciendo en Bélgica el trabajo, había de crecer con el trabajo en Bélgica la democracia; y creciendo la democracia en Bélgica, también había de imponerse tarde o temprano el principio democrático por excelencia, el sufragio universal. No lo quería creer el Monarca, no lo quería creer el Soberano; mas las ideas democráticas entran en todas las combinaciones de la política moderna como el éter luminoso y creador en todos los átomos del Universo material. Y el elemento democrático subió cual una marea viva. Bien al revés de lo sucedido en España, donde los representantes de las clases medias liberales han recibido en las venas de sus almas aquella infusión de ideas democráticas, naturales al estado intelectual y moral de nuestra sociedad, los progresistas belgas contrarían la extensión del sufragio al pueblo. Frère-Orban jamás ha querido asentir a tal progreso. Pero el jefe allí de la democracia monárquica, el muy liberal Jackson, y todas las escuelas socialistas sin excepción alguna, reclaman el sufragio universal. Estas últimas, en todas partes desatentadas, han tenido allí la previsión de posponer a todos sus principios el sufragio universal y han dado con esto una prueba de buen sentido, pues únicamente podrá por el sufragio universal y por la libre asociación mejorarse la suerte del jornalero, y convertirse tarde o temprano, con la cooperación y las participaciones en las ganancias señaladas por voluntarios contratos, el salario en dividendo. Pero la necesidad inevitable de que la cuestión de amplitud al sufragio ascienda de suyo al nivel de una cuestión constituyente, trae los belgas a muy mal traer ahora. El rey, con pésimo consejo, viendo que se tira de la cuerda para unos, quiere que se tire de la cuerda para todos, y reclama, como compensación al sufragio del pueblo, una facultad tan difícil como la facultad del Referendum al pueblo para sí. Esto del Referendum, quiere decir la potestad en el rey de acudir al sufragio popular directamente siempre que le plazca, sometiendo a su voto soberano e inapelable las cuestiones que crea deber someterle y con especialidad sus disentimientos del parecer y del acuerdo de las Cámaras. En Suiza el pueblo conserva por medio del Referendum la soberanía inmanente, y la ejerce, así para sancionar las leyes constitucionales en su día, como todas las demás leyes cuando lo pide cierto número de electores designados en la Constitución. Pero este derecho del pueblo helvecio, muy congruente con el ejercicio secular de las instituciones republicanas, tiene muchos peligros en Francia, cuya monarquía viviera veinte siglos y cuya República vive de un modo regular hace veinte años solamente, y no podría de manera ninguna en Bélgica establecerse ahora, sin que recibiera el principio monárquico parlamentario los daños y menguas consiguientes a su transformación en principio monárquico cesarista. Leopoldo II, sin duda, olvidado del nombre y del ideal de su glorioso padre, intenta sobreponerse a las Cámaras nacidas del sufragio universal consciente por medio de un sufragio universal inconsciente, como el que probaría ese temerario Referendum, y quiere asociar el pueblo entero a su conjuración contra la libertad, como asociaron los Césares antiguos y los Napoleónidas modernos, dos pueblos tan cultos, como el romano y el parisién, a sus sendas infames e infamantes dictaduras. La reforma constitucional ha comenzado con una grande agitación; y si llega el rey a empeñarse con sus temeridades en ello, puede concluir por una revolución.

V

Los reyes contemporáneos están dejados de la mano de Dios. No saben los cuitadísimos, en su deseo de mangonear a tontas y a locas, que la monarquía perdura entre los ingleses porque no intervienen personalmente nunca en el Gobierno los monarcas, y obedecen, como las máquinas al vapor, ellos a la opinión y a las Cámaras. Pero dadle a los ingleses un rey Humberto emperradísimo en la triple alianza, un emperador Guillermo de Brandemburgo metido a la continua en todos los fregados germánicos, un rey de Dinamarca en lucha constante con la representación nacional, un rey de Suecia en disentimiento con la democrática Noruega, un rey de Lusitania que inaugura su reinado con retrocesos en las libertades públicas, y decidme que restaría de la realeza en pueblo tan acostumbrado al gobierno de sí mismo como el pueblo inglés, admirable por su libertad y admirable por su Parlamento. Digo todo esto por un rey omitido en la enumeración anterior, dígolo por el rey de Grecia, que ha llegado hasta a destituir a sus ministros frente a frente de una mayoría parlamentaria muy numerosa y muy compacta, cuando el jefe de tales ministros, Deyalnnis, le impusiera con soberano imperio a esta mayoría un acto de cordura, como la renuncia irrevocable a todo procedimiento judicial contra las malversaciones atribuidas a su antecesor Tricoupis. El rey cohonesta la intervención personal suya en los actos gubernativos con el pretexto de la grave crisis económica por los helenos hoy sufrida, y a la cual nunca ha ocurrido su ministerio, sino enconándolas con encono exacerbado y terrible.

Mas a los reyes no debe permitírseles intervenir en el gobierno de las naciones, ni aun para el bien y la prosperidad nacional. Parecerá una paradoja; pero, creo preferible que se haga el mal sin ellos al bien con ellos. Fragmentos aerolíticos del Sol de la monarquía ya pasada y Bautistas inconscientes de la forma republicana futura, representan la estabilidad social y pierden su representación en cuanto salen de la neutralidad constitucional y dejan de cumplir así el fin para que fueron instituidos. Cierto que la nación helena, poseída por una doble atención al compromiso de proteger todos los tenaces movimientos de las tribus griegas, mal de su grado a Turquía sometidas, y de contrastar todas las múltiples aspiraciones de los búlgaros al territorio macedón, siempre codiciado por los Estadillos esclavones aturdidamente, habría caído en gastos enormes de guerra y marina, generadores de una inminente bancarrota. Cierto también que los desniveles en el cambio, que la baja de los fondos, que la clausura de los antiguos mercados por la demente guerra de tarifas, que los gangrenosos cánceres del déficit, que la depreciación de los valores fiduciarios, que las menguas de todos los ingresos y la deficiencia de todos los tributos habían traído una agravación grande del mal, a la que pudo el ministerio Deyalnnis oponer actividades mayores para el remedio ya urgente. Pero el rey no debió hacer lo que hizo; despedir un Ministerio con mayoría, sin exponerse a lo que ahora está expuesto, a una rota del Ministerio nuevo nombrado por la voluntad personal en los próximos comicios que resulte su personal derrota, en suma, y lo destrone a él y a toda su dinastía para siempre. Los orientales mudan de reyes como de camisa. En Servia la dinastía del príncipe Karageorsd, en Rumanía la dinastía del príncipe Kouza, en Bulgaria la dinastía del príncipe Battemberg, en Grecia la dinastía del príncipe Maximiliano, expulsadas todas por sus respectivos pueblos, enseñan que pueden hallarse los daneses llamados al trono artificial y extranjero sobrepuesto por la diplomacia y los tratados a un pueblo tan republicano como Grecia, en vísperas de un definitivo e inapelable destronamiento. Así, hay quien dice que piensa el rey abdicar en su hijo, medida poco hacedera en primer lugar, y en segundo lugar poco beneficiosa; y quien dice que piensa el rey acudir a las potencias signatarias del tratado que aseguró su gobierno independiente a Grecia, medida poco nacional y que podría traer consigo una intervención extranjera, siempre a los pueblos repulsiva, y mucho más al pueblo que inició los combates por la independencia en campos como los de Maratón, en aguas como las de Salamina y en desfiladeros como los defendidos por Leónidas: hermosos númenes de todos cuantos pelean por la libertad y por la patria.

VI

Felices los ingleses, maestros en el arte de practicar el gobierno de sí mismos, tanto en la esfera de lo individual como en la esfera de lo colectivo. Inútilmente los gobiernos conservadores pugnan a una, con todos los medios conseguidos por una larga dominación, para retener en sus manos el público poder, que le arrancan de consuno la conciencia y la voluntad general, impelidos por los grandes motores, o sean las progresivas ideas. Aquellos comicios tan reflexivos, después de largas meditaciones, ejercen su libre albedrío con tanta mesura de proceder y tanta prudencia de juicio, que derrotan a un estadista como Hartingthon, noble de abolengo y liberal de convicción, en cuanto claudica en su antigua consecuencia política y retrocede hasta prestar su apoyo a los torys en las resistencias a los progresos de Irlanda. Pues bien: ahora, en las últimas elecciones municipales, han derribado por tierra en buena lid todo el ejército conservador. Justa es, pues, la grande acogida, por las oposiciones dispensada en el Parlamento, al reingreso allí, tras la última excursión, de su excelso guía y maestro, al inmortal jefe mister Gladstone, quien realizará en su vejez la reconciliación entre Inglaterra e Irlanda, obra particular y nacional, análoga con la mayor y más católica que realiza León XIII hoy, análoga con la reconciliación entre la democracia y la Iglesia. El Gobierno tory ha tratado de vencer al partido liberal, poniendo con sus proyectos recientes una fábrica de falsificar los programas de Gladstone. Así ha presentado el sofisma escandaloso de los proyectos relativos al gobierno local de Irlanda. En los títulos de la ley, en sus proporcionadas distribuciones, en sus principios generadores, veis muy pronto que también las idealidades abstrusas privan entre los positivos y utilitarios ingleses. La mayor asimilación dable de las regiones en sus respectivos consejos municipales, queda formulada por las leyes y reconocida como una verdad incontestable. Los gobiernos locales, en estas disposiciones, aparecen organizados como los gobiernos locales británicos. Diéronlo todo allí concluido y perfeccionado como en programa electoral de cualquier candidato avanzadísimo. Pero hecha la ley, hecha la trampa. Por debajo de todo aquello hay sirtes y más sirtes de bien compuestas excepciones que revocan todo lo concedido y legislado arriba. Existen unos tribunales de combate allá en Irlanda. Estos tribunales son lobos revestidos con pieles de carneros. Así, bien puede asegurarse que se hallan puestos allí para sostener, bajo la forma externa de la ley común, el derecho antiguo de conquista. Y cuando a estas corporaciones, verdaderamente burocráticas, no jurídicas, de algún modo se les antoje disolver las municipalidades opuestas al capricho de Inglaterra, las disolverán sin género alguno de consideraciones, quedando todo el gobierno local irlandés a merced y arbitrio de los poderes nacionales británicos. Dado tal carácter de las leyes nuevas, creo excusado deciros las terribles violencias empleadas por unos y por otros en los debates. Los ministeriales llamaron separatistas a los wighs, y éstos a los ministeriales embusteros. Así va creciendo la convicción íntima del próximo triunfo electoral de Gladstone. Por más que los ministeriales hacen y dicen, la opinión pública los desatiende, si no los menosprecia. Una prueba de cómo deben ya sentirse abandonados de la opinión, aparece con suma claridad en el amenazador discurso últimamente pronunciado por Salisbury, anunciando que apelará en el combate próximo a la Cámara de los Lores, caso de darle una Cámara de los Comunes favorable a Irlanda el próximo comicio nacional. Parece imposible que así pueda espesarse la ceguera de los políticos hasta ignorar el mal que les aguarda. La última fortaleza de los torys está en la Cámara de los Pares. El día que desaparezca, desaparece con ella el secular tronco de la nobleza histórica. Y desaparecerá de entre las instituciones vivas si recoge para su respiración las ideas muertas. El patriciado inglés sobrevive a tantas ruinas, como hay amontonadas en torno suyo, por la flexibilidad constante suya en el difícil trabajo de adaptación al medio ambiente compuesto por la opinión británica. En una ocasión, el grande orador Brigth lo dijo con frase, tan profunda por el sentido intrínseco y hondo como por la forma clara y correcta: no le permitió la opinión pública el veto a la corona, ¿y había de permitírselo a los patricios? El día, en que los Lores no quieran admitir la democracia, sucederales aquello mismo que les sucedió a los antiguos senadores de Roma cuando se resistieron a recibir el Cristianismo, desaparecerán del planeta.

VII

¡Felices los pueblos regidos por instituciones parlamentarias! Ellos no tendrán que mirar al ceño de un solo individuo, para ver si en el fruncimiento de sus cejas la tempestad se aglomera y en el mirar de sus ojos el rayo se fulmina. Los alemanes, vanagloriados basta creerse a sí mismos los dioses de nuestra Europa contemporánea, se me aparecen muy disminuidos bajo la tutela de un joven, que dice a roso y belloso cuanto el gusto le pide, sin respeto alguno a la propia corona y al sumiso pueblo. Nada nos maravilla como las extrañezas muy recientes de la opinión por el discurso que acaba de pronunciar en la Dicta de Brandemburgo el joven y aturdido César, como si no fuera otro discurso más añadido a los desvariadísimos en él habituales desde su tristísima exaltación al trono de sus mayores. Todavía no llevaba ceñida en sus sienes la diadema imperial, cuando ya pronunció arenga extravagante, la primera solemne de su vida, en que llamaba con énfasis al Canciller, bien pronto de su gracia caído, portaestandarte del Imperio alemán; y con tal motivo dije yo entonces aquí en estas crónicas quincenales, que temía le aquejase algo del romanticismo literario y filosófico y político, a cuyo embriagador opio muriera, como dementado por los filtros de las ideas indigeridas e inconexas, el célebre Federico Guillermo IV, apellidado por el doctor Strauss en célebre folleto de sus mocedades, a causa del desvarío crónico suyo de resucitar las ideas reaccionarias, Juliano el Apóstata. Todas las palabras y todos los actos de Guillermo II en los días críticos del paso desde su condición de Príncipe imperial a su condición de César o emperador reinante, indicaban el predominio de los tirantes nervios en todo su sistema fisiológico y el predominio de las ideas exageradas en todo el enlace, o como si dijéramos, organismo de las facultades psíquicas. Pero los periódicos alemanes, en su culto al Imperio, no se habían dado cuenta del carácter intelectual, predominante dé suyo en Guillermo II; y ahora se alarman y alarman a la opinión universal con motivo de un discurso, tan incongruente y tan desatinado en sus términos como todos los que viene pronunciando a roso y belloso, desde que a sí mismo se concedió él mismo la palabra con ánimo de permitirse decir cuanto le pasara por la mollera, verdadero o falso, bueno o malo, torcido o derecho.

VIII
Ahora no ha dicho mucho en comparación de lo en varias otras veces parlado; ha dicho con verdadera sencillez que todos cuantos creen vivir en las torturas de un potro por vivir en el Imperio de Alemania, y lo dicen, bien podrían irse a cualquier otra parte con la música, pareciéndole todavía corta la continua emigración desangradora de Alemania. Y no tan solo mueve las gentes a largarse; dice que nadie con él porfíe, porque guarda en todas sus empresas la complicidad de Dios en vínculo heredado de sus mayores, cual se demuestra recordando cómo Dios había peleado por ellos, no añade si caballero sobre blanco caballo, cual nuestro Santiago Matamoros, en la batalla de Rosbach. Mas ¡ay! que mientras él habla, el motín reina en ese Berlín parecido antaño a

Varsovia. Las muchedumbres sueltas salen por las calles mayores de la corte germánica en son de motín; y aquí apedrean un establecimiento de ultramarinos; allí pegan empellones a la policía; más lejos a saco entran en rica tahona; y por no dejar títere con cabeza en sus desahogos tumultuarios, silban, como si fuesen cómicos de la lengua, con espantoso estruendo, a los guardias de orden público, representantes a sus ojos del poder imperial. El emperador ha visto las oleadas populares desde los balcones de su imperial palacio y ha oído el estruendo de la voz pública desde la carretela en que ha recorrido de gran uniforme las removidas y fragorosas calles. No ha salido por ninguna parte la tropa; mas tres días consecutivos con sus tres sendas noches ha en la ciudad ido todo y han ido todos arreo manga por hombro, según decimos en familiar lengua española. Y se han los unos cansado de gritar y los otros de reprimir, acabándose todo por una igual flojera en las resistencias y en los ataques mutuos, pero indicando a la postre un comienzo de rapidísima descomposición en el Imperio brandemburgués, muy semejante al que precedió la decadencia y descenso rapidísimo de la monarquía napoleónica en Francia. Y basta para comprender la política germánica interior con observar que, después de haber hecho sacrificios tan grandes por una cordial alianza entre Rusia y Alemania, los dos Czares andan a la greña, cual basta con observar, para comprender la política exterior germánica, que, después de haber hecho tantos sacrificios en veintidós consecutivos años para tener Alsacia y Lorena del todo adheridas al Gobierno central, han presentado un proyecto de estado de sitio casi perpetuo al Parlamento para precaverse de cuanto pueda en Alsacia y Lorena sobrevenir de adverso al Imperio, lo cual, unido a las perturbaciones que pululan por todos aquellos espacios, da muy mala espina respecto de la suerte reservada en lo futuro a la grande Alemania. ¡Triste y luctuoso porvenir!

7. Mayo 1892
El contagio socialista. Uniformidad militar en el requerimiento de la jornada de ocho horas. Imposibilidad completa del socialismo en todos sus aspectos. La manifestación del 1.º de mayo. Su carácter cosmopolita incompatible con el principio de variedad. El 1.º de mayo en París y Londres. Indefinición de los republicanos en Francia y pesimismo de los realistas. Agitación general en París. Ravachol y el Jurado. La catástrofe del boulevard Magenta. Su coin-

cidencia con el juicio de Ravachol. Tranquilidad en Europa. Cuestiones de Irlanda y crisis de Italia. Conclusión

I

El contagio socialista se pega hoy en Europa, no solamente a todos los espíritus, a todos los Gobiernos. A pesar de haberse mostrado por los teoremas de una sana lógica y por las revelaciones de una larga experiencia cómo contradicen todo el movimiento liberal y cómo detienen toda la emancipación humana esas designaciones legales del empleo de nuestro tiempo y del importe de nuestro jornal; el socialismo contemporáneo, venido de la estepa rusa con los nihilistas y agrandado en el mundo germánico al empuje de las últimas ideas brotadas en el pensamiento filosófico alemán, a quien inspiro la extrema izquierda hegeliana se impone y predomina merced a un ejército, cuyas huestes aterran, pero cuyas ideas agrandan a los Poderes públicos, por lo mucho acaso que prosperan y favorecen las facultades y atribuciones del Estado. Desde Cádiz a Kiel, desde Tánger a Estocolmo, do quier hay trabajadores europeos, cumplen la universal consigna con exactitud y obediencia verdaderamente militares, en demanda, ¡parece imposible!, de que los atemos nuevamente a la vieja esclavitud, imponiendo límites a su jornada y tasas a sus jornales del todo incompatibles con la progresiva cultura y con la humana libertad, constitutivas de las sociedades modernas. Mas cuanto mayores fuerzas ostenten los utopistas, menor probabilidad de realizarse tienen las utopías, digan y hagan cuanto les dicte su miedo los débiles ministerios hoy al uso en todas las naciones europeas. No se puede salir de la propiedad romana, tal como la entienden los pueblos latinos; de los derechos individuales y del Gobierno parlamentario, no se puede salir sin riesgo de retroceder; allende las facultades de reunirse y de asociarse, según las quiere nuestra democracia tradicional y las promulgó el espíritu de la Revolución francesa, no puede ningún horizonte nuevo vislumbrarse; y a lo sumo se llegará con el tiempo y con el esfuerzo continuo a la cooperación y a la coparticipación, mas por medio de libres y espontáneos contratos.

II

Inútil de toda inutilidad irle al socialismo con reflexiones de ningún género. Los creyentes de tal secta están empeñados en que la sociedad y la naturaleza deben acomodarse a sus particulares intereses y cumplir sus arbitrarios pensamientos, como si un deseo pudiera vencer a la fatalidad y un sofisma corregir las leyes universales de toda lógica y las imposiciones de una ineludible necesidad. El cosmopolitismo los enamora y se figuran todas las instituciones de conservación y de progreso rotas; la dinámica y la mecánica social suspensas; el poder y el derecho perturbados; el río de los tiempos vuelto hacia sus orígenes, con que únicamente muevan ellos los agitadísimos brazos y exhalen las utópicas ideas. Así el sueño de Alejandro, el sueño de César, el sueño de Carlomagno, el sueño de Carlos V, el sueño de Napoleón se ha metido en la mollera de los jornaleros y les ha inspirado una idea tan utópica y extraordinaria como la de mezclar todos los pueblos en solidaridad consustancial de intereses, incompatible de todo punto con el principio de la humana variedad. Movidos un día por el ruso Bakunin, idearon la sociedad internacional de trabajadores, muy válida el año 70; y movidos más tarde por el germano Marx y su discípulo Hegel, han ideado las manifestaciones universales por la jornada de las ocho horas, hecha con la coparticipación de todos los jornaleros del mundo en todas las ciudades el día 1.º de mayo. Cuando en el Congreso de París último los muñidores de la idea socialista decretaron tal manifestación, jamás pudieron imaginarse, dado tal decreto al terminar la Exposición y en las postrimerías de sus propias sesiones, que alcanzara el debido logro y que se cumpliese y celebrase por pueblos de tan diversa índole y de tan contradictorios intereses. Y, en efecto, aquello no hubiera pasado jamás de un propósito más o menos firme y de un plan más o menos cumplidero, si el emperador de Alemania no cita al año siguiente la grande Asamblea internacional encargada de discutir las satisfacciones dables a los jornaleros de todas las zonas y las soluciones factibles del problema social. Empeñado en seguir una política del todo contradictoria con la tradicional de su predecesor, el férreo Canciller, suspendió Guillermo II los estados de sitio que había por tanto tiempo aplicado aquél, y derogó las leyes excepcionales que mantenían el socialismo fuera del aire de la libertad. Mas, no creyendo haber hecho bastante con todo esto, debido en justicia, intentó procurarles también aquello no debido de manera ninguna, y pidió a los cuatro vientos pensadores de todas las naciones, convocados para que procuraran lo imposible, la solución del problema social bajo el ala del águila cesárea. Y así creció mucho la idea socialista, porque todos los Gobiernos, incluso aquellos que más alardeaban de reacción, se imaginaron comprometidos por tan alto ejemplo a reunir alguna junta o promover alguna legislación encargadas de tratar y de resolver los problemas sociales. Con esto, el 1.º de mayo se ha convertido en una fecha litúrgica, de resplandores benditos abajo y arriba de relampagueos siniestros.

III

La designación de un día fijo todos los años para manifestaciones de tal género, trae por necesidad esperanzas de un lado y temores de otro, los cuales, cual sucede con los colectivos afectos, que son intensos y vagos a un tiempo, debían agitar y conmover toda la sociedad. No obstante la ventaja evidentísima de las instituciones francesas sobre las instituciones británicas, aquella secular educación en la libertad individual del pueblo inglés no puede suplirse con veinte años de una República más o menos contestada, por lo que París no conlleva, como Londres, con la serenidad prestada por un ejercicio secular del derecho, las procesiones al aire libre y la práctica de facultad tan compleja y difícil como la facultad colectiva de manifestación popular. Así, las leyes francesas no permiten lo frecuentísimo, por arraigado, en las costumbres sajonas, y toda manifestación en Francia tiene que recluirse dentro de locales completamente cerrados y que trocarse del todo en un Congreso. Y a pesar de los muchos peligros que trae aparejada la manifestación pública y de los pocos que tiene la manifestación encerrada entre cuatro paredes, París estaba mucho más receloso que Londres al acercarse la fecha fatal de los desahogos comunistas. Instituciones en período crítico de formación las instituciones francesas, pues veintidós años de continua existencia no significan cosa en el geológico trabajo de las sociedades formadas con tantas dificultades y en tantos siglos casi como el planeta, no tienen la consistencia de aquéllas arraigadas en la historia de un pueblo y no pueden oponer contrafuertes a las cóleras y tormentas demagógicas como las que les oponen el tiempo, grande consolidador, y la razón colectiva, bien madura, grandioso y vivificante luminar. Y además, en tanto que un Gobierno británico suele preservarse del contagio de utopías hoy reinante sobre la epidemiada opinión europea, el Gobierno francés, y en su representación el más fuerte de todos sus gobernantes, M. Constans, ministro entonces, caen por su mal en la tentación y presentan descabelladísimos proyectos, a cual más irrealizables, so color de dilucidar y de resolver el problema social. En la vaguedad completa del Gobierno republicano francés; en las indeterminaciones consiguientes a la confusión allí entre todos los partidos gobernantes; en la serie de coaliciones más o menos orgánicas que suelen sucederse hace mucho tiempo en el Gobierno; los Ministerios están compuestos de ministros conservadores y ministros radicales, constreñidísimos a darse con los socialistas la mano y formar con ellos una cadena, cuyo principal eslabón está en la cumbre misma del Estado. Coincide con todo esto el pesimismo, no diré de las clases conservadoras, pero sí diré de las escuelas y de las sectas, que se ufanan siempre con la representación del elemento social de fuerzas y estabilidad. Así como prefieren ver a la Iglesia corriendo borrascas deshechas en el mar de todas las pasiones encrespadas, antes que verla tomar puerto y echar ancla en la República, prefieren atizar las malas pasiones en las muchedumbres demagógicas a reconocer que se puede convivir en paz con la democracia, con la libertad, con la República. Los intransigentes de la derecha imbuyen a los clérigos las pastorales rebeldes; votan en los comicios candidaturas demagógicas, como la candidatura del yerno de Marx; escriben acerca de los defensores del orden público, en incidencias tan terribles, como las producidas por el choque famoso de Fourmies entre la tropa y el pueblo, proclamas de aliento al incendio y al degüello; excitan todas las malas pasiones para que lleguen a desencadenarse como furias del Averno sobre la tierra libre de los viejos errores monárquicos; y forman una coalición, en la cual entran desde reaccionarios como Casagnac y arzobispos como Soulard hasta el elocuente radical Pelletan, cada día más fantaseador, y el aristofanesco liberalista Rochefort, cada día más insultante, componiendo así una legión digna de compararse con los antiguos aquelarres, en cuyos desvaríos muchas familias católicas hacen milagros por el dominio y se tiran de cabeza en el infierno.

IV

Pero, sea de todo esto lo que quieran ellos, resulta indudable una extraordinaria y excepcional agravación de la neurosis comunista predecesora del 1.º de mayo en Francia, y sobre todo, en su maravillosa capitalidad. Cierta horrible noche una colosal casa del boulevard San Germán salta en pedazos, esparciendo humo y polvo en los aires, terror pánico en los ánimos. Otra madrugada igual catástrofe cerca de la Trinidad, en calle tan concurrida como la calle Clichy, únicamente separada de la espina dorsal parisién por breve plazuela y conocidísima calzada. Los inquilinos de las casas destruidas pertenecen a la administración de justicia en su mayor parte. Así la opinión cree que se amenaza al hogar de los magistrados por maneras misteriosísimas, difíciles de contrastar; y que manos invisibles, las cuales asestan golpes certeros y se retiran como en los cuentos de niño, dictados y oídos por el miedo, se tienden allá en lo alto como telarañas apercibidas para coger al Gobierno y a la misma sociedad. El renombre de lista y diestra, por la policía francesa conseguido, se quebranta mucho; y los auxiliares, que suelen tener las investigaciones del poder público en Francia, desaparecen ahuyentados por el terror universal. Pero el autor de todos estos sacudimientos, generadores de una tan grande neurosis, no puede contenerse y se traiciona desatinado a sí mismo con sus gestos y con sus palabras. Asistiendo casi todos los días a un comedero popular dirigido por dos cuñados que se llaman Lherot y Very, explaya su ánimo en garrulidades anarquistas y se vende y entrega, Judas infame de sí mismo, diciendo el grosero labio aquello mismo que deseaba ocultar la desatentadísima voluntad. Husméalo con buen olfato la policía y lo atisba con certeros ojos y lo escucha con el oído abierto, hasta caer sobre su codiciada persona y apresarlo para la justicia. Desde tal día, el dinamitero parece condenado a morir; mas el delator o delatores por su parte condenado, a saltar. Sentencia legal de muerte fulminaban todos los labios sobre la cabeza de Ravachol; y sentencia ilegal de muerte-unos cuantos anarquistas sobre los dos voluntarios auxiliares de la justicia, Lherot y Very. Hasta existían muchos que hablaban del terrible linchamiento americano, y querían aplicárselo al incendiario y a sus cómplices con una implacable frialdad. Pero la sentencia del tribunal de la opinión pública no se ha cumplido y se ha cumplido la sentencia del terrible club anarquista. Muy pocas noches hace, la familia de Very cumplía sus faenas ordinarias y corrientes sin olvido de la sentencia fulminada por los anarquistas, sobre un pie por tanto; muy circuida de guardias. Eran sobre las nueve de la noche, hora de grande concurso, y por lo mismo de suma dificultad para deslizarse cualquier persona por los sitios concurridos, y depositar un petardo, poniendo fuego a su mecha y poniéndose a sí misma ella en cobro. Entró en el restaurant un hombre muy extraño, y con el hombre muy extraño dos mujeres desconocidas, los cuales, después de haberse asentado un ratillo a la mesa misma donde se asentaba Ravachol por hábito, apuraron sus boks de cerveza y salieron a una sin hacer misterio de su salida, como no lo habían hecho de su entrada, y sin despertar ningún recelo por sus palabras y por sus ademanes, del todo indiferentes y ordinarios. Pero lo cierto es que todavía no estaban estos tres personajes a cien pasos de aquel sitio, cuando de la bodega o sótano se alza un estruendo como de reconcentrada erupción subseguido por un estremecimiento como de violentísimo terremoto. Con decir que se perforaron en guisa de grandes panales aquellos pesados paredones, y que a tierra se vinieron el techo de la bodega o sótano con el techo de la salita del entresuelo, está dicho todo cuanto se parecería el torbellino de humo al ciclón que desarraiga los árboles y derriba los edificios en sus asoladoras espirales, semejantes a marinas trombas. Un silencio, como el silencio de la muerte, siguió al estruendo de la explosión aterradora. Parecía en aquella oscuridad que los sepulcros se habían subido de lo profundo a lo alto y tragádose con su muda voracidad a los vivos. Pero tras este natural silencio, generado por lo enorme del espanto, sobrevino un clamoreo como el que levantan los náufragos entre las tempestades o los heridos tras las batallas. Un parroquiano presente decía en sus explicaciones haber experimentado una sensación extraña, como si el sitio aquel y su propio cuerpo se hubieran dividido y separado en dos mitades. A Very le cercenaron las piernas, en términos de que ha sido necesario amputárselas. Claváronse los cristales de puertas y ventanas, hechos abrasadas chispas al calor de la explosión, en el rostro de Lherot. La hermana de éste, mujer de Very, perdió la cabeza del susto. Joven trabajador, parroquiano del restaurant, muere. Y solamente una muchachuela pudo conservar su sangre fría en tan horroroso fragor.

V

Coincidiendo con la venganza de Ravachol el juicio sobre Ravachol. Criminal tan cobarde, que destroza como el huracán y mata como la peste, sin riesgo propio ninguno, envolviendo en las espirales de sus explosiones a las mujeres y a los niños, a gentes inofensivas que nada le han hecho, a los mismos jornaleros por cuyo pro llega en su insania y en su delirio hasta el asesinato anónimo, bien merecería que todos cuantos rigores guardan las leyes para el crimen cayeran sobre su cabeza sin conciencia y sobre su corazón sin afectos. Así, aunque las leyes anteriores a la comisión de su delito no castigaran en su contexto con pena de muerte atentados tales como el suyo, para eso está el jurado, para corregir las deficiencias inseparables de toda legislación y poner sobre la letra muda la viva y resonante conciencia. Pero se han cometido en este asunto múltiples faltas de suma importancia. Primero se ha querido por el Gobierno un castigo pronto que precediese al 1.º de mayo y sirviera de alto escarmiento y ejemplar castigo a los anarquistas. En segundo lugar, se han descartado para logro de tamaño fin del conocimiento de los jurados los otros crímenes coexistentes con el crimen de las explosiones, o poco anteriores a él en los empalmes de unos con otros, mediante lo cual quedaba el reo acusado por un solo concepto y sometido a un artículo muy claro de las leyes penales. A mayor abundamiento, éstas habían parecido de una manifiesta deficiencia a los Cuerpos Colesgiladores que las corrigieron y agravaron tras el crimen de Ravachol, puesto por la razón pública y por la ciencia jurídica bajo apotegmas tan axiomáticos cual aquellos que prohíben aplicar al delito leyes promulgadas después de su comisión manifiesta. Precisa considerar todo esto con calma para no perderse con manifiesta vulgaridad en el estruendo de maldiciones promovido por la sentencia del jurado, que admitió las circunstancias atenuantes y condenó al terrible criminal a cadena perpetua. Dicho esto, precisa decir también lo más alarmante para la opinión así en el atentado a la taberna de Very como en el proceso a la persona de Ravachol. Alarma en el primero la torpeza de una policía, considerada en otro tiempo como la primera de todo el Viejo Mundo, y seguida en sus procedimientos de antiguo por ejemplar modelo. ¿Cómo? Llovían sobre Very los anónimos con amenazas; rondaban su mostrador las furias del desquite sin recato; a los parroquianos de la insana curiosidad que llenaran aquellos escenarios de una tragedia terrible, sucedió una soledad y un abandono solo explicables por el husmeo de la catástrofe presentida en el espíritu general con sus adivinaciones inconscientes, así como señalada por los impulsos indeliberados del instinto colectivo; y todo un cuerpo de seguridad parisiense, obligado por lo grave de las circunstancias a concentrar allí su atención, deja huir entre los pies un petardo tan gordo con una mecha tan larga, como el que acaba de destruir la casa puesta en un entredicho terrible por las maldiciones anarquistas. Y si alarma la torpeza del cuerpo de seguridad en sus investigaciones y en sus apercibimientos y en su prevención propia, no alarman menos las complacencias usadas por la magistratura con su empecatado criminal. El interrogatorio de la presidencia en este caso a tal hombre ha parecido como una especie de interview yankee. No parecía tener el magistrado delante de sí un perverso tan cínico y contumaz como Ravachol; parecía tener una doctrina o un sistema. Lo trataba con la mayor deferencia; le decía las cosas y conceptos más suaves; le llamaba hombre de acción así con cierto dejo de loa; y cuando él mismo se metía en cualquier atolladero, lo sacaba con una misericordia, quizás humana en otros momentos, pero inoportuna bajo el terror universal.

VI

Dejemos tales tristezas y reconozcamos cómo la jornada del 1.º de mayo ha transcurrido con una tranquilidad relativa, dadas las amenazas de los socialistas y las complacencias de los Gobiernos con los principios utópicos de aquéllos. Únicamente Lieja se nos aparece como en competencia con París por sus explosiones desoladoras y por su agitación exaltada. Ya por falta de número en las huestes innovadoras, ya por exceso de precaución en las autoridades y en la policía, el amenazador instante ha pasado como si tal cosa. Otros asuntos públicos han obtenido con preferencia el general interés y la general atención, como las próximas elecciones de Inglaterra y la crisis ministerial de Italia. Si pudiese haber duda respecto del crecimiento alcanzado por las huestes electorales del partido liberal en Inglaterra, bastaría de seguro a desvanecerla el discurso último, pronunciado por Salisbury en una reunión solemne de los conservadores británicos. Jamás un Gobierno ha tañido con tanto miedo la campana de rebato y socorro, hasta resucitar el veto de los Lores, que puede costarle a la noble Cámara su existencia, como le costaron a Carlos I y a Luis XVI las cabezas respectivas el ejercicio de sus maltrechos privilegios, incapacitados para resistir y contrastar el progreso. Como no tenga Salisbury otro dique mayor que oponer al crecimiento de las grandes aspiraciones liberales respecto de Irlanda, lúcido está él y medrados los protestantes irlandeses. ¡Baldíos medios estos contra las inevitables Cámaras autóctonas próximas a establecerse por incontrastable necesidad en Irlanda! Algo más de temer que la Cámara de los Lores, antójanseme a mí las disidencias y discordias entre los patriotas irlandeses, tan faltos, desde que murió Parnell, de jefatura y de disciplina. Grave la crisis de Irlanda; más grave la crisis de Italia. ¡Cómo se repite la Historia en esta singular nación! Por el camino que van las cosas pronto habrán de resucitar los imperiales gibelinos, apoyados por la Monarquía y por Alemania, frente a los republicanos güelfos, asistidos del Pontífice y de Francia. Si el clero católico de Francia fuese más republicano, y el partido republicano de Italia fuese a su vez y por su parte más católico, ya estarían los términos del problema presentados así por la invencible dialéctica de los hechos. La última crisis no quiere decir, en suma, sino que precisa optar entre una política de guerra en acuerdo con Alemania y una política de libertad en acuerdo con Francia. El régimen militar establecido para su provecho propio y su política personal por el rey Humberto, de connivencia con los Brandemburgos prusianos, flaquea por la misma base por donde flaqueó el régimen monárquico y feudal en la última centuria, por el lado económico. Italia tiene que optar pronto sin vacilaciones entre la economía o la guerra. Se lo impone así la incontrastable lógica.

8. Noviembre 1892

Elecciones en Portugal y en Italia. Necesidades múltiples de las sendas situaciones económicas en ambos pueblos. Temores de una revolución general como el estado general de los intereses no mejore. Ceguera del partido conservador español en este respecto. Errores crasísimos del Gobierno francés en la huelga de Carmaux. Suicidas resistencias de los poderes belgas al sufragio universal. El Imperio alemán y el canciller cesante. Lucha entre ambos. Justo castigo a Bismarck por sus errores. Las fiestas en honor de Lutero. La reforma protestante. Horrores en París y debilidad del Gobierno francés. Conclusión

I

Dos Estados latinos hoy se hallan en pleno período electoral: el itálico y el portugués. Acaso por el crecimiento de los partidos en el polo ártico y en el polo antártico de la política; o acaso por la confusión provenida en los partidos medios y gobernantes de una grande aproximación mutua, en la cual se han hecho más conservadores los liberales y más liberales los conservadores; sea por una razón o sea por otra; lo cierto es que no hay gran distancia entre los combatientes y no acierta uno con la diferencia que distingue a Crispi de Rudini o a Ferreira de Martins. Lo único de notar en las elecciones itálicas y lusitanas es lo mucho que le ha costado al Presidente del Consejo en Portugal sacar a los electores un acta y lo mucho que ha trascendido la oración del ex-ministro de Hacienda Colombo acerca de las economías indispensables al Tesoro italiano. Dígase cuanto se quiera; el período, que atraviesa hoy Europa, es un período, en su esencia, económico puramente. Problemas sociales, tratados mercantiles, arbitraje internacional, desarme; todo cuanto priva hoy en la opinión universal se nos aparece bajo su aspecto económico principalmente Así, en vano Zanardelli habla de imperio del gobierno laico sobre la Iglesia Católica; en vano Crispi se humaniza y admite una presidencia del Consejo bajo sus émulos y rivales; en vano Cavalloti propone nuevas orientaciones hacia su ideal Progresivo: lo que todo el mundo pide y todo el mundo desea es una sabia economía en los gastos y una grande regularidad en los ingresos que nos facilite y allane, cosa indispensable a todos, el tránsito desde un estado militar, como el que ahora impera con estos ejércitos innumerables, a un estado económico, como el que habrá de imperar cuando reemplacen los cambios a los combates. Y para penetrarse y convencerse del fundamento de mi aserto basta con recordar que los diputados de Alemania no se arriesgan a disminuir los años de servicio, porque tal disminución trae consigo aparejado un aumento de dispendios; que los proteccionistas franceses no bajan sus tarifas ante Suiza, siquier pudiera costarles cara cualquier inclinación hacia Germanía de la neutralidad helvecia; que los políticos helenos, tan idealistas, no entienden hoy oportuno reclamar Creta o Chipre o Macedonia, sino procurar el descenso de los cambios y el ascenso de los valores; que Rusia no busca tanto en la República francesa batallones aliados de su ejército como mercados abiertos a sus empréstitos; que tras inspiraciones revolucionarias de otros días han venido sobre nosotros, por las reacciones materialistas, subsiguientes a los accesos de idealismo, los intereses con su realidad incontrastable y su natural aspecto prosaico y utilitario, sin que pueda ni el más espiritualista desceñirse de la red que tienen tendida tales elementos con mallas apretadísimas a todo el mundo. Los futuros Parlamentos de Italia y Portugal, ¿hacen economías y combinan bien sus presupuestos? Pues con piedra blanca señalaremos sus respectivas aperturas. Pero si continúan arruinando sus sendos tesoros, a fines del siglo XIX podrían traer por el régimen militar una catástrofe tan espantosa como la revolución que trajo el régimen feudal a fines del siglo pasado. Entonces también la constituyente había llegado a una evolución política, que llevaba en sí misma muchas promesas de duración; mas como la corte de Francia no supo completar el régimen político aquel con un buen régimen económico, y despreció la salvación ofrecida por un reformador, cual Turgot, verdaderamente abrió a sus pies el abismo de las revoluciones y tuvo que subir del trono al cadalso. Hace pocos días hablaban los periódicos de apremios germánicos a Portugal para el pago de sus obligaciones con los súbditos alemanes, y hasta del embargo de un ferrocarril o de su consagración a estos pagos. Ya sabemos que todo esto es, no solo dificultoso, inverosímil. Pero si las naciones apuradas dispendían su tesoro en fortalezas y armamentos y acorazados contra un enemigo problemático, y luego se les entra por las puertas un sindicato extranjero de acreedores, como le sucedió al Egipto, han hecho un viaje redondo.

II

No hay miedo de meter tales ideas en la mollera de los conservadores hispanos, que os hablan, como de un bien apreciable, del aumento en los cambios y de la ruptura mercantil con Francia. La nación se queja, como puede, a los cuatro vientos, de su estado económico; y no significan otra cosa que amargas quejas e imperiosas advertencias esos motines diarios contra los consumos y contra los caciques. Nadie se propone derribar con violencia los Ministerios; y a cada paso hay un motín violentísimo contra los municipios. Y este motín quiere decir que forcejea el pueblo bajo la cadena de aquella parte del fisco que más de cerca le toca, y aborrece de todo corazón al delegado de los partidos que más de cerca lo explotan y oprimen. Como el estado económico no se mejore, poco habremos hecho con la mejora del estado político. De aquí mi monomanía de ahora, la monomanía del presupuesto de la paz, el cual no está reñido con el sostén de aquella fuerza indispensable a mantener dentro el orden público y fuera la neutralidad internacional. Y a esto atribuyo ahora yo la descomposición súbita en que ha entrado el viejo partido conservador, tan compacto antes, al olvido del ministerio y fin traídos al Gobierno. Cuando combatía por el orden, como llenaba y satisfacía una grande necesidad social, estaba vigoroso. Pero como ahora debe cumplirse y satisfacerse una grande necesidad económica, y no quiere desasirse de sus viejas tradiciones, ha marrado a su destino y descompuéstose por necesidad en una irremediable descomposición. Todo le ha salido mal y todo se ha vuelto en contra suya. Su régimen proteccionista en economía únicamente nos trae la ruina y el hambre. Su afán de acrecentar fortalezas, acorazados, contingentes, nos impele a la bancarrota con incontrastable impulso. Pensaba encontrar una rehabilitación en el Centenario y solo ha encontrado una sima. Por querer dividir las fiestas, ha tropezado con una desorganización espantosa en esta fácil materia, que le ha traído sendos desórdenes en Madrid y en Granada, de los cuales no han salido muy bien por cierto, ni la unidad del partido conservador, ni la influencia del poder monárquico. Yo creo que un orador tan elocuente y persuasivo, como el señor Cánovas, no ha mostrado a la Reina de relieve todo cuanto significa Granada en la historia de nuestra gloriosa España, y con especialidad en el poema de nuestros poemas, en la historia del descubrimiento de América. La dinastía pudo no ir a Cádiz, no ir a Sevilla, no ir a Palos; pero debió, ante todo y sobre todo, ir a Granada. O estos recuerdos, como dice algún krausistón de los que atropellan el sentido común a la continua, no significan cosa ninguna, o significando mucho, como creemos todos, en Palos brillan más que los reyes Juan Pérez y Pinzón, en Cádiz o el Puerto más que los reyes los Medinacelis, en Sevilla más que los reyes los Geraldinis o los Medinasidonias, en Salamanca más que los reyes los Dezas, en Segovia más que los reyes los Moyas, en Toledo más que los reyes los Mendozas, en Burgos más que los reyes los Ferreres, en Aragón más que los reyes los Santángelos; donde los reyes brillan hasta ofuscarlo y oscurecerlo todo es en la Vega de Granada y en el Real de Santa Fe, cuando en el mismo año coincide con el remate de la reconquista secular el encuentro de la nueva creación. ¿Por qué no han ido los reyes a Granada? ¡Oh! Averígüelo Vargas. ¿Dónde ha estado la falta moral cometida en tal omisión incomprensible? No queremos buscarla, pero lo cierto es que con las deficiencias de los festejos en Madrid y con el apartamiento y dejación de Granada, nuestro Gobierno se ha traído encima una cosecha de contratiempos la cual que pudiera producirle bien pronto una crisis muy honda, y traerle, como resultado natural, una muerte bien triste. No surge cuestión que deje de ocasionarle algún tropiezo y grande. Nada más fácil que haber salvado todas las dificultades traídas por los Congresos con el criterio de la libertad. Disuelve ilegalmente un Congreso, como el Congreso de librepensadores, comparable al Congreso de espiritistas por su inocencia, y luego deja que lancen los católicos la voz subversiva, cuyos ecos aclaman rey al Papa, con detrimento del derecho de un Estado amigo. Así, no encuentra qué responder a las reclamaciones de Italia, cuando tan fácil hubiera sido argüirle con la naturaleza de nuestras instituciones, y el espíritu de nuestras leyes, los cuales, así como no permiten irle a la mano al ciego ateo, no permiten irle a la mano al fanático reaccionario. Vamos; están los conservadores abandonados de Dios.

III

Cuanto más envejezco en la experiencia de los negocios públicos, menos desisto de mi culto al principio de libertad, según y conforme lo profesara yo en mis primeros años. Y no hay esfera donde se conozca la vitalidad de tal principio, como en la esfera tempestuosísima de los problemas sociales. En vano se dan de calabazadas los estadistas por formular en leyes lo que podrá el Estado hacer a favor de los jornaleros y en aumento de los jornales: todas las disposiciones arbitradas con este santo fin dañan mucho, y las mejores aparecen aquellas que no sirven para maldita de Dios la cosa. Así, no hay por qué maravillarse ahora si anuncié yo, en lo tocante a la huelga de Carmaux, que todo lo embrollaría la increíble intervención del Gobierno; y, con efecto, lo ha embrollado todo; al demonio no se le ocurre, al demonio, en pueblo tan bien montado como Francia, donde los poderes públicos se hallan distinguidos por la Constitución y dentro de sus correspondientes límites, convertir el jefe natural de lo ejecutivo en juez y dar a sus sentencias un puro aspecto moral, destituyéndolas de fuerza de obligar material, aunque dictadas por un poder coercitivo; con lo cual se han barajado todas las nociones del derecho público y producido una bien triste anarquía en todos los factores sociales, para la que no queda otro remedio en lo humano, sino la dictadura o el despotismo. Despedir una empresa particular a un dependiente suyo, a un capataz, porque, nombrado alcalde, no dispone del tiempo necesario para desempeñar su oficio, y meterse de hoz y de coz el Gobierno en cosa tan difícil de arreglar por administración, como fácil de arreglar por pactos particulares, francamente me parece un fenómeno extrañísimo, solo explicable por la influencia deletérea que la escuela radical, tan desatinada en sus principios y en sus procedimientos, ejerce hoy sobre los gobiernos de Francia. M. Loubet no debió encargarse nunca, por ningún motivo, del arbitraje casi judicial entre los trabajadores de las minas y los propietarios, enzarzados en unas competencias, sobre las cuales tiene la legislación civil sus reglas escritas, y entre las cuales únicamente puede mediar con autoridad propia y resultados positivos el poder judicial. Un presidente del Consejo, ministro de la Gobernación por añadidura, ejerciendo el ministerio judicial desde su departamento, político y solo político en su esencia, francamente, como deroga todas las nociones del derecho público moderno, perturba todos los intereses conservadores, eternamente representados por todos los gobiernos. Y no hay salida, siquier afirme la prensa ministerial francesa que se ha encargado Loubet de la sentencia judicial entre los jornaleros y los propietarios de la mina por virtud y obra de su carácter de ciudadano y no por virtud y obra de su carácter de ministro. Esta distinción sofística me recuerda el distingo de aquel célebre Papa guardador de cerdos, del Papa de las muletas, llamado Sixto V, quien como un Cristo milagrero hiciera milagros a favor de los enemigos del Pontificado suyo, y sudara sangre roja en doble detrimento de su poder monárquico y de su poder espiritual, asió un martillo con fuerza, y yéndose a él con resolución, lo rompió en pedazos diciendo: «Como Cristo, te saludo; mas, como madero, te parto.» ¿Cuál medio se podrá emplear para dividir a M. Loubet en ciudadano y ministro, tratándose de materias que son públicas y de gobierno? La manía del sofisma se palpa con solo detenerse a considerar cómo Loubet, ciudadano, nunca jamás hubiera podido, respecto de cosa tan tocante al poder público y a las facultades del Estado como las amnistías, prometer lo prometido y anunciado por M. Loubet, ministro. El caso, dígase cuanto se quiera, para cohonestarlo con cualquier broma de sentido común, ha indignado a unos y afligido a otros, entre los amantes de la libertad en Europa. Solo han vencido en toda la línea los radicales, que han marchado de ceca en meca para interponerse con escándalo entre unos huelguistas amenazadores y un Gobierno amenazado, reteniendo las tropas aquí, allá posesionándose de las prefecturas, más lejos acometiendo con tales y tan ruidosas invasiones al poder ejecutivo y al poder legislativo, que la indispensable autoridad del Estado queda por los suelos y los huelguistas hacen aquello que les ha placido con riesgo del orden general y en detrimento de la obediencia por todos a los poderes públicos debida y de la sujeción del pueblo a las leyes. Como la sociedad produce cuanto necesita, mientras no haya verdadero gobierno en Francia, estarán los franceses amenazados del cesarismo y de la dictadura.

IV

Hay muchas razones para quejarse de que Francia se incline con peligrosa inclinación a una izquierda, en la cual se ocultan innumerables abismos; y hay muchísimas razones más para quejarse de que Bélgica se incline con peligrosa inclinación a una derecha, en la cual se ocultan abismos de otro carácter no menos profundos y tristes. En la naturaleza cada cosa engendra su semejante y en la política engendra su contraria cada cosa. Así, las inclinaciones de Francia hoy hacia una revolución desmedida engendrarán una desmedida reacción; y las inclinaciones de Bélgica hacia una desmedida reacción engendrarán una desmedida revolución. Está en lo peligroso el Gobierno francés aceptando el socialismo autoritario y está en lo peligroso el Gobierno belga rechazando el sufragio universal. No hay medio de reducir la propiedad moderna individual a un acervo común del que participen los trabajadores todos; mas tampoco hay medio de negar al pueblo la igualdad política, lógico y necesario complemento de la igualdad civil. En dando una sociedad a sus componentes idénticas condiciones de derecho y amparándolos por igual contra cualquier atentado a tal derecho, luego no necesita curarse del empleo de las facultades varias libres y del bien o del mal aportado a cada uno por su propia natural actividad y su libérrimo albedrío. No debe un Gobierno como el francés entrar en las competencias entre jornaleros y capitalistas, sino para dar seguridad al derecho de las dos partes disidentes, cual no debe un Gobierno como el belga, proclamando la igualdad de deberes en la tributación al erario y en el servicio al Estado, oponerse luego a la igualdad de derechos en el campo electoral y en el Parlamento moderno. Sin embargo, Bélgica resiste aquello que no puede impedir. Mientras el pueblo aparece cada día mas apasionado del voto popular, aparece cada día más enemigo el Gobierno. Todas las medidas de transacción propuestas por los jefes de las fracciones parlamentarias diversas han sido por la Cámara total rechazadas con una increíble arrogancia que retaba locamente al pueblo trabajador y comprometía mucho la suerte del orden público en lo por venir. La forma directa del sufragio popular existente hoy en España, y que reconoce a cada ciudadano mayor de edad y en el pleno ejercicio de sus derechos civiles el voto; la forma indirecta, los grados en sus diversas escalas, que dejan a una junta elegida por sufragio universal el ministerio de nombrar los diputados; la indeclinable abolición del censo propuesta por Janson, a pesar de no querer decir tanto como lo dicho por el voto personal y directo; hasta la condición de tener una vivienda particular para ejercer el derecho de sufragio como pasa en Inglaterra; todo ha sido rechazado por una Cámara ciega, la cual no ha caído en la cuenta de cómo se aíran y enfurecen los pueblos si tienen razón y se la niega el poder. Así, los males hechos por los partidos refluyen allá en daño de la monarquía, la cual, por su propia irresponsabilidad, paga todos los desaguisados, cual muestra en este instante Bélgica, donde se han propuesto las muchedumbres de las grandes ciudades proferir un viva estentóreo al sufragio universal en cuanto divisen por cualquier parte la persona del monarca. Fiestas en público, reaperturas de las Cámaras, funciones regias en el teatro, todo aquello que signifique solemnidad cortesana o que reúna gente altísima, verase turbado por el clamor al sufragio universal, demostrativo del estado de violencia en que han entrado espíritus de suyo gobernables y pacíficos. El rey Leopoldo de Bélgica, debía recordar cómo su padre reinó hasta su muerte, desde el año 30, por haber cedido; y cómo su abuelo, Luis Felipe, cayó del trono en 48 por haberse resistido al sufragio universal. Y ahora, tras tantos lustros, en plena democracia, yendo las sociedades cada día más desde los antiguos tipos militares y realistas al tipo trabajador y republicano; cuando el sufragio universal impera en Francia y en Alemania y en Suiza y en España, restringiéndose cada día más el antiguo privilegio en Italia y en Inglaterra, no tiene ninguna explicación plausible la tenacidad empleada para impedir esta reforma en el pueblo, que había pasado siempre por un modelo acabadísimo y perfecto de la libertad parlamentaria y constitucional en nuestro Continente, libertad constitucional, a cuyo evolutivo desarrollo se debiera la paz firmísima y la prosperidad creciente, tan lisonjera para sus leyes y sus instituciones. Corren iguales peligros, aunque por contrapuestas causas, Francia exagerando el sufragio universal y Bélgica resistiéndolo. Será muy vulgar el principio; pero no hay ninguno tan averiguado y cierto: el bien total está en dar a cada uno sus respectivos derechos.

V

Y los pueblos libres deben aprender en cabeza ajena hoy, no exponiéndose a perder el bien más precioso de la vida: su facultad de gobernarse a sí mismos, por cuya virtud se preservan de toda dictadura y de todo cesarismo. Bajo ningún aspecto convida la experiencia de los germanos a la forma imperial del gobierno. Su joven César, aquejado de garrulidad constante; su grande antiguo canciller, hoy reducido a continuas murmuraciones de vieja gruñona; su nuevo canciller, cada día más zaherido por el predecesor y más puesto en ridículo; las amenazas de una subida en el contingente, así activo como sedentario, a cuatro millones y medio de soldados; la cancerosa llaga del presupuesto, tan recrudecida; el socialismo, tan invasor; la disposición del pueblo al gobierno de sí mismo, disminuyendo en las parálisis y ataxias producidas por el desuso y por la inercia; una guerra en continuo relampagueo; bajo los pies un suelo subvertido por la revolución social; arriba la inteligencia entre Rusia y Francia, mientras abajo la utopía mesiánica del esclavo; la filosofía terrorizante de la fuerza bruta y de la fatalidad mecánica y de la lucha universal, imitada para mayor tristeza de los extraños, cuando Alemania guió hace apenas diez lustros el pensamiento filosófico europeo; sus letras, que maldicen a Francia y la imitan hasta en los extravíos zolescos ¡ah! son cosas para disgustar del cesarismo y para sugerir la creencia de que hay tanta distancia entre los imperios absolutos y las naciones libres, como entre los seres acuáticos que viven en atmósfera donde predomina el hidrógeno y los seres racionales que viven en atmósfera material donde predomina el oxígeno y en atmósfera moral donde predominan la libertad y la idea. Poco menos que de hipnótico ha calificado el gran Bismarck al joven emperador y poco menos que de cabo, al viejo Caprivi. Los ha puesto como no digan dueñas, de oro y azul. Quien apenas consentía ninguna oposición o la castigaba con mano férrea, hoy se permite oponerse a todo y a todos en la más repulsiva forma de oposición, en coloquios escritos por los interrogantes reporters contemporáneos, tan curiosos como infieles y molestos. Todo lo crítica él que todo lo ha hecho. A nada se conforma de cuanto y arbitra el emperador después de habernos presentado el cesarismo como un cielo, cuando él en ese cielo tronaba, y como dioses los Césares que lo escuchaban y le obedecían. Las complacencias serviles con el estado mayor de los socialistas, compuesto de las numerosísimas cabezas doctorales y vacías, que forman la legión del socialismo llamado de la cátedra; la enemistad con Rusia, generada por sus servicios al Austria y a Inglaterra y aun a Francia en el Congreso de Berlín; los excesivos armamentos, bajo cuya pesadumbre toda la industria germánica padece y toda clase de trabajo marra y se frustra; el poco alcance de las facultades concedidas a los Parlamentos y el poco poder de la prensa, perseguida por procesos continuos, si digna e independiente, o cohechada por los fondos reptilescos, si ministerial y oficiosa; todo cuanto ha constituido ese sistema, cuyos vacíos no podían llenar ni los aumentos del territorio, ni las vanaglorias del triunfo, ese sistema, del cual ha sido Bismarck primer factor, ayudado por la natural autoridad sobre los alemanes del emperador Guillermo y por la competencia científica en materia militar del mariscal Moltke ¡ah! se viene al suelo, y porque cogen sus escombros, primero que a nadie, a su ciego arquitecto, se queja éste, sin comprender que más ha cogido y aplastado aún a su misérrimo pueblo. Pero lo más donoso del caso está en que, después de haber hablado a roso y belloso Bismarck y hecho la oposición a troche y moche; llamando al emperador neurótico y al Canciller ranchero; después de haber partido en apertísima guerra contra todas las instituciones por él ideadas y contra todos los métodos políticos puestos por él en boga, se nos ofrece como un doctrino cabizbajo, que no levanta los ojos del suelo, y dice a quien quiere oírle cómo su militar uniforme le imposibilita para combatir al Gobierno y le constriñe a estar mudo e inerte, pues imposible penetrar en son de rebeldía, y como insubordinado, dentro del gran cuartel que se llama el Imperio de Alemania. Pero el emperador y Caprivi no se lo han dejado decir dos veces; y según el telégrafo así que han oído de labios del ex-Canciller la bufona especie de la imposibilidad completa en que se halla de hacer la oposición, porque viste un uniforme militar, han convenido en desvestirlo de tal impedimenta, hiriéndole do más le podía doler y retándolo al Parlamento. No hay tragedia con el interés de la historia. Una filosofía que se idea o se piensa, no puede compararse con una filosofía que se vive y se practica. Este colosal estadista, devorado por los colosales buitres salidos de sus propios colosales errores, más enormes que sus victorias cruentas y sus grandezas faraónicas, está sobre la picota, como titiritero en tablado, retorciéndose y blasfemando bajo tormentos de una expiación grandísima para él y de una enseñanza moral incalculable para todos.

VI

Mientras así grita Bismarck, el emperador celebra oficios religiosos conmemorando la estancia de Lutero en Wittemberg, donde poco a poco el monje agustino ideó y rumió aquella Reforma protestante, de la cual debía surgir todo el poder prusiano y toda la influencia ejercida por el Norte sobre el Mediodía de Alemania. Cual nosotros, los españoles, glorificamos el año 400 de aquel 12 de octubre casi litúrgico, en que Colón encontró el Nuevo Mundo, los alemanes luteranos, por su parte, celebran el año 375 de aquel 30 de octubre litúrgico, en que Lutero quemara la bula del Pontífice León X referente a las indulgencias. Fecha de tal importancia, que ha fecundado casi el alma de la Germanía moderna, bien merecía los homenajes ofrecidos por los avivados al relampagueo de aquellas tonantes y tempestuosas ideas, las cuales trascienden hasta innumerables generaciones, apartadísimas de ellas, como los efluvios de lejana irradiación magnética, radiosos y difusos en el espacio infinito, mueven los imanes y los aceros perdidos en el abismo de los más opacos y más diminutos planetas. En la iglesia de Wittemberg se conserva la tumba de Lutero; y aunque haya el propio luteranismo abrogado la reverencia y culto nuestro a las reliquias, no ha podido abolir el respeto y la veneración, ocultas en el fondo de la humanidad, hacia lo que recuerda un trascendental hecho histórico, y por ende tiene un gran poder moral. Visitada la iglesia de Wittemberg, y venerado el cuerpo de tal revolucionario teólogo, en la intensidad permitida por la victoria de la revolución, hechura de su palabra; los emperadores de Alemania y sus reyes vasallos hanse creído en la obligación de ofrecer con otras festividades homenajes nuevos a Lutero. Todas estas ceremonias, en que la cabeza visible del pueblo alemán, ceñida por la corona cesárea, se levanta sobre los reyes sometidos, están por tal modo en las tradiciones germánicas, que ha debido reproducirlas en cuantas ocasiones se le han prestado de verdadera oportunidad, Wagner lo mismo al llegar el misterioso caballero Lohengrin, típico e ideal, en su carro de nácar tirado por gigantesco cisne, que al reunirse los maestros en el segundo acto del Tanhausser a cantar versos acompañados por las violas melodiosísimas. Así el regente de Brunswich, el príncipe de Meiningen, el gran duque de Oldemburgo acompañaban al emperador en esta especie de ópera real y vívida, formándole un coro, en el cual, acaso tengan menos resonancia su palabra que cualquier voz de corista en cualquier concertante clásico. Llegados todos al punto de reunión, a Wittemberg, pasaron por la casa de la villa, muy respetada en Alemania siempre, y desde allí se dirigieron a la iglesia, entonando uno de los cánticos más sublimes que jamás se han oído en el mundo: la severa salmodia conocida con el nombre de Coral de Lutero. No recuerdo nada tan hermoso en música y canto como las serenatas andaluzas por una sola voz, seguida o acompañada del pespunteo de la guitarra, cuyas cuerdas lloran en cadencia unísona de una melodía y de una tristeza indecibles, las cuales dejan muy atrás en elegíaca sublimidad el treno y la guzla semíticos. Pero tampoco he oído en grandes masas vocales nada que se acerque a un coro alemán bien dirigido y cantado. Como el andaluz y el gallego han de cantar solos, aquél sus serenatas a la hora del ruiseñor, éste sus alboradas a la hora del gallo, los alemanes han de cantar en coro, y sus coros, tan disciplinados como sus ejércitos, superan en armonía de conjunto a todo imaginable concierto. El Coral de Lutero, cantado por una población entera, os producirá los escalofríos y los sacudimientos de una emoción sublime. Y en Wittemberg, animados por la fe religiosa de cada uno y el mutuo comunicativo entusiasmo de todos, resonaría con resonancia extraordinaria. Tras el coro popular por la calle y el oficio divino en la iglesia, hubo un almuerzo en el hogar mismo que albergó a Lutero, secularizado por su abandono de la religión que le impuso su claustro, y unido en matrimonio a la monja secularizada también y célebre bajo el nombre de Catalina de Bora. En el almuerzo, asió Guillermo II la copa, donde tantas veces bebiera Lutero cerveza, y pronunció un verdadero brindis-sermón, lleno de pensamientos religiosos, expresivos de la confesión del dogma evangélico hecha en aquel día y en aquel sitio por sus labios imperiales, así como de la esperanza en que la libertad espiritual, por este dogma evangélico traída, será segura prenda de verdadera paz. Digámoslo ahora, puesto que tantas veces hemos criticado con acerbidad y acritud las palabras del joven César: su arenga, reflexiva y mesurada, correspondió tanto con el ministerio de quien las pronunciaba, como con aquella excepcional y solemne ocasión. Entre las fiestas religiosas también hubo fiestas laicas, y entre las fiestas laicas dos curiosísimas: una procesión histórica, compuesta de gentes vestidas a la usanza del tiempo solemnizado, y un drama casi litúrgico, hecho para colocar grande público en el hipódromo de la caballería que guarnece la ciudad. Nuestra malicia meridional no se ajusta jamás bien al desempeño de ciertos papeles, representados con una ingenuidad sencilla por el candor alemán. Plástica nuestra imaginación busca el ser efectivo tras el ser supuesto, mientras nebulosa la imaginación germánica gusta de la ideal incertidumbre como gusta de la vaga neblina. Por eso, mientras en España se monta con dificultad una fiesta histórica de tal género a causa de que nadie mira en una evocación de la reina Isabel, por ejemplo, la persona representada, sino la representante; nadie se acuerda en Alemania de que la tía fulana de tal barrio hace la madre de Lutero y que hace el tío fulano de tal otro barrio el elector Federico. Pero, ¿cómo decimos esto? Guillermo II ha sido en cierta medida y hasta cierto punto actor durante tales representaciones, pues en el drama religioso, historiando la vida de Lutero en acción, como cantaron los actores tres ensayadas estrofas del coral arriba recordado, el emperador se puso de pie, y con la cabeza descubierta y erguida, la voz alta y resonante, los ojos puestos en el cielo y la mano en su espada, cantó con sus súbditos en un grandiosísimo coro. No se han malogrado estas festividades, cuando hase oído en todas ellas propósitos de respeto a la conciencia humana y a la libertad religiosa.

VII

El hecho celebrado en esta festividad trascendió a todo el género humano y por lo mismo a todos nos interesa igualmente. Cada pueblo presenta el respectivo título y la respectiva obra en el juicio universal de la historia: Inglaterra el Parlamento moderno, Francia la revolución política, España las revelaciones del cielo y del planeta con el Nuevo Mundo y el cielo austral adivinados por sus divinas intuiciones, Italia el renacimiento literario y artístico, Alemania la reforma religiosa. Conociéndolo así el emperador Guillermo, ha reivindicado este grande servicio para la tierra, que los caprichos del sistema hereditario sometieran a su absoluto poder y a su imperial cesárea voluntad. Pero, aun reconociendo cuanto la reforma hiciera en pro del bien común, precisa reconocer como en sus caracteres predominaron el interés local de aquella tierra y el temperamento fisiológico de aquella raza, mucho más que en los caracteres de las demás obras universales antes conmemoradas. Detengámonos un poco ante tal consideración. Los tiempos tomaban en la sazón, que han celebrado el emperador y sus reyes, un aspecto bien terrible y una solemnidad bien grande. El deber de reformar la Iglesia, y aun la imprescindible necesidad, penetraban de suyo hasta en la corte romana, la cual parecía en aquel momento histórico, cual se dice ahora, una corte de Júpiter. Pero esta idea de la reforma no tenía, cuando Lutero comenzara sus predicciones, a principios del siglo XVI, delante de sí, el tiempo y el espacio que tuviera cuando se presentaba pujantísima en los Concilios de Basilea y de Constanza, es decir, a mediados del siglo XV, en los Concilios, únicos dotados con fuerza bastante a evitar la revolución religiosa y traer la democracia cristiana. Citábase para el otoño de 1516 el Concilio reformador en Letrán; y este Concilio, por la hora de su convocación, por el sitio y lugar de sus sesiones, por el decaimiento de la clerecía, por el predominio de los Papas, iba necesariamente a resultar, no un congreso de reformadores, un conventículo de cortesanos. Hablábase de una reforma del cuerpo eclesiástico en su cabeza y en sus miembros; pero nada se hacía por conseguirla. Lutero anunciaba a la multitud la inutilidad de aquella reunión, y como inútil con grandísima elocuencia la delataba en discurso consagrado a un amigo, el preboste de Leiszken, quien debía ir a Roma por aquel otoño y sentarse con derecho en el pontificio parlamento. Furgens, historiador de Lutero, trae tan importante discurso, en el cual proclama el reformador la obligación que tenían los sacerdotes católicos, dadas tan supremas circunstancias, de alcanzar la regeneración espiritual del pueblo por la divina palabra y por el santo ejemplo. Hubiera querido Lutero disponer de los fragores del rayo para mostrar con sináticos relampagueos y truenos y centellas esta verdad al pueblo sacerdotal y eclesiástico. Urgía, en su concepto, un remedio eficaz y pronto. La doctrina religiosa zozobraba en tradición muy confusa, y el pueblo perdía la luz de sus ojos en las supersticiones sobrepuestas a los dogmas. «Hagáis en el Concilio lo que os pida el gusto -exclamaba- no habréis hecho cosa ninguna, si no acertáis con el medio de obligar a los sacerdotes al abandono de las tradiciones puramente humanas y a la predicación purísima e ingenua de los divinos Evangelios.» He ahí toda la filosofía que generaba este instante supremo; he ahí la idea que flotaba en los aires, en las conciencias, extendiéndose desde la raíz de la vida total hasta los altos cielos. En ninguna de las otras crisis históricas aparece tan claro como en ésta que descuidar la reforma equivale a traer la revolución. Cuando los Estados poderosísimos se formaban, y el feudalismo de la Edad Media se caía, sonaba la hora en el reloj de los tiempos, sonaba, sí, la hora providencial y suprema, de volver a las fuentes del Evangelio, y aplicar a la vida los apólogos y las enseñanzas del Cristianismo renovado y viviente. Tres grandes cosas sobrevienen al mundo aquella época genésica de principios del siglo XVI: un pontificado literario, un renacimiento artístico, una reforma religiosa. Estos tres grandes factores debían sumarse a una en la obra común de la humana cultura, y no dividirse, como se dividieron y separaron, para eterno dolor del mundo moderno y para eterna desgracia del linaje humano. Eran como el cuerpo y el alma, como el pensamiento y la voluntad, como la luz y el calor. Separarlos equivalía ciertamente a separar el tiempo de sus obras, el pensamiento de su acción, el principio de su consecuencia. El renacimiento podía ser artístico sin dejar de ser cristiano; la reforma podía ser cristiana sin dejar de ser universal y latina; el pontificado podía ser máximo y uno y católico sin dejar de ser la presidencia de ortodoxa república. No pasó esto, y por no haber pasado, vinieron gravísimos desastres. El pontificado buscó, cada día más, en su necesidad de salvarse y defenderse, una organización propia de la defensa, una organización guerrera, jerárquica, déspota, una organización de combate, porque no hay definición de la guerra comparable a ésta: un despotismo colosal oponiéndose a otro colosal despotismo. La reforma, por su parte y a su vez, en el afán de cambiar el dogma sin cambiar la esencia del Cristianismo; si bien trajo el principio de libérrimo examen, que nunca le agradecerá la humanidad bastante; si bien dio al pueblo la lectura de los libros santos, cayó en los dogmas agustinos, exageró la predestinación y la gracia, combatió la sabia doctrina pelagiana del libre albedrío en el momento mismo en que la resurrección de esta doctrina tenía hasta el carácter de verdadera oportunidad. Luego, declarada la reforma en abierta rebelión, tuvo que acudir al auxilio de los príncipes cristianos y tuvo que perder lo más necesario a su desarrollo: el espíritu democrático. Fue una iglesia oficial, una iglesia oficinesca, una iglesia monárquica la que debió ser una iglesia democrática, una iglesia liberal y una iglesia republicana. Luego adoleció del mal de todas las revoluciones, el mal de suscitar a los exagerados, de moverlos a ira, de lanzarlos al combate, generando la guerra de los campesinos, es decir, una furiosa demagogia. No tuvo más que un bien, del cual todavía vive: tuvo los gérmenes depositados con la lectura e interpretación individual de los Evangelios, los gérmenes depositados en la conciencia de libre examen, protoplasma confuso de la moderna libertad espiritual.

VIII

Quería echar un poco de agua en el vino apurado por Guillermo II, recordándole cómo, a la postre, había de traer el examen libre la República en su virtualidad natural, cuando me anuncian una horrible catástrofe sucedida en París y que los telegramas atribuyen a los anarquistas de Carmaux y yo atribuyo al gobierno de Loubet. No puede un Estado tratar como potencia beligerante a la insurrección escandalosa y prometerle asesinas complacencias, sin deshonrarse y sin trocar la sociedad humana en una sociedad puramente animal, de guerra entre todos, impulsados por los apetitos, y de combate a todo aquello que no sirva para la nutrición y la reproducción propias. Lo dije aquí en mis Revistas, desde los comienzos de las huelgas, al ver las increíbles debilidades del Gobierno francés, y su entrada de hoz y de coz dentro de aquello que no le concernía: las diferencias entre los propietarios de las minas y sus trabajadores: tantos errores de una y otra parte debían terminar en pavorosa catástrofe. Ya la tenéis. En cualquier bosque primitivo y en cualquier desierto africano es más fácil presentir, precaver, conjurar una de las naturales asechanzas contra la vida, que en la capital del mundo civilizado, gracias a la ignorancia crasísima de los peligros sociales existentes hoy en el estadista colocado por su propia insignificancia y debilidad a la cabeza de un pueblo tan grande y tan digno de ser mejor gobernado como Francia. Queréis fomentar el radicalismo lleno de aspiraciones vagas socialistas; retener las tropas expedidas en represión de los desórdenes y en castigo de los desordenados; volver a su puesto un capataz, empeñadísimo en retenerlo, cuando no puede servirlo; amnistiar a revoltosos condenados en justicia y muchos de ellos reincidentes en crímenes; mandar comisiones oficiosas, compuestas por hombres tan funestos como Clemenceau y Pelletan a los sublevados; meteros como árbitros en cuestiones que atañen a la fuerza pública si traen desórdenes, a los tribunales si traen litigios; y aún os extraña que los así alentados lleguen hasta el mayor de los crímenes y hagan saltar con los estallidos de sus máquinas infernales las casas de París y maten a trabajadores inocentes dejando en el mayor desamparo entregadas al naufragio social familias industriosas y honradas, víctimas de violencias y atentados, que no pueden continuar sin exponerse a la inmediata recaída en el despotismo, encargado de impedir con bárbaros procedimientos el retroceso a la barbarie. Y luego, en medio de las ruinas humeantes y sobre la sangre coagulada, con el hedor de los achicharrados en las narices y los átomos de los huesos encendidos por la erupción en el rostro, se atreve Loubet a imputar el crimen al pensamiento libre, a las reuniones, a los periódicos, al derecho, cuando hubiera bastado para impedirlo con obedecer a las leyes y no colocar la nacional administración y el poder público a las plantas del crimen. Mas, contemos los hechos. Alentados por las complacencias serviles que ha tenido con ellos el Gobierno francés, los anarquistas de Carmaux, como sabéis, mineros, amenazaban diariamente al Consejo de la Sociedad en su residencia de París, grande Avenida de la Ópera, con la dinamita. Conociendo los administradores, por una larga y dolorosa experiencia, cuán fácil al desalmado es prescindir de la conciencia y acometer en su inconsciencia un crimen grande, redoblaron las precauciones tomadas de antemano en los alrededores de la residencia social, que tiene sendas fachadas a dos calles. Con efecto, un dependiente de la sociedad, llamado Garín, encontró a la puerta del establecimiento cierta olla o marmita, envuelta en viejo número usado de un periódico grande, al mediar el día 8 de noviembre; y temeroso de que pudiera contener un explosivo, la llevó, en compañía de un guardia del servicio municipal diario, al despacho del comisario, sito tras los almacenes del grande Louvre. El petardo, como llamamos a estos explosivos en español, no podía estallar, según dicen los expertos en estas cosas, sino volviendo la olla en sentido contrario a como la dejó el criminal, boca arriba, en lugar de boca abajo, cual estaba en el sitio donde la colocaran. Debieron volverla en la Comisaría, y digo debieron, porque no queda testigo alguno de la catástrofe, pues, a guisa de cráter en erupción, estalló la marmita con estruendo y todo lo devastó con furia. Cayeron los suelos, saltaron los techos, derrumbáronse las paredes; el fuego prendió las vigas, carbonizándolas como por un incendio; una especie de lava en torbellino calcinó las piedras; y entre tantas ruinas causadas por las explosiones perecieron de súbito cuantos estaban próximos del foco de la catástrofe, del terrible devastador explosivo. Al ruido que armó, cayeron casi todos los cristales del barrio; y al humo y al polvo cegáronse muchos de los transeúntes a muchísimos pasos de distancia. No parecía producto artificial aquello de la perversidad humana; parecía terremoto, huracán, ciclón, todo, menos la obra de una mano criminal y oculta con fuerzas casi diabólicas para la destrucción y para el mal. El espectáculo que ofrecía la sangre coagulada y como frita en aceite hirviendo; las cenizas humanas dispersas en átomos negros; los huesos rotos y a medio calcinar; aquí un montón de intestinos semiquemados, allí unas tripas enroscadas como serpientes, más lejos los cuerpos separados de sus cabezas, y las cabezas rodando con los ojos y las lenguas de fuera espantaban como si por un movimiento demoníaco hubieran surgido al aire vital y a la luz diurna los horrores inventados para castigo de los réprobos en la tormentosa y cruelísima Edad Media. El dependiente de la Compañía que celaba el edificio de su Consejo y recogiera el explosivo en las aceras; el guardia de orden público que le acompañaba y a su lado iba en el trayecto a la calle de Bons Enfans desde la Grande Ópera; el escribiente de la inspección que se graduó uno de los días últimos y entró allí desempeñando modesto destino; los guardias de la paz que iban en espera de órdenes; hasta un ratero detenido en el cajón de la policía; todos murieron entre los escombros lanzados por el horroroso estallido. Únicamente la portera del establecimiento y su hija, quienes almorzaban en aquella hora con tranquilidad, pudieron eximirse y escaparse a la catástrofe que hizo estremecer las sillas y saltar la mesa y caer los cristales, pero que las preservó por un verdadero milagro. Cuando llegó el imprevisor ministro de la Gobernación, avisado por el ruido material y el escándalo popular, aún humeaba la catástrofe. Uno de los guardias, que le acompañaban en aquel instante, cayó muerto al terror causado en su ánimo por la emoción.

Quien debió morirse fue, con seguridad, el ministro, si tuviera un escrúpulo de sentimiento y otro escrúpulo de conciencia en los dos sentidos dados por nuestro lenguaje a la palabra escrúpulo. Reunidas las Cámaras, el estupor llegó a su colmo. Y, sin embargo, aún hubo socialista que dijo una gracia de tigre, y socialista que intentó diferenciar su horroroso sistema del principio anarquista, cual si una sombra no se pareciese a otra sombra en las tinieblas del mundo. Hubo necesidad imprescindible de prestar por el pronto apoyo al Gobierno y darle un voto de verdadera confianza. Mas el diputado conservador Delafosse, dijo todo cuanto latía en las sienes y en el pulso de los allí reunidos, cuando dijo que debía irse de prisa el Gobierno y dejar aquel puesto a quien desease gobernar. Parece imposible tuviera todavía tanto cuajo M. Loubet que se atreviese sin empacho a dar tras las públicas libertades, inocentes de todo, en vez de dar tras su propia incapacidad generadora de los desastres. Siendo la República el mejor gobierno ¡ah! no puede hallarse, no, en las peores manos. Y llamo peores a los jefes de la política francesa, no por malos, por débiles. El mundo necesita, franceses, que salvéis la democracia, la libertad, la República, con una mayoría parlamentaria conservadora y un sólido Gobierno.

9. Abril 1893
La muerte de Ferry. La complexión y carácter de tal hombre. Su fuerza de voluntad. Eficacia y poder de tal facultad en la política, y sobre todo en la política francesa. Historia de Ferry. Su aparición ligada con la decadencia del Imperio. Grupo de jóvenes demócratas. Papel representado por Ferry en tal grupo. La política interior y exterior de éste. Discurso de Thiers en armonía con la política exterior. Oposición sistemática. El nuevo París. Folleto de Ferry sobre las cuentas fantásticas de Hausseman. Ferry en la Cámara. Ferry en la revolución. Ferry en el sitio de París. Ferry en la Comunidad revolucionaria. Ferry en el gobierno. Ferry en la desgracia. Su muerte. Conclusión
¡Terrible golpe la muerte de Ferry descargado sobre la República francesa! Desde que tal institución se fundó, todos han echado en ella de menos la estabilidad y han pedido a la opinión y a las Cámaras en vano el establecimiento y arraigo de un verdadero gobierno. Y para tal obra, únicamente se tropieza en todo el estado mayor de la política nacional aquella con dos hombres de

temple: con el célebre Constans y con su antecesor en autoridad y en ascendiente sobre los demás, con el publicista y orador Ferry. Podían discutirse y aun rechazarse así sus principios como sus actos; pero en lo que no puede caber discusión alguna es en lo claro de sus conceptos, aunque fueran erróneos, aunque fueran desacertados. Yo nunca he participado de sus creencias respecto del carácter colonial atribuido por él a la nación francesa; yo he combatido siempre a muerte los principios cesaristas suyos respecto de las facultades que debe gozar el Estado en materia de pública enseñanza. Pero yo he creído y sigo creyendo que adhería con viva fe su entendimiento a un verdadero símbolo e implantaba este símbolo creído y amado con verdadera constancia en la rebelde realidad. Vistas las voluntades flacas que hoy en Francia ocupan los altos puestos y toman la dirección aparente de un país abandonado a sí mismo, el ímpetu de Ferry priva más en mi ánimo que las muelles complacencias, que las fáciles indeterminaciones, que la indefinición reinantes hoy sobre la infeliz República, necesitada de un poder que pueda prestarle aquella cohesión interna, sin la cual se disgregan los átomos en tenue polvo, arrastrado y desvanecido al menor soplo. Así, tras las zozobras causadas por el crédito inverosímil que consiguiera Boulanger con cuatro aparatosos alardeos de gobierno; tras la grande anemia proveniente de una presidencia sin más autoridad que la prestada por ficciones legales, incapaces de conceder lo más necesario en las sociedades modernas y democráticas, el propio personal ascendiente; tras los errores comunistas cometidos por el ministerio Loubet, dando alas al monstruo de la utopía colectivista y fuerzas al nublado de las guerras sociales; tras los escándalos del Panamá, debidos en su mayor parte al desmayo de las fuerzas concentradoras y disciplinarias que mantienen cada poder en su respectivo centro de gravedad y conciertan todos ellos entre sí mismos para que no quieran los cuerpos de carácter político elevarse a tribunales, ni los tribunales inmiscuirse de modo alguno en los otros cuerpos del Estado y en las otras esferas del poder público, todos convertíamos los ojos a quien tuviera dentro del antiguo partido republicano la inspiración de adherirse con decisión grande a Thiers y después darle al poder la fuerza de que necesita y la disciplina indispensable a una mayoría que se ha encontrado, desde la desgracia de Ferry, disuelta siempre, conduciendo y mandando los gobiernos, en vez de ser por los gobiernos ella conducida y mandada. Pero este hombre ha muerto. Y la muerte suya influye de tal modo en los destinos de Francia que no podemos menos de pararnos y detenernos ante su vida, consagrando a este hombre casi toda la crónica del mes corriente. Y puesto que su vida evocamos, no demos a olvido cómo esta vida, muy célebre y famosa hoy, tuvo comienzos ignorados, en los cuales conviene detenerse antes de verla desaguarse con tanta majestad en el Océano. Así es que miraré con mayor detenimiento los comienzos que las postrimerías de su historia, relacionando ésta con todas aquellas crisis en las cuales ha tenido una soberana influencia. Ferry comienza cuando el Imperio acaba.

Los años 1868 y 1869 son los años que señalan de una manera clara y definitiva la decadencia del emperador Napoleón III. Cada uno de los pasos que da es un verdadero tropiezo; cada una de las resoluciones que toma verdadera ruina. No tiene intento que no se le malogre, ni proyecto que no aborte, ni amigos superiores que no mueran, ni amigos incapaces que no le pierdan, ni enemigo que no triunfe y prevalezca, Parece que un hado fatal le persigue, le acosa, le aleja de aquella gran fortuna, cuyos matices le sonrieran con venenosa sonrisa en los primeros días de su Imperio. Inmediatamente después de la guerra de Italia todo era próspero a su alrededor, todo sonriente: Rusia vencida y humillada en sus propios mares; Inglaterra amiga y devota; el Austria destronada del alto solio que los reyes le habían erigido en el tratado de 1815 y destronada por el sable de Bonaparte contra quien aquellos tratados se urdieran; Italia, si no satisfecha, reconocida de suyo al vencedor de Solferino y de Magenta; la Lombardía libre y emancipada; Saboya y Niza volviendo por un plebiscito a engrandecer para el emperador su Imperio y para los franceses su patria; Prusia, en apariencias amenazada, y en realidad soñando con la unidad de Alemania, pero soñándola en virtud de su estrecha alianza con Francia; el Papa sostenido en su destrozado y vacilante trono temporal por la mano del César, tan fuerte, que así podría encadenar como desencadenar las revoluciones, y despertar como adormecer a los pueblos, y herir como sostener a los reyes. Pero bien pronto se notó su decadencia. La falta de cumplimiento al programa con que comenzara la guerra y la sobra de ardides diplomáticos con que sustituyera el antiguo ardor guerrero, denunciaron al mundo la debilidad verdaderamente incurable de aquel emperador y de aquel Imperio. Los gobiernos personales se hallan condenados a la infalibilidad, y a la omnipotencia. Si un día se engañan, si otro día tropiezan, mueren sin tardanza y sin remedio. Puesto que me pedís mis ahorros sin darme cuenta y me arrancáis mis hijos sin tenerme compasión, le dicen los ciudadanos, y pensáis por mí, y por mí habláis, y sois la patria misma en alma y cuerpo, probadme que yo nada valgo, que yo nada importo, acertando vos, venciendo vos perpetuamente, y así comprenderé que debáis ser vos mi señor y yo nuestro esclavo. Desde el punto y hora que el Imperio se engañó una vez, no hubo medio de detener su decadencia. La Francia, hasta entonces obediente, comenzó a ejercer y aguzar sus facultades de crítica, y la crítica de la nación de Voltaire es mortal a todos los tiranos de la tierra. Cuando Francia se ríe, los tronos tiemblan. Y Francia comenzó a reírse de aquel Imperio que la había aterrado con la deportación y los fusilamientos, que la había sumergido y ahogado en mares de sangre. Napoleón tenía un hermano, el duque de Morny, mundano, dispendioso, pero que veía con clara mirada todas las nubes amontonadas sobre el Imperio, y en parte las disipaba y desvanecía con sus inspiraciones y sus consejos.

La inteligencia suya, clara y penetrante, su carácter flexible, sus maneras aristocráticas, el don de gentes con que atraía a los mismos a quienes despreciaba, eran poderosos auxiliares al Imperio. Él, y solamente él, había desconcertado la oposición republicana del Cuerpo legislativo y atraídose con halagos a uno de sus miembros más importantes: a Emilio Ollivier. Pero Morny murió de anemia. Su cuerpo estaba consumido y apagado como su alma; y su alma y su cuerpo parecían el alma y el cuerpo del Imperio. La emperatriz quiso verlo en su lecho mortuorio, y fue tan grande la emoción producida por la vista de aquel cadáver, que se desmayó de pena como si hubiera visto el cadáver de su propio Imperio. Y en efecto; desavenido de muchos de sus antiguos amigos, cercado por implacables adversarios, solo en las altas cimas de la sociedad donde falta el aire respirable; despojado, por grandes desengaños, de aquella aureola socialista que habían ceñido a sus sienes algunos complacientes escritores, para los cuales era Napoleón, como los emperadores romanos, el César de la plebe; sin la victoria en los campos de batalla, sin el poder y la influencia en los consejos diplomáticos, veíasele sucumbir, al peso de una grande impopularidad, entre las maldiciones de todos aquellos que pensaban con elevación, y sentían con fervor, no ya en Francia, sino en Europa, en América, en toda la tierra, En circunstancia tan crítica Ferry aparece. En dos campos de batalla requería la juventud entonces al Imperio cesarista con empeño: la prensa y el foro, para luchar con él y desarmarlo. En la prensa y en el foro mantuvo la causa Ferry del derecho, negado completamente por el César y por los cesaristas. Primero escribió en un periódico, entonces famoso y hoy olvidado, que se titulaba Correo del domingo; escribió después en el sesudo diario, que ha sido como el Journal des Debats de la democracia, en el Temps; y allí fue poniendo al cesarismo el cerco y sitio, al cual se tuvo que rendir, hasta invocar en favor suyo la democracia; y cuando vio que no podía entenderse ni con la democracia ni con la libertad, yéndose a una guerra, en cuyas espirales de tromba y ciclón encontró al cabo la ruina y la muerte. Yo, que trabé con Julio Ferry amistad estrecha desde un año en su historia tan célebre como el año 66, he visto formarse la grande agrupación de inteligencias, en la cual brillara con brillo extraordinario, agrupación luminosa donde Gambetta era como el fuego sagrado de la inspiración, Challemel como el pensamiento científico, Ferry como el cálculo matemático frío. Spuller, el archivero y el cronista y el inscriptor de todos aquellos pensamientos, los cuales iban poco a poco formando la materia radiante, destinada en el curso de las ideas y de los hechos a sustituir y reemplazar el Imperio. Nunca se vio tan claro que Francia produjo la forma imperial del poder y que Francia también la deshizo. Ferry se halla naturalmente llamado a figurar entre los que más debían lucir en aquella sustitución indispensable y lógica.

Ferry con sus amigos mantenía coloquios políticos perpetuos. En aquellas conferencias entre almas tan luminosas, en aquel choque de los entendimientos unos con otros, en aquellos diálogos llenos de ideas, íbase formando poco a poco la política interior y la política exterior que debía sustituir a la política imperial. En lo interior querían una República muy avanzada, pero liberal y parlamentaria; en lo exterior querían la disminución de Prusia, cuya unidad les asustaba como si fuese un grandísimo alud pendiente y amenazador sobre sus cabezas. Yo disentía en esto de todos ellos. Creía yo, mirando la cuestión aquella con la mirada propia de mis ideas progresivas, que no podía oponerse Francia en nombre de ningún principio admisible a la unidad de Alemania; creía Ferry lo contrario. Mas era el caso que pecaban de inconsecuentes, pues mientras combatían la unidad de Alemania con todas sus fuerzas, apoyaban al par con todas sus fuerzas la unidad de Italia. Confesemos que no marraba su patriotismo, pero digamos también que no marraba mi lógica. Ellos anatematizaban a Napoleón porque no había dejado ir a Garibaldi hasta Roma en el día de Mentana y lo anatematizaban porque había dejado a Bismarck ir hasta Bohemia en el día de Sadowa. Y en estos anatemas yo nunca les hice coro. Gambetta me redargüía con largos discursos de una entonación y de un aliento formidables; y me redargüía Ferry con descargas de razonamientos fríos parecidos a silogismos escolásticos. Lo cierto es que tal política, la política de Gambetta y Ferry, se condensó en una sesión célebre por el discurso magistral de un grande orador parlamentario: por el discurso de Thiers. Aquel día paselo con Gambetta y Ferry. Corría el verano de 1866 y se acababa la guerra austro-prusiana por la batalla y la victoria de Sadowa. El emperador Napoleón, que había contribuido en mucho a este resultado, esperaba una parte en el botín. Pero al ir a reclamarla, se encontró con una redonda y absoluta negativa. Inmediatamente quiso apelar a la guerra, y no tuvo medios para sostenerla. Esta inmensa desgracia pudo costarle entonces la vida, porque de resultas le asaltó mortal enfermedad en Vichy. Napoleón sabía que su poder no duraba si no aparecía a los ojos de su pueblo como infalible en sus juicios e incontrastable en sus empresas. Entonces se conformó con necesaria resignación, y predicó en célebre manifiesto que la victoria de Prusia había sido una victoria del Imperio, por varias y fundamentales razones; porque había roto los tratados de 1815, porque había realizado las grandes aglomeraciones tantas veces prometidas y sustentadas en las meditaciones y en las memorias del grande emperador, y porque había creado una potencia revolucionaria más, enemiga de antiguos poderes y aliada forzosa de Francia. Ahí estaba la verdad. Ese era el profundo y necesario sentido político. Pero se necesitaba mantenerlo contra todo y contra todos una vez públicamente expresado. Las inquietudes de Alemania se hubieran concluido, y las consecuencias de la paz internacional se hubieran tocado inmediatamente. Los recelos del pueblo francés se hubieran poco a poco apaciguado. Pero el partido militar quería la guerra a toda costa, y a las cábalas, a las pretensiones del partido militar, se unía el patriotismo de los demócratas. M. Thiers condensó la opinión de éstos en discurso admirable por su arquitectura, por sus formas, aunque nocivo por sus tendencias y por sus ideas. El discurso combatía todo el manifiesto de Napoleón, y por consecuencia toda su política europea. Jamás unió tanta elocuencia, jamás a tanta erudición, ni tanta profundidad a tanta gracia como en este discurso. Cuatro horas tuvo la Asamblea pendiente de sus labios, que fluían como un río de ideas transparentes, clarísimas, en las cuales se reflejaba con todos sus rojizos resplandores el orgullo nacional de Francia. Olvidando la unidad fundamental del espíritu moderno y la solidaridad de los pueblos, habló como hubiese hablado un patriota a la antigua, uno de esos hombres que fijan la atención y la concentran solo en su patria; para los cuales todos los pueblos extranjeros deben ser considerados como pueblos o enemigos o bárbaros. Solo por un sentimiento de esta altiva estrechez puede comprenderse y explicarse que, olvidado de alemanes, de italianos, de españoles, de ingleses, de todos los pueblos circunvecinos a Francia, sostuviera convenirle a esta nación el tener a perpetuidad en sus fronteras pueblos o desmembrados o débiles. Así condenó la obra de la unidad de Italia, esa obra debida indudablemente a las fuerzas de Francia, y anunció a Víctor Manuel autoridad más fugitiva y reinado más tempestuoso en su nuevo amplio reino de Italia que en su antiguo estrecho nido de Saboya. Pero en el tema en que agotó sus fuerzas y su elocuencia, fue en el tema de la unidad de Alemania. Elevóse en alas de su maravillosa palabra a los tiempos más remotos, y recorrió con rica variedad de tonos en la voz, y de ideas en el discurso, las crisis supremas que han formado la grandiosa nacionalidad francesa. Para él toda la historia moderna de Francia se ha propuesto impedir la Alemania una fundada sobre Italia o sobre España. Por esta causa, porque Italia no fuera española, combatieron Carlos VIII y Luis XII de un extremo a otro en la hermosa península de las inspiraciones y de las artes. Por esta causa, porque el Imperio alemán no fuera una amenaza en el Rin y otra amenaza en el Pirineo, merced a la poderosa familia de Carlos V, combatieron Francisco I en Pavía, sus herederos en San Quintín, Enrique IV en Crescy, Luis XII en Rocroy, hasta que consiguieron humillar a España y Austria en la paz de Westfalia, preparada por Richelieu y concluida por Mazarino, los dos grandes políticos de Francia. Y Napoleón III había contribuido con su política de las nacionalidades a fundar un grande Imperio sobre las fronteras de los Alpes y otro grande Imperio sobre las fronteras del Rin que aminoraban toda la antigua grandeza de Francia. Y después de haber luchado tantos siglos en impedir el feudal Imperio austriaco unido a la nación española, ahora nos encontramos con un Imperio alemán unido a la nación italiana. Y se querrá cohonestar todo esto con la frase de haberse concluido los tratados de 1815, ajustados en mengua de Francia y concluidos y rasgados con mayor daño todavía de esta gran nación. Y se añade que el emperador Napoleón I predicaba las aglomeraciones de razas, los inmensos calabozos donde se amontonan pueblos esclavos, cuya libertad y cuya independencia habían sido el secreto quizá de sus inspiraciones artísticas, de su cultura científica, de los esmaltes con que ornaran la espléndida diadema de la humana gloria. Esas teorías eran absurdas, y sobre todo contrarias a la dignidad de Francia, que por lo menos debía compartir con otras naciones su preponderancia en Europa, Ya no queda ninguna falta más que acometer, dijo el orador con voz lúgubre, dejando clavado su agudísimo puñal de dialéctico en las entrañas del Imperio. Desde aquel día todo cambió en Francia. El orgullo nacional se reanimó con una reanimación extraordinaria. El partido militar cobró grandes bríos y sonó sus sables amenazadores en las gradas mismas del cesáreo trono. Los patriotas pidieron la guerra con clamores y aullidos espantosos. Francia se palpó las sienes y sintió que le habían quitado en las sombras su espléndida corona de oro. El pueblo mismo comenzó a ser cómplice del error que podía perderlo, esclavizarlo, retardar su emancipación y su progreso. Y yo creí ver, entre aquellos siniestros relámpagos de entusiasmo, dibujarse el yerto cadáver de la Francia. Gambetta con Ferry se burlaban de mis agorerías casandrescas. Pero apenas transcurrieron tres años cuando me daban la razón y convenían conmigo en que tantas torpes ingerencias del gobierno francés en la unidad germánica concluyeron por traer el desplome de una inmensa catástrofe.

Pero la oposición hacía de todos los palos astillas. En las cosas más favorables al Imperio y que parecían para el Imperio más beneficiosas, fundaba una serie de cargos que le salían a maravilla por el descenso evidente de tal institución, que iba tocando en su ocaso. ¿Podía encontrarse nada tan glorioso cual la renovación de París? La vieja ciudad, aquella que Víctor Hugo recogiera filialmente y depositara en el magnífico Museo de Nuestra Señora, acababa de caer a los golpes de la piqueta del César. Debía ser aquel París, de estrechos callejones, de sucio piso, de altas y oscuras casas, de infinitas encrucijadas en laberinto interminable, de poco aire y poquísima luz, un colosal calabozo. Sin embargo, los artistas, los poetas, destinados a llevar en pos de sí las inteligencias y a mover los corazones, echaban de menos los sitios consagrados por la santidad de los recuerdos: el patio de sus juegos infantiles, el templo de sus primeras oraciones, la ventana que recogió la mirada y el suspiro de los primeros amores, las calles, testigos de dramáticas escenas históricas, y en cuyas paredes se habían dibujado las sombras de los grandes hombres que sirvieron a Francia con gloria e ilustraron los anales de la humanidad. Estas quejas habían pasado desde los libros de los poetas al sentido común de los ciudadanos. Un autor dramático de decadencia, Sardou, sin esplendor de estilo, sin profundidad de ideas, sin ternura ni elevación de sentimientos, notable solo por el arte, o, mejor dicho, por la industria de anudar y enmarañar los argumentos y hábilmente desatarlos, oficial mecánico del teatro, pintó en su Casa nueva, drama muy malo, el lujo desordenado que el nuevo París exigía y la ruina horrible a que arrastraba este lujo, ruina económica, ruina moral, sobre todo. Lo que daba a estas quejas mayor resonancia era que el nuevo París, sustituto del antiguo, presentaba arquitectura tan detestable, gusto tan depravado, uniformidad tan horrible, caserones tan altos y tan grandes, líneas rectas hasta perderse de vista, árboles enanos y raquíticos, montones de piedra decorada con adornos tan artificiales y tan pesados, que la nueva ciudad, aireada, limpia, blanca, gigantesca, era un aireado, limpio, blanco, gigantesco cuartel. Las quejas se habían elevado desde los folletines a la tribuna, Julio Favre, en uno de esos discursos que tenían estilo severo y pensamientos estoicos, llegaba hasta la indignación juvenalesca, y presentaba gráficamente aquellas leguas de palacios monstruosas y deformes, como pagodas asiáticas, digna expresión de un Imperio pretorianesco y brutal, arrojando de París su nervio, su esplendor, su salud, su animación, su vida; los hábiles jornaleros que no podían soportar ni el precio de los alimentos, ni la subida de los alquileres, y que se veían obligados a vivir en barracas de esteras y de palos, presentando los aduares del africano o del salvaje, como un horrible contraste, junto al lujo de la espléndida capital del mundo. Decíase que el aventurero con corona, engendrado en Holanda, parido en París, llevado a Saboya, de Saboya a Italia, de Italia a Suiza; oficial de artilleros en el cantón de Argovia; jefe de descomunales conspiradores en las calles de Estrasburgo; vago de Londres y de Nueva York; perteneciente y extraño a todas las naciones, no tenía amor patrio, no experimentaba la magia de los recuerdos, no creía en la virtud santificante del hogar, no se impresionaba ante los sitios venerandos de la capital de Francia y con una irreverencia solo comparable a su audacia, había hecho del París de las artes y de los ingenios el hotel, la mancebía y el garito de todos los calaveras y de todos los jugadores del globo. Eugenio Pelletan escribió su Nueva Babilonia en estilo digno de los profetas, con maldiciones verdaderamente apocalípticas. Edmundo Texier, pasando por el Arco de la Estrella, conjuraba al joven griego del escultor Rude a que fuera con su espada desnuda en la mano y su marsellesa furiosa en los labios, a castigar a los sátrapas de París como sus antecesores en Maratón y en Salamina habían castigado a los déspotas de Asia. Mas no era Napoleón ni único autor ni único responsable de las transformaciones de París, alabadas por unos como la obra capitalísima de aquel reinado, criticadas por otros como la corrupción mayor y el mayor afeamiento de la ciudad que por su importancia y por su grandeza se eleva en el mundo a la categoría de verdadera nación. Tenía un ilustre colaborador, que se llamaba M. Hausseman, y que en Hotel de Ville tronaba y mandaba como Júpiter en su Olimpo. El derribaba los monumentos y derruía las calles como un Dios, echaba líneas sobre el inmenso circuito de la ciudad y los suburbios como principiante de geometría sobre la pizarra; arruinaba a éste, enriquecía al otro, y era capaz de quemar a París entero, como el loco romano de otros tiempos, para embellecerlo y renovarlo. Mientras se trataba de las construcciones todo iba bien. El Augusto moderno podía decir que recibió una ciudad de ladrillo y dejaba una ciudad de mármol. Pero en cuanto sonó la hora del pago y aparecieron las monstruosas cuentas, hubo en París murmuraciones generales, y en provincias general descontento. Escritor desconocido entonces, aunque amigo de Gambetta, como ya he dicho, y asistente continuo a unos almuerzos político-literarios que éste daba en su modesto cuarto piso de la calle de Bonaparte, donde se discutían los más graves problemas y se derramaba a torrentes la sal sabrosísima del ingenio, Julio Ferry cogió la ocasión por los cabellos, y expresando el disgusto público, estampó y divulgó un folleto con este título: Cuentas fantásticas de Hausseman. Los franceses se pagan mucho del ingenio, aplauden sin tasa la gracia, y el librillo tenía asegurada su fortuna, desde el punto en que nació, con aquel felicísimo retruécano por mote y por bandera. Los más legos en letras recuerdan la analogía, la relación del título de este libro, Cuentas fantásticas de Hausseman, con el título de otro libro literario célebre, con el título de Cuentos fantásticos de Hollman. Los maldicientes celebraron la gracia, los oposicionistas movieron y removieron el folleto, la izquierda se decidió a llevar el asunto a la tribuna de ambos Cuerpos Colegisladores, y poniendo el dedo en la llaga o mostrar lo escandaloso de los gastos, lo increíble de los despilfarros. M. Hausseman estaba perdido; pero con M. Hausseman se perdía y se desacreditaba una de las mayores y más ilustres obras del segundo Imperio, uno de los más alabados y más brillantes títulos del tercer Napoleón. Ferry subía cada vez más en el concepto público. Así, no fue maravilla que lo nombraran diputado en las elecciones del 69; que luego lo nombraran del gobierno de la Defensa Nacional en el célebre 4 de septiembre, día del renacimiento o restauración de la República; que luego le nombraran prefecto de París en el sitio, y que, ya prefecto, acometiera el titánico trabajo de proveer la capital con verdadero empeño y corriera más de una vez riesgos terribles de su vida por salvar, dentro del cerco bombardeado, la vida de aquellos que representaban la posible autoridad y ejercían, en condiciones tan adversas, el poder público. Cierto día fue un verdadero héroe, verdadero. Era el día 22 de enero de 1871. La mañana había pasado tranquila. Pero el Hotel de Ville y la Plaza de la Grève demostraban que de tempestad había verdaderos amagos. El Hotel de Ville es para los modernos parisienses como el Monte Aventino para los antiguos romanos. Su plaza se llama Plaza de la Grève, y ha dado nombre a los actos más característicos de las asociaciones obreras. Poniéndose de frente al Hotel de Ville, descúbrense hacia la derecha las torres góticas, las agujas caladas de Nuestra Señora de París; los dos brazos del Sena, que forman la isla, nido de la gran ciudad y de toda la nación francesa; y a la izquierda la calle de Rivoli, cuando ya entronca con el populoso y republicano barrio de San Antonio. Las mayores tragedias revolucionarias se han desarrollado en tal escenario. Allí se instaló aquella municipalidad revolucionaria que ejerciera dominio absoluto sobre la Convención. Allí cayó Robespierre, después de haberse elevado sobre el prestigio de ese templo. En sus balcones decretó Lafayette la destitución de la dinastía borbónica y coronó con el morrión de la milicia nacional a la monarquía de julio. En el Hotel de Ville se proclamó en 1848 la segunda, y en 1870 la tercera República francesa. Por eso, cuando los horizontes se oscurecen, cuando las ideas relampaguean, cuando la gran ciudad se siente movida por una de las súbitas inspiraciones que la han agitado en: todo tiempo, es el Hotel de Ville el sitio en que la revolución triunfa y se formula, es el Hotel de Ville como el Sinaí de la democracia moderna.

A la una de la tarde del 22 de enero están cerradas las ventanas, corridas las verjas de ese palacio del pueblo. Algunos grupos, en número corto, pero en aspecto amenazadores, se esparcen por el recinto de la plaza. A la defensiva solo se veían dos oficiales de guardias movilizados bretones, y un oficial de la milicia parisiense ante la puerta mayor abierta y tras la verja cerrada. Los grupos, dirigiéndose a estos oficiales, pedían pan y la caída de Trochu. Al dar las dos, treinta milicianos desembocan por el lado de los muelles. Todos vienen armados, pero en actitud pacífica, las bocas de sus fusiles hacia abajo. Sin embargo, al llegar, algunos los cargaban, jurando apuntarlos pronto a las ventanas de la artística fachada principal. En efecto, descubríanse tras de sus cristales las sombras de los guardias bretones que escudriñaban los menores acaecimientos de la plaza. El grito convenido era la destitución de Trochu, gobernador militar de París. Para pedirla con oportunidad y obtenerla con prontitud, decidieron dirigirse a la habitación misma del General. Y en efecto, partierónse por la calle de Rivoli hacia el lado del Louvre. Parecía todo tranquilo en este punto, cuando a las tres se oye el redoble precipitado de un tambor que toca a ataque. Vienen trescientos milicianos armados y en son de guerra desde Belleville, y han desfilado en la plaza de la Bastilla antes de tomar la calle de Rivoli por el extremo opuesto al que se encaminaban los milicianos anteriores. En cuanto avistan el Hotel de Ville suena una descarga. Las ventanas de la gran fachada se abren, los movilizados bretones aparecen, apuntan hacia la desembocadura de la calle de Rivoli, donde los amotinados se encuentran, y descargan sobre ellos. En el espacio de un segundo cubriose el suelo de gentes desplomadas sobre el frío barro. Unos cayeron porque se agacharon para tirar, otros porque corrieron impetuosamente, y chocando en su carrera, tropezaron muchos por heridos y algunos por muertos. Al ruido, la guardia nacional, la tropa en línea, los gendarmes, acuden, y el orden se restablece. Mientras pasaban estas escenas tronaba la artillería, y desgajábanse bombas sin número sobre los barrios de París. ¡La guerra civil junto a la guerra de conquista! ¿No estaba aún bastante castigada Francia? Pues bien; el gobierno hubiera caído, París, sitiado, se queda sin defensor, la comunidad revolucionaria queda proclamada en pleno sitio, si Ferry no hubiese reunido los milicianos bretones y no hubiese dado la terrible voz de fuego.

Pero resumamos. La vida de Ferry se distingue por unas proporciones admirables y por un enlace y coordinación verdaderamente lógicos entre sus varios períodos. De oposición ruda en el grupo de la calle de Bonaparte; ardiente polemista en los dos periódicos, uno de combate desatado, como El Correo, y otro de combate táctico, cual El Tiempo; autor oportuno de folleto muy leído y loado, contra la renovación de París, obra capital del Imperio; representante ya del pueblo en la Cámara del 69 que traía la revolución aparejada; individuo del primer gobierno brotado tras el triunfo de la República; prefecto de la capital sitiada, donde salvó un día con esfuerzo a sus compañeros, los gobernantes, condenados a muerte por las turbas en armas; el primero en ofrecer grandes resistencias a los elementos anárquicos volcados por todas partes, y el último en irse de París cuando la comunidad revolucionaria dominó la gran ciudad y se propuso resucitar el terror de los maldecidos ayuntamientos parisienses del 93; amigo y partidario de Thiers hasta su muerte, los rasgos capitales de su vida le daban un carácter, al cual nunca debió haber renunciado: el carácter de republicano conservador, que tanto cuadraba con sus ideas, con sus antecedentes, con sus tradiciones y con su historia. Pero hay un matiz del desarrollo de tal vida en que nadie ha fijado su atención, quizá por envuelto entre las indeterminaciones y las incertidumbres de un ánimo recatadísimo, y que, sin embargo, decide por completo de su existencia y le da la orientación tomada en el período que ha cerrado la muerte. Cuando se disolvió el Gobierno de la Defensa Nacional, tras las capitulaciones, una parte de este Gobierno, Favre, Ricard, Simón, Ferry, se fue con Thiers, vencedor; otra parte de este gobierno se fue, la menor y menos importante, Cremieux, Bizoin, Pelletan, se fue con Gambetta. Recuerdo el dejo de amargura prestado a los labios de Gambetta por tal determinación. Lo perdonaba, porque lo quería mucho, pero zaheríalo con reconvenciones acerbas y lo asaeteaba con dardos agudísimos. Sin embargo, en cuanto la reacción destronó a Thiers en Versalles, propendió Ferry de nuevo a Gambetta. Y en cuanto Gambetta murió, se alzó con su herencia.

Varias ideas del malogrado dictador, ideas buenas unas y malas otras, le movieron ya en toda su carrera política: la concentración republicana, la reforma constitucional, la enseñanza laica, el engrandecimiento territorial. De la concentración republicana, francamente, no hay para qué hablar. Mientras la dirigieran o el corazón de Gambetta o el raciocinio de Ferry pase, vaya en gracia; pero así que cayó en otros guías no tan autorizados, redújose a una triste agregación de guerras, más bien mecánicas que orgánicas, en las cuales fuerzas predominaban, por debilidad e incuria de los más, los menos: Clemenceau y sus radicales. La cuestión de enseñanza, tal como la resolviera Ferry, sublevó la mitad entera de su vida contra la otra mitad, e imposibilitó la República verdaderamente conservadora, que no puede ni fundarse ni establecerse sino contando por completo con los elementos católicos. La reforma constitucional hízole pasar por aquella terrible Asamblea de un día en Versalles que pudo quebrantar la República con sus determinaciones como escandalizó a Europa con sus voces. El engrandecimiento territorial aportó a Francia el Tonkin y Túnez. Pero llevóle aquél esa impopularidad en que Ferry ha vivido; y Túnez aportó a Francia la enemistad implacable de Italia e Inglaterra. Mas con esto y con todo, muere Ferry tenido en un concepto que no han alcanzado sus émulos del oportunismo: muere con reputación de verdadero estadista. Y en efecto, tenía pensamiento y voluntad. Gobernaba, no por gobernar, por hacer algo útil a su patria. Comprendía cómo necesitan las democracias de autoridad y gobierno. Disciplinaba con verdadera organización su mayoría. Y magüer su disciplina, triste noticia llegada del Asia oriental desbandola a su desbandada siguió una proscripción perdurable del jefe, lanzada de su ministerio, lanzado de su Parlamento, lanzado casi de su país Cuando Grevy dimitió, por el sentimiento de la mayoría hubiérala Ferry sustituido en la presidencia. Cuatro gritos del partido radical impidieron esta elección. La República no quiso definirse Y nombró a Carnot. En esta indefinición y en esta indeterminación hoy continúa, devorando uno tras otro grandes hombres y sin que nadie sea capaz de adivinar dónde se halla el Norte y el puerto. Viejo ya Ferry, de sesenta y un años, no se ha llevado consigo al sepulcro una historia, se ha llevado una esperanza.

10. Junio 1893
Repugnancia invencible a ocuparnos en los asuntos españoles. Causas de esta repugnancia. Reservas necesarias del historiador cuando es actor en los hechos referidos. La coalición republicana. Características de los grupos.

Imposibilidad en ella de acción y pensamiento común. Democracia práctica. Evoluciones y fases de las ideas. Necesidad de una inteligencia con los monárquicos en las repúblicas conservadoras y con los republicanos en las monarquías democráticas. Confirmación de tal tesis por las sendas índoles de ambas clases de gobierno y por los ejemplos diversos de la historia contemporánea. Solidaridad universal. Lo que fue la República en 1873. Necesidad de una política que pueda impedir el readvenimiento de tal catástrofe. Conclusión

Pocas, muy pocas veces hablo en estas crónicas internacionales de los asuntos relativos a mi patria, recelando crean los lectores parcial e interesada una historia, en cuyos capitales hechos tanta parte ha tenido el historiador que los relata. Por años enteros elido la nación española de mis anales; y si alguna vez derogo tales reglas y llego a mentarla, suelo hacerlo en virtud y por obra de la relación y concordancia entre los hechos particulares hispanos y los capitalísimos hechos europeos. Mas atravesamos ahora una tan crítica situación, y representa por algún tiempo en esta crisis papel tan frecuente quien estas líneas escribe, que no puede sustraerse a la obligación de historiarla, e historiándola, no puede por menos que señalarse a sí mismo la parte correlativa con sus ideas y con sus obras. Llegó el partido liberal en fines de noventa y dos al Gobierno, sin que le llamara directamente la corona cual otras veces; llegó por una crisis parlamentaria, independiente y aparte del influjo ejercido por los demás poderes públicos. Y al llegar de nuevo, desvaneciendo toda veleidad hacia las reacciones y fortificando los derechos individuales con el gobierno de la nación por sí, a cuyo logro contribuyéramos nosotros en primera línea, creyeron muchos aquella la oportuna sazón para el ingreso de mis correligionarios en el gobierno, como legítimos representantes de la legalidad democrática y seguros vigías así de su conservación como de su desarrollo. No creí oportuna yo la hora del ingreso, y con agradecimiento decliné sincerísimas ofertas y quedeme dentro de la misma posición que antes ocupaba y ejerciendo en la democracia un ministerio idéntico al que antes ejercía. Pero si los compromisos míos y la historia no me permiten dejar el carácter y el nombre de republicano, permítenme un patriotismo fervoroso y un lazo con la historia de los últimos veinte años muy estrecho contribuir a la clausura y término del período constituyente, cuya reanudación traeríanos males sin cuento; y contrastar las tendencias revolucionarias, amortiguadas pero no extintas, de nuestro pueblo, con el culto a la estabilidad, áncora de nuestros grandes bienes, áncora del gobierno parlamentario, de la democracia progresiva, de la libertad omnímoda. No todos los viejos republicanos piensan como yo, no todos. Las experiencias últimas nada les han enseñado; y el dolor, que tantas revelaciones guarda para el común de las gentes, no les ha dicho cosa ninguna, y por ende no ha enderezado en ellos ninguno de sus añejísimos entuertos. Porque han formado entre sí una coalición accidental con los tres grupos militantes en la democracia radicalísima, como pudieran haberla formado con los teócratas o con los conservadores, creen sus contradictorias ideas un sistema encadenado y sus disueltas fracciones un organismo viviente. Pero, ¿qué sistema puede resultar en la multiplicación de cantidades incongruentes y heterogéneas? ¿Ni qué proceder metódico cabe allí, donde tres procedimientos en guerra tiran cada cual por su lado, y se anulan mutuamente dentro de una contradicción y combate, internos hoy, en los cuales únicamente puede contenerse y encerrarse la guerra civil futura?

Con ánimo de no sacar mucho a plaza las personas, solo atendibles cuando aparecen como personificaciones de las ideas, debo decir que Zorrilla, Salmerón y Pi representan tres repúblicas, tan irreconciliables cada cual con las otras dos, como puedan serlo todas ellas con la monarquía. Viejo monárquico, Zorrilla, presidente de la Cámara, que proclamó el principio hereditario cuando estaba en tierra, y lo puso por corona de una democracia liberal recién manumitida por la revolución de septiembre, no profesa la república como dogma, sino como instrumento superior a la monarquía para producir cierta dictadura, contraria en todo régimen constitucional moderno, venida con el firme propósito de hacer la felicidad entera de la democracia contra su voluntad y mal de su grado, bajo un boulangerismo civil, o mejor, bajo un balmacedismo, inadaptable a la complexión y a la historia de nuestra libre patria. Orador Salmerón, publicista Pi y Maragall, saben a maravilla cómo tal régimen absurdo no podría subsistir sino suprimiendo prensa y tribuna; por lo cual se oponen a él con la misma fuerza que me opongo yo, y en resumidas cuentas, con la misma franqueza. Muy vago y confuso el sistema de Salmerón, hay que calificarlo por adivinaciones más que por estudio; pues cuanto con mayor empeño lo explica y más lo define, tanto menos lo esclarece, por causa de una oscuridad, en cuyas tinieblas os exponéis a topar con todo, menos con la razón y con la ciencia. Se me alcanzará poco a mí en materia de achaques políticos; si Salmerón no establece un semisocialismo y un semifederalismo, dentro de cuyas laberínticas sinuosidades jamás encontraréis el hilo conductor que os oriente y mucho menos una salida de verdadera solución que os satisfaga. Pero lo que debe ahora mismo decirse, y sin temor a equivocarse, ¡oh!, es que la escuela salmeroniana opone al partido zorrillista la prensa y el parlamento libres, con los cuales no pueden compadecerse y compaginarse las dictaduras en sus varias manifestaciones o especies. Más claro, más concreto, más lógico, más de suyo sabio y en materia de política competente Pi y Maragall. En él cesan las sendas vaguedades a sus dos émulos congénitas. Con él nos encontramos dentro de pleno socialismo intransigente y en plena democracia federal pactista. Pi y Maragall quiere hacer a imagen y semejanza de su sistema desde las apropiaciones del suelo hasta la organización del Estado. Quiere que sea, la tierra como el aire, propiedad común de todos, y no respeta la nación, tal como se ha hecho en el espacio por el tiempo; quiere suspenderla, pretensión, de suyo tan vana, como si quisiera suspender la vida; y luego renovarla por un pacto, aunque hubiera en esta labor de la renovación y en los ajustes del contrato, aunque hubiera de perderse y acabarse para siempre. Las mismas contradicciones que los zorrillistas y los salmeronianos entre sí tienen, súmanse luego para contradecir y contrastar la república de Pi. Yo pregunto a todos los conocedores de la política, y espero confiado su respuesta: ¿creen posible un gobierno, de unidad necesitado siempre, con tres factores tan contradictorios y en pugna?

Quienes apenas pueden hacer oposición a los que tienen de suyo en frente y en contra, porque les falta tiempo para combatir a sus afines, ¿podrían fundar un gobierno en paz? Y no me digan tener de común la república, porque los federales aseguran sus preferencias por cualquier monarquía sobre la república unitaria; y los unitarios su tristísima seguridad de que la república federal trae aparejado el carlismo. Y si en lo referente a principios están desacordes, estanlo más aún en lo referente a método. Mientras Zorrilla, educado en las conjuras españolas y en sus pronunciamientos, quiere a toda prisa la revolución; Azcárate, instruido en la política inglesa por sus lecturas predilectas, no la quiere jamás; y Salmerón la proclama condicional en teoría, sin encontrar nunca la condición propicia de su, comienzo; mientras Pi y Maragall la proclama incondicional siempre, pero en esta incondicionalidad se reserva dentro de su inercia olímpica el derecho de no principiarla nunca. Si, por desear la revolución, es ya uno revolucionario, desde mañana por la mañana, todos los pobres, que deseamos ser ricos, y no obstante tal deseo, no hacemos nada para serlo, debíamos llamarnos millonarios. Acabemos: no están los conocidos con el nombre de republicanos por antonomasia concordes en cosa ninguna; y ante su discordia permítanme los lectores dirigirles algunas observaciones sobre mi política, observaciones que no deben echar en saco roto. Figuraos que me hallo presente ahora en la Cámara, de donde me alejan propósitos anunciados hace seis años y puestos por mí en obra desde entonces. De haberme allí hallado, hubiese dirigido, poco más o menos, a mis afines antiguos estas observaciones, que creo provechosas al conocimiento y explicación de nuestra política.

Después de haber hablado mucho, ignoro si por lo avanzadísimo ya de mi edad, o si por lo alcanzado allende las esperanzas mías en política, siento a la tribuna y a la palabra tales invencibles repugnancias, que no pueden vencerlas, ni un deseo tan vehemente como mi deseo, ni una voluntad tan firme como mi voluntad, las cuales, en este momento, para moverme a orar, cual hicieran tantas otras veces, necesitarían colocarme bajo la fuerza imperiosa e incontrastable del mandato categórico de la conciencia, que me constriñese al cumplimiento estricto de deberes sagrados para con la democracia y con la patria. Pero yo no necesito hablar ahora en el Parlamento. Los ideales, cuando están en el período de sus radiantes difusiones, en su período de propaganda y apostolado, necesitan del pensamiento y del verbo, especie de soles, que cumplen su cometido con irradiar calor y luz; pero así que penetran por el desgaste y el enfriamiento que les traen el tiempo y el espacio, o los roces con ellos, en el período de su completa realización, han de reducirse a estrechos límites, han de acomodarse a cien impurezas irremisibles, han de ir apagándose poco a poco y extinguiendo sus antiguos esplendores, para que puedan dar de sí aire vital, no demasiado puro, pues el aire demasiado puro no lo podemos resistir nosotros, aire respirable; y vida, no eterna, porque todo en el tiempo cambia y muere, vida sujeta por necesidad a las imperfecciones connaturales con toda contingente realidad. La idea es, primero, cual un Sol, teórica; después, cual un cometa sin órbita cognoscible y sin curso calculable,

revolucionaria; y, por último, como un planeta, frío y oscuro, pero real y vívido, práctica. Así, cuando pasa la idea por el primero y segundo período, necesita del Verbo, del apostolado, de la predicación; y cuando llega de suyo al último, necesita del esfuerzo, de la constante acción, solo de la constante acción, que ha de recortar los ideales, y encerrarlos dentro de condiciones y límites, en cuyas estrecheces aparecerán menos encendidos y luminosos, que cuando eran cometas o soles, pero mucho más vivideros y vívidos. El ideal aparece como los planetas; a medida que menos luminosos, también más habituales. En principio es el Verbo, como San Juan dice, pero al Verbo sucede la natural acción, jamás tan pura como el pensamiento y la palabra. Hombres de pensamiento, los renovadores sociales, hombres de palabra también, pues cada especie política tiene las facultades en correspondencia con sus destinos, como cada especie orgánica los órganos; habiendo llevado el ideal como una lengua de fuego sobre su cabeza; tenido el verbo de todas las ideas progresivas en sus labios; puesto su voz al servicio de todos los oprimidos y de todos los esclavos; al salir del cenáculo de los Apóstoles, donde el Espíritu Santo de la libertad los ha esclarecido y sustentado para la obra del progreso común; y encontrarse con que todos sus ensueños se han cumplido; con que no hay un solo siervo en esta tierra, llena de horrorosas ergástulas antes; con que se ha desvanecido la última sombra de la Inquisición extendida por las instituciones reaccionarias y se ha hundido en el abismo la barca del negrero y se ha cerrado la ignominiosa venta de seres humanos que ayer todavía se verificaba a nuestra vista en los babilónicos mercados de la esclavitud; no tienen más remedio que reconocer esta feliz emancipación; y reconociéndola, no tienen más remedio, en cumplimiento de sus obligaciones, que conservarla; y para conservarla, no tienen más remedio que cederla, videntes, idealistas, profetas, no tienen más remedio que cederla, por las misteriosas divisiones del trabajo, a los partidos hoy de acción y a los hombres hoy de gobierno.
¿Digo yo esto ahora, por casualidad, ahora que me hallo por vetos de mi conciencia íntima y de mi historia personal alejado por completo del gobierno? Lo dije, cuando yo tenía en mis manos, aunque sin merecerlo y por brevísimo tiempo, la suprema dirección del Estado. Entonces llamé a una situación puramente democrática, cual aquella que presidía yo usando las fracciones y escuelas monárquicas; y lo declaré así, declaré que las llamaba para repartir

con ellas el gobierno, con la franqueza propia de mi particular índole, y en voz muy alta, y en tonos muy resonantes, a todos mis correligionarios y amigos. Nave recién hecha la república y velerísima, como antes decíamos de los barcos ligeros; con una caldera de vapor altamente impulsiva, necesitaba lastre; y no podía encontrarlo sino en los viejo elementos históricos, para que así nos respetaran el espacio, contrario a toda celeridad suma, y el tiempo, enemigo de toda súbita creación los cuales, tiempo y espacio, entidades más o menos subjetivas, no por esto dejan de tener una certeza evidentísima y castigar, como los antiguos dioses mitológicos, a quienes intentan, desatinados, o desconocerlos o burlarlos. Aquella tripulación republicana conocía mucho el álgebra, mucho el cálculo, mucho lo absoluto y abstracto; estaba industriadísima en todas las ramas del saber teórico, aparecía digna de cualquier escuela y universidad científica; pero carecía de lo esencialísimo al gobierno, de práctica y experiencia, solo aquistables, admitiendo en su seno y compañía otros menos sabios navegantes, pero más conocedores de los bajíos que debían evitarse, de los derroteros que debían seguirse, de los puertos adonde se necesitaba estar al pairo y echar el ancla, para que la tempestad no pudiera sorprendernos con sus asaltos y sobrevenirnos el consiguiente naufragio. En la inexperiencia, propia de teorizantes y profetas, aquellos republicanos querían, unos descoyuntar la nación en porciones disyectas y enemigas, obra tan difícil como descoyuntar el planeta en sus terrenos diversos, y organizarla separando sus organismos en la vida como pudiera separarlos una tabla o un Museo de Historia Natural; en medio de una guerra tripartita, la cual, como toda guerra, solamente obedecía de suyo a la fuerza, y resultaba en su esencia siempre un despotismo frente a otro despotismo, proponían otros, sin parar mientes en que indisciplinaban el ejército, la increíble abrogación de un factor, al ejército y a su disciplina tan indispensable como la pena, base de las ordenanzas militares; cuando más se necesitaba del clero para conjurar moralmente la prepotencia de los carlistas, señoreados de pueblo y suelo en media Península, proponían otros la separación de la Iglesia y el Estado, quitándole al Gobierno toda intervención en el mundo eclesiástico y exponiéndose a que se hubieran sentado los curas cabecillas en todas las sedes vacantes: errores enormísimos provenientes de la edénica inexperiencia, que aqueja por necesidad a los partidos teorizantes o profetas, y que solo podía remediarse con la suma de aquellos estadistas y partidos, más puestos al cabo de los secretos de la viva realidad y más autorizados para conformarse con ella y para someternos a su imperio. Aparte otras muchas, la principal causa del rompimiento entre las demás fracciones republicanas y la fracción que yo, sin méritos para ello, dirigía, estuvo en esto, en la propensión nuestra inevitable a entendernos, desde la gobernación del Estado, con los partidos monárquicos, por creerlos aquel sólido lastre, necesario de suyo a prestarnos la solidez de que nosotros carecíamos, y traernos aquella seguridad que absolutamente nos faltaba, inexpertos, a nosotros. Y luego, cuando por la intransigencia y la ignorancia de los partidos extremos y revolucionarios, marró esta inevitable transacción, vino la monarquía; y dentro ya nosotros de tal institución, como hay que colocarse dentro siempre de toda legalidad, aconsejamos a los monárquicos que procedieran con los republicanos como los republicanos jamás quisieran proceder con ellos, y admitiesen, ya que no sus personas, sus principios sustantivos, a fin de que se llegase a una transacción, ya que no entre todos los españoles, por quedarse fuera de ella, desgraciadamente, los carlistas, entre todos los liberales en sus diversas fracciones y matices, que no habrían de contender sobre lo fundamental; contienda siempre grave, pues nos condenaba por necesidad a un período constituyente gravísimo; y no teniendo que contender sobre lo fundamental ni que atravesar períodos constituyentes largos, podrían consagrarse a lo exigido por la salud y el bien de nuestro pueblo, a las prácticas en administración y hacienda, y descuidadas maltrechas entre las oscilaciones violentas de la revolución a la reacción y de la reacción a la revolución, en que hace ochenta y más años están metidos desde nuestro suelo hasta nuestro espíritu.

Nave la monarquía menos velera y movida que su contraria, como ésta pide lastre para no naufragar, ella pide impulso para moverse, y no puede no encontrarlo, sino en la democracia, innovadora y progresiva por su naturaleza y por su historia. De suerte que aconsejamos a los republicanos una transacción indispensable con las fracciones históricas, y los republicanos, en su victoria, no nos oyeron, por lo cual marraron; y más tarde a los monárquicos les aconsejamos una transacción análoga con los principios y los partidos democráticos, y como los monárquicos nos oyeran, los monárquicos se han salvado. Pero seamos francos y leales, hablemos con la conciencia desentrañada de su clausura natural y con el corazón en la mano. Los fundamentos y bases de toda transacción estaban en esto, en que los monárquicos hicieran dentro de la república todo lo posible por los principios conservadores, menos destruir la república misma; y los republicanos hicieron dentro de la monarquía todo lo posible por los principios progresivos, menos destruir la monarquía misma. ¿Y qué resultó de este pacto, no propuesto por nadie, no escrito en papel sellado ni por mano ninguna, no registrado en escribanías ni metido en protocolos? Pues resultó lo que decía con frase gráfica el ilustre presidente de nuestro Congreso en la sesión inaugural: que somos el pueblo más libre de la tierra. Y como yo escribí siempre por la libertad, como yo hablé por la libertad, como yo padecí por la libertad, como yo por la libertad me desvivo; ahora con esta libertad me ufano a tanta costa conseguida; y fiando en Dios que habré de vivir muchos años, no me cansaré nunca de poseerla y de gozarla, para lo cual sostendré desde cualquier parte donde yo me halle, a cuantos gobiernos la conserven, conservando con ella lo que más al hombre honra en este mundo y lo que más en la historia dignifica y engrandece a los pueblos.

Yo pregunto: ¿qué monarquía liberal de las recién fundadas vive sin el concurso de los republicanos, y qué república existente de las recién fundadas vive sin el concurso de los monárquicos? ¿Será por ventura la monarquía de Italia, será la monarquía de Austria, será la monarquía de Suecia, será la monarquía misma de Alemania? ¿Cuál de los republicanos españoles podrá parangonarse con Garibaldi? Ninguno de nosotros ha luchado como él por la república en el Plata y en el Tiber; ninguno como él sobre las ruinas de Roma y entre las selvas y ventisqueros de los Alpes. Sin embargo, cuando acababa de lanzar un trono en tierra con su sola presencia, nada le fuera tan fácil como establecer una república partenopea, república ya con antecedentes y con historia; pero, en el minuto de la ocupación, cuando podía decidirse por un partido o por otro partido, se le aparecieron la república de sus ensueños y la patria de sus conciudadanos, y optó por la patria, merced a lo cual tiene una estatua en cada encrucijada de la Península y forma en el coro inmortal de los grandes fundadores de Italia.

Diréisme: Garibaldi era hombre de acción y conocía poco la política. Pues más hicieron todavía los hombres de pensamiento. Ninguno de nosotros escribió jamás sobre Filosofía de la Revolución y sobre República Federal esos libros magistrales de Ferrari, que aparecen como la fórmula brillante del saber político moderno; y sin embargo, este inmortal teorizante del derecho y este historiador del triunfo de las democracias aceptó de la monarquía italiana y del rey un cargo tan de gracia real como el cargo de senador vitalicio en aquella monarquía parlamentaria. ¿Pero a qué cansarnos? El más brillante jefe de la izquierda italiana, el más activo de los primeros ministros con que ha contado el rey Humberto, es Crispi, el discípulo de Mazzini, quien odiaba mucho a todos los reyes, pero ponía sobre su aborrecimiento de los reyes el amor a la Italia, en cuyo seno pudo morir tranquilo y tener hoy un sepulcro de verdadera inmortalidad. Y lo que ha pasado en Italia, también ha pasado en Alemania, donde se han reclutado lo mismo el partido liberal que el partido conservador gobernantes en aquellos revolucionarios de Francfort y de Baden y de Stutgart, que se habían pasado un transcurso de tiempo tan largo, como el mediante entre la reacción del cincuenta y la guerra del sesenta y seis, proponiendo bajo una república la unidad alemana y el sufragio universal, que luego debieron aceptar de la victoria militar y del Imperio cesarista. Y lo que pasara en Alemania, pasó en Austria-Hungría. También allí se conservaba como un mito sacro el recuerdo de todas las revoluciones contra la dinastía y como un pontífice de las reivindicaciones por venir al patriarca sublime Kossuth, que personifica la patria separada del Austria y de los Hapsburgos: con la soberanía nacional ejercida por un régimen y un gobierno republicano. Sin embargo, vino como un inesperado accidente, la batalla de Sadowa, y se dieron con un canto en el pecho aquellos partidarios y discípulos de Kossuth, el republicano, viendo la patria libre con la monarquía y los Hapsburgos, que penetraban en Budapest a ceñirse la corona de San Esteban entre las delirantes aclamaciones del pueblo. Mas ¿por qué citar las monarquías liberales recientes, cuando lo mismo han hecho las monarquías liberales antiguas? No hay ninguna, por la solidez de sus bases y por la expansión de sus principios, como la monarquía inglesa, producto feliz de la razón pura combinada con la experiencia secular. Diríase que sus fundamentos arraigan hasta en la raíz de aquel suelo y que su solio lo consideran tan necesario a su existencia los ingleses como el aire de su atmósfera. Y sin embargo, tuvo que recurrir a los republicanos. El joven, que había propuesto se levantaran en las calles de Londres a Mazzini estatuas; el economista que había soñado con juntas federadas de trabajadores muy parecidas a los cantones helvecios; el cuákero, cuya elocuencia recordaba los sermones calvinistas y puritanos de la primera república y que bendecía el Occidente, o sea, el Nuevo Mundo, pidiéndole un regreso de los peregrinos que llevasen a los horizontes de su madre patria, de su metrópoli augusta, las estrellas del pabellón americano; todos han pasado por el ministerio, sin desdoro suyo ni de nadie, y todas se han impuesto a la reina, más reina que hoy en el mundo, por mandatos incontrastables de la voluntad y de la conciencia nacional. Pero esto que pasa en las monarquías, ¿no pasa en las repúblicas también? Si las monarquías contemporáneas están servidas por republicanos, a su vez, ¿no están las repúblicas servidas por monárquicos? La única que hay de reciente fundación en Europa es la república francesa. Pues bien; la república francesa se debe principalmente a la Previsión de Thiers, a la lealtad de MacMahón, a la sabiduría económica del orleanista León Say, a la ciencia militar de un vicio partidario del imperio, que se llama Freycinet, a innumerables monárquicos, puesto que en aquella tierra de la democracia pura y del sufragio universal solo habían tenido los republicanos durante el Imperio un grupo relativamente corto, y una ilustre, nobilísima, imponderable, pero escasa representación en la Cámara. Mas ¿a qué buscar extraños ejemplos? Lo mismo que ha pasado fuera, pasó entre nosotros. Yo, dentro del Congreso de 73, encontré un decidido apoyo, un concurso franco, un ministerialismo a toda prueba en el monárquico señor Ríos Rosas, en el monárquico señor Romero Robledo, en el monárquico señor Becerra, en el monárquico señor Salaverría, en el monárquico señor Esteban Collantes, en toda la fracción constitucional que desde fuera dirigía el monárquico señor Sagasta, en toda la fracción conservadora que desde fuera dirigía el monárquico señor Cánovas, de toda la fracción radical que desde fuera dirigía el monárquico señor Zorrilla, y lo que pasó conmigo pasó también y a su vez con el gobierno Salmeón, votado, mantenido por todas las fracciones monárquicas, sin que a nadie se le haya ocurrido darles en rostro con tal concurso, con tal ministerialismo, con tal proceder, porque se hallaba todo ello en la lógica de los hechos diarios, en la moral de los procedimientos políticos, en la necesidad inevitable de las cosas humanas, en la serie que junta y enlaza las ideas, extiende los minutos del tiempo y los puntos del espacio, agrupa los seres orgánicos en especies, los astros en constelaciones, las ciencias en sistemas; y reina con un implacable vigor sobre todos los aspectos de la vida y sobre todos los seres de la naturaleza, como también sobre la sociedad, y especialmente sobre la política: que desde la estrella Sirio hasta el átomo último obedecen a esta ley universal de la evolución y de la serie.

Yo ignoro de qué sirven la filosofía en el mundo, si no sirve para demostrarnos las fatalidades invencibles del universo, y la interna lógica de los hechos, y la solidaridad y comunidad entre las naciones, y la fuerza del movimiento universal, y la existencia de innumerables elementos, a cuyo poder nos sustraeríamos tan difícilmente como al poder del aire y de la luz. Cuando un hecho, como el antes apuntado, coexiste con esa inmanencia en el tiempo y con esa extensión en el espacio, es porque se halla en el organismo interno de la sociedad y en las facultades varias del alma. Lo sucedido ahora sucederá en todos los tiempos hasta la consumación de los siglos; creedlo, creedlo. Como tras la caída de los carlovingios el feudalismo surgió con grandes coincidencias de varios hechos en Europa entera; como el terror milenario se apoderó del Norte al Mediodía de todos los ánimos y determinó la teocracia con su omnímodo influjo; como las monarquías se sometieron todas a la Iglesia para que les ayudase contra el feudalismo, y tras un hecho tan eclesiástico, cual fueron las cruzadas, se aliaron a una con los municipios para comenzar su emancipación de la Iglesia misma; como coincidieran los reyes santos, Don Jaime, San Fernando, San Luis, en el siglo XIII, y los reyes crueles como los Pedros de Castilla, Portugal, Aragón, en el siglo XIV, y los descubridores como Magallanes, Colón, Gama en el siglo XV, y como Luis XI, y Fernando el Católico, y Carlos el Temerario, y Enrique VII parecen una persona misma en diversos tronos; y como coinciden las reacciones religiosas en la abrogación del edicto de Nantes y en la expulsión de los moriscos; y como la enciclopedia se sienta con Carlos III, José II, Luis XV, Federico y Pedro el Grande bajo los solios europeos a un mismo tiempo; la coincidencia del gobierno de las monarquías por los radicales y del gobierno de las repúblicas por los conservadores aparece con estos mismos caracteres y toma este universal imperio porque tiene algo de aquella necesidad fatal, cuyos decretos no han contrastado, desde el Cáucaso hasta Santa Elena, ni Prometeo, ni Napoleón, es decir las primeras fuerzas y las primeras inteligencias del mundo.

Creer que con el esfuerzo aislado de un individuo, ni siquiera con el mayor y más fuerte de un partido, por conjuraciones de mayor o menor entidad y por pactos de mayor o menor lógica; vais a contrastar corrientes impulsadas por hechos innumerables y decisivos desde remotos siglos, es como si creyerais que con el aliento de vuestra boca vais a modificar el aire, con los fluidos de vuestros nervios la electricidad, con los relampagueos de vuestros ojos el éter, con los átomos de vuestro cuerpo el medio ambiente, con el sistema de vuestro cerebro el sistema general de nuestro complicado universo, cuando nadie ha menester en esta pícara vida de tanta circunspección en sus procederes y de tanto espíritu conciliador en su ánimo como aquél que, nacido para innovar y para impeler, se encuentra con generaciones hechas a costumbres, tan pegadas al espíritu, como las carnes al hueso; con tiempos viciados por los miasmas desprendidos de innumerables cadáveres; con supersticiones creídas como un dogma y adoradas en verdadero culto; con espacio, no como aquellos del Nuevo Mundo abiertos a toda idea, rebeldes al progreso por endurecidos en una secular tradición y en una gloriosa historia. Cuando se tiene una sociedad como la cera de blanda, y un poder como el poder divino de omnímodo; cuando es uno César, autócrata, dictador, puede llevar al mujick ruso, como Pedro I, en un santiamén, la filosofía germánica; por un rescripto a lo Enrique VIII cambiar en anglicana la religión católica; coger los campesinos y las campesinas de Pomerania como Federico I y ayuntarlos en matrimonios oficiales a guisa de caballos en remonta para el progreso de la casta; expulsar en una noche los jesuitas, cual Carlos III los expulsara, y después de haberles secuestrado sus bienes, dejarlos en desvencijadas naves, a merced de los vientos y de las olas para ver si todos se ahogaban; eso pueden hacer los autócratas cuando les venga en mientes y les pase por la voluntad; pero un demócrata, que deberá consultar a todos, necesita valerse de todos, ir con todos, especialmente con el pueblo, de una grande ignorancia por su larga servidumbre, de un apego a sus propias cadenas que ayer aún las aclamaba y bendecía al déspota que las remachaba, de un instinto simio casi a la imitación y de una obediencia servil a las diversas clerecías; un demócrata, si se empeña en llegar a ser abstracto; en hacer la federal por haber traducido un libro de Proudhon; en abolir la pena de muerte en medio de una guerra civil porque contra la pena de muerte ha tronado desde su cátedra de Metafísica;

en hacer una revolución porque se la pide a los maquinadores de pronunciamientos el cuerpo; en prescindir del estado de los tiempos y del estado de los ánimos, francamente, lo creo condenado, o bien a un período extático de contemplación que confine con la nirvana, o bien, si el gobierno cayere sus manos, a producir unas procelas tales, una tempestad en el aire tan intensa, un terremoto en el suelo tan profundo, un descoyuntamiento de todo y una sublevación de todos tan atroces, que a los pocos días de su dominación tendríamos que optar entre un absolutismo impuesto por la necesidad o la disolución de nuestra patria.

¿Por ventura necesitamos nosotros emplear el cálculo de las probabilidades para saber qué sería en España una política de secta sobre puesta con artificio a las ideas, a las costumbres, a las tradiciones, a la complexión de nuestro pueblo? ¿Basta con la concepción por un sabio de una república teórica para que pueda en la realidad cumplirse y animarse de suyo en la vida? Los tránsitos de un estado político a otro estado político cuestan enfermedades mortales, pues las instituciones que mueren y las instituciones que nacen juntan a los achaques de la vejez y a los trances de la muerte todos los horrores del parto y todos los contingentes del costoso crecimiento y de la frágil deleznable infancia. Para saber esto, para en esto industriarnos, ¡ah!, no hemos necesidad alguna de acudir a libros de filosofía e historia; bástanos con volver la vista del espíritu a los recuerdos que llevamos en la memoria y la vista del rostro a las cicatrices que llevamos en el cuerpo. Evoquemos el período nunca con bastante insistencia evocado, evoquemos el 73. Hubo días de aquel verano en que creímos completamente disuelta nuestra España. La idea de la legalidad se había perdido en tales términos, que un empleado cualquiera de guerra asumía todos los poderes y lo notificaba a las Cortes; y los encargados de dar y cumplir las leyes desacatábanlas, sublevándose o tañendo a rebato contra la legalidad. No se trataba allí, como en otras ocasiones, de sustituir un ministerio al ministerio existente, ni una forma de gobierno a la forma admitida; tratábase de dividir en mil porciones nuestra patria, semejantes a las que siguieron a la caída del califato de Córdoba. De provincias llegaban las ideas más extrañas y los principios más descabellados. Unos decían que iban a resucitar la antigua coronilla de Aragón, como si las fórmulas del derecho moderno fueran conjuros de la Edad Media. Otros decían que iban a constituir una Galicia independiente, bajo el protectorado de Inglaterra. Jaén se apercibía a una guerra con Granada. Salamanca temblaba por la clausura de su gloriosa Universidad y el eclipse de su predominio científico en Castilla. Rivalidades mal apagadas por la unidad nacional en largos siglos, surgían como si hubiéramos retrocedido a los tiempos de segríes y abencerrajes, de agramonteses y piamonteses, de Castros y Laras, de Capuletos y Montescos, de guerra universal. Villas insignificantes apenas inscritas en el mapa, citaban asambleas constituyentes. La sublevación vino contra el más federal de todos los ministerios posibles, y en el momento mismo en que la Asamblea trazaba de prisa un proyecto de Constitución, cuyos mayores defectos provenían de la falta de tiempo en la comisión y de la sobra de impaciencia en el gobierno. Y entonces vimos lo que quisiéramos haber olvidado; motines diarios, asonadas generales, indisciplinas militares, republicanos muy queridos del pueblo muertos a hierro en las calles, poblaciones pacíficas excitadas a la rebelión y presas de aquella fiebre, dictadura demagógica en Cádiz, rivalidades sangrientas de nombres y familias en Málaga, que causaban la fuga de la mitad casi de los habitantes y la guerra entre las fracciones de la otra mitad; desarme de la guarnición en Granada, después de cruentísimas batallas; bandas que salían de unas ciudades para pelear o morir en otras ciudades sin saber por qué ni para qué seguramente, como las bandas de Sevilla y Utrera; incendios y matanzas en Alcoy, anarquía en Valencia, partidas en Sierra Morena; el cantón de Murcia entregado a la demagogia y el de Castellón a los apostólicos; pueblos castellanos llamando desde sus barricadas a una guerra de las comunidades, como si Carlos de Gante hubiera desembarcado en las costas del Norte; horrible y misteriosa escena de riñas y puñaladas entre los emisarios de los cantoneros y los defensores del gobierno en Valladolid; la capital de Andalucía en armas, Cartagena en delirio, Alicante y Almería bombardeadas, la escuadra española pasando del pabellón rojo al pabellón extranjero, las costas despedazadas, los buques como si los piratas hubieran vuelto al Mediterráneo, la inseguridad en todas partes, nuestros parques disipándose en humo y nuestra escuadra hundiéndose en el mar, la ruina de nuestro suelo, el suicidio de nuestro partido, y al siniestro relampagueo de tanta demencia, en aquella caliginosa noche, la más triste de nuestra historia contemporánea, surgiendo como rapaces nocturnas aves de los escombros, las siniestras huestes carlistas, ganosas de mayores males, próximas a consumar nuestra esclavitud y nuestra deshonra, y a repartir entre el absolutismo y la teocracia los miembros despedazados de la infeliz España.

Así, de los escarmentados salen los avisados. Y aquellos que fuéramos heridos por sucesos tales, no haremos nada, ni directa ni indirectamente, para traerlos otra vez al seno de la patria. Determinados por el propósito consciente de evitarlos, hemos puesto en práctica la evolución, y opuesto este método moderno y científico al antiguo revolucionario; ya fuera condicional, o ya incondicional esta revolución. Y para con el ejemplo acreditar este método, hemos tratado de conseguir en cuatro lustros y hemos a la postre conseguido la restauración, una por una, de todas las democráticas libertades individuales y el gobierno de la nación por sí misma en el sufragio universal, complemento y corona de la igualdad política. Mas para conseguir esto, como quiera que formáramos un pequeño grupo los conocidos por posibilistas, hemos llamado en todas las Cámaras de los cuatro lustros corrientes al partido liberal y lo hemos encontrado dispuesto a practicar nuestro programa en todo cuanto a la monarquía no se opusiese; oposición que nosotros, en los grandes sentimientos de honor, no podíamos proponerle, ni aceptar él con traición e indignidad manifiestas. Y como quiera que, por la derecha, nos encontramos con una suspicacia de los conservadores, tan fundada en la historia personal nuestra, como que intentábamos todo aquello para traer la república; y por la izquierda, nos encontrábamos con un empuje continuo a fundarla venido de la coalición republicana, pusímonos un límite al trabajo nuestro con grande anticipación, y lo declaramos concluido así que se proclamara como ley en la Gaceta el sufragio universal. Desde tal hora, viéndonos con una democracia viva, siquier estuviese rematada por una monarquía tradicional, hemos puesto punto a nuestra obra retirándonos del Congreso que forma parte de los poderes públicos, para no aspirar por ningún camino a la gobernación del Estado, vedada por leyes del honor a republicanos cual yo; pero no hemos renunciado a influir en la sociedad española con nuestra palabra y nuestra pluma a favor del progreso pacífico y del continuo mejoramiento social. Para nosotros, ha concluido el período constituyente; para nosotros, la política del pueblo español hoy responde a las necesidades doble de movimiento y estabilidad que tienen las sociedades contemporáneas; para nosotros, el país debe concentrar todo su pensamiento y reconcentrar toda su actividad en las cuestiones de Administración y Hacienda; para nosotros, después de haber fundado la libertad, la paz, hay que prosperarlas, estableciendo un presupuesto congruente con la paz y con la libertad; para nosotros, escarmentados en la ruina de nuestra Europa, la cual no puede tirar más de sus armamentos universales y de sus ejércitos enormes, como lo prueba el conflicto entre la corona y el Reichstag en Alemania, y lo corrobora el que, armados todos los pueblos hasta los dientes, ninguno se atreve a declarar la guerra, no hay gloria comparable a la grande conseguible por el comienzo e iniciación de un presupuesto nivelado, verdadero comienzo de la solución del problema social, cuyo continuo despejo de incógnitas, interminables como la vida humana, solo debe fiarse a la libertad proveniente de nuestra naturaleza fecunda siempre, y no a fórmulas cabalísticas de un socialismo trasnochado que puede agravar todos los males del pueblo, no aliviando en realidad ninguno. Por esta fórmula salvadora, por esta fórmula del presupuesto nivelado, nuestro partido se halla en coincidencia con el partido liberal; y nuestros amigos prestan el homenaje debido por gentes expertas a la Constitución y a la estabilidad, lo mismo que a esas impersonalidades augustas llamadas leyes, dignas de obediencia en todas partes, dignas de culto allí donde contienen las fórmulas del derecho y de la libertad. Pecaríamos de fantaseadores, si nos ocultáramos a nosotros mismos y ocultáramos a los demás, cómo nunca podrá plantear ningún partido el presupuesto nivelado sin tropezar con intereses provenientes de antiguos privilegios, que han de resolverse contra nosotros, y modernos. Así necesitamos por escudo contra esta rebelión moral, un poder fuerte; y no hay cosa que debilite a los poderes públicos y mantenga las agitaciones insanas, como un período constituyente, capaz de revolver Málaga con Malagón, y de juntar el cielo con la tierra. Y, como nada bueno hacerse allí donde reina el deshonor consiguiente al olvido de los compromisos, todos mis correligionarios estarán dentro de la legalidad y apoyando al partido liberal, más cada uno de ellos con las reservas por su conciencia personal impuestas, y en aquel sitio que crea congruente con su tradición y con su historia. Ni una palabra más.

11. Diciembre 1893
Los reporters. Inexactas declaraciones atribuidas a mi persona. Mis ideas y sentimientos sobre la guerra de África, congruentes con todo lo dicho por mí desde los primeros Congresos de la Restauración hasta hoy. Discurso de febrero del 88 sobre África. Verdaderas declaraciones mías recientes. Falsa imputación de arrepentimiento en mis propósitos de retirarme a la vida privada. Circular a mis antiguos amigos. Estado de la guerra. Votos por la paz. Conclusión

Terrible abuso el puesto en boga por los reporters, dominantes hoy sobre la prensa, cuando comunican indiscretos, sin empacho ni escrúpulo, al público las conversaciones particulares y privadas que nunca se aderezan y componen para tal publicidad. Así como no sacáis el cuerpo a la calle vestido como suele hallarse por lo regular en casa, no sacáis el alma tampoco a luz desentrañada de sus reservas y de sus secretos. Un juicio dictado por cualquier arrebato de malhumor y dicho en el abandono de la confianza íntima no puede levantarse a sentencia firme y definitiva sino después de madurado, y no puede madurarse nunca sino en la silenciosa reflexión de nuestro espíritu callado y recogido. Como no debe leerse por uno carta escrita para otro sin permiso y consentimiento de aquél o aquéllos a quienes la carta pertenece; no puede ninguna especie decirse en público por nadie sino con autorización expresa de quien la vertiera en secreto. Aun lo destinado a la publicidad, meditáislo con espacio y lo escribís con cuidado. Aun después de meditado y escrito, si lo dais a la estampa, no podéis autorizarlo de faltar una previa corrección de pruebas; y aun después de corregidas las pruebas, no puede un impresor echarlo a la circulación sin vuestra propia orden. Y es todo esto justísimo. Un punto y coma colocados a torcidas destruyen un dogma, o dicen lo contrario de lo pensado y dicho por vosotros mismos. Todo el símbolo cristiano está en la Resurrección del Salvador. Pues con variar dos puntos en el Evangelio de rúbrica y rito, cambiáis el dogma ortodoxo en otro dogma contrario. Pregúntanle a los ángeles guardadores del Sepulcro las santas Mujeres dónde se halla Cristo, según se reza en la misa de Pascua. Y los ángeles contestan: «Resurrexit: non est hic.» Pues cambiad los dos puntos y habéis cambiado el dogma, y no solo el dogma, toda la doctrina cristiana, pues Cristo no es Dios, si Cristo no resucitó. Y en tal caso diría la letra evangélica: «Resurrexit non: est hic.» No resucitó; aquí está.

Pues, si pueden cometerse tales erratas en lo escrito, que se fija; imaginaos cuántas pueden cometerse al vuelo en lo hablado, que confiáis al aire y el aire se lo lleva. De aquí el asombro mío al ver el domingo último declaraciones atribuidas a mi persona por dos periódicos de la tarde, con los cuales no había yo tenido aquel día ninguna comunicación directa.

Niego en absoluto que haya hecho yo declaración de ningún género sobre los asuntos de África. La palabra declaración equivale a manifestación; y la palabra manifestación trae aparejada la publicidad. Yo no he autorizado a nadie para que publique ninguna cosa, en periódico alguno a mi nombre. Retirado a la vida privada, cuanto diga en conversaciones privadísimas, es privado; y no reconozco derecho a persona ninguna para publicarlo sin mi asentimiento y permiso. Lo sucedido en este caso prueba todo lo fundado de las anteriores consideraciones. El domingo último salía yo a las once de San Isidro, y encontré allí, en el atrio, a un amigo, el cual diome una noticia, que aquel amigo de buena fe creía verdadera, y en realidad era falsa. Díjome haber llegado el General Martínez Campos sin permiso del gobierno, y constituido una situación de fuerza, para la cual no se había contado con los ministros ni tenido en cuenta la opinión, de los primeros y más conspicuos estadistas. A los pocos pasos encontré una persona, la cual no tiene nada de publicista, y díjele poco más o menos lo siguiente, aderezado con frases de conversación íntima. «Pues si lo que dicen es cierto, Martínez Campos ha incurrido en la responsabilidad que contraen los militares cuando dejan sin licencia su puesto y la corte se ha colocado en una situación semejante a la que tenía en tiempo de doña Isabel II.» No habían pasado cinco minutos, cuando al separarme de la persona aludida que, repito, no tiene carácter alguno público, encontré a varios compañeros del Congreso, quienes me contaron la verdad de los hechos, a saber: que había venido el General con anuencia del gobierno y encargádose de la dirección del ejército de Melilla por expresa orden del gobierno mismo. Entonces me holgué con todo ello, y al referir lo sucedido, expresé cómo, faltando el supuesto, no había lugar a la insistencia en un hipotético juicio. Al contrario, añadí que quien tan a satisfacción de todos concluyera la guerra del Norte y la guerra de Cuba, como mi amigo particular el General Martínez Campos, de mi siempre admirado y querido, magüer Sagunto que aún me apena hoy, concluiría también ahora la guerra de África con tanta gloria suya como provecho para la nación. Y dicho esto, niego el derecho de publicar las conversaciones privadas y sostengo que al habeas corpus corresponde también el habeas animam, para completar la libertad individual; pues así como nadie puede penetrar en los hogares sin asentimiento del dueño respectivo, nadie puede penetrar sin esta misma condición en otros más sagrados hogares, en el alma y en la conciencia. Queda, pues, demostrado que no hice declaración de ningún género y queda también prometido no volver más sobre este asunto. Decía Donoso Cortés haber llegado a extremo tal en Europa los abusos de la publicidad, que, para saber lo verdadero, precisaba recurrir a las cartas particulares y dejarse de los públicos y solemnes artículos diarios. Y yo he observado cómo se desgañitan la mayor parte de nuestros representantes, diciendo lo pensado y sentido por ellos bajo las sendas techumbres de ambos Cuerpos Colegisladores y sobre las tribunas parlamentarias, sin que nadie llegue a enterarse, a pesar de taquígrafos y periodistas, pero si dicen cualquier chirigota en la sombra de pasillos o en la sala de conferencias, corre y se pregona, cual si las ideas llevaran plomo, mientras los chismes alas, en su expresión y propaganda. Tiene gracia preguntarme a mí lo que siento y pienso ahora sobre la guerra de África, después de haber yo anunciado como pensaría del conflicto corriente hace ahora un lustro, en discurso aplaudido allende su mérito y trasladado en aquel entonces a todas las lenguas cultas del viejo y del nuevo continente. Pues lo que dije allá, en 7 de febrero del año 88, qué pensaría de una guerra con África, si por desgracia tal guerra llegaba, eso mismo pienso ahora en 2 de diciembre del año 1893. Yo, después de haber sostenido con mi palabra y con mi pluma, con mi natural influjo en la política y en la prensa y en la tribuna, bajo la dominación de doña Isabel II el ideal de la democracia ya cumplido y bajo la dominación de Napoleón III el triunfo de una sabia República francesa; como ante la victoria del Austria una teoría tan utópica entonces cual la unidad de Italia y de Alemania; como ante la teocracia de Pío IX una pronta e inevitable abrogación del poder temporal de los Papas; como ante las atrocidades de los turcos la libertad surgiendo en las orillas del Danubio; como bajo el despotismo de los infames negreros el advenimiento de la redención del esclavo; predico ahora otras utopías, como el desarme de los ejércitos conquistadores transformados en ejércitos de seguridad, según lo es hoy el nuestro; y la paz humana por medio del arbitraje a la manera que se arreglan las cuestiones de límites y de pesquerías, preñadas antes de guerras; creyendo, en mi necio candor optimista, ver cumplida y realizada esta utopía mía nueva, cual he visto realizarse las otras, en concepto de la reacción europea no menos inverosímiles, y no menos absurdas. Así, cuanto dije respecto de África lo copio abajo, porque habiéndolo publicado con mutilaciones intencionadas al comienzo del conflicto hispano- marroquí, los periódicos partidarios de la guerra, deseo reintegrar el texto y decir que pienso cuanto entonces pensaba y me afirmo en cuanto entonces decía.

«Nosotros, exclamaba yo, debemos permanecer neutrales, ¿Podemos sostener nuestra neutralidad? Hay muchos pueblos y hay muchos reyes que son neutrales, y, sin embargo, no pueden sostener su neutralidad; pero nosotros podemos sostenerla. ¡Ah! Los sacrificios consumados por nuestros padres en la gloriosísima guerra de la Independencia; la tenacidad mostrada por nosotros, por esta generación, en los trópicos, a mil leguas, con el vómito en las aguas, con el cólera en los aires, por medio del más heroico de los ejércitos, en la más justa de las guerras, contra los más ingratos de nuestros hijos; la susceptibilidad por una madrépora perdida entre Asia y África, en los océanos australes, y apenas perceptible hoy en el mermado mapa de nuestros todavía grandes dominios; lo mucho que determinó la decadencia de Luis XIV su guerra de sucesión en España; lo mucho que determinó la decadencia de Napoleón el Grande su imposible conquista de España; lo mucho que precipitó la ruina de los Borbones su intervención horrorosa con los cien mil hijos de San Luis nefastos en España; lo mucho que determinó la suerte postrera de los Orleáns sus disparatados matrimonios españoles; lo mucho que determinó la suerte de Napoleón III su ingerencia en la nueva España y su protesta contra el trono de la vieja, nos dicen que por estas y otras concausas; con nuestra excelente posición geográfica, con nuestro ejército en el pie de guerra en que ahora se halla, con todos estos elementos, y además con el renombre de tenaces que tenemos, nos hallamos en el caso de levantar la frente y decir que nadie tocará nunca jamás a intangible seguridad. Por eso no quiero yo, señor Ministro de Estado; por eso no quiero yo que, huyendo del perejil nos salga en la frente; por eso no quiero yo ni un arrecife más en el Estrecho, fuera de aquello que nos pertenece (Gibraltar) ante la conciencia humana como parte integrante de nuestro territorio nacional; por eso no quiero yo cruces, santas o no santas, en mares grandes o pequeños; por eso no quiero yo ni una pulgada de terreno más en las orillas de ese río de Oro, que debe llamarse así, no por el mucho que vomita, sino por el mucho que traga; por eso no quiero yo que, a título de avanzados, ofrezcamos alianzas a Francia, ni que, a título de monárquicos, ofrezcamos alianzas a Germanía; no quiero yo que vayamos a ninguna complicación europea por el camino tortuoso de Italia; no quiero yo depósitos de carbón para ningún español en ninguna parte del Mar Rojo; y cuando alguno de los omnipotentes venga a tentarnos, porque de todos necesitan, hay que decirles cómo, no habiéndonos llamado a París, ni a Berlín, ni a ninguno de los congresos en la hora del reparto, no deben contar con nosotros en la hora suprema de la catástrofe universal.

¡Pues no faltaba más! Nosotros hemos tenido la cruzada de los siete siglos; hemos tenido guerras por la constitución de los Estados modernos; hemos tenido guerras por la conquista de América; guerras por la herencia de Portugal; guerras por la herencia de María de Borgoña en Flandes y en Holanda; guerras por el predominio de la casa de Valois y la de Austria en Italia; guerras por el predominio de los mares con la Gran Bretaña; guerras por el predominio de la religión protestante o católica en Alemania; guerras por el predominio de la casa de Borbón y de Austria; guerras por los hijos de Isabel de Farnesio y por los proyectos de Alberoni en Italia; guerras en la Valtelina; guerra de los reyes contra la República francesa y guerra de los reyes por las Repúblicas americanas; nuestra guerra de la Independencia; tres guerras civiles; cincuenta revoluciones; guerra en África; guerra en Cochinchina; guerra en Chile y Perú; guerra en Cuba; guerra en todas partes. ¡Ah, no, no! ya estamos demasiado hartos de verter sangre y de que se evapore en el aire. Destinémonos a cultivar nuestros intereses y a ganar fuerzas para predominar alguna vez en el concierto europeo. El gobierno debe, pues, asegurarnos la mayor neutralidad. ¡Ah, señores! ¿Y qué debe hacer la opinión española? Aquí entra mi tesis particular; yo creo que la opinión pública en todos los pueblos puede y debe hacer mucho. Pues qué, ¿se hubiera jamás creado Grecia sin aquellos filo-helenos, cuyos generales eran poetas como Byron, Chateaubriand y Goethe? ¿No he oído yo decir a italianos meridionales, que hizo por ellos más un libro de Gladstone que un desembarco de Garibaldi? ¿No sabéis todos que jamás hubiera desenvainado Napoleón III la espada del primer cónsul en favor de Italia si no se hubiera visto impelido a ello por los escritores franceses? Indispensable decir a Europa, y decirlo en la tribuna, en la prensa y en los libros, que tienen una grandísima influencia; necesario decir a Europa que se necesita el desarme y la reconciliación europea.

Y esto me conduce a tratar, señores diputados, de la cuestión de África. ¿Qué debemos hacer en África? No me oculto ninguna de las ideas capitales en este problema. Los pueblos mayores dominan a los pueblos inferiores intelectual, política, materialmente, por una ley providencial ineludible. Hay pueblos inferiores, que son primitivos por estar, como el feto, pegados a la tierra; y hay pueblos inferiores, que vuelven a ser primitivos de puro viejos, por su larga y tormentosa historia. Señores, aquello que hicieron los arios en Caldea, los caldeos en Fenicia, los fenicios en Grecia, los griegos en Italia, los italianos por medio de Roma, en Francia, Inglaterra, España y Portugal, deben hacerlo, dígase lo que se quiera, lo harán, franceses, sajones, lusitanos, españoles, las razas privilegiadas con las razas inferiores, en cumplimiento de leyes, que no solo son planetarias, que son leyes del universo entero. Además, la tierra no se halla tan segura, la mar tan abierta, los estrechos tan francos, las razas inferiores tan sumisas, que, al ver cómo el desierto aborta un madhí capaz de infligir humillaciones a Inglaterra; cómo un rey de Abisinia contrasta el reino italiano en su naciente gloria; cómo un sultán escapado de Persia conmueve a los pueblos orientales, cual la cena de los Abasidas en Bagdad, cual la hégira de los Abderramanes al África, cual la insurrección de los almohades en el Atlas; cómo las razas amarillas se miden con Francia; cómo los Estados Unidos cierran sus puertas a la invasión mongólica; cómo los lábaros del paneslavismo flotan sobre las basílicas de Oriente y el del panislamismo flota sobre toda las mezquitas, no temamos, no recelemos una invasión, como aquella que sorprendió a la cultura greco-romana en el siglo V; como aquella que sorprendió a la cultura gótico-bizantino-española en el siglo VIII; como aquella que sorprendió a la cultura greco-eslava con los turcos en el siglo XV; pues en territorios circuidos por grandes y ciclópeas murallas, en mesetas centrales de Asia, en viveros de pueblos, pueden condensarse ciclones, los cuales quizá vinieran sobre nosotros un momento y anegaran esta orgullosa civilización europea, fundada en sus cuatro puntos cardinales sobre cuatro abismos de barbarie.

Señores, aunque yo participo del fondo de las ideas del señor Cánovas respecto a lo que nos conviene por ahora en África, no participo, no puedo participar de lo que se ha llamado en él pesimismo, y que yo atribuyo a exceso de celo y quizá a exceso de experiencia. Yo, señores, declaro que no participo de pesimismo ninguno respecto de los destinos trascendentales y a larga fecha de nuestra Península sobre el África. Yo veo que somos una raza sintética. Las venas nuestras están henchidas por sangre de todos los pueblos; nuestro idioma, nuestra literatura, encierran ideas de todas las conciencias; en nuestro suelo circula el jugo que alimenta todas las frutas europeas, y en nuestro subsuelo todos los metales que cuaja la luz en las entrañas de la tierra. Así es, que yo me admiro, y me admiro mucho, de que no comprendamos cómo el mundo necesita un continente sintético: necesita una raza sintética también para poblar ese mundo; porque ¿qué es el África? Un desierto, un sepulcro, la soledad, la ruina, el abandono, la barbarie; y, sin embargo, el África ha sido la síntesis de los dos continentes. Explicadme si no por qué los egipcios esbozan todas las teogonías helenas y resumen todas las teogonías asiáticas; explicadme si no por qué aquel Alejandro, que pasó la vida de sus conquistas en Asia y solo atravesó como un relámpago el África, deja la cristalización de su sincretismo en Alejandría; explicadme por qué las escuelas filosóficas griegas, fraccionadas en Jonia, y en Elea, y en Sicilia, pueblos pequeños, llegan a una suprema síntesis en Plotino; explicadme por qué Orígenes resume toda la teología oriental, y Tertuliano y San Agustín la teología occidental en sus grandes escritos y en sus divinas ciudades. ¡Ah, señores! Yo no he comprendido nunca por qué nos incomodamos tanto cuando nos dicen los extranjeros que comienza el África en los Pirineos. Señores: un ilustre pensador ha dicho que empieza España en los Pirineos y concluye España en el Atlas. Dondequiera que volvemos los ojos encontramos recuerdos de África, y dondequiera que el África vuelve los ojos encuentra recuerdos españoles. La emoción, y vamos a un inventario, la emoción producida por las serenatas andaluzas, en que la guzla plañe y la voz llora elegías y tristezas del amor, de África proviene, como el tibio soplo que aroma nuestros jazmines y azahares; la greca mudéjar, bordada por mano de las huríes en los alféizares de nuestros palacios y de nuestras iglesias, al África recuerda, como los áloes y los nopales extendidos por las costas de Denia y de Marbella; el toque semítico de nuestra lengua, sobrepuesto en el fondo latino, y que tanto recuerda los esplendores de nuestras mayólicas, África no es; la elocuencia enfática, tertulianesca, cuyos rimbombeos no empecen cierta naturalidad y sencillez helénicas, allí resuena en los labios también de los rabíes y de los profetas; la poesía exuberante, no solo en Zorrilla, oriental de suyo, no solo en Góngora, criado y nacido a la sombra de las palmeras y bajo los aleros de las aljamas, en las epopeyas de Lucano y en las tragedias de Séneca, clásicas, al Magreb huele, como los romances moriscos resonantes por las torres del Albaicín y por las escaleras del Generalife; y no quiero hablar de nuestra historia, porque África grita Alonso el Batallador al asomarse por las crestas de nuestras cordilleras béticas; África dice la canción de Gesta, donde balbucea el primer vagido de nuestra lengua y donde constan los primeros esbozos de nuestras reconquistas; África cantan los reyes peninsulares, postrados de hinojos en los altos de las Navas al entonar el Te Deum de su triunfo; África, Isabel la Católica en su testamento; África, Cisneros en Orán; África, Carlos V en Túnez; África, don Sebastián en Alcazarquivir; África, el infante don Enrique de Portugal, que nos ha dejado a Ceuta; África, el príncipe constante de Portugal, don Fernando, que ha inspirado a Calderón el más hermoso de sus dramas; y en este sueño ideal se junta toda la Península desde Lisboa a Cádiz, desde Cádiz a Barcelona, desde Barcelona a Oporto, como se juntan sus hijos todos bajo el cielo azul y luminoso que nos vivifica y nos esclarece.

Señores, no creáis lo dicho y vulgarizado por ahí, no creáis que yo haya procurado deciros estas cosas para ostentar eso que se dice mi retórica, no: bajo todo esto hay una idea utilitaria, muy utilitaria. ¿Sabéis cuál es esta idea? Pues oídme: que así como aquellos que tienen segura una herencia, no se precipitan jamás, si son prudentes, si son cautos, y no incomodan ni hostigan al testador, nosotros, los herederos naturales de África, nosotros no debemos mostrar impaciencia ninguna, absolutamente ninguna impaciencia por poseerla. Se habla mucho de Francia y de rectificación de fronteras, con lo cual se ha querido armar muchos movimientos de la opinión, en apariencia dirigidos contra su política, en realidad dirigidos contra sus instituciones. Pues bien; no olvidéis que Tánger ha pertenecido a una nación poderosa, que esa nación poderosa lo recibió en dote de una de sus reinas, y que luego lo abandonó como nosotros abandonamos a Orán, y ahora se pasa los días delante de

Tánger suspirando por aquella plaza. Grande, muy grande nuestro General O'Donnell en su temeraria guerra, como demostraron los acontecimientos, pero, por temeraria, heroica sobre toda ponderación; grande, muy grande el esfuerzo de nuestros soldados en Sierra Bullones y en los pasos del Jelú; verdaderamente legendario, como Santiago, aquel General mártir a quien todos hemos querido tanto, y a quien todos lloramos todavía; grande, muy grande todo eso; pero todo eso nos enseña cómo no debemos emprender nada militar respecto de África, y aguardar el cumplimiento de nuestro derecho por las evoluciones de lo porvenir.

Señores, se han concluido las colonizaciones militares, y comienzan las colonizaciones científicas: factorías, y no campamentos; naves, y no ejércitos; grandes diplomáticos, y no grandes generales; escuelas donde podamos establecerlas, misioneros donde puedan oírlos; médicos, muchos médicos; una influencia de todos los días; traducciones de aquellos libros árabes que demuestran la comunidad de unos y otros pueblos, y que hacen latir el corazón de aquellas razas soñadoras y verdaderamente religiosas; todo esto, pero nada de guerra al infiel marroquí, porque para todo español sensato la integridad del Imperio de Marruecos debe levantarse a dogma, como la integridad del Imperio turco lo fue un día para la Inglaterra clásica. Y permítanme decirlo mis oyentes en este instante; permítanme decirlo, que no recelemos nada de Francia, pues no hay motivo para recelar nada de Francia. Gobernada hoy por un poder completamente pacífico; dirigida en sus negocios extranjeros por un hombre de Estado eminentísimo; representada en Madrid por un diplomático, del cual puede decirse que lleva renombre de africano, todo el mundo en Francia sabe que tiene una solidaridad de intereses con España en Europa y en África. Sobre todo, yo debo deciros, antes de concluir este punto, yo debo deciros que cuando Francia se apercibe a la gran fiesta del trabajo, no hay para qué hostigarla, pues todos tenemos intereses múltiples en que se verifique la celebración de la noche del 4 de agosto, la Noche Buena de la libertad, porque allí murió el feudalismo y surgió la democracia, y que se verifique en paz, porque esa fiesta hoy no significa nada en el mundo o significa la fraternidad universal.»

Podrán decirme los empeñados en imputarme declaraciones ahora sobre la guerra presente, que son los párrafos suprainsertos nieves de antaño, y que la opinión tiene derecho a exigir de un publicista, encargado por tantos periódicos del honroso ministerio de historiar casi al día los hechos corrientes, el sentir y el pensar suyos, acerca de tales hechos. Y he cumplido yo este deber mío con toda escrupulosidad, porque media una distancia enormísima entre los diálogos cogidos al vuelo y echados como teas incendiarias en la pólvora fulminante de las pasiones políticas y el juicio sereno de un historiador, puesto a cierta distancia de los hechos en su fría imparcialidad, para que tengan aquéllos en la conveniente alejada perspectiva el color y el relieve demandables a todo cuanto se historia y se juzga con verdadera solemnidad. Yo he cumplido mi deber en tal número de diarios, que apenas pueden contarse, y los propaladores de conceptos más o menos míos aportados a sus redacciones, por más o menos fieles relatos, ocasionados a inexactitudes generalmente, no han querido reproducir estos juicios de ahora, publicados, no solo en los innumerables periódicos del Viejo y del Nuevo Mundo, adonde los llevan las agencias de publicidad yankees, publicadas aquí en castellano hace pocos días, con tipos ciertamente muy legibles, y en satinado preciosísimo papel, que tiene muchísimos lectores. Y allí he dicho lo siguiente que recorto con mis tijeras de la publicación aludida, y pego en estas cuartillas con mis propias obleas.

«Aunque, decía yo el 13 de noviembre último, adrede apartáramos los ojos de África para convertirlos a cualquier otro punto u objeto, no podríamos, por el imperio que con sus fascinaciones hoy ejerce sobre nosotros esta parte del mundo. Ya se ve: tenemos allí empeñado en lucha desigual y terrible lo mejor de nuestra sangre y vida, el ejército español, tan audaz en sus acometidas, como sufrido en sus resistencias; valeroso hasta la temeridad en el arranque y en el empuje, resignado hasta el martirio en todos los trabajos y en todas las adversidades. No conozco marcialidad como la nuestra en gente ninguna. Cuando topáis en vuestros viajes con un soldado alemán, veis en seguida cuánto por ajustarlo al tipo de su clase han hecho la ciencia y el estudio, sobreponiendo una segunda naturaleza bélica, resistente y fuerte, sobre su propia naturaleza germánica, bonachona y dulce. No así en España. Vestís a un muchachuelo de soldado y parece haber vivido en la milicia desde sus primeros días y nacido militar hecho y derecho. Esta indómita complexión española, de un individualismo tan ajeno a toda disciplina y obediencia, posee flexibilidad tan maravillosa, que a la menor imposición de su conciencia se acomoda con lo pedido por el deber, trocándose a esta virtud suya sin esfuerzo y con espontaneidad, siempre que de lo militar se trata, el imberbe recluta en veterano perfecto con pocos días de cuartel y ejercicio. No necesitábamos que nos instruyera la experiencia en aquello contenido dentro de nosotros y que constituye nuestro moral patrimonio; pero si la pena causada en todo ánimo patriota por este adverso caso del choque tremendo en Melilla, choque tan inesperado e importuno como terrible, puede mitigarse con algo, es con la consideración de que ahora como siempre ha mostrado el ejército su antiguo valor, que lo coloca sobre todos los ejércitos del mundo, y la nación esta identidad fundamental de todos sus hijos en las mismas ideas y en los mismos propósitos, cual si tuvieran un alma sola; identidad por la cual nos hemos salvado de cien conflictos y conseguido vencer a la fatalidad y al destino, grabando los blasones y timbres del Imperio español desde los arenales de Marruecos hasta las maniguas de Cuba. Dejar la guardia del hercúleo canal y del extremo de nuestros viejos continentes y del espacio comprendido entre la boca del Muluya y la boca del Mediterráneo y del camino hacia las dos Américas en manos tan audaces y aviesas como los marroquíes, ¡ay! tiene inconvenientes tales, que nos obliga y constriñe al cumplimiento una finalidad tan humanitaria como refrenar los crueles instintos de semejantes fieras y someterlos por fuerza y por necesidad al yugo de la civilización y sumergirlos en el movimiento de todos los progresos. Y para ilustrar el espacio comprendido entre los dos mares en el Atlas, que llamamos imperio de Marruecos, no hay nación alguna en el mundo con las aptitudes, con las cualidades, con la indisputable idoneidad nativa del pueblo español, destinado a ello por el espíritu suyo, por el tiempo en que ha vivido, por el espacio donde se dilata, por Dios y su Providencia. Así, pues, ya que un unánime sentimiento de todos los pueblos desinteresados y una herencia de glorias y recuerdos inmortales y unos decretos tan categóricos e imperiosos como los que formulan la Geografía y la Historia en el asunto del predominio natural de los pueblos cultos sobre los pueblos atrasados, deciernen Marruecos a nuestra protección, debemos estar todos los españoles a una convenidos por tácito pacto en no forzar los hechos hasta encontrarnos plenamente seguros del debido logro de nuestras seculares aspiraciones, que nos exigen robustez en el cuerpo, suma de fuerzas, concierto en hacienda y en administración, desahogo económico, disciplina social, regreso de nuestras perturbaciones tradicionales al orden indispensable para todo continuado esfuerzo y para toda gran empresa. Mirémonos en el espejo de lo acaecido a Italia últimamente. Quizá Túnez le hubiera sido reservado por Europa, si no se impacienta en el deseo vivo de la consecución del codiciado logro y no sacude con sus propias manos un árbol del cual no debía probar la fruta. El problema de Marruecos, planteado por nosotros a deshora, puede producir la guerra europea; y la guerra europea puede traernos, si por modo indirecto y como de soslayo entráramos en ella, tremendas responsabilidades. Ya sabemos que una gran parte de la opinión inglesa pide la restitución de Tánger, adquirida para la península por Alfonso de Portugal el Africano y regalada por los traidores Braganza a los Estuardos restaurados, regalo hecho en odio a España, como si fuera todavía una porción integrante de Inglaterra, cuando la perdieron hace dos siglos, y que otra gran parte de la opinión francesa pide toda la banda oriental del Magreb confinante con Argelia; por lo cual nosotros debemos mantener la estabilidad de tal territorio bajo su actual emperador y sostener el fiel en la balanza con ánimo de que no comience un reparto, en el cual, saliendo bien librados, podíamos obtener una sola fracción, tocándonos, como nos toca, el todo, que alcanzaremos con un poco no más de habilidad, espera y paciencia. Interésanos, después de haber desconcertado a Bismarck en el asunto de las Carolinas con tanto acierto como fortuna, no hacer ahora el juego de Bismarck, indisponiendo a Francia con Inglaterra, para que, triunfe quien triunfe, quede todo el continente, bien a merced y arbitrio de Alemania, bien a merced y arbitrio de Rusia. Bismarck sueña con indisponer a Inglaterra y Francia por Tánger, cual indispuso a Italia y Francia por Túnez. Y así como cuando tuvo poder llevó los hechos por ese camino, ahora, que solo tiene influencia, lleva por ese camino las indicaciones. Y contra nuestros intereses designa el objetivo de Tánger a Inglaterra, y contra nuestros intereses designa el objetivo de Touat y de Fidjid a Francia, para que choquen allí con estrépito, y dado ya este choque, tenga que arrastrar a Italia Inglaterra en su auxilio, e Italia tenga que arrastrar los dos Imperios de la triple alianza. He ahí el abismo que oculta en su seno la pavorosa cuestión de Occidente. Hay que bordearlo a toda prisa, quedándonos en nuestra saludable neutralidad y reteniendo el Estado marroquí en su statu quo habitual. Castiguemos con un gran escarmiento a los moros del Rif, escarmiento tan rápido como ejemplar, y volvamos, después de satisfechos, al hogar donde nos llaman el culto a nuestra joven libertad y el cuidado nuestra convaleciente Hacienda. Así sea.»

Las dos últimas notas del Sultán; las constantes afirmaciones del ministro de Negocios extranjeros marroquí dichas en Tánger; la presencia del príncipe Araaf ante las tribus insurrectas; las demandas de cambio y de comercio dirigidas a nuestros generales por los bajaes tras los retos dirigidos antes; el arte con que ha comenzado Martínez Campos la defensa; los meditados y sobrios discursos de éste, así en Córdoba como en Málaga; la consumada destreza con que mi amado amigo y discípulo, el gran orador que desempeña interinamente la cartera de Negocios extranjeros, por un sí ha conjurado los recelos europeos, tan despiertos, y por otro sí conseguido asociar el imperio marroquí a nuestra obra de imposición sobre las tribus insurrectas; esta ya larga suspensión de hostilidades reemplazando al anterior hostigueo; esa erección del fuerte dirigida con tan admirable prudencia; las meditadas frases del señor Sagasta, eminentemente patrióticas, nos hacen creer concluida la guerra, y nos sugieren el anticipado Te Deum de la paz y de la libertad. Por consiguiente, nada tengo que hacer después de coincidir los pensamientos del gobierno liberal con mis ideales y la obra de Martínez Campos con mis deseos, que rectificar otro error de importancia: el arrepentimiento, que ha supuesto en mí el telégrafo y la prensa, del acuerdo, con tan grande antelación tomado y tan a conciencia dicho, de mi retirada del combate político diario. Cada vez me hallo más satisfecho de mi resolución. Y los elocuentísimos discursos del estadista libre, de Abarzuza, que me ha reemplazado en la dirección del partido; la mesura y la prudencia de su sabio proceder; el desinterés de sus móviles y el alto patriotismo de sus fines; la cohesión en que mantiene las sendas fracciones posibilistas en los dos cuerpos colegisladores; los manifiestos últimos de una forma tan sobria y de unas ideas tan elevadas; la coincidencia conmigo en los problemas africanos y la perseverancia en el presupuesto de la paz, cuando ni siquiera nos hemos consultado uno a otro, muestran como conservamos la unidad de miras en todo, y cómo su aproximación a la legalidad, mayor que mi aproximación, es la consecuencia de toda nuestra política en los veinte años últimos. Así lo he creído explicar en la carta circular que varios amigos fraternales tienen ya olvidada, pues se la dirigí en mayo último, pero que ahora ve la luz pública en corroboración de todos mis juicios.

«Voy a emprender ante V. un examen de conciencia, encaminado a fijar la posición que yo debo tener en la política española, para lo cual hablaré de mí, cual si hablara de un paseante por la estrella Sirio. Inútil ocultarlo. Desde mi discurso del teatro de Oriente, yo traje a la democracia española, influida por cierto espíritu extranjero que le habían sugerido la estancia de Albaida en Inglaterra y la constante lectura de libros franceses por Rivero, un espíritu español, bebido en mi ocupación favorita, en el estudio de la historia patria, dejando aparte la educación aquistada dentro del hogar, donde se había tanto padecido en la guerra con los franceses por la patria y en la guerra con los carlistas por la libertad. Así nadie puede, nadie dudar que traje yo con tal espíritu español, a la política democrática, un espíritu conservador. Liberal radicalísimo, por querer todas las libertades individuales; y demócrata puro, por querer la extensión de estas libertades a todos los ciudadanos sin excepción; había en mi persona un individualismo nativo, que me comprometía de suyo a la defensa y guarda del principio de propiedad, así como un cristianismo que, a pesar de inspirado en el criterio filosófico más que en la fe ortodoxa, me unía por muy apretados nudos con la Iglesia católica. Llamado a redactar periódicos demócratas desde septiembre del 54; mi corta estancia en el primero de éstos, en El Tribuno, explica otro de los principios capitales en mi vida, el principio republicano. Yo entré por octubre del 54 en la redacción de El Tribuno y salí por noviembre del mismo año. ¿Por qué tan rápido paso? Porque, habiendo votado contra la monarquía la fracción democrática en la Constituyente de tal año, El Tribuno se declaró en disidencia con ella y se adscribió a la democracia, sí, pero a la democracia monárquica. Aquel primer sacrificio, pues yo necesitaba el sueldo que me traía mi pluma de redactor, me ligó a la república, principio capital de toda mí vida. Yo era un demócrata, un liberal, un republicano, y al mismo tiempo un individualista muy exaltado y hasta un católico por sentimiento y por educación, era, pues, un decidido conservador dentro de la democracia, de la libertad, de la república. Por estos últimos caracteres entré yo en La Soberanía Nacional, diario de Sixto Cámara. Pero en cuanto La Soberanía Nacional mostró la oreja socialista, tomé por motivo un suelto apologético del Terror francés, y abandoné su redacción. Como salí de El Tribuno por haberse inclinado a la monarquía, salí del periódico de Sixto Cámara por haberse inclinado al socialismo.

»En aquellos meses, Rivero fundó el periódico definidor de la democracia en España, pues se tituló La Discusión, título de inextinguible recuerdo en la gloriosa historia del movimiento democrático. Desde los primeros números tomé yo en su redacción una parte activa y diaria, escribiéndome casi toda la hoja, por mi facilidad increíble de escribir, no menguada ni a los setenta años como veis. Unos siete meses pasaría yo en aquel periódico, enteramente solo, propagando la democracia con ahínco, pero una democracia cristiana, conservadora, gubernamental, tan alejada de la monarquía como del socialismo. Después vinieron de una parte los demócratas socialistas representados por Pi, de otra parte los demócratas monárquicos representados por Martos; cuando la reacción del 56 nos unió a todos en el odio común a los partidos retrógrados y en el amor a los dos principios capitales de la democracia moderna, el derecho de los individuos y la soberanía de los pueblos. Mas imposible que continuásemos unidos, como en los primeros tiempos de la reacción, al ir andando los hechos y pidiendo concretas definiciones impuestas por su lógica, tan rigurosa como la lógica de un sistema o de una filosofía. Debíamos primero separarnos de los demócratas monárquicos y luego de los demócratas socialistas. Al definir la democracia, opusímosla con reflexión a los progresistas, y oponiéndola con reflexión a los progresistas, tuvimos que sobreponer los derechos individuales a la soberanía nacional, y que pedir ésta con la intervención inmanente del sufragio universal en el Estado, contraria y opuesta del todo a los viejos principios progresistas. La polémica ruidosa entre Calvo Asensio y Rivero en La Discusión, así como el folleto mío La Fórmula del progreso y su contestación en otro folleto por Carlos Rubio, dieron un carácter, tan individualista y tan republicano a la democracia, que debieron marcharse por necesidad de nuestro lado los demócratas monárquicos.

»Pero no bastó con tal definición. Precisaba otra cuya formulación nos apartase del socialismo. Y vino esta separación también. Poco después del movimiento, que reconstituyera Italia, comenzó a determinarse un movimiento antidinástico en los progresistas. Rivero, que tan acertado anduvo al escribir el programa democrático y salvarlo de las denuncias del señor Posada, no secundó este movimiento antidinástico de los progresistas, cual nosotros creíamos necesario secundarlo, y además no quiso apartar nuestro credo del credo socialista, cual creíamos nosotros que debía necesariamente apartarse. Y fundamos La Democracia, El Rasgo, el movimiento universitario, la polémica inolvidable con Pi sobre la doctrina socialista, dicen cómo cumplió mi diario los dos capitales fines para que fue fundado. Llevamos por El Rasgo y por la Universidad la dirección del movimiento antidinástico; por la polémica con Pi limpiamos de virus comunista la democracia española. Y vino la revolución. Mi puesto se hallaba dentro del partido republicano. Así no quise transigir con Rivero, y me aparté de los demócratas monárquicos. Pero, dentro del partido republicano, mi puesto se hallaba en la derecha. La legalidad siempre, la evolución como método, la inteligencia con los partidos más avanzados de la monarquía, fueron las tres imposiciones que yo dicté con imperio al partido republicano histórico. Pero en este período cometí yo un error y una inconsecuencia, bien caramente pagados. El error, la triste aceptación de una república federal, como la inconsecuencia, unirme por el común interés republicano con los socialistas. Nunca lo hubiera hecho. ¡Ah! Sin la república federal se hubiese quedado todo el movimiento revolucionario en la república conservadora el año 73, cuando nació este régimen de la necesidad social; y sin la inteligencia con los socialistas no hubieran podido éstos jugarnos la partida que nos juraron el 3 de enero, ni alcanzar el número que alcanzaron en la Convención republicana. Pero este rompimiento eterno ha prosperado la evolución, el método legal, el credo antisocialista, la inteligencia con los factores progresivos de la monarquía.

»Mas no hay que ocultarlo. Con todo esto se sumaron explícitas, concretas, continuas declaraciones republicanas. Obligáronnos a ellas, aparte la conciencia y la historia personales, el carácter muy reaccionario de la Restauración, la doctrina de los partidos legales e ilegales; una cosa tan funesta como la confusión, hecha por Zorrilla, de la bandera republicana con la bandera revolucionaria; el constante ataque de nuestros afines; el discurso de la madrugada del 3 de enero, que sacudió la federal y el socialismo, pero afirmó con afirmación inolvidable la república conservadora. No tuvimos parte ninguna en el golpe de Estado, aunque lo provocara y lo trajera la ceguedad suicida de los federales y de los socialistas; tampoco tuvimos parte ninguna en los gobiernos que lo representaran, a quienes aconsejamos la sanción del principio republicano por plebiscito, ante el cual se presentara el código político del 69, sin más alteraciones que atribuir a un Presidente por diez años, reelegible, después de nombrado, por las Cortes, y con las facultades todas y las prerrogativas del monarca menos el carácter de vitalicio y hereditario, o el título de majestad incompatibles con la república. No cuajó este proyecto, y vino la Restauración. Ya, dentro de la Restauración, abracé yo el método legal y salí diputado, hallándome allá en París, que designé por mi residencia en los primeros días de tal desgracia, y que no abandoné hasta mi triunfo en las elecciones de Barcelona.

»Ya diputado, condené todas las revoluciones, prometiendo restaurar dentro de la legalidad el programa democrático, que había naufragado en la guerra civil. Como yo creía que a esta última se debió el eclipse de la libertad; hice, desde comienzos del setenta y tres, dentro y fuera del gobierno, lo posible y lo imposible por la paz. Yo creo que quien restableció las ordenanzas y con ellas la disciplina; quien reorganizó el cuerpo de artillería; quien sacó las reservas, hizo cuanto pudo por la paz; y quien con su presencia en el primer Congreso de los Borbones restaurados y con su labor de cuatro lustros seguidos logró los derechos individuales y el sufragio universal, hizo cuanto pudo por la democracia. Y como la democracia no podía restaurarse, sino contrastando la inteligencia entre conservadores y ultramontanos con la inteligencia entre liberales y demócratas, yo sostuve tal inteligencia, sin más limitación que no pedirles nunca, ni por el propio nombre, ni por el interés público, a los primeros, nunca, la destrucción del principio monárquico, bajo cuya sombra, necesitamos decirlo, hemos traído la democracia pura y la libertad omnímoda, que se perderían sin remedio, en mi sentir, el día que cayéramos en la crisis consiguiente a un cambio de instituciones. Pero yo estoy en una singular posición respecto de la monarquía. He podido democratizarla desde el Parlamento y no puedo servirla desde el gobierno. Ya presagiaba yo lo que debía sucederme, cuando dije que la monarquía democrática era la fórmula de nuestra generación, y que yo estaba incapacitado de combatirla por cuanto hay en esa fórmula de democracia e incapacitado de apoyarla por cuanto hay en esa fórmula de monarquía. No me queda más remedio que venirme a mi casa-«Tú no puedes desaparecer», me decía un buen amigo cuando le comunicaba tal intento. Y a eso digo: «Tan puedo yo desaparecer, que ya he desaparecido.»

»Yo no puedo dirigir un grupo que pida el gobierno, porque yo no puedo gobernar bajo la monarquía. Yo no puedo dirigir un grupo que combata la monarquía, porque yo creo esta institución indispensable hoy a la patria, y su existencia unida en el horizonte sensible de mi vida personal a la democracia y a la libertad que con ella hemos establecido y organizado. Yo creo el organismo mejor para sustentar la monarquía dentro de la democracia y la democracia dentro de la monarquía el partido liberal, con su jefe a la cabeza el señor Sagasta. Pero como soy republicano de convicción y republicano por mi historia, yo no puedo ingresar en el partido liberal, que tiene su jefe, y su historia, y sus doctrinas, con las cuales no está una parte considerable del patrimonio moral que constituye mi historia y que yo defenderé contra todos y todo lo conjurado en daño suyo con una inercia tan grande como activa fue mi voluntad en los lustros anteriores, y con un retraimiento de la política tan decisivo como resuelta y continua fue la intervención anterior. ¿Voy a disputarle yo al señor Sagasta la jefatura del partido liberal? ¿Voy a ingresar yo en ninguna fracción monárquica? ¿Voy a combatir al señor Sagasta, cuando tengo el compromiso con mi conciencia e historia de no combatirlo? ¿Voy a sustentarlo, cuando tiene tantos correligionarios que lo defiendan, y un ejercito numeroso? ¿Voy a capitanear un grupo que, dentro de la legalidad, no puede ir a ninguna parte, porque no puede ir al gobierno? ¿Voy a salirme de la legalidad a mi vejez, y marcharme a los federales y a los revolucionarios? Mientras tuve un programa, como el democrático, que defender, en la política estuve; desde que no tengo programa, jamás, como no peligren las instituciones democráticas, volveré a la política. ¿Qué deben hacer mis antiguos amigos, a los cuales anuncié mi resolución en el Parlamento? Pues los que deseen ser lógicos con el proceder emprendido desde la Restauración, irse al partido liberal; y los que deseen guardar su característica republicana, irse a su casa. Yo en mi casa estoy, de donde no me sacará nadie, mientras no peligre la democracia que hemos restaurado, y la patria en que vivimos y moriremos. Yo no tengo papel que representar en la política española. Yo únicamente le pido a mi país que me deje morir en paz y que luego me haga un buen entierro. Nada más. Escribiré, primeramente, porque la pluma contribuye a mi sustento, después, porque quiero dejar la historia de mi patria. He trazado un volumen de esta historia en el Descubrimiento, y ahora trazo otro volumen de esta historia, en la Conquista de América. Y no pienso hacer nada más. De la tribuna me he despedido, pues no pisaré nunca el Congreso. De la prensa me despido también, pues heme apartado de la inspiración directa que sobre algún órgano importantísimo de la opinión ejercía. Quiero con mis obras atender a mi subsistencia, como jornalero que soy desde mi mocedad, y quiero morirme reconciliado con todos los españoles en el seno de la paz, iniciada por mí entre las catástrofes del setenta y tres, y en el seno de la libertad, restaurado en el transcurso de los veinte años que ha recorrido la Restauración impelida con un empeño sin ejemplo, por mis discursos a la democracia. No quiero servir la monarquía reinante, porque me lo veda mi honor, pero tampoco traer la coalición revolucionaria, porque me lo veda mi patriotismo. Dicho esto, me queda tan solo una cosa que decir y que notificará la necesidad, en que nos hallamos, de volver pronto a la nivelación del presupuesto y de ocurrir a las grandes necesidades del país. Por haberlo en mal hora olvidada tres pueblos tan afines a nosotros, tan de nuestra sangre y alma, como Italia y Grecia y Portugal, están abocados a irreparables catástrofes. Decía el Bonachón de Ricardo que tres mudanzas de hogar equivalen a un incendio; y digo yo que tres elecciones de la Península equivalen a una revolución, como demostró el período crítico de nuestros profundos sacudimientos revolucionarios. Pues bien: por no haber acudido con el remedio económico a tiempo, se halla Portugal en trance de disolver su Parlamento, hace poco reunido, y en vísperas de una crisis política profundamente grave. Algo peor acontece a la vez a Italia. El ministerio Giolitti no ha podido resistir a las sesiones primeras del Congreso convocado bajo su dirección; y el estado de los cambios y el déficit de los presupuestos lanza con verdadero empuje a los ciudadanos en la peor de cuantas revoluciones pueden imaginarse bajo el cielo, en una revolución social. Exactamente lo mismo Grecia, exactamente lo mismo. El rey se ha sobrepuesto en la opinión al Parlamento, porque nombra el rey un gobierno de verdaderas economías, y el Parlamento quiere un gobierno de partido. Así como, al finalizar el siglo último, concluyeron el feudalismo y el poder absoluto; al finalizar este siglo, concluirán el armamento desapoderado con la conquista violenta. Y entonces sí que podremos oír con encanto y satisfacción en la misa: «Gloria en las alturas a Dios y paz en la tierra a los hombres de buena voluntad.»

12. Marzo 1894

Predominio de la cuestión económica sobre las demás cuestiones en Europa. Estado de Portugal. Proyectos de contribución progresiva en Francia. Reclamaciones de esta potencia a Portugal. Italia. El problema económico allí. Tristezas y malandanzas. Proposiciones del ministro de Hacienda. Protestas de la oposición. Temores de anarquismo. Estudio de tal sistema y de sus sectarios. Hechos capitales de éstos en Europa. Uniformidad del tipo común anarquista en los individuos varios. Sus diferencias de las demás escuelas socialistas. Generación de su ideal. Su teorizador. Su jefe de acción. Influjo moscovita. Observaciones

I

No hay que acariciar ilusiones. En todos los pueblos de nuestra Europa y en todos los momentos de nuestros días, no se ofrece más problema que la cuestión económica. Efecto de lo mucho que han subido los presupuestos, por lo caras que nos han costado revoluciones y guerras, todos los gobiernos se hallan apurados, y, por ende, todos metidos en el fastidioso problema de aumentar sus ingresos y disminuir sus gastos. Así, la política diaria y los partidos militantes a una se quedan rezagadísimos por las ventajas que les llevan en la atención general estos apuros económicos tan penosos y necesitados de un urgentísimo remedio. Por lo único que podría mezclarse la cuestión económica con la cuestión política en esta crisis, tan profunda, sería por extenderse la persuasión de que un cambio en la forma de cada Gobierno quizá trajese aparejado un ahorro en la suma de cada presupuesto. Pero las ganancias, que por un cálculo de probabilidades podrían los gobiernos más sencillos granjearnos, ora fuesen reaccionarios, ora progresivos, hállanse compensadísimas con lo costosas que resultan las instituciones nuevas y con los dispendios que trae consigo aparejado todo radical cambio. En Portugal hay muchos creídos de que si echaran el joven rey, echarían la siniestra fortuna. Y no solamente conspiran los partidos republicanos, conspiran los partidos gobernantes. Y así hay monárquico portugués que cree fácil un golpe como el asestado por Alejandro a los radicales de Serbia y un trastrueque rápido de la decoración política en el gobierno como en los teatros. Todos los partidos conspiran a una contra el monarca, con la sola excepción de aquel que gobierna; y mientras los republicanos proponen la panacea de su república, proponen las gentes de corte un régimen de regencia parecido al nuestro y al holandés, con regentes femeninas, solo que una parte de los así confabulados quiere magistratura tal para la reina consorte y otra parte para la reina madre. Déjense los portugueses de tales soñaciones, y apechugando con el régimen vigente, huyan de sindicatos extranjeros e ingerencias extrañas en sus negocios por medio de una sabia economía.

II

No se liberta Francia del general embargo, que a todos los pueblos trae la penuria, o presente, o amenazadora. Esa radical extirpación de los sesenta y cuatro millones, que constituían su déficit, no ha podido conseguirse por el ministro de Hacienda, si no merced a un remedio quirúrgico tan radical, como la última conversión, cuyas consecuencias traen a los estadistas mayores de allí como enajenados en la contemplación del problema, recrudecido en Francia cual en todas partes. Y para persuadirse de la verdad de esta recrudescencia, no hay sino ponerse a pensar que proponen ya un remedio tan socialista, como el impuesto progresivo, republicanos de abolengo tan autoritario y conservador cual el diputado Cavaignac, cuyo nombre ilustre, o no significa nada, o significa la mayor victoria conseguida sobre los sectarios del socialismo en la corriente centuria. Para sostener y abonar su tesis, el hijo de general, tan republicano y conservador como el difunto general Cavaignac, presenta el ejemplo de Suiza, poco persuasivo en verdad, pues en Suiza pasa que, allí donde tal impuesto, como el progresivo, viene ya de años, se distribuye con equidad y se satisface con resignación; pero donde las escuelas comunistas o radicales han logrado establecerlo últimamente, adquiere una forma tal de violencia y despojo, que a veces paga por todo el pueblo un solo rico. Mas no hay para qué penetrar en las entrañas del problema: lo esencialísimo es aducir su aparición como en sí misma es, como una prueba de que la economía y el presupuesto embargan los ánimos, no solo en los pueblos débiles y pobres, en los pueblos poderosos y ricos. Así también se trata por el gobierno y por el Parlamento de apresurar las maniobras diplomáticas, en reclamación débito que con los tenedores de papel francés tienen contraído el gobierno y el pueblo lusitano, por lo cual necesita Portugal mirarse mucho en lo que hace y precaverse con especialidad a todos los eventos.

III

Pero, donde mayores proporciones toma y mayor espanto causa el problema económico, es en Italia. Cuando nosotros, desde la triste anudación de sus alianzas, le dijimos cómo se precipitaba en tal ruina, rióse de los augurios, y tomó, alentada por sus inverosímiles triunfos, el vértigo de las grandezas. Bien caro lo paga, En el pueblo reina una inquietud tal, que se ha necesitado la ocupación militar para devolver su paz material a Sicilia, y en el gobierno todas las fuerzas y todas las facultades y todas las ideas de los ministros se convierten hacia la cuestión económica por el fundado temor de que pueda coronarse obra tan excelsa, como la unidad itálica, con mácula tan triste, como una irreparable bancarrota. El informe de Sonnino acerca del estado económico aquél arranca lágrimas de sangre al empobrecido pueblo, y demuestra que precisa dar de mano a las alianzas y a las colonias y a la política para curarse únicamente del erario. Ciento setenta y siete millones de liras el déficit, quinientos los descubiertos del Tesoro, en descenso las aduanas, en ascenso las quiebras de Bancos y sociedades mercantiles, no queda otro remedio que volver directamente al curso forzoso, indirectamente al impuesto sobre la molienda; requerir mayores aportaciones del renglón de las utilidades al acerbo común de los tributos; aumentar los derechos de la sal; hacer una conversión como la francesa que descargue al Estado de gravámenes; quitar las provincias numerosas con las Universidades y las audiencias inútiles, y los dispendios en Guerra y Marina para obtener que tras tantos sacrificios por la independencia, pueda preservarse Italia de caer, no bajo los pies del Austria, como antes, bajo los pies, como Egipto ahora, de un sindicato extranjero. Mucho han gritado las oposiciones al sentir la exposición del cauterio único, que cabe a mal tan crudo ya; pero si meditan un poco llegarán a convencerse de que, sobresaltado el pueblo por la desgracia, puede llegar, dada la insania de su delirio, como se ha visto en Sicilia y Carrara últimamente, a caer en el anarquismo y apelar a los anarquistas.

IV

Uno de los más curiosos fenómenos que ofrece la historia contemporánea es el bárbaro y criminal carácter últimamente revestido por aspiración, tan duradera en los extravíos atávicos y hereditarios de algunas personas y aun de algunas gentes excepcionales, como la inclinación a separarse de la sociedad y maldecirla, creyéndola madrastra sin corazón y llegando a huir de su seno hasta refugiarse en ascetismo y en misantropía suicidas. El siglo de oro en que los hombres vivían a su grado, vistiéndose del vellón de las ovejas y alimentándose del fruto de las carrascas; el Joghi de la India, tan enajenado en su meditación eterna, que las golondrinas fabrican nidos sobre las espaldas suyas, semejantes a piedras; el ebionita nómada por el desierto inmenso, sin hogar alguno y sin familia, en requerimiento de la venida del Mesías y de sus revelaciones; el macerado penitente que habitó las cavernas y convivió con las bestias; el ermitaño recluido en esos sagrarios adonde únicamente llegan ecos de quejas y evaporaciones de lágrimas; el igorrote a quien tira la montaña, representan esos amores a la soledad, contradictorios del todo con los instintos de comunicación entre las criaturas, tan poderosos, como la cohesión de los cuerpos orgánicos y como la afinidad de los compuestos químicos y como la atracción de los orbes celestes, para componer y perpetuar la sociedad. Siempre ha existido en algunos el odio a los demás, alimentado por los males y por los inconvenientes que tienen las sociedades mismas en sí, como los tiene todo en el misérrimo planeta nuestro y en el género humano entero. Mas nunca se había visto entre los mayores misántropos de antaño esta inhumana idea y esta cruel inclinación de hogaño a destruir la sociedad en su conjunto, destruyendo por el hierro y el fuego, es decir, por la pólvora y por la dinamita, los individuos todos que la componen y que la perpetúan para cumplir fines humanos de progreso universal y realizar las grandes idealidades que Dios nos deja entrever desde aquí en su gloria, cual tipos y arquetipos de la belleza y del bien, realizables dentro de las condiciones restrictas en que nos pone y de los límites angostos en que nos recluye nuestra irremediable contingencia.

V

Yo no creo que los asesinos varios, cuyos crímenes hoy siembran por doquier el pánico popular, pertenezcan tanto a una secta doctrinal como a una enfermedad colectiva. Estudiando los fenómenos dimanados del instinto de imitación, obsérvase que, así como se someten al gusto de los demás las personas originales e independientes, hasta vestir y comer como le mandan sastres y cocineros de París invisibles y desconocidos, así también se someten a sofismas y superstición es que, a intervalos, producen una epidemia moral, cuyos miasmas corrompen las inteligencias y pervierten los ánimos, epidemia tan efectiva como las materiales que, a intervalos también, emponzoñan aires o aguas, y nos matan. Las neurosis de Rousseau, patentizadas en aquella elocuencia suya tan estética, poseyó a las mujeres que generaron y parieron a los titanes de la Revolución francesa; y las primeras aplicaciones del magnetismo por Mesmer difundieron una demencia colectiva tan intensa, que se creyó fácil cosa la transparencia de los pensamientos internos en las frentes al fulgurar de tales rayos y los dones de la inmortalidad conseguidos por los contactos de los dedos en las cadenas eléctricas que sacudían los nervios con choques fulminantes, los cuales eran tomados por espasmos y sobreexcitaciones de la vida. Yo no estoy lejos de creer que los ayunos forzosos y las emociones violentas del sitio puesto por los alemanes a París, engendraron aquellos apocalípticos exterminadores de la comunidad revolucionaria, más tarde aparecidos, cuya rabia de perros hidrófobos inmoló rehenes tan santos y benditos como el mártir arzobispo e incendió monumentos tan gloriosos como el palacio de la ciudad. No hay que dudarlo: las epidemias morales, en su significación más vulgar de calamidad o plaga reinante sobre gran suma de individuos atacados por sus miasmas, los cuales se ceban en tales víctimas si las encuentran predispuestas y propensas a contraer el mal, nos dan el por qué de la existencia de los anarquistas y de la enfermedad del anarquismo.

VI
Mirad a cada cual de los más famosos y veréis cómo se halla el prototipo uno en ellos. Son criminales de nacimiento, que se sobreexcitan por borracheras de ideas, tomadas en libros y en discursos buenos o malos. Como al vino se sobreexcitan los locuaces hasta la garrulidad, ellos a la idea; concluyendo por trastornarlo todo y creer heroísmo el asesinato, martirio la pena consiguiente al crimen, déspotas o tiranos cuantos gozan de alguna comodidad o gastan frac. Ravachol sacrifica, malvado, a impulso tan vil como el impulso al robo,

un solitario indefenso, y luego, al móvil de la idea, especie de ciclón o tromba que se le metió en la mollera, destroza y extermina lo que tiene delante. Pallás, otro filósofo práctico, quizá con aptitudes, en sociedad menos organizada de suyo, para negrero o pirata y bandido en cuadrilla, pero a quien los viajes y las lecturas ilustran un poco, y que se convierte, a la perversión contraída por tal envenenamiento, en vengador de la humanidad, y no encuentra más medio de vengarla que despedir una bomba de dinamita bajo el caballo de Martínez Campos y alardear luego en la capilla y en el patíbulo con valor sobrehumano, mantenido por las lecturas mismas, de grande trágico. El aragonés Salvador Franch, bebe sus ideas en el seno de las escuelas católicas, y adquiere sus costumbres en el regazo de una familia piadosa, y, sin embargo de las ideas cristianas aprendidas en tal enseñanza y de los ejemplos morales vistos en tal vida, perpetra el más horrible entre los atentados cometidos por todos estos infames, el atentado de Barcelona, en que caen destrozados, entre música y alegría y festejos, amén de los burgueses indefensos e inofensivos, que no le han hecho daño ninguno y de quienes quizá haya recibido algún beneficio, jóvenes hermosísimas, las cuales no escuda su inocencia y su candor, envueltas en sus trajes de fiesta o coronadas de flores, ceñidas de gasas, rientes de alma, en los albores del amor y en la florescencia del ser, sorprendidas por el inesperado estallido, como las mujeres de Pompeya y Herculano, cual si un solo individuo tuviera en su poder las fuerzas devastadoras del Universo y en sus puños explosivos tan terribles como las erupciones del Vesubio. Vedlos a todos y parecen una persona tan solo. Teaurihet, que clava su cuchillo de zapatero en el pecho del ministro serbio en París; Vaillant, que despide su canuto henchido de clavos con pólvora cloratada, deseoso de aniquilar la representación nacional; Henry, el de la explosión recentísima en los salones del Terminus, que hiere por herir y mata por matar; todos adolecen a una del trastorno llevado al seso por las lecturas mal digeridas, capaces de arrebatar los temperamentos neuróticos o desordenados hasta unos arrebatos y unas enajenaciones, como las célebres de Tiberio y Calígula y Nerón, pervertidos por la ciencia y por el arte, hasta creer naturales y hacederos los mayores y más horribles crímenes, para que más resalte la identidad del fondo y del espíritu comunes en la diversidad varia de personificaciones. Henry atribuye su perversión y su crueldad a una próxima pariente suya que se burló de un cromo representativo del rey San Luis, cuya efigie le hablaba con misterio en los oídos palabras oraculares o sibilinas; y Faure, otro jefe de exterminadores, al noviciado sufrido en los jesuitas, cuya enseñanza y doctrina por tal modo viciaron su ánimo que le hicieron pasar desde los ejercicios piadosos en el templo a los juegos de Bolsa en el mercado, y desde los juegos en el mercado a las explosiones de dinamita en el mundo. Ab uno disce omnes.

VII

Pero no puedo sufrir se impute a la civilización y a la libertad modernas un mal coetáneo con todos los tiempos y congénito a todas las sociedades. Las dictaduras, decía el profundo Aristóteles, degeneran en despotismo; las aristocracias en oligarquía; y en demagogia las democracias. Plagas sociales así no han faltado a edad ninguna de la historia. En Grecia existieron cual ahora entre nosotros. Cleón, que representaba la demagogia en Atenas, aquel Cleón zaherido por Aristófanes, se veía en el caso de halagar todos los malos instintos para vivir al calor de todas las malas pasiones. La temeridad considerada valor, la declamación elocuencia, la mesura engaño, el presentimiento certero y la previsión patriótica menguas; cualquier malvado soltaba el freno de todas las maldades, no contenidas por la virtud de Arístides ni por la inteligencia de Pericles, importándole poco despedazar Atenas, si con atarla a la cola de todos los crímenes, se granjeaba para sí mismo famoso renombre con segura medra. Y lo mismo pasó en Roma. La obra democrática y humanitaria de los Gracos no murió porque la hirieran los patricios; murió porque la hirieron los demagogos. Druso, el violento y exageradísimo, soltado por los nobles, exageró demagógicamente las ideas del redentor e incitó contra su propia redención al pueblo. Este se fue con sus enemigos contra sus amigos. La nobleza encontró en la demagogia su natural aliado. El demagogo Druso tomó sobre sí la traidora carga de perder a Graco exagerando promesas y reformas. Como Graco había de cumplir, formulaba lo posible; como Druso no había de cumplir, prometía lo imposible en connivencia con el Senado. Prometió Graco colonias ultramarinas; pues Druso colonias italianas. Mantuvo Graco la repartición entre los plebeyos de las tierras públicas; Druso de todas las tierras así particulares como litúrgicas. El populacho creyó a sus enemigos y dudó de su redentor. Amó a sus verdugos y aborreció a su héroe. La democracia sucumbirá siempre que degenere por su mal en demagogia. Así la república romana sucumbió cuando el espíritu de la humanidad penetrara en sus senos y trajo ella misma por el extravío de su pueblo al propio cuello la terrible coyunda del imperio. Mas no se crea esto privativo de los pueblos antiguos. Los comunistas en los municipios de la Edad Media que detuvieron la emancipación de los siervos del terruño; los dualistas que armaron guerras como aquellas de los albigenses y dieron al Norte de Francia el predominio sobre la hermosa Provenza y al Papa vencedor las bases de su absolutismo eclesiástico; los ciompis de Florencia que prepararon la monarquía de los Médicis y trajeron la noche con su búho al pie tan admirablemente delineada por Miguel Ángel; aquellos husitas que cambiaban en sangre roja el vino de los cálices y hacían los tambores de humanas pieles para obtener la renovación religiosa; los labriegos alemanes, sublevados en apariencia contra los castillos y en realidad contra la Reforma, que amargaron los días de Lutero y sumergieron en tristezas profundas su agonía; los niveladores de Inglaterra poniéndose frente al protector en nombre del comunismo para que la sociedad echase de menos a los Estuardos; el apostolado de Babeuf al término de la primera República francesa y los socialistas de junio y los comuneros de marzo al comienzo de la segunda y al comienzo de la tercera, dicen que tales protervias oscurecen y tales protervias manchan todas las épocas y todas las generaciones del mundo en toda la sucesión de los tiempos.

VIII

Y con efecto, pocas veces se ha dado una teoría tan absurda como el anarquismo y una tan tangible gente como los anarquistas. En todas las escuelas y en todas las enseñanzas del socialismo tradicional existía un orgánico principio de poder semejante al Estado, y como el Estado, fiador de la seguridad universal. Ya sea el sacerdocio y el pontificado industrial de San Simón, ya la falange y el falansterio de Fourier, ya los talleres nacionales de Luis Blanc, ya la organización del trabajo de Leroux, ya el Estado cesáreo de Lasalle, ya el omniarca de los colectivistas, en tales doctrinas hay siempre una organización y un órgano arriba que, destruyendo la propiedad individual y levantando los gremios con las tasas de lo antiguo, errores crasísimos, hace veces de gobierno y organiza fuerzas de resistencia tales, que contra ellas habría de estrellarse por fuerza el desorden, quien, prolongado, retrotrae las sociedades al estado salvaje y las obliga, para sostenerse y conservarse en su natural pujanza y poderío, a erigir, como clave de su mantenimiento y sustentación, la horrible dictadura. Pero si hay en todas las teorías y en todas las escuelas socialistas un factor de organización que gobierna, siquier tenga facultades tan difíciles de practicar y ejercer, como la repartición de los productos del trabajo colectivo y de los intereses del capital común, en el anarquismo y entre los anarquistas no hay nada de esto. Mientras las escuelas socialistas, predecesoras suyas, elevan la fuerza del Estado en sus proyectos y planes hasta el despotismo, esta escuela conduce la libertad individual hasta la negación del Estado, y por consiguiente de la sociedad, que ni ha vivido, ni vive, ni vivirá, sin dirección y sin gobierno, pues cuando no sepa sacarlos de su propia voluntad y establecerlos en el derecho, descenderán la dirección y el gobierno de lo alto, imponiéndose por la conquista y por la fuerza. Creer cosa natural de suyo a la especie humana los desligues de los lazos sociales y la ruina de los organismos del Estado y la supresión de todo tribunal y la carencia de toda ley, equivale a creer posible la retrogradación a las edades de oro y a los ensueños de inocencia y a los jardines paradisíacos puestos por las teogonías y las leyendas en los orígenes de la especie humana, los cuales ocultan, tras un celaje de fantástica poesía el estado prehistórico, donde se hallaba en los últimos escalones de triste animalidad el hombre, armado de los pedernales que afilara el frote con otras piedras y habitante de las cavernas lacustres con escasa diferencia o separación de megaterio y del hipopótamo.

IX

¿Quién dejará de condolarse del mal que adolora y apena con sus horrores al trabajador moderno tan infeliz? Quién, allá en las delicias de una posición cómoda no haya nunca respirado el aire infecto de las buhardillas, donde duermen como cerdos en montones de paja podrida criaturas infelices, envidiando el perro o el caballo de los palacios vecinos, jamás comprenderá todo el hedor moral mezclado a estos materiales hedores y todas las plagas que tales miasmas condensan en el espíritu de nuestros pueblos. Catorce y quince horas en una fábrica, entre las ruedas estridentes que dan vértigo y las emanaciones malsanas que dan muerte; días y días en las minas, en aquel abismo donde la blanca piel de los sajones se torna negra, y el calor y la suciedad y las tinieblas os hacen desear el infierno, pues parecen encerrados por una eternidad en las entrañas del suelo inhabitable los jornaleros, exhaustos por el derrame sobre las peñas, para romperlas y ablandarlas, de un sudor que les roba poco a poco la vida, todo esto y mucho más, apenas imaginable a causa de su horror, justifica las quejas exhaladas por la desgracia bajo una fatalidad a cuya pesadumbre se reniega del ser y se desea, en rapto de verdadera desesperación, el no ser, por si en la nada se concluye, al par de todo cuanto existe y respira, tamaños horribles males. Pero yo digo que las medicinas inventadas por el socialismo, lejos de curar todo esto tan terrible lo agrava y lo recrudece. Imputándoselo todo a las humanas sociedades y a los Estados que las personifican y las dirigen, olvidan los socialistas dos orígenes mayores del mal mismo: de un lado la naturaleza íntima del hombre y de otro lado las leyes ineludibles del universo. ¡Cuánto no contribuye a la miseria el vicio, el despilfarro, la imprevisión, el desmedido lujo, la grosera sensualidad, el juego de azar, y mil otras cosas dependientes de vuestra voluntad y que pudisteis impedir de haberlo así querido! ¿Qué culpa tendrá la sociedad si unos son económicos y otros despilfarradores? Pues así como hay miserias dependientes de vuestro libre albedrío, que nadie puede forzar, hay miserias dependientes de las fatalidades mecánicas, químicas, fisiológicas, que nadie puede impedir. Tan malo como ser pobre, peor cien veces que la pobreza, una enfermedad hereditaria, la ceguera de nacimiento que os impide ver la luz y la imbecilidad de abolengo que os impide ver las ideas y la sordera que os impide oír los rumores del universo con los acordes del arte y la fealdad que os hace revulsivos a todos vuestros semejantes y os condena por las vías del mundo a burlas, en las cuales, ya que no podáis extinguir el inextinguible amor propio, de rabia os revolvéis contra toda sociedad y la odiáis. Yo conozco el mal y me duele; mas repito que lo agrava el remedio: las leyes socialistas encaminadas a crearnos un ejército imposible de inválidos del trabajo; las cajas oficiales de socorros que solo socorren a los empleados y covachuelistas del gobierno; las doctrinas que ha dispuesto el cesarismo alemán formular desde la cátedra y poner en las leyes; los planes y promesas de las escuelas militantes en sus programas electorales al proletariado de entregar a su disposición el presupuesto, cuando a la postre no hacen sino aumentarlo con tributos, que paga el proletariado mismo; los empeños de una gran parte del clero en que la caridad cristiana debe constar en leyes coercitivas, cuando no llegue a imponerla por la conciencia interior a la voluntad activa; el empeño de tanto publicista, sin excluir los conservadores, en que los Estados democráticos necesitan dar a las democracias, no el derecho de todos los tiempos, el pan de cada día; los aumentos cada vez mayores de las confesiones comunistas con símbolos henchidos de errores inexplicables; y como natural resultado dialéctico y substratum quintaesenciado de todo esto el anarquismo y los anarquistas.

X

¿Cómo surgieron la idea y el procedimiento anarquista en Europa? ¿Quién fue su verbo y de quién recibió el empuje de su acción? A la postre, todo aquello que vemos y tocamos en el universo, proviene de la luz y del calor; todo aquello que vemos y tocamos en la política, proviene del pensamiento y de la idea. Como Dios, motor inmóvil, impulsa el movimiento de los orbes; la idea, por su parte, impulsa el movimiento de los hechos. Así, estudiado el movimiento de las ideas anarquistas, estudiamos en último término el movimiento social contemporáneo. Las teorías anarquistas entran en la denominación común al socialismo. Hay que dividir las ideas socialistas contemporáneas en estas dos fases: fase, que tomaron desde la gran Revolución francesa en el siglo último, hasta la gran revolución de febrero en mitad del siglo corriente; fase, que han tomado desde la mitad del siglo hasta nuestros días. El socialismo precedente al de ahora surge con una forma de Estado superior en fuerza y autoridad a la forma del Estado parlamentario vigente; así como con propensiones reaccionarias, no diré a las castas privilegiadas, porque su doctrina capital es la igualdad, pero sí diré a los gremios organizados en estirpes y clases como antes de la revolución. Alguien ha dicho que Platón y Aristóteles representan toda la ciencia humana en sus dos fases, que miran a lo ideal una, y a lo real otra; pues debe añadirse que representan las dos políticas eternas, la dogmática y la experimental. El pensamiento de Platón pesa todavía sobre las escuelas socialistas, que coinciden a una con los comienzos del siglo. Aquél su gobierno de los mejores se organiza por fuerza en una clase directora inteligente, la cual constituye, para desempeñar su dirección, un verdadero sacerdocio.

Así las castas platónicas; así el clero teocrático; así el pontificado industrial; así el colegio positivista consagrado al culto de la humanidad enamoradísimo de las jerarquías eclesiásticas medioevales. Cuando las doctrinas de San Simón, Fourier, Leroux iban formulándose allá en las alturas del pensamiento abstracto, creíanlas todos destinadas a dirigir y gobernar el primer estado surgido de esas erupciones revolucionarias, tan frecuentes en esta edad, que ha merecido el dictado de edad de las revoluciones. Pero vino la revolución de febrero; y la política, en vez de tomar hacia el socialismo autoritario, tomó hacia la democracia liberal. El aborto de los talleres nacionales, en mala hora ideados por Blanc y Albert, juntamente con las jornadas de junio, en que por un fantasma impalpable se inmoló al proletariado, mataron las viejas escuelas socialistas. Pero lo que nunca morirá es la perdurable aspiración del espíritu humano al perfeccionamiento absoluto social. Y aquí entran las dos políticas también, la experimental, atenta solo a la mejora, y la dogmática, empeñada en la perfección. Pues bien; los teorizantes adheridos a este ideal utópico imaginaron haberse por completo engañado el socialismo antiguo por sus teorías referentes a Estado, a organización, a orden, a disciplina; y propusieron el desgobierno, la desorganización, el desorden, la indisciplina; es decir, la triste anarquía, la plaga horrible que hoy nos azota y nos apena. Proudhon se llamó ese genio del mal en quien todos estos principios se encarnaron. Así unos le creyeron forma revestida por el diablo en política, como puede revestirla en poesía. Por el demonio de Calderón ante Justina, y el demonio de Milton ante Eva, y el demonio de Goethe ante Margarita, lo tomaban las gentes al verlo ante nuestra sociedad contemporánea. El elocuentísimo Donoso llegó a proclamarlo Anticristo, cual a Nerón los perseguidos primeros cristianos. Parecía un arcángel exterminador sonando el estridente clarín que a los vivos mata y a los muertos resucita. Su divisa era: destruam, et aedificabo; es decir, buscar las reconstrucciones por la destrucción. Así pretende arrancar Dios del cielo y la religión del alma y el Estado de las sociedades humanas y el gobierno de toda colectividad y la emulación y la competencia de todo trabajo y el interés de los capitales y del suelo mismo la propiedad individual. Por esas antinomias, que Kant estudiara con tanta penetración, y Hegel pusiera en su célebre identidad de los contrarios, el socialismo antiguo se descompuso en una triple atomización de individuos como nunca pudo soñarla el más exagerado o violento individualismo. Ante tales resultados precisa reconocer que si los orbes se rigen por fuerzas componentes de la mecánica celeste, y los espíritus por leyes morales distributivas del premio y del castigo, las sociedades se rigen por una dialéctica tan real e implacable como la misma Providencia.

XI

Pues como Proudhon fuera el Verbo de las ideas anarquistas, Bakunin fue su acción. Yo no conocí al francés Proudhon personalmente, pero al ruso Bakunin lo he visto y he oído varias veces en reuniones y congresos helvéticos, aunque sin tratarle como traté a Hertzen, por lo mucho que sus ideas y su historia distaban de la historia y de las ideas mías, democráticas y liberales. El fenómeno ya observado en todos los anarquistas, la demencia horrible que se contrae a la embriaguez causada por evaporaciones de ideas, no bien definidas y concretas, lo personificaba él en toda su verdad, arquetipo de un sofisma viviente. Nacido cuando nuestro siglo solo contaba dieciséis años, entró en la mocedad por aquellos días, en que privaban las ideas exageradísimas de la extrema izquierda hegeliana, y entró en la madurez y plenitud de su vida por aquellos días en que privaban los procedimientos revolucionarios connaturales al voraz incendio de febrero. Muy dado a la lectura y a las controversias, cogió los libros de filosofía que le cayeran en las manos, devoró primero y resumió luego las ideas en esos libros contenidas, y solo acertó a recoger y asimilarse las negaciones terribles y los errores extravagantes. Aquel curso eterno de la idea sin principio y sin fin y sin objeto, moviéndose por moverse, a la manera del principio de Heráclito, el movimiento perpetuo; aquella invocación a la nada, hecha en los epílogos de sus volúmenes anti-teológicos por los neo-hegelianos ateos; aquella nirvana, que comenzaba entonces a despuntar proponiendo al Universo todo el aniquilamiento y a la humanidad entera el suicidio, penetraron como una peste intelectual en su mollera, y le dieron una neurosis que le tiranizó hasta la muerte. Cual todos los dementes, hallábase dotado al igual de calurosas pasiones, crecidas en la continua combustión del pensamiento que animaba la lectura, y de fuerzas hercúleas crecidas en los ejercicios del ejército, a cuya oficialidad perteneció de mozo. Y con estos errores en el cerebro, y con estos afectos en el corazón, y con estas fuerzas en los músculos, combatió como un titán en los tempestuosos días de la revolución del 48, siendo derrotado por las tropas prusianas, tras heroica lucha, concluida por triste rota, cuyos resultados le infligieron larga reclusión en los horribles calabozos austriacos, donde le cayeron en el alma sombras sin número, hasta que, reclamado y requerido por el emperador Nicolás a la pena y al castigo en Rusia, lo condujeron deportado hasta Siberia, de donde pudo escaparse con felicidad, y después de haber dado al mundo la vuelta, yéndose desde China y el Japón al Nuevo Mundo, y tornando desde los Estados Unidos al viejo continente nuestro, declaró la guerra de exterminio, no a todos los gobiernos, a todos los Estados, con especialidad a los Estados democráticos; y no a los Estados únicamente, a la sociedad entera, mereciendo su exterminador sistema el nombre hallado con tanta felicidad por Turguenev, para calificar las teorías anarquistas, el nombre de nihilismo, y mereciendo también su persona, extraña como un vestigio, el apellido congruente con sus teorías, el apellido de nihilista. No conozco nada tan enlazado como los ideales de Proudhon y los actos de Bakunin el relámpago y el trueno. Proudhon, en el volumen llamado Ideas revolucionarias, aconsejaba un abandono completo de los intereses a sus relaciones naturales, impedidas por todos los gobiernos sin excepción alguna, y ponía en crueles alternativas al pueblo francés diciéndole fragorosamente que optara entre el cesarismo y la anarquía. Y en otro volumen, titulado La Creación del orden, decía que, para resolver el problema social y mejorar la condición del trabajador y la naturaleza del trabajo, no había sino prescindir de todo gobierno por haber muerto a los golpes de la filosofía el poder eclesiástico y a los golpes de la revolución el poder civil. Pues todas estas ideas tomaron carne y se hicieron hombre, al mismo tiempo que se difundían en los aires por la pluma fulminante del filósofo Proudhon, en la persona enorme del moscovita Bakunin. Lo primero que presentaba de anarquista era la herencia de complexión fisiológica o psicológica llamada hoy atavismo, por la cual creía condensación su alma y hechura su cuerpo del esclavón más antiguo y secular, del cosaco, nómada como todas las tribus apercibidas a fines progresivos, libre como el viento boreal en las estepas heladas, y tan individualista de suyo, al modo de los germanos genuinos, que juzga incomprensible quisicosa el Estado y convive con los suyos poniendo en acervo común la propiedad y el trabajo. Así tuvo aptitud maravillosa para usar la lengua de todas las naciones con el fin de combatirlas mejor y para fácilmente apropiarse la naturaleza de todos los Estados con el fin de más a sus anchas minarlos. No existen dos factores tan opuestos en el mundo, como un revolucionario de tal naturaleza moscovita y un republicano clásico europeo. Yo no he visto persona ninguna que sumase, cual Bakunin, al caos anarquista en la inteligencia con el poder despótico en la voluntad. Mandaba con imperio para destruir todo mando con violencia. Tenía tal desmedida estatura, que se levantaba su cabeza en los congresos populares sobre las demás cabezas, como diz que se levantaban las cabezas de los cimbrios en los campos pútridos sobre los legionarios y los trofeos romanos. Por sus luengas barbas parecía la imagen del patriarcado bíblico, y por sus pequeñuelos ojos, los mongoles de aquellos, conocidos con los nombres de Atila y Tamerlán, que llevaban los hunos y los tártaros al asalto de Occidente. Y si, por lo alto y majestuosísimo era un patriarca, por lo nervioso y susceptible un esclavón. Cuando su mirada despedía relámpagos de cólera, sus labios dibujaban sonrisas de desdén, ignorando uno, al verlo, si aborrecía menos que despreciaba en lo interior de su espíritu a la mísera humanidad; y si en el anarquista se hallaba un déspota, en el ateo un Papa. Como nadie imponía los caprichos propios con la fuerza que este hombre, nadie las ideas con su autoridad. Seguíale numerosísima turba de hipnotizados, a quienes fascinaba como la serpiente al pajarillo y como el magnetizador a la serpiente. No quería oír hablar de familia, disolvíala en el municipio; ni de gobierno, disolvíalo en la sociedad; ni de Dios, disolvíalo en la Naturaleza; el mundo se trocaba en anónima compañía mercantil a sus ojos; la ley en relación lógica y natural entre los intereses; el Estado en mera gerencia; la propiedad en comunismo entre voluntario y forzoso; la religión y la metafísica en hondas enfermedades congénitas a la debilidad irremediable del espíritu de nuestros contemporáneos: había, pues, que destruir todo eso. Y para destruirlo, no se contentaba con el error teórico y abstracto; quería, como un Genserico, apelar al hierro y al fuego. El horrible látigo de la tiranía se le metió en los huesos y era tirano. El esbirro, que lo celaba tanto tiempo, le hizo a él también esbirro. Habíase contagiado en el contacto de la guerra con los czares, y absorbiendo el despotismo por sus combates continuos con él, metía a sus partidarios en cintura, hasta la disciplina ejemplar y la organización de un ejército. Experimentaba horror tal a todo progreso pacífico y ordenado, que no le perdonó al zar

Alejandro II la emancipación de los siervos y estuvo metido en todas las conjuraciones encaminadas a matarlo; no le perdonó al pueblo francés la república del 70 e hizo lo posible para destruirla en los escandalosos motines de Lyon y en la comunidad revolucionaria de París; no le perdonó a España su gloriosa transformación de septiembre y alentó los cantones con todas sus fuerzas y mandó a Cartagena sus legionarios anarquistas; no le perdonó a Italia su independencia y aún laten los rastros de sus conjuras en los horrores de Sicilia; no le perdonó al continente nuestro su libertad, y todos los criminales que cometen un crimen a nombre de la terrible anarquía, son espectros y reapariciones de su alma, cual todos los explosivos que revientan y estallan bajo nuestras plantas, están cargados de sus protervas ideas.

XII

La teoría del anarquismo es obra de Proudhon, y el apostolado y el ejército de esa teoría es obra de Bakunin. A las sectas rusas, y solamente a las sectas rusas, debemos ese regalo. Y no podía por menos que despedir tales miasmas una semejante mancha de ponzoñoso despotismo en Europa. Por mucha bondad que le reconozcamos al zar Alejandro III, y yo la reconozco, no puede desconocerse que dirige un pueblo conquistador opuesto del todo a los pueblos industriales. Los pueblos conquistadores, huelgan; los pueblos industriales, trabajan. Los pueblos conquistadores, gastan; los pueblos industriales, ahorran. Los pueblos conquistadores, destruyen; los pueblos industriales, crean. Comparad las especies industriales con las especies carniceras; comparad leones y tigres con abejas y hormigas y mariposas. Mientras el león y el tigre parecen hermosísimos, aquél con su guedeja de oro, y éste con sus manchas pintadísimas, apenas parecen perceptibles el bombix y la abeja; sin embargo, el león, el tigre, la hiena, el águila, solo sirven para combatir, mientras el insecto imperceptible os da la seda que os orna, la miel que os regala y la cera que os ilumina y esclarece. Para comprender mejor esta verdad, no hay como comparar los dos extremos de la civilización cristiana. En el Norte de nuestro continente los paneslavos y en el Norte de América los anglo-sajones. Pues bien; los Estados Unidos arrancan el rayo de las alturas celestes y lo transmiten a la mano del hombre para demostrar su dominio sobre la Naturaleza; presienten y adivinan el genio de Watt, ignorado así por Inglaterra como por

Napoleón, y traen la caldera de vapor que ha trastornado la industria; con la feliz audacia del inventor Evens ponen la primera locomotora en pie; con la mano de Morse tienden el cable y el telégrafo; con la luz del revelador Edison disipan las tinieblas; mientras los paneslavos acechan Germania por Varsovia, Viena por Galitzia, las dos Bulgarias por Besarabia, Constantinopla por Crimea, por Armenia los valles del Jordán, por los valles del Jordán Egipto, por el Turquestán y el Afganistán, por la Bactriana, donde Alejandro celebró sus bodas y Semíramis tuvo sus ensueños, por la Tartaria el desagüe de ríos, como el Éufrates, en los golfos pérsicos, y el Ganges, en los mares índicos, soñando así tener bajo sus pies Alejandría, Bizancio, Cachemira, Jerusalén, aunque para tenerlas, necesiten declarar al universo la guerra y valerse de la conquista universal.

Pues bien; el imperio, que por un lado nos detiene y para en el estado de guerra perdurable, por otro lado nos envía el anarquismo, negrísima telaraña de sus cavernas, y nos suelta los anarquistas, aves nocturnas de sus sombras. ¿Dónde se cuenta el número de creencias inverosímiles y de sectarios endiablados que hay en Rusia? Los gnósticos, los trémulos, aquellos que se despojan de su sexo por mutilaciones voluntarias, aquellos otros casi magos que adoran al demonio, los que piden a voces la muerte y desean la nada patentizan cómo la parálisis del raciocinio y del pensamiento genera visiones inverosímiles y fantasías absurdas. Así, no debe maravillarnos que haya crecido entre sus sectas una secta enemiga de toda verdad, de toda estética y de todo bien. En semejantes sectas, los poetas nihilistas proclaman preferible un mal queso a un buen libro. En ellas se califica de trapero chocho a Macaulay, aconsejando el triste olvido de la historia y el amancebamiento con la sensualidad. En ellas se muestra como un despojo codiciable al proletariado el Occidente. En ellas se torna por el delirio en favor de la novedad al convento antiguo y se convierten los sectarios en comunidades ambulantes. En ellas las mujeres exceden a los hombres en furor y se arman del puñal de Carlota Corday. En ellas se hace saltar el comedor imperial y se despedaza al emperador que había emancipado los siervos. En ellas el primer escritor moscovita contemporáneo llega delirante a presentarnos como el Cristianismo verdadero una sociedad sin gobierno coercitivo ninguno, sin leyes positivas, sin tribunales, sin medios de perseguir al criminal que no merece pena sino piedad, como si el anarquismo se respirara por todos en los aires. Yo creo al ruso fundamentalmente bueno, lo creo idealista, lo creo humanitario, lo creo caritativo, lo creo religioso y moral; pero creo también que un Estado arbitrario y despótico, aunque personifique y ejerza ese despotismo un zar de la bondad inagotable y de la clarísima inteligencia que distinguen al zar Alejandro, amigo de la paz y del pueblo, contra la voluntad y el propósito de todos, se torna en cenagal, que despide las sombras del error sobre los entendimientos y sobre las voluntades los miasmas del mal. Yo no hago a Rusia y a los rusos, no hago a los Czares y a sus ministros responsables de lo que allí pasa; imputo el origen de todo a un despotismo, que acaso resulte fatal en la evolución de aquella sociedad, pero que a todas luces también resulta perverso y corruptor. El ha engendrado ese Apocalipsis que anarquismo se llama y esos exterminadores que se llaman anarquistas. En tiempo de Nerón surgió también un Apocalipsis, como resultado y consecuencia natural de la tiranía neroniana. Para el nihilismo los rusos podrán y deberán renovar el ministerio designado en los Apocalipsis judío y cristiano a los ángeles exterminadores de la proterva Roma y de la inmunda Babilonia. Aunque nuestros tiempos no son tiempo de visiones místicas; aunque ninguno de estos renovadores contemporáneos habla desde Patmos ni ve los siete candeleros de oro; el varón envuelto en blanca túnica, semejante a la nieve, de ojos semejantes al fuego, llevando en las manos guirnaldas de estrellas; los troncos, a cuyas plantas brilla un océano de cristal y en cuyas cimas un arco iris de mil varios matices; los ángeles que retenían a los cuatro puntos cardinales el respiradero de los vientos; y las maldiciones que, mezcladas con el estridor de la trompeta del juicio y las ráfagas del huracán universal, caían, como lluvia de fuego, sobre la impura Babilonia, sobre aquella ciudad que, corrompida y corruptora, abrevó al mundo en la copa de sus orgías, y lo envenenó con el viejo vino de sus vicios; aunque no veían este grande Apocalipsis religioso, veían verdadero Apocalipsis social. Y he ahí el origen y la explicación de todo cuanto nos pasa con el anarquismo y los anarquistas. Así, creyendo yo todo esto consecuencia natural del despotismo, y a todos éstos generación legítima del despotismo también, ¡ah! los creo incapacitados de vivir en el medio ambiente nuestro, inadaptables a nuestra luminosa libertad, incompatibles con la democracia progresiva, y por lo mismo no quiero que un cobarde pánico nos despoje de aquello que ha de concluir con la utopía y con los utopistas, de nuestros sacratísimos derechos. Nada de terror y nada de reacción; jamás tan ineludible y necesaria como ahora la santa libertad.

13. Abril 1895
Política interior. La dimisión del ministerio Sagasta. Dificultades que halla todo gobierno en las continuas renovaciones del Parlamento. El poder ministerial en nuestras reacciones y el poder legislativo en nuestra revolución última. Necesidad imprescindible de tener gobiernos y Parlamentos largos en España. Temores a caer en la situación de Portugal. El partido republicano progresista. Incompatibilidad entre los sendos métodos que adopta para su proceder y su conducta. Conflicto de Alemania. Condiciones del César germánico. Factores componentes del Reichstag. Protestas contra la glorificación de Bismarck. Homenajes. Guillermo II ante su ex Canciller. Banquete de los bohemios contra la religión en París. Reflexiones. Conclusión

I

Omisión imperdonable, si tratamos de historiar lo sucedido a nuestra vista y en los días corrientes, callarse sobre caso tan grave, como la crisis que trueca la política nuestra de radical en conservadora. Pero si no puedo callar la crisis, puedo callar los comentarios. No diré ni la idea más mínima, por cuyos asomos se presuma el sentir y pensar míos acerca de todo cuanto pasa. Cada día más recluido en mi hogar, y más apartado de la política militante por ende, quédanme aún restos de empeños varios en la lucha y reverberaciones de varios recuerdos en el horizonte, para que desempeñe la crítica de los hechos con el sereno criterio de un juez imparcial. Historio y no juzgo. A mediados de marzo creyeron varios subalternos de la guarnición que debían tomarse la justicia por su mano en el castigo de artículos publicados por la prensa respecto de sus procederes; y creyeron las gentes que la justicia no se toma por los ciudadanos a capricho, y menos por los ciudadanos en armas, sino que se da por los tribunales en derecho. Y como lo creyeron las gentes, pensaron procedería el gobierno como ellas imaginaban; y el gobierno pensó tan solo, tentados algunos medios de defensa o sin siquiera tentarlos, en presentar una dimisión, acaso justificada y oportuna después de los esfuerzos naturales para defenderse, mas importuna e injustificable a la hora misma del no conjurado conflicto. Presentada esta dimisión, arbitráronse mil expedientes en busca de reemplazo a los dimisionarios. Unos propusieron la entrega del poder a los elementos militares y la huelga de los hombres civiles; otros interino ministerio de negocios gobernado por uno de los dos estadistas que presiden las Cámaras; éstos una situación liberal mandada por Martínez Campos; aquéllos una coalición de todos los partidos gobernantes por el mismo Martínez Campos presidida; los más un paso de espera con la vuelta de Sagasta y la continuación del ministerio, un tanto rehecho; los menos la entrega del poder a los conservadores. Tal copia de pareceres no revelaba otra cosa sino la inopia de soluciones aceptables. Y no se podían buscar soluciones, cuando faltaban del problema datos. ¿Qué había pasado aquí? ¿La guarnición estaba o no en armas moralmente? Nadie lo creía. El acto de presentar su renuncia un general y reemplazarlo en la cabeza de nuestra guarnición otro, para muchos no tenía ningún otro particular objeto sino conjurar una dificultad del momento. Si la guarnición estaba sublevada, cual dicen por ahí, nadie sabe cómo y cuándo se sometió; y si estuvo sometida siempre, nadie sabe por qué presentó su renuncia el ministerio a un asomo sencillo y a un amago más o menos verdadero de sublevación, engendrada en rumores populares y no en la realidad y en la vida. Pero presentó su dimisión total sin motivo y no había que aguardar un reemplazo en razón. Casualmente ni se podía formar un ministerio Martínez Campos; ni se podía formar un ministerio de negocios y de componendas. El primero es necesario en Cuba y lo segundo no debe intentarse por ahora. Lo único que cabe, dentro de la organización actual, nacida del establecimiento de un régimen democrático, es, o bien un ministerio conservador, o bien un ministerio progresivo. Y el ministerio progresivo pudo caer antes o pudo caer después de lo que ha caído sin daño. Mientras, al caer en la hora de votarse los presupuestos, sin estar legalizada la situación económica, ni haber conseguido del Parlamento el gobierno la indispensable autorización para cobrar las contribuciones, cae, no solo en daño de su partido, en daño del país. Estudiando las causas del desconcierto, que descompuso una monarquía tan fuerte como la monarquía de doña Isabel II, salta, entre las principales, el sinnúmero de presidentes, que debilitaron el poder ministerial e hicieron fuesen los asuntos del gobierno manga por hombro. Estudiando las causas del desconcierto, que descompuso una Revolución por sí tan fecunda como la Revolución de septiembre, salta, entre las principales, el número de Cortes, que debilitaron el poder legislativo, e hicieron fueran los asuntos del Estado manga por hombro. Abriríanseme a mí las carnes, de llevar esta responsabilidad inmensa del poder, si a cada dos años hubiera de convocar unas Cortes, y abrir un período electoral en que toda fácil administración se suspende, y constituir un Congreso nuevo con las interminables discusiones de actas, y leer un mensaje y contestarlo, sin que ande la máquina con regularidad, cuando, apenas montada, empiezan ya los ingenieros, sus remontantes, con los maquinistas, sus manipuladores, a desmontarla. En Inglaterra y Francia, donde las elecciones no tienen tantas dificultades como entre nosotros, y los Parlamentos no malgastan en su constitución el tiempo que malgastamos en España, jamás hay elecciones, sino a la hora fija en que los códigos fundamentales suelen señalarlas, sin esta triste anticipación, que todo buen intento frustra y todo alto poder debilita en movilidad vertiginosa. Cuando mi amigo el señor Cánovas se partió de la pública gobernación, porque dice le habían llamado insoportable, roguéle yo por medio de amigos comunes que no se fuera, sino después de terminado el plazo legal de las Cortes; ahora hele rogado al señor Sagasta directamente y de palabra en las visitas de obligación a los gobernantes del país en sus trances de amargura que no se fuese, por lo menos hasta después de legalizada la situación económica; ni uno ni otro me oyeron; ambos se dejaron el poder antes de tiempo: que Dios no se los tome, no, en cuenta. Ya tenemos democracia y libertad más o menos maltrechas. ¿Cuándo tendremos gobierno? Pocas esperanzas abriga uno en vista de nuestras desgracias. En primer lugar, la guerra de Cuba quebranta mucho nuestra reconstitución económica. En segundo lugar, el disentimiento entre los dos grupos del partido conservador quebranta mucho a éste para la gobernación pública. En tercer lugar, cualquier desavenencia entre una mayoría liberal y un ministerio conservador, podría de suyo abrir el período por que han entrado en Portugal, el período de legislar sin Cámaras, que, por la complexión particular de nuestros hermanos, allí no tiene los peligros posibles para todo y para todos que aquí en España. Hagamos votos por que la situación en paz se resuelva, y acabado pronto lo de Cuba, nos consagremos a continuar mejorando nuestro estado económico.

II

Pero, con esto y con todo, permitid que lamente la rápida descomposición de congresos y gobiernos. Si únicamente se disolvieran los congresos y los gobiernos, vaya en gracia, mientras quedaran los moldes en que los gobiernos y los congresos se forjan, mientras quedaran los partidos. Pero también se acaban los partidos. Líbreme Dios de referir cómo ha entrado el partido conservador y cómo se va el partido liberal: no quiero echar al fuego ni un hacecito de leña. Mas, aun los partidos que representan la historia y los partidos que representan la renovación, esos en quienes predominan las ideas sobre los intereses, ¡oh! se descomponen a su vez y para siempre. Nos lo ha mostrado ayer el partido carlista en su acta de Azpeitia; nos lo muestra hoy el partido republicano en su asamblea de reorganización. Todo el debate ha versado sobre un problema, que yo presenté al jefe de los radicales, el día de mi partida desde París a Madrid, para tomar asiento en el primer Congreso de la Restauración, todo el debate ha versado sobre los procedimientos a seguir y no sobre las ideas a proclamar. Y en verdad se ha hecho perfectamente, prefiriendo el método al sistema, porque de un proceder sale conservador programa y del proceder opuesto programa radical. He dicho siempre que las especies trabajadoras tienen por el principio de las finalidades naturaleza y organismo de industriosas, mientras las especies combatientes naturaleza y organismo de combate. Mirad la hormiga y el tigre. Así como no cabe duda de que la educación, apropiada de suyo al ministerio que deben desempeñar y al fin que deben cumplir las especies, modifica mucho éstas, como el cultivo de las plantas, haciendo del pacífico buey un toro bravo, no cabe duda tampoco de que los partidos se modifican al cuidado puesto en dirigirlos por sus jefes y se apropian en su organización a la finalidad capital para que son criados. Si tenéis que hacer pronunciamiento y revolución, inútil todo lo que hagáis por estar en la legalidad. Necesitaréis para constituir un partido de revolución, revolucionarios cuando son demócratas; y para constituir un partido de guerra civil, guerrilleros cuando son carlistas; pero un partido de ciudadanos deberá someterse a las leyes y no destruirlas; trabajar por el mejor derecho ideal dentro del viejo derecho constituido hasta trocar la barricada por la tribuna y el fusil por el periódico. Así lo hicimos nosotros durante aquellos días en que, perdida toda esperanza de llevar los partidos liberales al gobierno y la libertad al Estado, pusímonos a conspirar con ánimo resuelto de traer una revolución; así lo hicimos, y nos dejamos de comicios y de Cámaras, apercibiendo en las sombras los explosivos necesarios para hacer saltar el trono de doña Isabel II, con las ideas necesarias para poner en reemplazo de los principios retrógrados el dogma de la soberanía nacional y el gobierno de la democracia progresiva. Mas luego, cuando una república generada por la legalidad fue destruida por la revolución, extirpamos de nosotros cuanto pudiera oler a revolucionario, y quemamos los viejos libros de caballería, proponiéndonos organizar un partido de legalidad, consagrado a restaurar en las leyes y en el Parlamento lo sustancial de la democracia: empeño, para cuyo logro bastaba con desglosar del método las violencias y las utopías en el objeto de nuestros esfuerzos y en el programa de nuestros principios. Cuando debíamos hacer una revolución inmediata, nos organizamos en legión revolucionaria; y cuando teníamos que hacer una legalidad democrática, nos organizamos en partido legal. Pero los republicanos progresistas, después de mil dimes y diretes, hanse organizado en revolucionarios y legales al mismo tiempo, como si el propósito de la revolución inmediata no anulara el propósito de la inmanente legalidad, y el propósito de la inmanente legalidad no anulara el propósito de la inmediata revolución. Aunque no tuviera otro defecto lo acordado, tendría el insuperable de que los revolucionarios, metidos dentro de la legalidad, perturban esta sin objeto y sin esperanza por fingir que hacen algo; y los legales, metidos dentro de la revolución, acaban por detenerla, cuando no impedirla siempre y por declararse dolorosamente sorprendidos, si va de veras la cosa y estalla una explosión imponente, como las dos célebres habidas en los últimos lustros. Si todos los republicanos hubieran estado a favor de la revolución, seguramente no marraran con la facilidad que han marrado los esfuerzos revolucionarios hechos por la república tantas veces. Y si todos hubieran estado dentro de la legalidad, como nosotros los posibilistas, reformas, en cuya consecución se han tardado veinte años, hubiéranse cumplido los cinco, siendo la organización del partido liberal más robusta y más largos los períodos de su gobierno, porque la democracia, unida y pacificada, turnando con los conservadores en el poder, hubiese llevado a los liberales el agente mayor de vida pública, una sana y verdadera popularidad. Quien a dos liebres dispara un solo tiro, no caza ninguna. Y si esto le ha pasado a la revolución, que ha sido desdichadísima, por no reunir bastantes factores en la multiplicación de sus fuerzas; y a la evolución, quien, más feliz y más acertada, no ha sido, sin embargo, todo lo pronta y todo lo eficaz que debiera, ¿cuál será hoy la suerte del partido progresista, descabezado por dimisión de su jefe, y llevando dentro de sí, con ideas contradictorias, procedimientos inconciliables? En vano trata de vivir: la muerte le persigue y acosa en todas partes, y no la muerte violenta producida por golpes asestados desde afuera, la muerte por descomposición interior irremediable. Y le pasa esto, porque la Naturaleza, implacable de suyo en eliminar todo aquello que no sirve a sus fines, destroza los organismos, destruyendo el medio ambiente, dentro de cuyo seno debían vivir y nutrirse, tras la cual destrucción jamás vuelven a reaparecer en la sociedad, como no reaparecen nunca en la tierra los animales extintos, petrificados en las zonas predecesoras del período en que apareció nuestra especie racional y humana. Estarán todo lo amenazadas que quiera el pesimismo nuestras libertades; pero no hay medio de negar su existencia, y menos de creerlas tan poco eficaces, que no destruyan ellas con sus efluvios de racional y justo derecho las violencias y las guerras connaturales y consiguientes a toda revolución. Existen partidos revolucionarios; no existe pueblo revolucionario en ciudad ninguna de nuestra patria, donde pululaban en tanto número, cuando era moza la generación que trajo los principios democráticos a nuestra sociedad y los encarnó en nuestra vida. Si pudiéramos tener la duda menor a este respecto, bastaría para desvanecerla el espectáculo de los últimos días, en que, faltos de gobierno, y creyendo todos con engaño hallarse bajo una sublevación militar, no se ha lanzado por el pueblo un grito popular. Descanse en paz el partido progresista.

III

Mas demos de mano a los asuntos propios y convirtámonos a los asuntos extraños. El escándalo de los escándalos en la semana corriente ha sido la negativa del Reichstag a enviar un voto de gracias al canciller en el octogésimo año de su avanzada edad. Habíalo propuesto el emperador, y cuando el emperador propone algo, aun a poderes muy vecinos del suyo, no les queda otro remedio sino escuchar la proposición, cual si fuera un verdadero mensaje de lo alto, y aceptarla sin pestañear, haciendo de las tripas corazón en los valles profundos de la obediencia. Pero es el caso que, como no tenga la perseverancia entre los dones enviados por el Espíritu Santo a Guillermo II, precisa detenerse y pararse un poco al cumplir cualquier dictado de aquella voluntad superior para ver si esos alardes que los dictan, o son de luz propia, brillando en alguna continuidad, o son relampagueos de los que cruzan por una frente olímpica y caen luego en los abismos de una perpetua oscuridad, como si jamás hubieran culebreado por ninguna parte. Predicador teológico unas veces, disertante de materia histórica otras, músico de himnos análogos a los compuestos para las fiestas olímpicas en Grecia, caballero de la Orden Teutónica resucitando los tiempos católicos y feudales como cualquiera de los héroes evocados por Wagner en sus óperas, economista de la protección y del cambio libre alternados; ya en lo alto de las montañas como el mismísimo fray Martín de la Watzburgo cuando le tiraba el tintero a Satanás en la cabeza y traducía el Evangelio a lengua vulgar; navegante y colonizador como aquellos hijos lusitanos de la célebre Lancaster, que iban desde las bocas del Tajo a los mares de la Escandinavia y del Congo; jinete y piloto y orador y poeta, le caen tantos oficios en lote y le pasan tantos conceptos por el cacumen, que no sabe con él uno a qué palo quedarse, y entre tamaño número de pensamientos cuál queda y se fija en su perplejísimo cerebro. No hace mucho tronaba contra los rurales y por el cambio libre con ánimo de captarse la benevolencia rusa; y hace poco se acaba de volver a los rurales nuevamente y a sus protecciones y a sus monopolios, importándole un ardite Rusia, mientras se muestra en otro cambio brusco ahora desligado por última vez de semejantes veleidades y vuelto a un compás de tranquila espera en equilibrio, poco durable a la verdad, entre los centenos germánicos y los centenos moscovitas. Pues en materia de personas acaécele algo parecido a lo que le acaece a su vez en materia de ideas. Nadie adoró al canciller Bismarck como le adorara él en la triste travesía desde la muerte de Guillermo I, su abuelo, a la muerte de Federico III, su padre. Atormentaba el ministro al moribundo y adulaba el hijo al atormentador del mártir en las ansias de su muerte, llegando al extremo de asegurar que aquél tenía en sus manos la bandera del Imperio, cosa privativa de los emperadores. Diríasele, al verlo en tal idolatría, pronto a cederle de verdad una diadema, casi honoraria tan solo en sus ungidas sienes de César. Y a los pocos meses del entusiasta obsequio, arroja del gobierno, como un criado, a quien había puesto en el santuario, como un Dios. Y en cuanto nombró a Caprivi, segundo canciller del Imperio alemán, la despedida del primero no se redujo a mera desgracia, trajo aparejada una horrible persecución. El recuerdo de aquel viaje de Bismarck desde su destierro a Viena, con motivo del casamiento de su Herberto, viaje horroroso, en que dio el César la orden de tratar al fundador del Imperio como un enemigo del Imperio, no puede haberse borrado de su ánimo, grande, grandísimo en sus ideas y en sus empresas, pero también grandemente vengativo y rencoroso en sus odios. Mas la decoración ha cambiado. Guillermo, a guisa de Dios, ofrece nueva metamorfosis en sus cambios continuos. Como de librecambista se ha pasado a proteccionista, y demantenedor del muy liberal Caprivi a mantenedor del muy reaccionario Hohenloe también asaltado, como un acceso de fiebre cuartana, la pasión por Bismarck. Un día, de súbito, le sobrecogieron remordimientos por todo lo hecho con el grande hombre; y temeroso del juicio que pudiera formar la posteridad de su agradecimiento, le mandó un barril de vino viejo, para que lo apurara en su honor, y una copa de alianza donde escanciarlo y bebérselo. Hízole después una visita en su casa de campo, habiéndole ofrecido todos los sitios imperiales de su pertenencia, para que pudiese pasar con calma los últimos días de su vida; y como no aceptase la hospitalidad larga de años, obligóle a sufrir la hospitalidad pasajera de algunos días bajo los techos del cesáreo palacio. Y ahora se había empeñado en que la grande Asamblea de Alemania, llamada Reichstag, le diese un voto de gracias al ex Canciller parecido a los votos de gracias que le habían mandado sus augustos labios, después de inferirle tantas ofensas y condenarle a una irreparable desgracia. Mas el Reichstag, como producto de la unidad germánica, guarda mucha gente poco favorable al Canciller, y como producto del sufragio universal no entiende cosa en achaque de zalameos y adulaciones a quien tiene todas las desgracias, pero, entre todas, la menos aceptable a los cuerpos deliberantes, la grandeza de un conquistador y de un déspota. Los parlamentarios, acosados por las burlas un tanto pesadas del viejo Canciller; los progresistas, desdeñados siempre, aunque sus ideas constituían el alma de la unidad germánica; los poloneses, a quienes se les recordaba sin tregua ni descanso la desmembración de su patria y la eternidad de su esclavitud; los federales y separatistas, hechos a vivir en sus estrechas viviendas y estadillos e incapacitados de comprender el nuevo Imperio alemán, bien diverso del viejo y derribado en Sadowa; tanto católico de todas las regiones alemanas, malheridos en sus creencias por las bárbaras leyes de mayo parecidas a los rescriptos de Diocleciano contra los discípulos del primitivo Cristianismo; los socialistas despedidos del derecho y acosados como facciosos, no podían pasar por la triste apoteosis del opresor, y convinieron en decir que si la obra del Canciller se distinguía mucho, resaltaban entre todas sus distinciones las capitales de opresiva y violenta. Con efecto, no se distinguía el pensamiento de Bismarck, cual no se distinguía el pensamiento de Cavour por una grande originalidad, habiéndolos alcanzado en inspiraciones divinas y formulándolos en palabras fulgurantes y ungídolos con fecunda sangre de mártires aquellos profetas del revolucionario año 48, cuyas almas se parecían a las angélicas y creadoras que iban sembrando soles en el éter increado los primeros días de la creación; pues templos de ideales fueron aquellas asambleas, aparecidas y desaparecidas en un minuto, para dejar tras sí estelas, de cuyas fosforescencias se han formado cien mundos. Pero Cavour tomó la idea del pensamiento revolucionario, y supo conservarla para la libertad, mientras la tomó Bismarck del mismo pensamiento, y solo supo en homenaje y holocausto ofrecerla, inconsecuente y falaz, al despotismo.

IV

En el conflicto alemán se ha comprobado mi vieja tesis acerca del Canciller: gran ministro de política exterior, pésimo ministro de política interior. En lo exterior ha contenido al imperio moscovita sin detener la descomposición del turco; ha destronado al Mediodía el Imperio de los Hapsburgos; ha demolido el Imperio de los Bonapartes al Occidente; ha coronado la obra de Italia impeliéndola en sus triunfos a ceñirse la diadema de su independencia en la Ciudad Eterna; ha dispuesto a su grado del viejo continente. Mas, en la política interior, unos Estados segundos, cada día más divididos del Estado central, sin coordinaciones verdaderas entre todos ellos y sin sumisión al emperador, obedecido con resistencias bien manifiestas como en los tiempos feudales; un insolente patriciado agrario, sin títulos al poder, y pidiéndolo siempre, desde petrificada e inverosímil Asamblea, que llega, en sus desvaríos reaccionarios, a proponer el estanco de los cereales; un partido conservador, compuesto, más bien de cortesanos apercibidos a votar cuanto quiera el César, que de políticos; unos presupuestos militares, crecidos y gravosos, bajo cuya pesadumbre la industria cae aplastada y el trabajo padece de perdurable anemia; unas fracciones religiosas de carácter ortodoxo católico, dispuestas a sumarse con todos cuantos abriguen afectos de rebeldía en su pecho, si quier sean revolucionarios, con tal de prosperar sus comunidades; otros grupos de carácter pesimista, en cuyo seno entran desde los poloneses hasta los alsacianos, quienes disculpan cuanto hacen de perturbador con la suprema y atractiva razón de su patriotismo; un movimiento antisemita, indigno de la raza que cree haber emancipado la conciencia humana con su revolución religiosa; el partido socialista más formidable de Europa entera demuestran a una cuán funesto ha sido que la gloria de tres conquistadores, como Guillermo, Bismarck y Moltke, se haya sobrepuesto al derecho y a la libertad de todos. Así, habremos de comprender y explicar la insistencia puesta por hombres del temple de Richter y del saber de Wirchou a reconocer los servicios prestados al oprimido por el opresor, cuya fuerza crece sin medida y cuya soberbia se insolenta con escándalo, siempre que ve algún reconocimiento en los opresos, más o menos voluntario, de su grandeza y de su gloria. No hay, habrán dicho los progresistas de la Cámara opuestos al voto de gracias, cosa ninguna que valga donde faltan el derecho y la libertad, como no hay habitable tierra sin aire y sin luz. Nosotros tenemos un ejemplo de esto en la Historia patria. No existieron jamás en todos los anales germánicos cuatro figuras comparables a las figuras de los reyes Católicos, de Carlos V, de Felipe II. Y, sin embargo, a los primeros no les hemos perdonado que fundaran la Inquisición y expulsasen los judíos, como no les hemos perdonado a los últimos que mataran en Villalar los municipios de Castilla y en Zaragoza las Cortes de Aragón, sin dejar de reconocer por ello su gloria y su grandeza. Los que siempre anteponemos la libertad a la fuerza, estamos en espíritu con todos cuantos han votado contra que una Cámara, como el Parlamento alemán, se arrojase a los pies de un vencedor como Bismarck, contrario a las instituciones parlamentarias, de cuyos acuerdos prescindió al preparar Sadowa, y en cuyo seno entró con botas, látigo y espuelas después de Sedán. Imposible pedirle a una colectividad que se despoje de su espíritu colectivo. Imposible pedirle que aclame a quien la ofende y la niega. El Parlamento alemán podía dejar a los demás factores públicos, al emperador, al ejército, a los cuerpos colegisladores prusianos, que aclamaran y enaltecieran a Bismarck, pues les dio, ya una corona imperial, arrancada de la dinastía ilustre, a quien la entregó el poder y la gloria de Carlos V; ya un reguero de triunfos, que se dilata desde los campos bohemios a los turenos campos; ya el predominio absoluto de la Prusia protestante y boreal sobre los Estados meridionales y católicos; ya la hegemonía diplomática en Europa; mas no podía prestar él homenaje ninguno al Dictador, que, si le ha dado vida, se la dio para oprimirlo y humillarlo. Quien dice que Bismarck regaló a los alemanes el sufragio universal, desbarra, como quien dijera que les había dado la tierra de que se nutren sus fibras o la atmósfera en que respiran sus pulmones: el mundo europeo es una democracia contra Bismarck, sobre Bismarck, y la democracia tiene por carácter primero el sufragio universal.

V

Sabíase ya que aguardaban emperador y Canciller el día 23 para presentar la proposición del voto de gracias en el Reichstag. Teníanle, magüer su omnipotencia, un miedo a éste de todos los demonios. Así hubo ensayo previo, para que no saliese la terrible sesión, por poco apercibida, mal representada. La hora reglamentaria de abrir las sesiones en el Parlamento alemán es la una. Como a esa hora no podían estar presentes los diputados del Reichstag adscritos también a la Dieta prusiana, todos favorables al voto de las apoteosis, propuso el presidente alterar la hora y abrir en punto de las dos el 23. No un socialista, un redomado conservador, levantóse airadísimo a decir que por nada, ni por nadie, debían los diputados alterar la hora decretada de antiguo para reabrir sus sesiones. Y el Parlamento votó por la proposición del diputado y contra la proposición del presidente. Acuerdo tamaño decidía ya de la cuestión. Era cosa decretada la negativa del voto de gracias al mayor hombre que ha tenido Alemania y que tendrá, según frase de sus admiradores. El presidente Levetzow, presenta la proposición de manera modesta, pidiendo a la Cámara que le autorizase a ofrecer sus felicitaciones al alemán mayor de toda Alemania el día 1.º de abril, en que cumple ochenta años. Un jefe de los católicos abre la marcha del bando contrario a lo propuesto, con la remembranza del código dioclecianesco de mayo en el rostro; sigue al jefe del centro un jefe de la izquierda democrática, diciendo cómo los mantenedores del derecho de todos a la soberanía nacional no pueden felicitar a quien vincula esta soberanía en uno solo; sigue al demócrata un socialista, evocando, para justificación de su voto negativo, las persecuciones que han martirizado a los suyos, faltos de las más rudimentarias libertades, suprimidas por el férreo canciller; tras los socialistas vienen los poloneses, y muestran el cadáver de Polonia como los patricios romanos el cadáver de Lucrecia y los plebeyos el cadáver de Virginia; en medio todo esto, de vociferaciones y de clamores en los desairados, cuyo estruendo aumenta el escándalo de una votación, opuesta con sereno y reflexivo juicio de todos a las voluntariedades arbitrarias del joven emperador y a la soberbia despótica del depuesto Canciller. Ciento sesenta y tres votos contra ciento cuarenta y seis rechazaron la proposición. Imposible pintar cómo tomaron el voto quienes lo habían preparado con tan grande antelación y pedídolo con tan repetidas instancias. El emperador dirigió al ex Canciller un telegrama fulminante de quejas contra el Reichstag, quien al cabo no había sido con el grande hombre tan ingrato como él, y habló de despedir una Cámara capaz de tan increíble desacato, como años hace despidiera él a su primer ministro sin acatamiento ninguno. El presidente y el vicepresidente del Reichstag presentaron sus respectivas dimisiones, aun a riesgo de que los reemplazasen y sucediesen dos comunistas. Las compensaciones al desaire se arreglaron luego del modo mejor posible. Casi todos los que votaron en pro de las felicitaciones; una parte considerable de los señores feudales que parecen embotellados en sus redomas desde los siglos anteriores a la guerra y levantamiento de los labriegos, según el ceño feudal que muestran poco disimulado so el ala de un sombrero inglés y parlamentario; el Parlamento prusiano todo entero, con excepción de los enfermos accidentales y de los enfermos crónicos, acudieron en son de protesta y aclamaron al glorioso anciano, a la puerta de aquel retiro, por pinos y malezas rodeado, que le dan sombríos aires de panteón apercibido a contener un gran muerto. Como cumple a un verdadero conquistador, vestido, no con el traje civil que llevarían Gladstone y Cavour y Crispi, de uniforme militar, el casco y el sable de rúbrica; muy fuerte su cuerpo y robusto, aunque no muy erguido, pues la edad le pesa un poco sobre las espaldas, encorvándolas, Bismarck pronuncia con voz temblorosa por la emoción que lo embarga, un discurso en recuerdo de los grandes muertos, en homenaje al victorioso ejército, en acción de gracias al emperador, sin dirigir más que velada, y débil alusión al Reichstag, pero mostrando el dolor incurable de la herida que le abrieron al bajarlo de un pedestal, si combatido y zozobrante, superior a los varios altares erigidos ahora en su honra y gloria por el mismo autor de su inmerecida desgracia, reo, más que ningún otro animal, de irreparable ingratitud al fundador de la Germania moderna. Los remordimientos más acerbos deben taladrarle las sienes a este respecto; pues, no bastando al César la expedición de trenes parlamentarios y especiales, hase ido en persona, montado sobre su mejor trotón de combate; ciñendo todas las armas propias de un general y llevando todas sus insignias como un Dios; a presentarle al Canciller en su cumpleaños una espada hecha toda de oro y resplandeciente como un rayo del cielo. Con este motivo ha pronunciado un discurso muy semejante al aria que el héroe canta en la tetralogía de Wagner, cuando forja por las sinuosidades del monte, y entre las selvas, sobre una mole de hierro y bajo una fragua de titanes, la espada maravillosa que había de servir luego para inmolar las víctimas a los dioses guerreros y darle paso a las cruentas victorias. El orador imperial no ha tenido que morderse la lengua para decir cómo la espada era el blasón de su Imperio. Pues yo antepongo un imperio teniendo por blasón el hierro destinado al cultivo a un imperio teniendo por blasón el hierro destinado a la matanza. Prefiero Prometeo con su vivificadora luz en la mano a Thor con sus demoledores martillos. El joven César ha disertado mucho sobre lo que Bismarck es como soldado; y Bismarck ha insistir en lo que se cree como gobernante y diplomático, sin duda para echarse del hombro lo ridículo de aquellos cesáreos alardes, cuyas sacudidas le arrojan de la Cancillería sin motivo, para luego adjudicarle palmas de general sin razón. La mayor apoteosis que podría consagrarse a su persona, en mi sentir, habría de ser volverlo al Cancillerato y dejarlo morir en las cumbres altísimas para que ha nacido, y de las cuales hale un día echado el mismo que lo corona y que lo diviniza. Unos pocos meses de poder halagarían más a Bismarck que tantos gárrulos ruidos de divinización y de apoteosis.

VI

Un banquete singularísimo va pronto a celebrarse por grande número de sabios con motivo del pleito, muy embrollado y recrudecido ahora por circunstancias varias, entre la religión y la ciencia. Este otoño se presentó en el Vaticano a rendir sus homenajes al Papa el insigne director de la Revista de

Ambos Mundos, puesto por el asentimiento universal de todos los literatos entre los primeros escritores y críticos del siglo. Al salir de su entrevista, guardó la reserva cumplidera en todos cuantos tienen la honra de conversar con el augusto anciano que rige al mundo católico; y escribió tan solo un artículo muy trascendental, en cuyo contexto no decía nada del Papa; mas decía de su propia cosecha que las almas se habían ido poco a poco separando de la ciencia por haber hecho la ciencia completa bancarrota. Y con este motivo, los impíos al uso hanse vuelto hacia el vulgar y pesado libro de Drappe, sobre los conflictos entre la fe y la razón, para reabrir una guerra que parecía cerrada y que no tiene motivos ni justificaciones ahora. Conozco perfectamente la existencia perenne de luchas entre la teología y la metafísica, como suele haberlas entre la metafísica y las ciencias exactas; pero así como se corresponden las notas del pentagrama con los colores del prisma, se corresponden la religión y la ciencia, las cuales, si no se armonizan y encuentran en el espacio limitadísimo alcanzado por nuestros ojos, se armonizan y encuentran en lo infinito. Es innegable que, al pasar las ideas en la inteligencia por su carácter inferior de nociones, se contradicen, y que, al subir por los cielos de la razón pura y tomar la incondicionalidad de lo universal, se armonizan componiendo mónadas celestes y unidades divinas. Pero así como los católicos exagerados maldicen la ciencia moderna de nuestros pensadores; los positivistas intransigentes maldicen la vieja y santa religión de nuestros padres. Desde las revistas diversas y desde las publicaciones diarias, lánzanse los piadosos y los sabios franceses bombas, que arman un fragor espantoso y están llenas de proyectiles asesinos. Ya lo he dicho, hasta banquetes van a celebrarse pronto en honor de los que quieren trocar la ciencia en religión y la religión en ciencia, siquier se trastornen todas las leyes del mundo moral y se queden reducidas a pura física la teología y la metafísica. El sabio Berthelot, que promete sustentarnos con pomos de químicas esencias, encargadas de desterrar los solomillos y los pavos, presidirá el banquete a cinco pesetas cubierto. Zola promete asistir, porque le ha tomado al darwinismo su ley de la herencia, y no quiere abandonarla en este grave paso, con tanto mayor motivo cuanto que, habiendo dispensado el Pontífice a Brunetière la honra de una audiencia particular, y no habiéndosela dispensado a él, como Brunetière habla de la bancarrota del saber, tócale hablar a su lengua tan escuchada y a su pluma tan leída de la bancarrota del creer. No ha faltado diario que se ría del banquete; ni positivista que se vengue del diario. ¡Ciencia y Religión! Me llamaréis ecléctico y sincretista; pero creo indispensables las dos a nuestra vida. Existe una Religión como existe un Arte, como existe una Ciencia, como existe un Estado. Y para despojar a la humanidad entera del arte y sus ensueños, tendríais que arrancarle las entrañas, el corazón, y todos sus sentimientos; y para despojarla de la ciencia, tendríais que apagarla, allá, en las facultades múltiples del alma, su razón, sus ideas; y para despojarla del templo, del altar, del claustro, del ex voto, tendríais que hacerla un ser pegado a la tierra como el pólipo a la roca, sin recuerdos santos de su origen divino y sin esperanza ninguna en los misterios de la inmortalidad. Durará la religión sobre el planeta lo que el hombre dure, existiendo así una inextinguible aspiración, que sube desde lo profundo a las alturas, y una grande inspiración, que baja desde las alturas sobre los espíritus. Indudablemente lo sobrenatural existe; pero no como una contradicción de lo natural, como una idealidad y una norma. Prescindir de la naturaleza por la religión equivale a prescindir de la religión por la naturaleza. Como no podemos separar cuerpo y alma sin traer la muerte, no podemos separar Dios y humanidad sin traer el absurdo. Ningún adelanto fisiológico ha podido encontrar en sus estudios y experiencias la secreción del cerebro que se llama pensamiento. Todas las ciencias cosmológicas no han hecho en sus progresos más que aumentar, digámoslo así, lo infinito, demostrando cómo nos rodea por todas partes, tanto en el espacio material como en las inmateriales ideas. Ninguno de los adelantos científicos ha podido destruir la religión, por lo mismo que la religión no es ciencia; y ninguna de las religiones se ha propuesto demostrar su base de misterios, pues dejarían de serlo, en cuanto los disecase un crítico y los comprobara por manera matemática un matemático. Yo pregunto en qué la idea de Dios se ha menguado porque haya el telescopio extendido los cielos; porque haya el espectro solar traído en sus maravillosas descomposiciones el oxígeno, ardiendo allá en los confines de las vías lácteas, al radio de la humana experiencia; porque la geología en sus investigaciones haya podido aumentar la nobleza del planeta nuestro, acrecentando la genealogía y el número de sus edades; porque las ciencias naturales hayan coordinado en sistema racional y en serie lógica todas las especies; porque la química en sus retortas y substratos haya mostrado la unidad de la materia, y haya mostrado la mecánica por su parte la unidad de las fuerzas; porque las máquinas eléctricas, los barómetros, los termómetros, los pararrayos, hayan sometido la naturaleza más y más a nuestro dominio, pesado el aire, medido el calor, señaládole al rayo un camino en el suelo, puesto a las plantas del hombre los relámpagos, como a las plantas de Dios; porque nuevas revelaciones científicas hayan aumentado el concepto de nuestro Criador en el alma y traído a nuestra especie, con una grandeza moral inconmensurable, nuevas gradas para subir al cielo y nuevos títulos para merecer la eternidad. No se puede, no, emplear en las religiones el criterio empleado en las ciencias. Allégase la verdad científica por nuestra razón pura, y allégase la verdad religiosa por el sentimiento, por la fe, por luminosísimas intuiciones. Ni los Vedas, ni las Biblias, ni los Evangelios han querido revelar ciencias o artes. Necesitados todos esos libros de poner las verdades morales y dogmáticas a los tardos alcances de las muchedumbres, no se han curado, ni podido curarse, del rigor científico. Las religiones no tienen para qué decir cómo se mueven los astros, cómo se generan las especies, cómo se coordinan los seres, cómo se forman los fluidos: les basta con decir que un Dios existe, que se relaciona ese Dios con las ideas y con las cosas, que tiene una providencia para la historia y una ley para la naturaleza y una religión para la inteligencia y una moral para la voluntad, moral cuyo cumplimiento nos hará buenos en esta vida y bienaventurados en la otra. No hay esos supuestos conflictos entre la religión y la ciencia, sino cuando se quiere hacer de la parte litúrgica, de la parte histórica, de la parte circunstancial en toda religión, algo consustancialísimo con ella como su parte dogmática y moral. Por consiguiente, hay que dejar la ciencia libre, sean cualesquiera sus sistemas, en la seguridad completa de que no podrá nunca poner en sus retortas la espiritualidad del alma, ni las secreciones del pensamiento, como no podrá enterrar a Dios en sus más o menos atrevidos conceptos. Cual no pueden las artes confundirse unas con otras, sin perderse todas, no pueden la ciencia, la religión, la política, el derecho, el Estado, confundirse sin desnaturalizarse. ¡Cuántas veces no están las transmisiones de los sentidos al cerebro en contradicción abierta con las ideas! ¿Os los arrancáis por eso? Pues no podéis arrancar la religión de vuestro pecho porque alguna vez contradiga la ciencia de vuestra mente. Creedla siempre, y practicadla siempre, creed y practicar la religión, para que seáis salvos. Dejad, dejad a cada manifestación del espíritu el espacio inmenso de su libertad, y veréis cómo resultan todas concéntricas, gravitando en torno de Dios, a la manera que en torno del Sol gravitan los planetas. ¿Pues no se ha formado en las ideas platónicas el dogma católico? Los cánones de nuestra fe proclamados en el símbolo de Nicea, ¿no han tomado una parte de su espíritu en las escuelas alejandrinas? ¿No ha servido el Aristóteles traducido en Córdoba por los árabes de base a la Summa teológica de Santo Tomás? Los adelantos filológicos han cooperado mucho a la reconciliación entre la fe y la ciencia. Por consiguiente, no hay bancarrota de la religión y no hay bancarrota de la ciencia. Lo que hay es el predominio en la una del criterio racional y en la otra del criterio intuitivo, pero armonizándose ambas, como se armonizan el corazón y el cerebro en nuestro cuerpo, armonizándose ambas en las relaciones de los seres creados con su divino Creador.

14. Julio 1895

Las Cortes y el ministerio Cánovas. Nuestro modus vivendi. Comparación entre la España que precedió a la revolución y nuestra España de hoy. Ejemplo de cómo viven y mueren los exagerados de la democracia. El gobernante republicano Albert muerto a fines de mayo en Francia. Consideraciones acerca de su vida y muerte. Comentarios hechos por los periódicos revolucionarios con motivo de la muerte del señor Ruiz Zorrilla y la disolución del partido radical, acerca de las causas que motivaron el desastre de la república española. Defensa de la política republicana conservadora. Demostración de mis teorías en otros pueblos que el nuestro. Un ministro republicano del 48 en Francia, recién muerto. Biografía de Albert. Política general europea. Los armenios y Turquía. Las Cortes italianas. La crisis inglesa. Las fiestas de Kiel. Conclusión

I
Cuando veo que unas Cortes liberales han podido anteponer los intereses públicos a los suyos particulares, y votar un presupuesto que no habían de distribuir, creo a la nación española madura para el gobierno de sí misma. Nadie acertaría con las instituciones correspondientes a una sociedad, si desconociese, así la complexión como la historia de esta sociedad misma; y nada quisiera saber, ni del espacio por ella ocupado en el planeta, ni de la edad que

tenga y del desarrollo que obtenga, según su duración en el tiempo, creadora de las tradiciones y de las costumbres, con las cuales deben siempre contar hasta las leyes más progresivas y justas. No pensemos en ideadas entidades, parecidas a esas ideas puras que se generan en las silenciosas cumbres de nuestra razón y se dilatan en lo más hondo de nuestro ser sin correlaciones de ningún género con el mundo exterior y con las leyes sobre el mundo exterior imperantes. Un método así, tan subjetivo, puede aplicarse a la psicología, por ejemplo; no puede aplicarse a la política. Nuestra sociedad española se halla en período de revolución, más o menos latente, más o menos profunda, más o menos continua, como casi todas las sociedades europeas, desde fines del siglo pasado, desde que, por impulsos instintivos de su voluntad y por misteriosas intuiciones de su espíritu, el pueblo de Madrid se indispuso con su rey Carlos III, y se rompió la grande armonía, en otro tiempo reinante por perdurable modo, entre los monarcas y las muchedumbres. Aunque una ciencia política tan reconocida como la de Aranda, una complexión tan flexible como la del mencionado rey pusieron término a la discordia, concluida por tácito pacto, no puede negarse una correlación manifiesta entre sucesos como el motín celebérrimo de Esquilache, por ejemplo, que prepararon la revolución española, y sucesos como los célebres de Versalles, al comienzo del reinado de Luis XVI, que prepararon la revolución francesa. Y como esta última revolución había comenzado en tiempo de Luis XV, con iniciadores tales como Voltaire y Rousseau; la revolución española comenzó en tiempo de Carlos III, con enciclopedistas y regalistas y economistas, sociólogos inconscientes y anticipados, pues, poco a poco, infiltraban en la sociedad del absolutismo y de los inquisidores sus rayos luminosos y vivificadores. Agravaron Carlos IV con María Luisa los males políticos, y promovieron, por tanto, las ideas revolucionarias, como Luis XVI y María Antonieta en Francia, y a esta indeclinable agravación se debió entre nosotros el motín de Aranjuez, ante cuyas vociferaciones abdicó Carlos IV, muy análogo a los célebres motines que llevaron la monarquía francesa desde Versalles al cautiverio de las Tullerías; desde las Tullerías a la tribuna del Congreso constituyente; desde la tribuna del Congreso constituyente a los calabozos del Temple y de la Conserjería; desde los calabozos de la Conserjería y del Temple al cadalso. Nuestra revolución se debió primero a los nobles que adoptaban las ideas británicas y francesas, como adoptaban las modas de Londres y París; período revolucionario extendido desde la expulsión de los jesuitas por la corte hasta las cortes aristocráticas de Bayona, congregadas por Napoleón el Grande al fin de cohonestar con las ideas liberales el destronamiento de los Borbones y su propia usurpación; después a las clases medias, que predominaron desde la inmortal Asamblea de Cádiz, reunida el año 10, hasta la Asamblea del año 54, que anduvo ya en vías de comenzar el destronamiento de doña Isabel II; por último, a la democracia, que ha llenado todo el período último de nuestra historia, llegando a constituir, no obstante la supervivencia de una monarquía histórica y de una Iglesia oficial, el Estado más democrático posible dentro de la forma monárquica, si por democracia entendemos la consagración y ejercicio de todos los derechos individuales coplantados por el Jurado que defiere al pueblo la justicia, y por el sufragio universal que reconoce a la nación, compuesta por todos sus ciudadanos libres e iguales en esta libertad, su inmanente y perpetua soberanía. Los que desconozcan tal estado de nuestra patria, inútilmente querrán estudiarla y comprenderla. Llegó el pueblo español hace un lustro a período en que debía, para dar una solución fija e incontrastable a los problemas planteados por sus revoluciones sucesivas, concebir y trazar un modus vivendi cuyos cánones contuvieran algo de lo pasado con mucho de los progresos dirigidos hada lo por venir, como el pacto entre la Italia moderna y la casa de Saboya, entre la Hungría independiente, casi ya, y la casa de Habsburgo, entre la Germania una y la casa de Prusia, entre la democracia francesa y la república conservadora.

II

No puede ocultárseme que tal transacción descontenta mucho a los demócratas del ideal puro, quienes, pagados de sus concepciones abstractas, no se contentaban en sus generosas ambiciones con menos que con la libertad absoluta, con la democracia completa, con la república radical. Yo estoy entre los que habían soñado estas martingalas en pro de la patria. Pero no hay que tomar los ensueños, cuyos esbozos indecisos colgamos como auroras en lo por venir y que no exigen sino el trabajo de imaginarlos, por extremo de comparación para juzgar lo presente; hay que convertir los ojos del recuerdo hacia las realidades tristísimas de lo pasado, pues en tal caso ya tenemos frente a frente dos realidades, las cuales pueden ser verdaderos términos de comparación, y no la idealidad inaccesible o irrealizable, allá extendida en el vago cielo por donde corren como fuegos fatuos las soñadas utopías. Los que vimos una monarquía casi absoluta, y hoy vemos una monarquía democrática; los que trazábamos la expresión de nuestro pensamiento bajo la censura, y hoy escribimos a nuestro grado; los que nos oíamos llamar como partido ilegales, indignos e incapaces de todo derecho, y hoy vemos abiertos a nuestros ojos el Parlamento y el gobierno; los que bajábamos las gradas de nuestras cátedras en las Universidades proscriptos de ellas por haber proclamado la razón libre, propio criterio de la ciencia, y hoy tenemos la facultad libérrima de enseñar todo cuanto creemos y pensamos; los que viéramos una Iglesia intolerante reunida con un Estado casi absoluto reprimiendo todas las expansiones del alma, y hoy no conocemos limitación a nuestro pensamiento ninguna; los que nos indignábamos ante la esclavitud y los mercados en que las criaturas humanas eran objetos de compra y venta como en las antiguas Nínive y Babilonia, y hoy sabemos que no existe un solo siervo bajo la bandera española, estamos contentos con la obra de los cuarenta últimos años, y no queremos, por extenderla fuera de sus límites racionales, frustrarla, cuando tantos peligros amagan a todos nuestros derechos y tantas retrogradaciones han subseguido a nuestros atrevimientos demasiado audaces y a nuestros adelantos demasiado rápidos en las vías del continuo progreso. Tal intento de montar una política sin recoger todo aquello que necesitamos de lo pasado y de lo presente para darle una realidad estable, aseméjase al intento de levantar una máquina con arreglo a las puras fórmulas matemáticas y sin querer para cosa ninguna estudiar y realizar el coeficiente de la realidad. Pero, ¿cuál de las realidades vivas puede superar al ideal abstracto, cuál? No conozco género de relación tan análogo del existente entre la realidad y el ideal como el existente de suyo entre la tierra y el Sol. Falta de realidad política el ideal, es como la tierra falta de Sol: no puede subsistir. Pero después de haber proclamado esta necesidad del ideal, no hay más remedio que colocar las realidades vivas a cierta distancia de sus llamas, como están los planetas a cierta distancia del Sol. Si queréis aproximar demasiado al Sol nuestra tierra, se derretirá ésta sin remedio en la incandescencia de aquél, como si queréis acercar la realidad demasiado a los ideales puros se deshará de suyo aquélla y se convertirá en una idea de todo punto irrealizable. Así como no podéis respirar sino hasta ciertos límites del aire, no podéis realizar sino hasta ciertos límites un puro pensamiento. Y así como en los períodos de mayor luz y de incandescencia mayor en el globo nuestro no se le adaptaba la vida humana, tampoco se adapta una realidad verdadera y tangible a un ideal demasiado etéreo y ardiente. No existe crimen social que no haya provenido de querer extremar los principios más justos y encarnarlos dentro de la realidad siempre ilimitada y condicional como si no pidiese género alguno de condición y de límite. Pare la madre con dolor el hijo engendrado con placer. Pierden el encanto de su poesía natural todas las esperanzas cumplidas, y el resplandor de lo puro ideal todos los progresos realizados en este triste mundo.

III

Con motivo de recientes biografías, heme varias veces pasmado al considerar como se ignora por la generalidad, o adrede se disfraza, cosa tan cerca de nuestro alcance y tan conocida por nuestra experiencia, como la historia contemporánea, que debíamos todos saber, no por nuestras lecturas habituales más o menos largas, por nuestras experiencias personalísimas más o menos duras, puesto que todos somos en ella parte y todos la hemos representado, ya entre los coros anónimos, ya entre los actores de gran papel y de verdadero viso. Para entender cuán ignorada es la historia contemporánea, no conozco prueba de convicción íntima como las dos interrogaciones siguientes: ¿Quién mató a César? Todo el mundo lo sabe. ¿Quién mató a Prim? No lo sabe nadie. Vivió César hace más de dos mil años, y Prim ha convivido con nosotros. Así nadie sabe tampoco una palabra del ministro republicano muerto en el mes último, a quien yo consagro estas líneas, el pobre Albert, jornalero ascendido al gobierno por las ideas revolucionarias; en el gobierno situado algún tiempo como náufrago en escollo; y del gobierno caído sin haber dejado los hábitos y las costumbres de su oficio, ni adquirido ninguno de los achaques que con tanta facilidad se adquieren allá en las alturas, ni cambiado su faena de jornalero, ateniéndose a un jornal modestísimo toda su vida: ejemplo difícil de hallar en otros partidos que no sean los populares y demócratas, pues a cada paso vemos gentes enriquecidas, no por haber sido ministros de naciones, por haber sido regidores de aldeas. Albert se parecía todo a un buen correligionario, el viejo republicano Alsina, que asistía con su chaqueta de tejedor a nuestras sublimes sesiones del soberano Congreso de sesenta y nueve, haciéndola brillar con la modestia y con la virtud y con el patriotismo latentes bajo aquel paño burdo, como pudieran hacer brillar los nobles sus cruces de Calatrava, o los cardenales sus rozagas de Roma. Y debo decir que recuerdo y esbozo la oscura biografía de Albert, olvidado antes de muerto, no por desahogar mi corazón de una pena muy natural en el tránsito desde este mundo al otro de correligionarios amados, pena que se alivia comunicándola, por asentar con un ejemplo lejano, pero instructivo, que instituciones buenas y sabias en teoría se pierden, tocadas en la experiencia, si sobrevienen a deshora molestias inesperadas, y topan en su advenimiento con partidos faltos de las dos primeras virtudes demandadas para ejercer a derechas la política, sobre todo el gobierno, de la virtud que se llama circunspección y de la virtud que se llama prudencia. Da grima leer en los periódicos revolucionarios que la República se perdió por culpa de sus jefes, cuando, sin excusar los errores de todos ellos, y menos los míos, entre otros el capitalísimo de haber tenido inteligencias con los federales y con los socialistas un día, declaro desde ahora que la República se perdió bajo la fatalidad de una ley histórica, tan cumplidera e incontrastable como las leyes naturales, ley que decreta el malogro en la práctica de aquellos sistemas que se adelantan a su tiempo y se encuentran con pueblos no acostumbrados a recibirlos y a practicarlos, por falta de aptitudes nuevas y de hábitos avanzados o por sobra de tradiciones antiguas y de costumbres realistas. No se pudo reunir una compañía de repúblicos estadistas y oradores comparables a los que fundaron la República francesa del 48. Nada les faltaba, ni la virtud, ni la ciencia, ni la inspiración, ni la palabra, ni una historia honrosa, ni un estudio prolijo de las ideas y de las cosas, ni el carácter heroico que se necesita para intentar y acometer las más altas empresas, ni los resplandores del genio; y no pudieron fundar la República, porque llegó fuera de sazón a Francia esta forma de gobierno. Y vamos a verlo historia en mano.

IV

Albert, que perteneció al gobierno desde febrero del 48, dejó de pertenecer a él así que se nombró la Comisión ejecutiva encargada de reemplazarlo a la cabeza de Francia. El Congreso Constituyente había de nombrar por fuerza una comisión de su propio seno, la cual asumiera el poder ejecutivo desempeñado por los provisionales gobernantes hasta entonces, y siendo, como expresión de la nacional voluntad soberana, el representante de un pueblo tan por extremo conservador, como el pueblo francés, llegó de malas con el socialismo la grande Asamblea republicana, y su primer acto fue quitar en la Comisión ejecutiva los sendos puestos ocupados por los comunistas con suma inquietud hasta la fecha de aquella decisión parlamentaria. Luis Blanc, muy ambicioso, aunque con apariencias de idealista y desinteresado, no perdonó esta omisión, moviendo las primeras agitaciones en el Parlamento, que abrieran la serie de disturbios, a cuyos asaltos murió la segunda República francesa, con un discurso, encaminado a dos objetos: primero, a que nombraran un ministerio del Progreso, función difícil de concretar, y segundo, a que lo nombraran a él ministro de una cartera tan vaga, y por vaga tan dañosa de suyo a la naciente República. Dotado Albert de una gran paciencia que no tenía su jefe, y careciendo de una gran elocuencia, se conformó con la suerte que le quitaba el ministerio, y no chistó una palabra de crítica, porque no abrigaba su corazón, recto y honrado, ni asomo de cólera engendrada por el despecho. Pero no hace cada cual los colocados en las grandes posiciones aquello que quiere, sino aquello que quieren sus correligionarios y amigos, pues, en las grandes colectividades predomina siempre la voluntad colectiva. Honrado, generoso, creyéndose obligadísimo con quienes lo habían sacado del pueblo anónimo y puéstolo en el gobierno nacional, siguió Albert a su partido en todos los errores que cometiera y en todos los tumultos que promovió. Por fin, en uno de estos encuentros con el gobierno republicano, cayó preso como reo de ataque a la República y a su seguridad. Ocho años estuvo encalabozado por levantamiento contra un régimen que lo había hecho ministro, y que, rodeado de cien dificultades, como todo régimen reciente, no podía mantenerse íntegro a los ataques de aquellos mismos que lo habían fundado. No pudo Albert respirar el aire libre, ver la luz a su albedrío y gusto, espaciarse como se dice de quien tiene a su disposición espacio, trabajar por su guisa y modo, sino después que dio universal amnistía por crímenes políticos el emperador Napoleón, engendro de los republicanos revolucionarios. Cuando Francia era libre, Albert esclavo fue de su culpa; cuando Francia esclava fue bajo el imperio, Albert era libre por completo en su vida particular y privada. ¡Qué lección! Jamás la olvidó. Desde que le dieron suelta se retiró a una riente aldehuela en los alrededores de París, dentro del territorio presidido por el cazadero imperial que se llama Compiegne. Albert confesaba su arrepentimiento. Convenía conmigo en que no puede soportar una política de violencia forma tan delicada, por ser un verdadero contenido del derecho, como la forma de nuestras preferencias y tradiciones. Habiéndole yo conocido en casa de Delecluze durante mi emigración del 66 al 68, hablábame del carácter conservador que debería revestir el régimen republicano en España si queríamos conservarlo, y veía con horror cuanto hiciesen sus antiguos correligionarios de violento y exagerado. Un día me levanté yo en el Congreso Nacional, primero de 73, cuando se acababa de proclamar la república, y era yo en la república ministro de Estado, y me volví airadísimo contra los que comenzaban a traer, en medio de tantas libertades y progresos, una revolución. No importa que conspiren, decía yo, los reaccionarios contra nosotros, nada lograrán; tampoco importa que nos combatan los carlistas, sus huestes no pasarán del estrecho límite que les han trazado de consuno la Providencia y la Naturaleza; mas el primer tiro que disparen manos republicanas a nuestro pecho, atravesará el corazón de la república. Y lo atravesó ciertamente. Morimos a manos de los cantonales. ¿Veremos la segunda república después de haber perdido la primera, como Albert vio la tercera república después de haber perdido la segunda? Una observación: si Napoleón persevera en su neutralidad y no comete disparate tan rudo como la guerra, jamás Albert hubiera visto la tercera república en su patria. Nosotros no hemos visto la segunda república española, pero hemos visto la democracia y la libertad, que nunca hubieran renacido sin el esfuerzo de los republicanos conservadores y sin el método legal, pues los revolucionarios en Francia y en España solo sirven para combatir a la democracia y a la libertad y a la república. Nuestro Albert, muerto en mayo último dentro de la democracia conservadora, después de haber en su juventud sustentado la democracia socialista, es un ejemplo que debe servir de gran escarmiento a los revoltosos empedernidos y de provechosa instrucción a los pueblos libres.

V
He presentado este tal ejemplo para de nuevo responder a los que imputan una desgracia tan inevitable como la desgracia de nuestro régimen republicano a torpeza de los jefes. Puede frustrarse la dictadura o el cesarismo por

culpa de uno, por culpa del dictador o del César; siendo como son estas maneras de gobierno consagraciones del poder unipersonal y absoluto; pero la República, el gobierno de todos, solo por culpa de todos puede perderse, como por culpa de todos se perdió la segunda república francesa y por culpa de todos la primera república española. Y lo que más detestan los republicanos revolucionarios, aquella política que maldicen a una con mayores excomuniones y acusan en sus delirios con rabia, es la política fuerte y conservadora, mantenida en un gobierno como el mío, que constituye la mayor honra y la mayor satisfacción de mi vida. Y al condenarme, olvidan cómo aquella política no fue obra de mi voluntad personal, fue obra de los republicanos revolucionarios y radicales al sublevarse todos ellos sin escrúpulo en todas partes, no contra el gobierno moderado mío, contra el gobierno más radical que ha sustentado la tierra y que ha visto la Historia. Cuando se ataca por fuerza de armas a un Estado, no tiene más remedio que defenderse; y al defenderse, no tiene más remedio que ajustar la defensa natural propia exactamente al furor de la ofensa. Cuando la acción revolucionaria se dilató por todas partes, avivada con soplos de luchas republicanas, la obligación de defendernos resaltó sobre las demás obligaciones. Fue necesario intentar una reacción enérgica y constante contra esta especie de comuneros, parecidos a los de París, que pululaban por todas partes, e intentarla sin salirse de la república fundada ya, de la democracia reguladísima y puesta en sus organismos necesarios por la constitución y las leyes que sugiriera el espíritu progresivo, y de la libertad, que había entrado como indispensable levadura en toda nuestra vida. La necesidad imprescindible de ocurrir a esta reacción saludable y cumplirla sin dudas ni contemplaciones, produjo el partido republicano conservador, a quien la sociedad entera encomendó el ministerio de salvarlo todo, requiriendo los aportadores al Estado de una forma de gobierno, tan delicada en su contextura y tan difícil en sus aplicaciones como la república, para que salvasen así nuestro territorio, disuelto en aquellas comunidades revolucionarias, innumerables como nuestros derechos amenazados por el absolutismo y la dictadura consiguientes a todos los períodos en que reina la fiebre de anarquía terrible, contra la cual no hay otro remedio sino la violencia y la guerra, que concluyen por erigir un despotismo irremediable arriba, cuando abajo el desorden y la inobediencia concluyen por enconarse tanto, que todo lo descomponen y gangrenan. Surgió el partido republicano gubernamental, pues, del horror que sugería un estado anárquico, cual el anteriormente descrito, a la sociedad española, necesitada de reposo y de sueño, tras los insomnios que la habían aquejado, por la multitud de ideas aglomeradas en su mente y las agitaciones que la habrían como enloquecido en la realización de todas estas ideas. Frente a tres guerras civiles no podía pensarse por los hombres sensatos en ninguna otra política que no fuese la política de guerra. Los carlistas en sus montañas del Norte y Cataluña; los filibusteros en la grande Antilla; los intransigentes en las costas meridionales, demandaban una batida general, imposible de intentarse y cumplirse con fortuna, no teniendo un ejército con el necesario número de soldados y en este ejército una severa e incontrastable disciplina para no contagiarse con el movimiento comunero que se había de nuestros bosques apoderado, componiendo una escuadra terrible y que tronaba como le placía tirar los muros y los fuertes invulnerables de la desgraciada Cartagena. Para esto no había más remedio que uno: esgrimir con grande fuerza el poder y autoridad delegados a sus mandatarios por el Congreso nacional y no ejercidos nunca bajo las desastradas y desastrosas fracciones radicales de nuestra incipiente República. Habiendo fundado por el voto de las izquierdas monárquicas el partido republicano la República, se desavino de todas ellas por completo, esgrimiendo contra ellos el mismo poder que le cedieran y entregaran. Seguidamente había puesto en el gobierno las fracciones más avanzadas, y aguardado la salvación de sus fórmulas, en que fantaseaban a su sabor la federación y el socialismo. Pero estas fracciones, como son por naturaleza fracciones anti-gubernamentales, no acertaban a ejercer el poder, y dejándolo baldío en el momento de necesitar su ejercicio más, lo perdían en poco tiempo, por lo cual se iban del poder los ministros como del árbol esas hojas y flores primerizas que se adelantan mucho al período y estación de la primavera, para caer heladas al menor soplo del cierzo. En cuanto la Asamblea nacional republicana se vio abandonada de los radicales, huidos unos, dimisionarios otros, fracasados todos, recurrió a los conservadores; atenta más a llenar con ministros posibles los huecos dejados por los ministros caídos que a establecer un gobierno de represión y de combate, incompatible con sus creencias avanzadísimas y con su propensión a la indisciplina y al desgobierno. Cabezas henchidas de utopías, corazones enamorados de la revolución y de la guerra;

mas prontos a urdir una conjuración que mantener un gobierno empedernido en una oposición perdurable a todo cuanto gobernara la nación y la rigiera en los lustros predecesores de su victoria; con costumbres políticas puras, pues no metieron las manos en cohecho alguno, pero con temperamento levantisco e insubordinado; más revolucionarios que republicanos y más comunistas que liberales, ciertamente cedieron a la necesidad imprescindible de nombrar un gobierno conservador, y nombraron el presidido por quien estas líneas escribe; mas retuvieron y se reservaron el derribarlo en cuanto comenzaron a sentirse los efectos naturales del orden público en las calles, de la ordenanza militar en los ejércitos, de la disciplina social en los actos públicos, del cumplimiento de las leyes en la sumisión indispensable que debían prestar por fuerza o de grado todos cuantos organismos existían en aquella sociedad, el organismo encargado de obtener sin detrimento del derecho individual y de las libertades necesarias, la coordinación entre todos ellos y la subrogación de los inferiores al superior, y por tanto, sobre todos, el organismo del Estado.

VI

Hicimos todo aquello a que nos comprometiéramos los republicanos conservadores, muy seguros en el programa de las medidas salvadoras indispensables y muy resueltos a cumplirlo. Bien distante la derecha del Congreso que regía y legislaba en España por el mismo tiempo que la célebre Asamblea de Versalles que regía y legislaba en Francia, bien distante de la derecha de ésta, quería conservar la República por todos los medios posible y amén de la República el número de instituciones democráticas fundadas en el período revolucionario, completándolo todo con el establecimiento de un gobierno fuerte y con el reinado de un orden inconmovible. Y llegados al gobierno, fáltanos tiempo de cumplir lo pensado, hecho ello con actividad y presteza inenarrables. Así pusimos en armas las reservas como se necesitaba si habíamos de acudir a tres guerras espantosas; redisciplinamos el ejército casi disuelto en una subversión que lo convirtiera en instrumento eficaz de desorden y en auxiliar indirecto de los comuneros y de los carlistas; devolvimos los cañones al cuerpo técnico de artillería disuelto en los meses últimos del reinado de don Amadeo; restauramos la ordenanza e impusimos la pena de muerte suspensas en medio de tanta indisciplina por los dogmatizantes y sofistas radicales creídos de que se gobiernan las naciones con los principios abstractos que se predican en las Cátedras; reanudamos las relaciones con el Papa, también indispensables para separar las simpatías del clero de las huestes carlistas y hacerlo entenderse con el gobierno republicano; obteniendo tales ventajas en favor del orden y en allegamiento de la paz con todo ello, que, al medio año de aplicada esta política, nuestra bandera nacional había penetrado en el corazón de Guipúzcoa donde reinaba como quería el pretendiente, y gallardeado en los fuertes de Cartagena, donde se habían en tanto número congregado y con tanta fuerza resistido los rebeldes imitadores de la comunidad parisién, sectarios en armas de una república radical indefinida y de un socialismo vago e indefinible. Pero, según habíamos previsto, la triste Asamblea republicana, inconsistente de suyo, y temiendo a las consecuencias de una política conservadora, se indignó contra el gobierno aquel por lo hecho de bueno, sobre todo por el nombramiento de los obispos para las sedes vacías y por la restitución de sus cañones a los artilleros técnicos, dos acuerdos con los cuales asestamos golpe de muerte a la cabeza de lucha tan espantosa como la guerra civil de los absolutistas, y en lugar del voto de gracias merecido por mis compañeros de gobierno y por mí en aquel supremo trance, nos dio un voto de censura. No hubo más remedio que caer del gobierno, y caímos. Pero cayó con nosotros la República. Yo se lo anuncié así a los viejos republicanos con el conocimiento que tengo de una patria, en la cual he convivido desde la niñez en una labor política que lleva toda nuestra historia contemporánea; yo les anuncié que si nos echaban del gobierno a nosotros, les echarían a ellos del Congreso. Republicano siempre, yo caería bajo la catástrofe con todos, con sus mayores enemigos, con todos cuantos votaban a una contra mi política y mi gobierno, pero no podría evitarlo, porque lo traía consigo aparejado como corolario algebraico a serie de crímenes y errores políticos perpetrados por la izquierda republicana en su levantamiento posterior y sus comunidades revolucionarias. Creer cosa posible una victoria por el Parlamento y por las leyes después de haber desacatado a éste con una rebeldía sistemática y roto aquéllas con las armas, era creer lo excusado. Así les dije a la hora de tan triste votación que no se suicidaran, pues al despedirme a mí del Gobierno, al único republicano en quien España tenía entonces confianza, los despedirían a ellos del Parlamento. Cuando sucedió a la letra lo anunciado por mí, dijeron que nunca podría el augurio cumplirse con tanta exactitud, si el agorero no hubiese preparado él mismo su cumplimiento. ¡Imbéciles! Procedían como los indios de Yucatán y como los indios de Jamaica, los cuales, al ver cómo los eclipses de Luna y Sol sucedían a la hora por los descubridores de antemano señalada, imaginaban que los hacían ellos a su agrado, pues los anunciaban con tal seguridad. Quien a hierro mata, muere a hierro. Contra mi opinión, conocida por los ministros del primer ministerio de la República y contra mi voto en el Consejo se disolvió sin poder legal para ello y con violencia, el Congreso constituyente que proclamara nuestras instituciones y nos diera el gobierno. Fue necesario un esfuerzo sobrehumano de algunos ministros para que no cayesen apuñalados por las turbas en el Congreso los diputados que componían la diputación permanente de la Asamblea nacional, disuelta por un decreto no válido y revolucionario en toda la extensión de la palabra. Luego, los mismos diputados reunidos en el segundo Congreso de la República, lo desautorizaron y lo desconocieron, disputándole su autoridad para decretar la Constitución republicana, magüer hallarse convocado para este fin único, y estableciendo contra su voluntad aquella reproducción violenta de las comunidades revolucionarias y de los cantones helvecios, en los cuales no solamente destruían todo gobierno disuelto en anarquía expansiva destrozaban el corazón de la patria.

VII

Los cuatro asuntos capitales del mes que acaba en estos días, fueron a saber: dificultades europeas con Turquía por Armenia, reunión de las Cortes en Italia, crisis de Inglaterra, fiestas de Kiel. El primero de dichos asuntos olió, por toda una octava lo menos, a pólvora y balas. Habíanse los mercados europeos resuelto a creer en una guerra entre la nación británica y el imperio turco, hasta el extremo de trascender a cambios y valores tal creencia y asombrar en minutos la segurísima paz del viejo continente. Esa pobre Turquía, como los enfermos viejos y crónicos, tiene algo siempre por qué a Dios encomendarse, y cuando no tose, delira; y cuando no delira, chochea; y cuando no chochea, ronca en sueños de horror y agoniza en estertores de muerte. Hace tiempo le armaron una por Crimea, en el siglo pasado; luego, en nuestro tiempo, le armaron otra por Valaquia y Moldavia; más tarde, por la Serbia; en tiempo de Mehemet-Alí, por Egipto y Siria; en tiempo de Nicolás I, por Palestina; en tiempo de Alejandro II, por Bulgaria; y ahora por Armenia; perdiendo unas veces todos los Balcanes, menos la cinta donde se yergue Constantinopla; otras veces la desembocadura del Danubio y su poder sobre las últimas riberas del Mediterráneo; ya Bosnia con Herzegovina; ya Chipre la oriental; ya el coro de las islas Jonias; ya el protectorado sobre los desagües del Nilo; acabando como en punta de pirámide por no verse más de sus dimensiones en el viejo continente cristiano que la cúspide altísima de Santa Sofía, rematada por la media Luna de Osmán. Pues hace tiempo que le buscan las cosquillas por Armenia. Dividida esta región, donde las razas arias y semitas en tantas ocasiones determinaron períodos de su vida y siguieron rutas de sus viajes, divididas entre moscovitas y turcos, nadie se mete con aquellos, dejándoles hacer mangas y capirotes a su guisa, en tanto que todo el mundo se mete con éstos, atestiguando que necesitan los moribundos tutela tal y tanta como los menores. Ahora se ha empeñado Inglaterra en que había de hacer a beneficio de los armenios algo de lo que hace con los cretenses, y propónele reformas no bien definidas y no muy deseada, por los mismos a quienes se quiere amparar. Una comisión de armenios, por todo extremo inteligentes, dados a las letras y a las ciencias, rebuscadores de títulos históricos análogos a los que Grecia ostentara en las ocasiones difíciles y le valieran mil triunfos, ha movido al grande Gladstone para que arengase al mundo británico en favor de Armenia, como en otro tiempo lo arengó con tanto fruto en favor de Nápoles y de Bulgaria, impeliendo un movimiento de opinión que concluya y se corone con la victoria de los defendidos por su inspiradísima palabra y amparados de su incontestable autoridad. Pero los búlgaros quedaron muy divididos y aparte de los turcos, cuando éstos hicieron su irrupción medieval, como habían quedado muy divididos antes de los griegos, cuando a su vez marcharon desde las tierras maniqueas del Occidente de Asia, hasta las tierras bizantinas del Oriente de Europa; mas los armenios y los kurdos se confunden más, aunque se quieren menos, y nacen mil dificultades, así cuando hay que dividirlos en clasificaciones contrarias, como cuando hay que juntarlos en derechos de ciudadanía común. Imposibles modificaciones muy profundas en la situación de esa Armenia cristiana, protegida por Inglaterra hoy, si quier haya conseguido su protectora el cambio de visir, y sea este nuevo ministro palatino, incoloro siempre como eclipsado por los resplandores del Sultán, dentro del corto radio de sus funciones ministeriales, más amigo de los armen los que sus predecesores inmediatos. Lo importante de todo esto se halla en que, habiéndose Francia e Inglaterra entendido en los asuntos de Armenia, se les ha juntado más o menos contra su voluntad Rusia; y habiéndose más tarde Rusia y Francia entendido en los asuntos de China, se les ha juntado Alemania, viéndose así que la Triple Alianza hoy se nos aparece como fórmula, más o menos alquímica, en la cual entran los componentes más dispares para obtener los resultados más opuestos en las cosas más alejadas y contrarias.

VIII

Difícil, muy difícilmente se puede atender a ningún problema europeo después que los italianos se han reunido en Cortes y que las Cortes se han entregado al bombardeo mutuo de cuentos antiguos injuriosos, en que todos salen descalabrados, y más que todos la nación italiana, cuyos hijos no mueren a las flechas de los dioses que matan, mas purifican; mueren a los vapores del escándalo, que hieden y deshonran. Recuerdo un dicho de Montesquieu. Había reñido cierta vez con un abate contado de antiguo entre sus comensales o sus íntimos, y exclamaba: «Lo que yo diga del abate y lo que diga de mí el abate, no lo creáis, pues hemos reñido.» Tanto debemos decir así de Crispi como de Cavallotti. Han reñido y se requieren y se buscan para el combate a muerte como dos gladiadores antiguos, sin malquererse ni odiarse. Amigos míos ambos, obligado con uno y otro por atenciones inolvidables, correligionario casi de los dos, porque mis ideas personales se aproximan mucho a las por ellos representadas y mantenidas, hállome como la célebre litigante del juicio de Salomón, y me resisto a que truciden pedazos de mi carne, que me arrancarían del corazón y del alma. Crispi es un probado patriota, un liberal de antigua cepa, un revolucionario de aquellos que han servido a la santa causa, por la cual hemos trabajado todos los demócratas del mundo, cada cual desde su puesto respectivo, la causa de Italia; y no hay por qué removerle toda la vida para sacarle máculas más o menos ciertas provenientes de lo mucho que ha peleado y casi del ministerio mismo que ha cumplido en la obra larguísima y gloriosa del establecimiento y conservación de una entidad tan indispensable de suyo al progreso humano como la nación italiana. Cavallotti es un escritor de primer orden; su elocuencia resuena como una de las más altas que oírse pueden hoy en la tribuna parlamentaria; su poesía baja desde las inspiradas regiones del pensamiento personal suyo hasta el pueblo; sus ideas progresivas hacen que le sigamos en la Europa liberal con atención y le deseemos con verdadera sinceridad el resultado feliz de una política como la suya, no exagerada, sino prudente y circunspecta; mas la pasión que ha puesto en el combate implacable con Crispi le daña y le disminuye a él en lugar de prosperarlo y exaltarlo. Tan grande la obra de fundar Italia se nos aparece y presenta, que la creemos, por su misma importancia y grandeza, tarda en el crecimiento; y, por tarda en el crecimiento, expuesta de suyo a quebrantarse y a perderse, si no salvan los italianos tantas innumerables sirtes de mil escollos como cercan a quienes representan en grado supremo el triunfo de las ideas modernas y el ocaso de aquellos ideales antiguos a que prestaran culto casi todos los poderosos del mundo. Italia no ha menester, pues, jefes de pelea, sino jefes de conciliación y de paz. Voy a confesar un pecado de conciencia. No participo yo del entusiasmo general por la virtud privada en los hombres públicos. Naturalmente prefiero Cincinato, Washington, Turgot, al gran Maquiavelo y al brillante Borgia; pero no está la política, en mi sentir, tan indisolublemente casada con el código moral como las otras manifestaciones del ser y de la vida. Le pasa lo que a la guerra. Yo tuve la dicha de que, habiendo regido a mi patria en el año quizá más tormentoso de sus cruentos anales contemporáneos, merecí que mis enemigos, tras un largo examen de la gestión mía, declararan unánimes no haber encontrado en ella, ¿qué digo manchas?, ni siquiera una sombra. El ejemplo, que recuerdo, enseña cómo yo estoy en mi alma y en mi vida por la hermandad más estrecha entre la virtud y la política. Mas no llevo esto a punta de lanza. Leyendo a Plutarco, uno de mis autores favoritos, y a Tito Livio, que también me ha encantado siempre, acuérdome de haber leído que pidiéndole cuentas a Escipión por las expediciones al África, no quiso darlas, y respondió: «Subamos al Capitolio, y demos gracias a los dioses por este día vencido a Cartago.» La tradición española, no la historia exacta, la tradición oral, denomina todas las cuentas no dadas con exactitud, cuentas del Gran Capitán. Y, con efecto, dicen las consejas que había en ellas un renglón relativo a las crecidas sumas dispendiadas por el héroe reponiendo las campanas rotas de puro repicar y voltear por las victorias que había procurado a sus reyes. Los ataques a Crispi escandalizan mucho, menguan el concepto de Italia, y no consiguen cosa ninguna. Mostraran Rudini con Zanardelli, con Giolitti, los tres cardenales papables de la política italiana, los tres diputados capaces de presidir hoy un ministerio, mayor voluntad; y nadie les disputara el puesto y no viéramos a Crispi en el gobierno. Cavallotti mismo podía prestar mayores servicios de los que presta hoy a la libertad italiana, de resolverse, o bien por la República con toda claridad, o bien por la realeza. Con tal resolución, daría jefatura firme al partido republicano para que no llegase a descomponerse de suyo en fracciones tanto más perturbadoras cuanto menos responsabilidad tienen; o daría digna jefatura a todos los radicales monárquicos, sustituyendo con un radicalismo liberal y democrático acepto a la corona, según pasa entre nosotros con el señor Sagasta, ese radicalismo un poco dictatorial y revolucionario que aplica el tenaz Crispi a la pública gobernación de Italia. Yo, con toda franqueza y lisura digo que no apruebo en Crispi la dañosa manía de legislar por Real orden y la frecuencia con que mueve y agita el cuerpo electoral. Tres mudanzas de hogar equivalen a un incendio, decía el bonachón de Ricardo; tres elecciones generales equivalen a una revolución, digo yo. Así ha gastado Crispi un tiempo muy precioso y ha esparcido unas fuerzas verdaderamente intensas para traer una Cámara como la misma, exactamente la misma, que se ha marchado y disuelto. Cuanto quería evitar despidiendo el Congreso anterior le pasa en la reunión de este Congreso; pues tiene una mayoría tan formidable como la precedente y anterior, al mismo tiempo que tropieza con una oposición más picada y más furiosa, porque en la piel poco curtida lleva los rejonazos de la reciente batalla y adolece así de los inútiles bríos, connaturales a los diputados nuevos cuando salen poco sufridos, por poco castigados, al hemiciclo del Parlamento. Así disputas personales indecibles, encuentros y choques bruscos entre las fracciones, insultos de banco a banco, mientes como puños y puños crispados con ojeadas de muerte, algún que otro puñetazo, alguna que otra riña tirándose los respetables legisladores unos a otros de los cabellos, escándalos continuos, chismes de vecindad olvidados por puro sabidos, tumultos que suspenden varias de aquellas sesiones con violencia, y Crispi diciendo: yo solo tengo voluntad, yo solo tengo mayoría, yo solo tendré presupuesto.

IX

Vista la crisis en Italia, veamos la crisis de Inglaterra. En Italia, nación de arte y ciencia, todo se refiere a las personas; en Inglaterra, nación de antiguo personalismo, todo se refiere a las ideas. Al dar cuenta de las elecciones, por cuya virtud Gladstone era llamado al ministerio, yo dije que sería el gran orador primero del gobierno, por haber alcanzado una exigua mayoría; mas que no era posible con esta exigua mayoría, suma de muy heterogéneos factores, perdurar mucho tiempo a la cabeza del Estado y menos llevar a su debido puesto las reformas prometidas y esperadas referentes al gobierno autonómico en Irlanda. Con efecto, de las tres islas, Inglaterra se había puesto en contra del proyecto gladstoniano, con excepción tan solo del país de Gales, y las demás islas, sobre todo Escocia, defendían el proyecto gladstoniano con tales reservas en su pensamiento particular y tantas condiciones para votarlo, que los comicios triunfales equivalían a naufragar en la orilla, o no salir del estado anterior a las elecciones. Así aconteció en efecto. Con el tremendo voto de la isla verdaderamente británica y con el formidable voto de la Cámara patricia, naufragó el proyecto; y no hubiera hecho el partido liberal nada provechoso en este periodo tan crítico de su gobierno, si el ministro de Hacienda, señor Harcourt, no presentara un gran presupuesto y no lo hiciera votar empleando para ello grandísimas energías. Han tenido los liberales varias desgracias en su gestión: primera, la retirada inevitable de Gladstone; segunda, la enfermedad larguísima de Rosebery; tercera, la rivalidad entre Harcourt y Rosebery; cuarta, el abigarramiento de los diputados que componían aquel núcleo ministerial y llevaban sobre sus hombros el gobierno. Sin embargo, dicho ya para honra y gloria de estos diputados, en cualquier país que no fuese Inglaterra hubiéranse descompuesto al menor empuje de una minoría tan fuerte y numerosa casi como ellos; en Inglaterra, por lo contrario, su exigüidad misma los ha mantenido apretados, y así han opuesto una resistencia de tres años incontrastable a los embates más tumultuosos y fuertes. Pero no había más remedio que hacer algo y el partido liberal no había hecho nada. Para sustentar lo factible necesitaba instrumento, y para obtener instrumento necesitaba destruir la pluralidad de votos en los privilegios y acercarse al sufragio latino y modificar la Cámara patricia de suerte que se abriese y no se cerrase al espíritu moderno. Mas en todo esto le faltaba lo esencial y primero, le faltaba una mayoría numerosa. Y como le faltaba, fácil y lógico todo cuanto le pasa en estos momentos. Con un levísimo escarceo respecto al sueldo del ministro de la Guerra y con un desgrane rápido de la mayoría escasísima, se ha venido a tierra el partido liberal y ha entrado el partido conservador. Salisbury ha reemplazado al jefe de los liberales, a Rosebery. Ya está formando aquél su gobierno. La reina tiene tanto de diligencia si despide a los liberales, cuanto de inercia si despide a los conservadores. Ni la fórmula de quedar complacida de sus ministros ha usado. Los nuevos deberán emplear la mayoría para votar el presupuesto, y no tienen seguridad alguna de que la mayoría lo vote. Pero, cuando las diferencias entre los partidos se asignan por la diferencia entre los principios, todos ganan. Los liberales ya tienen un programa con que presentarse a los comicios, es a saber: a cada elector un voto; a los lores una modificación que los ajuste al espíritu moderno; a Irlanda su gobierno autonómico y las reformas prometidas, de suyo saludables, pues depuradísimas en las alquitaras de votos y elecciones múltiples, darán su quintaesencia de libertad y de progreso. Yo quiero que triunfen, pues cuando vemos fiestas como las de Kiel, en que tantos alardes de fuerza se hacen y tantos síntomas de discordia se presentan, tras mil protestas de concordia, danle ganas a uno de pedir a Dios que proteja con un acto visible de su voluntad la paz y la libertad universal.

15. Febrero 1896

Los boeros en el Transvaal. Su origen holandés. Caracteres de Holanda y Flandes. Historia de ambos pueblos. Causa del crédito que los holandeses gozan en Alemania e Inglaterra. El Transvaal y sus conflictos. Luchas entre los boeros y los uitlanderes. El presidente Kruger y el filibustero Jameson. Grandes simpatías de Inglaterra por éste. Intervención de Alemania en el conflicto. Muerte del gran estadista belga Frère-Orban. Aniversario de una escuela en Suiza y de un Imperio en Alemania. Muerte de Floquet. Otros muertos ilustres. Problemas intercontinentales. Alianza de Rusia con Turquía. Inglaterra y los discursos de sus jefes sobre las cuestiones pendientes. Bautizo del príncipe Boris. Conclusión

I

El célebre conflicto entre los boeros y los uitlanderes del Transvaal ha puesto de moda la raza holandesa durante todo el mes que acaba de expirar ahora, durante todo el mes de enero último. En estrecho triángulo, cuyo vértice da en el mar y cuyos lados en las fronteras de Francia y Alemania, extiéndense los húmedos Países Bajos, combatidos a la continua por las hirvientes olas de los mares del Norte y a la continua inundados por las turbias desembocaduras del Rin, del Mosa y del Escalda. Semi-celtas y semi-germanos aquellos pueblos, según que se aproximan a las fronteras de Francia o a las fronteras de Alemania, casi han escapado y huido al poder omnímodo y absoluto del Lacio entre sus inciertas y fangosas marismas, a pesar de nominales sumisiones en tiempo del Imperio. Verdad que César exterminó algunas de sus tribus más numerosas y fuertes, sin dejar varón alguno a vida; pero verdad también que si les impuso pechos, no los pagaron jamás, acaso, cual dice con gracia un escritor moderno, porque no tuvieron medios con que pagarlos. Distinguiérase con distinción verdadera entre todos aquellos pueblos el pueblo bátavo, quien unas veces se unía con los germanos y otras veces con los latinos en sus luchas constantes. El nombre de Civilis flota sobre los héroes opuestos a Roma como el nombre de Viriato en España y como el nombre de Arminio en Alemania. Sin embargo, nada hoy de cierto se alcanza respecto al fin de la historia de Civilis; y no sabemos todavía si murió frente al poder o bajo el poder de la diosa Roma. El Imperio tuvo a los Países Bajos entre sus provincias; pero no los marcó profundamente con su indeleble sello. Cuando las irrupciones bárbaras vinieron, hallaron coexistentes y sin mezclarse sus dos razas fundamentales, la raza celta y la raza germánica. Desde los tiempos de Vespasiano hasta los tiempos de Odoacro, los Países Bajos tuvieron la dominación de Roma, pero no el carácter romano. Así reciben las irrupciones bárbaras sin protesta y quedan esencialmente los mismos, celto-germanos como en sus comienzos, bajo el poder nuevo de los francos. El caudillo Carlos Martel sujetó los Países Bajos a la Monarquía franca; y el prelado Bonifacio a la Iglesia católica. En tiempo de Carlomagno subleváronse al par que las tribus sajonas, pero Carlomagno los sometió bien pronto y los tuvo reunidos bajo un solo cetro. Este mismo Carlomagno quiso restaurar el antiguo imperio latino, poniéndolo bajo la tutela de los Pontífices de Roma; y sus tiempos no se lo consintieron. En cuanto el grande hombre se tendió sobre su lecho de granito en Aquisgrán, el feudalismo, rudo germen de futuras edades regado con sangre, debió estallar, para que la ley de variedad se cumpliese fielmente, como en el Universo, en las humanas sociedades. Indignos sucesores dejaron caer de sus manos debilitadas la unidad formidable que fundaron Pipino y Carlomagno. Los Países Bajos entraron por entonces en el caos propio de la Edad Media. Aquí los obispos de Utrecht, allá los condes de Brabante, acullá los duques de Luxemburgo, más lejos los barones de Malinas y los marqueses de Amberes constituían varios Estados sin unidad, erigidos todos en la fuerza. Cinco siglos duró este régimen de tristísimo aislamiento. Pero en estos cinco siglos dibújanse los tres elementos, que han de disputarse con disputas eternas el predominio en las sociedades cristianas y han de tejer la nueva urdimbre de una civilización poderosa. Estos tres elementos resultan: la nobleza militar, que libra en la espada su derecho y que tiene la espada por cetro de gobierno y por balanza de justicia; el clero, que representa por sí solo el ideal humano de aquellas edades y difunde con la luz de la ciencia eclesiástica el calor de la vida espiritual; y el comercio, que trabajando y vendiendo, aquista oro, con el oro independencia, con la independencia libertad, con la libertad derechos, con los derechos una fuerza muy superior a la fuerza del ejército y un ideal mucho más luminoso que todo el ideal de la clerecía. Esta última clase funda y compone las grandes ciudades mercantiles, que darán su carácter democrático y su gobierno republicano a Holanda. Los escandinavos con sus irrupciones, las cruzadas con sus mezclas de clases, el movimiento municipal con su carácter emancipador, el comercio con su riqueza que levantaba y ennoblecía el trabajo, las cartas donde se hallaban escritas ideas confusas de libertad echaron los fundamentos de aquellos progresivos Estados, los cuales habían bien pronto de iluminar y esclarecer la tierra con el calor y la luz de sus progresivas democracias.

II

Por 1417 un esbozo de unidad aparece, como incierto albor, en los Países Bajos. Una joven de diecisiete años hereda el imperio de sus tres fundamentales provincias, y muere después de haberlos poseído, combatida y destronada por su sobrino el duque de Borgoña, llamado el Bueno, según antífrasis frecuentísima en la historia. El principio de unidad indispensable a los Estados modernos, fundada en Francia por Luis XI, en Inglaterra por los Tudores, en España por Fernando el Católico, se funda casi al mismo tiempo en los Países Bajos por los duques de Borgoña, quienes, merced a la traición de Felipe llamado el Bueno, se apoderan del dominio de las Provincias Unidas y establecen la necesaria unión, poniéndole por cúspide su corona. Dueño de la baja y alta Borgoña conde, por herencia, de Flandes y Artois; comprador de Namur; soberano por el dolo y la fuerza de Holanda y Zelanda; usurpador del ducado de Brabante, al cual otras soberanías iban anejas; tanta fuerza y tanto poder, si bastaron a dar unidad a tan diversas regiones, verdaderamente no bastaron a destruir la libertad, por más que resultara incompatible principio tan humano y progresivo como éste con autoridad y poder tan fuertes como el poder y autoridad obtenidos entonces por los duques de Borgoña. Dados estos a restringir las franquicias populares, no pudieron evitar que surgiera la Reforma, ni que se inventara la imprenta, proporcionando una y otra poderosas fuerzas a los que ya tenían aliento propio adquirido en los combates formidables con las olas y con los vientos.

III

A Felipe llamado el Bueno, sucede Carlos llamado el Temerario. Ningún apellido tan justificado. El nuevo duque de Borgoña nace con los instintos del combate como las alimañas carniceras. Dotado por las previsiones paternales de un ejercito permanente y de un cuantioso tesoro, entra en liza, como si las armas fueran órganos naturales suyos; y lucha con todo el mundo, como si todo el mundo fuese su enemigo. Así aquella serie de combates que no concluyen jamás; combate con Luis XI de Francia, combate con los cantones de Suiza, combate con todos cuantos estaban cerca de su mano. Tres campos nefastos funestaron la historia de este Aníbal de la derrota: el campo de Granson, el campo de Morat y el campo de Nancy. Carlos el Temerario murió a la edad florida de cuarenta y tres años, dejando los Estados varios que componían su corona fuerte y deslumbrante, a la princesa su hija, designada en la historia con el nombre de María de Borgoña. Como sucede a la muerte de todos estos tiranos, y al comienzo del débil imperio de todas estas pobres mujeres, los instintos populares se despiertan y reclaman nuevamente los derechos desconocidos por la traición y atropellados por la fuerza. En cumplimiento de tal histórica ley, los pueblos varios de los Países Bajos compendian sus derechos en fórmulas claras y los elevan a la consideración de su nueva soberana, quejándose de los desacatos y agravios inferidos a su venerable grandeza por el abusivo poder de Felipe el Bueno y de Carlos el Temerario. A tal requerimiento de los pueblos, brota el Gran Privilegio, carta constitucional de Holanda, en cuyos párrafos se ven a una contenidas y consagradas todas las viejas libertades históricas. Los Países Bajos entraban de nuevo en el goce de sus derechos. El ciudadano de Flandes y de Holanda podía holgarse con representar la mayor suma de libertad conocida entonces en Europa. La duquesa María hubiera desmentido su oficio regio si no conspirase contra las libertades mismas que otorgara mal de su grado. Apenas reconoce las nuevas instituciones, cuando ya envía emisarios a Francia para entenderse con Luis XI y tratar de destruirlas. El taimado rey francés encuentra muy llano delatar a los libres holandeses y flamencos las tramas urdidas contra sus libertades; y los ciudadanos de Gante se apresuran a colgar a los embajadores que los han traicionado y vendido. Ningún poder humano podrá salvarlos. María sale de su palacio y va hacia el mercado a interceder por ellos, tocada de luto, desceñida de cintura, despeinada y llorosa: nadie la escucha. Los pueblos han recobrado su libertad y están decididos a defenderla contra las perfidias del débil y contra las violencias del fuerte.

IV
María de Borgoña se casa con Maximiliano de Austria. Tan trascendental matrimonio se cumple a 18 de agosto de 1477. Maximiliano comprende que la fuerza está en manos del partido municipal; y conspira en el palacio de su mujer a favor de los municipios. El cielo, en estas le da un heredero; y el heredero se llamará en la Historia Felipe el Hermoso. Pero una casualidad le deja huérfano de madre a los cuatro años. La duquesa María, tan amiga de los ejercicios ecuestres como su padre Carlos el Temerario, cae del caballo en una carrera vertiginosa y se mata. Entonces Maximiliano reclama la tutela de su hijuelo y reivindica la regencia. Pero si Holanda le reconoce tal derecho, Flandes se lo niega. Una regencia colectiva se apodera del nuevo monarca y gobierna en su nombre desde la mercantil y artística ciudad de Brujas. El

archiduque Maximiliano corre a derribar tal gobierno, pero con bien escasa fortuna. Empeñado en un combate, véncenlo sus enemigos, y lo apresan, y lo encierran en humilde vivienda de la plaza del Mercado. El regio cautivo, para salir de tal encierro, tiene que pactar con sus carceleros, los cuales, a una, le imponen condiciones bien duras. Acéptalas, cuando preso, el taimado; y las revoca una vez libre. La división a que las democracias parecen condenadas por su exceso de vida, basta indudablemente a explicar la victoria del monarca sobre su pueblo. Si Holanda hubiera seguido a Flandes en la reivindicación del derecho de los ciudadanos al gobierno, y en la protesta contra los ejércitos extranjeros, no predominaran, no, las dobleces y las traiciones de Maximiliano sobre la justicia y la libertad.

V

Maximiliano se venga de la resistencia de Flandes. La carta concedida y jurada por María desaparece traidoramente, por su voluntarioso viudo borrada. Muchos ciudadanos mueren a una en la horca por haber querido convocar Congreso general que tuviese a raya los caprichos del regente. A las arbitrariedades políticas suceden las extorsiones económicas en el fatal gobierno de éste. No contento con esquilmar a su pueblo por los tributos, se mete a monedero falso. Después de tan colosal estafa, prescribe que todos los patrimonios particulares, faltos de sucesor varón, pasen a la corona. Todas aquellas provincias, inclusa la Frisia, cuyos habitantes se creían más libres que los huracanes y los oleajes de sus costas, caen bajo el yugo infame de una misma servidumbre. En 1496 se verifica el matrimonio de Felipe el Hermoso; y cuatro años más tarde, al comenzar el siglo XVI, en su año primero, nace de este matrimonio el Gran Carlos V. En 1506 Felipe el Hermoso muere, y la corona de los Países Bajos pasa entonces a las sienes de Carlos V.

VI

Gante merecía entonces el título de la ciudad principal de Flandes y de una de las principales ciudades del mundo, Erasmo, muy amigo de los reyes y poco amigo de los pueblos, alaba y encarece a Gante por centro de cultura, de riqueza, de inspiración y de trabajo entonces. En Gante había nacido su nuevo poderosísimo señor, Carlos. Llanuras fértiles la circuían; calles y plazas espaciosísimas la formaban; monumentos de primer orden la enriquecían; libre constitución la dignificaba; y sus innumerables fábricas y sus ejércitos de trabajadores decían que aquella fabulosa prosperidad estaba sostenida por la mayor y más fecunda entre todas las fuerzas, por la fuerza material del trabajo, que genera y vivifica la fuerza moral de la virtud. Gante, como ciudad libre, tuvo con Carlos una gran diferencia por causa de los enormes tributos que demandaba éste para sostener tanta y tan ruinosa guerra como tenía empeñada en las cuatro partes del mundo. En su resistencia los ganteses, no solamente se negaron al pago de los tributos, sino que requirieron de amistad y trato al rey de Francia. Francisco I procedió con los súbditos de Carlos V como había procedido Luis XI con los súbditos de María de Borgoña. En vez de agradecer tal afecto, los delató al soberano que debía considerarlo como un crimen. Pidió Carlos I permiso para poder atravesar la tierra de Francia en este gran conflicto con sus paisanos, fiándose por completo a la caballerosidad personal de su enemigo; y Francisco I le dejó el camino franco y le trató como merecía en el hospedaje debido a tan excelso huésped.

VII

Cuando Carlos llegó a Gante, duró la entrada triunfal de su cortejo en la ciudad más de seis horas. Precedíanle cuatro mil lanceros armados hasta los dientes, cinco mil mosqueteros de los más diestros entre sus numerosas tropas, y cinco mil alabarderos, guardias todos personales de su cuerpo y de su vida, que, por el número y por el armamento, parecíanse, no a un séquito militar y cortesano propio para el ornato y orgullo de un monarca, no, a valeroso ejército aparejado para inmediata guerra. El emperador entró caballero en alazán de bella estampa y ricos jaeces; rodeado de cardenales y arzobispos, en mulas montados, cuyos arreos ostentaban tal número de campanillas y cascabeles que componían extraña música; seguido de caballeros y ricos hombres con sus banderolas y sus plumajes al aire, sus blasones y sus collares al pecho, vestidos de terciopelos y brocados relucientes de pedrería; formando todos ellos la más vistosa corte que ojos mortales vieran jamás en la tierra. Para mostrar cuánto ganaría la ciudad con tal ceremonia, baste decir que aposentó y alimentó sesenta mil extranjeros y quince mil caballos en días tan solemnes. Y sin embargo, aquella ceremonia cortesana debía parecerse a una ceremonia fúnebre. Las fiestas ruidosísimas ocultaban una grande crueldad en el corazón de tan poderoso monarca y una incertidumbre todavía mayor en el corazón de su pueblo. Parecía que, transcurrido un mes entero, las fiestas y regocijos debían haber prestado a las graves heridas bálsamo y a los tristes recuerdos olvido. Mas no fue así: a mediados de febrero entró en Gante Carlos, y al mediar marzo ahorcó en la plaza pública diecinueve ciudadanos tenidos por cabezas de la resistencia. Y mes y medio más tarde fue ahorcada la ciudad también, porque perdió sus fueros, sus libertades, sus bienes públicos, sus rentas perpetuas, sus fortalezas, traspasado todo a la potestad real y todo prohibido a su antiguo poseedor y dueño, el pueblo gantés, quien además debía en realidad aprontar los cuatrocientos mil florines, a cuyo pago se había resistido, con ciento cincuenta mil de multa y seis mil de renta perpetua. El 3 de mayo del mismo año rebosaban las calles de tropa en armas; grupos de caballería y algún que otro cañón cargado hasta la boca, ocupaban las encrucijadas y los puntos estratégicos; porque los principales ciudadanos de la ilustre ciudad iban vestidos de sayales, rapadas las cabezas, descalzos los pies, con sogas al cuello en vez de los antiguos áureos collares, a la casa municipal, donde Carlos, con su hermana la reina de Hungría al lado, sus príncipes y obispos en torno, circuido de alabardas y lanzas, sentado en el trono, vestido de púrpura, su diadema en la frente y su cetro en las manos, les daba un perdón, más cruel, por humillante, que todos los suplicios.

VIII

Mal quedaron los Países Bajos tras tales sucesos. La libertad en ellos no era solamente un derecho, era una tradición, y esta libertad se había perdido. Aquellas constituciones antiguas, aquellos fueros, semejantes a los fueros de Suiza, los municipios democráticos, las Cortes libres, las cartas venerandas, todo había desaparecido, todo, bajo la segur impía del absolutismo nivelador, que todo lo había segado. Y, sin embargo, la libertad estaba en las tradiciones de su historia, en el temperamento de su raza, en la sangre de sus venas, en la letra de sus leyes, en la continuación histórica de sus estados, en los deseos de su alma, y era necesario que la libertad volviese y triunfase. Corría entonces por el mundo, quizá venido del cielo, un viento de revolución espiritual, que sublevaba los ánimos contra los viejos poderes históricos, y movía las conciencias para que buscasen, allá en el espacio infinito, la llama eterna de la santa y vivificadora libertad. Esta revolución, suscitada en Alemania, pasó a Suiza; y allí en Suiza, por las predicaciones de Zuinglio y de Calvino, se dilató hasta formar una doctrina y una Iglesia verdaderamente republicanas. Pocos pueblos tan preparados en el mundo para recibir y aceptar esta idea como el pueblo de los Países Bajos. Su temperamento germánico se compadecía muy bien con la reforma religiosa y con ella se armonizaban sus tradiciones históricas. Todo estaba, pues, preparado allí para una transformación; y como tal transformación debía verificarse bajo el trono más católico de Europa, todo estaba preparado allí para un conflicto.

IX

Examinando la historia de este pueblo se ven ya de antiguo sus propensiones a la revolución religiosa, preparada casi por la sucesión de los tiempos y por los decretos de la naturaleza. En el siglo XI los holandeses y flamencos sostuvieron la causa gibelina de los emperadores contra la causa güelfa de los Papas. En el siglo XII, cuando la conciencia humana dormía bajo el ala material de la Iglesia, despertábanse, y en tropel bullicioso, herejías innumerables por el suelo de los Países Bajos. Todas las nuevas doctrinas encontraron allí sectarios y resonancias. Los valdenses pulularon como en Lyon; los arnaldistas siguieron las sublevaciones prematuras del entendimiento humano contra la autoridad eclesiástica; los albigenses de aquellas tierras compitieron con los albigenses del Mediodía de Francia; y no hubo herejía que no tuviese allí en aquellos espacios sus sectas y sus resonancias. Las traducciones de los Libros Santos al francés hechas por Waldo, corrieron todos aquellos territorios y ocuparon mucho antes que las traducciones luteranas la noble atención de tan despierto pueblo. En el siglo XIII comenzaron a decaer allí los monasterios; en el siglo XIV corrieron las doctrinas de Wiclef desde un extremo a otro de aquel territorio; los mismos caballeros que fueran a la cruzada contra los husitas de Bohemia en el siglo XV volvieron con grandes inclinaciones a la herejía y a los herejes. La imprenta esparce allí los primeros rumores de la tempestad que conmovía las conciencias. Los reyes preparaban sin saberlo el movimiento. Felipe el Bueno quita el derecho de asilo a las iglesias. Carlos el Temerario impone costosa tributación sobre los bienes eclesiásticos. Grandford de

Croninga prepara los ánimos al combate. Erasmo, sin quererlo ni desearlo, inclina el sentido común a separarse del dogma ortodoxo. A Maximiliano I solo se le ocurre unir con la corona del Imperio la tiara del Pontificado en su cabeza. Y los más moderados gritaban que Lutero era de los reyes y de los clérigos odiado porque a un tiempo mismo atacaba los vientres de los frailes y las bulas de los Papas. Así los holandeses gozan mucho crédito en los pueblos del Norte, por protestantes y por germanos. Un destacamento, digámoslo así, de tal raza embarga hoy el interés público desde África, desde la República de Transvaal.

X

Éramos pocos y parió mi abuela, dice con gracia cierto refrán español para significar el crecimiento de numerosa familia. Eran pocas las dificultades internacionales y ahora surge otra de primera magnitud en África. Precisa enumerarlas mil veces para sentirlas en toda su acerbidad y comprenderlas en toda su extensión. Hay gravísima dificultad de los Estados Unidos con Inglaterra por los límites entre la Guayana inglesa y el Estado de Venezuela; dificultad gravísima de Inglaterra con Rusia por los proyectos de esta última potencia sobre Manchuria, colindante de la Siberia moscovita; dificultad de Inglaterra y los primeros imperios y gobiernos europeos con Turquía por la cuestión de Armenia; todas ellas dificultades múltiples de gravísima exacerbación; y cuando parecía que la medida se colmaba y ningún accidente nuevo podía sorprendernos y sobrevenirnos; el cielo se nubla y el rayo estalla por donde menos podíamos temerlo, por el Cabo de Buena Esperanza, hoy sumido en guerra, y por tanto sumiéndonos a todos los amigos de la paz en una desesperación verdadera. Allá por el Cabo de Buena Esperanza, tan célebre de suyo en Geografía como en Historia, se han sobrepuesto a las tribus primitivas de salvajes diversas compañías mercantiles de nuestra Europa, las cuales han debido constituirse Estados primeramente, comerciar luego con el mundo todo, y defenderse por último de zulúes, cafres, y demás indígenas con piel negra y temperamento bárbaro, generados por los ardores del clima en selvas y montes y desiertos. Aunque los portugueses descubrieron el Cabo, nuestra mala suerte ha querido que pasase a poder aquel espacio de bátavos e ingleses, quienes hoy se dividen su dominación absoluta, no sin porfías y competencias entre sí mismos, agravadas por los horrores del ambiente clima y la bravura de los naturales históricos. Hay allí una colonia inglesa que se llama del Cabo, dirigida por el gran político Rhodes; otra, vecina de ésta, holandesa, pero en la cual nada tiene que ver su patria, dirigida por el presidente Kruger, colonia llamada República del Transvaal; otra lusitana, Lorenzo Marqués, mandada todavía directamente por Lusitania, pero siempre requerida de protección por Inglaterra que cuenta muchos intereses allí, o por Alemania que desea, mejor dicho, codicia contarlos. Con el horror a la uniformidad, verdaderamente distintivo de los ingleses, y el acomodo a las circunstancias en ellos consuetudinario, donde pueden, se alzan siempre con el dominio directo; y donde no pueden hacer esto, apechugan siempre con una tutela más o menos franca, que les permita explotar las ventajas mercantiles e industriales sin los cuidados y los desvelos políticos. De tal especie son las colonias del Cabo y del Transvaal, más dominada la primera, esencialmente británica, y menos la segunda, compuesta de holandeses, quienes admiten a una tanta protección de la gran potencia cuanta necesitan para tener a raya los indígenas, en batalla siempre, cual todos los salvajes. El Transvaal se halla compuesto de dos partidos, que realmente son dos clases, o mejor, dos gentes. Llámanse unos los boeros y otros los uitlanderes en el mundo. Los boeros son los holandeses, y los uitlanderes aquellos extraños, especialmente ingleses, que van allí tras el ejercicio de una industria y forman su rancho aparte por las leyes del país, nada hospitalarias. Cuáqueros, liberales, industriosos, económicos, republicanos de abolengo, muy apegados al gobierno de sí mismos y muy contrarios a compartir este gobierno con los demás, constituyendo un patriciado ilustre, sumergidos en espacios adversos a su naturaleza y a su historia, encastíllanse dentro del propio poder, y repugnan todos compartir este grande privilegio con aquellos que solo han ido allí, aguijoneados por un afecto tan bajo como el deseo de lucro y no pueden querer a un país que solo desean explotar. Así los derechos políticos, sobre todo el derecho de sufragio consagrado por los boeros, no quieren transmitirlo por modo alguno estos a los uitlanderes.

XI

Los uitlanderes van desde la colonia del Cabo a la colonia del Transvaal. Guíalos allí la sed hidrópica de oro y mantiénelos allí la industria minera consiguiente al deseo que los guía. Pero si pueden ejercer a su sabor industria y comercio, no pueden ejercer los derechos de ciudadanos. Tienen libertad de creer y escribir, hasta jurados; mas las leyes aquellas no los admiten al Comicio, y menos, por tanto, pueden admitirlos al gobierno. Así han armado una grande agitación en demandas de garantías, que creen les tocan por estricta justicia. Mas los boeros saben perfectamente que, magüer gobiernen ellos, no constituyen la mayoría del pueblo cristiano; lo constituyen los extranjeros, los ingleses, los uitlanderes; y se niegan por modo resuelto a toda entrada de estos en el comicio y menos en el gobierno. Los peticionarios están apoyados por Inglaterra, la cual se funda para ello en dos razones: primera, en el espíritu liberal suyo que la hace protectora nata de todos cuantos mantienen amplitudes justas de los derechos políticos, y segunda en el origen y carácter inglés de los peticionarios. Pero Inglaterra, que quizá tuviera razón en el fondo de sus preferencias, hala perdido en absoluto por los procedimientos al defenderlas. Y hala perdido porque ha dejado, no solamente organizarse a sus anchas una conspiración dentro de la colonia del Cabo contra la colonia del Transvaal, sino que ha permitido ataques a mano armada, en los cuales toda razón se pierde y todo derecho se vulnera. ¿Quién ha dirigido una irrupción de mil soldados contra el gobierno vecino? El doctor Jameson. ¿Y quién es el doctor Jameson? Pues un médico que, después de haber curado al presidente Kruger de una enfermedad mortal, hale inferido esta enfermedad política de muerte, la invasión armada, que ni las invasiones del cólera. Y lo peor del caso estriba en que Jameson es un segundo de Rhodes y Rhodes una representación viva en el Cabo de Inglaterra. Así, nada más natural que todo cuanto acaba de suceder en esta ocasión y con este motivo. Acaba de suceder que los boeros, y en su nombre y representación el gobierno, se han dirigido a Inglaterra quejándose del proceder de los ingleses en el Cabo. Y ha tenido Inglaterra que desautorizarlos y condenar ese acto, bien desgraciado por cierto, pues de los mil irruptores comandados por el médico inglés han muerto cerca de cien, han quedado prisioneros más de quinientos, y el resto, roto y desesperado, ya se dispersa en todas direcciones, ya se rinde a discreción, y demanda, como única merced, no ciertamente la libertad, no, la vida. Pero aún hay cosas peores tras tantas nefastísimas. Aún hay que Guillermo II de Alemania se cree con derecho, en virtud de sus intereses más o menos fantásticos sobre los espacios de la horrible África Meridional. Y reunió Consejo en cuanto supo lo allí sucedido, para disponer nada menos que una escuadra; y en esa escuadra equipar soldados de todas armas que desembarcasen allí, sobre la colonia lusitana de Lorenzo Marqués, y corrieran en defensa del Transvaal. Mas como quiera que la victoria de esta república, en tan inminente daño puesta por sus congéneres, haya sido tan pronta, se ha limitado el emperador a enviarle una felicitación, la cual resuena como una gran bofetada en las mejillas de Inglaterra. Y así un cambio de artículos entre periódicos ingleses y alemanes tan terribles los unos contra los otros y tan henchidos de mutuas ofensas, que parece ya sonar el apocalíptico minuto en que rompa y estalle una guerra entre la mayor potencia continental de los germanos y la mayor marítima. El pueblo inglés ha mostrado suma extrañeza de que un amadísimo nieto de su Reina Victoria sea osado a tamaños atrevimientos contra el imperio de su abuela, como si el mundo se rigiese por intereses dinásticos, cual en los tiempos del pacto de familias, y no por lo que todo arriba lo dirige, por las ideas, y por lo que todo lo dirige abajo, por el interés.

XII

Tan congruentes guerras con desgracias aparecerán siempre a nuestros ojos, que solo es propio del ánimo en muertes y en muertos ocuparse. Una colectiva necrología se impone a todos los periódicos liberales del mundo, la necrología de Frère-Orbán. Hijo de un conserje, se levantó por esfuerzos de la voluntad soberanos y por títulos de mérito indiscutible a primer ministro del rey de Bélgica y a jefe de aquel partido liberal. Dieciocho años consecutivos desempeñó la cartera de Hacienda, y en estos dieciocho años abolió la capitación y los consumos, que gravaban mucho al pobre pueblo en los tiempos anteriores a su gobierno tan próvido y fecundo. Ministro de Obras públicas largo tiempo también, extendió muchas de las redes férreas que facilitan las comunicaciones en el industrial país belga; y no contento con extenderlas, acertó a salvarlas del tercer Napoleón, quien, soñando siempre con engrandecimientos y conquistas, quería enredar Bélgica entre sus dedos. Tres grandes inclinaciones distinguieron al glorioso difunto: la inclinación al derecho sacratísimo del espíritu y del pensamiento humano, la inclinación al gobierno parlamentario moderno, la inclinación al principio individualista de la Economía política. Con estas tres grandes inclinaciones prestó servicios valiosos a Bélgica y a su libertad. Era un estadista bastante conservador para constituir en los Parlamentos una derecha liberal y una izquierda conservadora. Pero en sus tendencias a la derecha y en sus tendencias a la izquierda exageró algunos principios que le suscitaron sumas dificultades y que cedieron al cabo en deservicio de su propia causa. Llevó a sangre y fuego sus relaciones con la Iglesia de su país, con la Iglesia católica, trayendo así odios que dieron a la natural emulación entre reaccionarios y liberales carácter de guerra litúrgica y religiosa. Exageró su liberalismo tradicional en frente de la Iglesia católica. Y en frente del sufragio universal aún se mostró más exagerado, petrificándose dentro del dogma de los privilegios burgueses con sus capacidades sumadas a sus censos, y resistiendo a reconocer el advenimiento de la democracia universal. Así cosechó el fruto de ambos errores. La eterna contradicción implacable con la Iglesia le quitó el poder para dárselo a una fracción católica, no tan verdaderamente conservadora como su partido; y la eterna contradicción implacable con la democracia le quitó la diputación para dársela por mal de todos a un socialista, no tan liberal y tan amante del progreso como él, vencido por los votos del pueblo. Así ha pasado los últimos años de su vida fuera del gobierno y los últimos días fuera del Parlamento. Mas, orador afluente, político experto, cristiano viejo, aunque no católico, economista consumado, administrador de primer orden, un financiero como decimos ahora de primera magnitud, sin llamarse idólatra del pueblo como los comunistas y demás sectas del socialismo, ha descargado de gravámenes horribles el pan con que los pobres de su patria se alimentan y ha mejorado la condición social de éstos con reformas prácticas y tangibles, superiores a las leyendas y fantasías de todos los videntes que pululan por el mundo. Nunca podrá, jamás, olvidarlo la historia.

XIII

¡Cuál diferencia entre los dos aniversarios estos días celebrados en Alemania y en Suiza, pues, mientras la república veneraba un maestro de escuela, el imperio veneraba un emperador de combate! ¡Cuánto más meritorio vivificar que destruir! ¡Cuánto más glorioso esclarecer un alma que bombardear un pueblo! Entre la gloria de Benjamín Franklin arrancando el rayo al cielo, y la gloria de Guillermo Brandemburgo arrancando a Francia su Lorena y su

Alsacia, no es la elección dudosa. El maestro Pestalozzi rodeado de niños en aquellas montañas divinas se parece mucho a Cristo, mientras el vencedor Guillermo ciñéndose la diadema imperial en Versalles entre matanzas e incendios se parece mucho a César: y notad cómo no podría el mundo pasar sin maestros de escuela, cual no podría pasar sin redentores sublimes, y podría pasar sin Césares imperiosos y combatientes como pasan muchos pueblos y todo un continente. Así, mientras el puñal de los Casios y de los Brutos mata a César para siempre, no pudieron los sayones de Tiberio matar a Cristo en la cruz: al tercer día de consumada la sentencia suya resucitó de entre los muertos. ¡Cuán envidiables las gozosas aldeas helvéticas a la falda de los Alpes coronadas por nieves eternas y a la vera de los lagos repitiendo en sus cristales el cielo, aldeas donde solamente se ven hombres libres y ciudadanos iguales en dignidad y en derechos! ¡Cuán aborrecibles ceremonias como la de Versalles, aquel jardín baldío de los déspotas, erigido por turbas de siervos para santuario de un Dios implacable como Luis XIV, cuyos últimos representantes y sucesores en el trono francés provocan y hasta justifican la invasión extranjera! Cuando uno recuerda la ceremonia de Versalles el año 71, en que fue coronado el vencedor, monarca de monarcas, entre reyes feudatarios, que llevan en sus manos por timbres las señales del combate y de la conquista, por roja púrpura la sangre vertida entre los rojos reflejos del incendio y las desolaciones del saqueo y de la matanza, no puede menos que preguntar al cielo cuándo se acabarán los conquistadores; y si compara tal espectáculo con un comicio helvético, con una peregrinación a la capilla de Guillermo Tell, cantado por Schiller y por Rossini, ¡ah!, no puede menos que decir: solo es digno del hombre vivir en los senos de un pueblo libre.

XIV

No ha menester la muerte de cooperadores como los Césares; harto vuela con sus alas de murciélago y hartas vidas siega con su guadaña de aniquilamiento y exterminio. Hace poco hemos llorado a un sabio como Pasteur y a un literato como Dumas; lloramos hoy a Floquet. Presidente de la Cámara en Francia, presidente del Consejo, tribuno de la plebe republicana bajo Napoleón III, primate radical en la República; su enfática elocuencia, un poco solemne y algo artificiosa, jamás adoleció de doblez, pues tenía la sinceridad entre sus primeras condiciones y cualidades tal hombre de bien. Esta sinceridad lo perdió. Acusado por la malicia pública en la tribuna francesa, de haber distribuido entre los publicistas republicanos acciones del Panamá; como no tenía una sombra en su mente, ni una mancha en sus manos, ni en su peculio un céntimo que no fuera suyo y de los suyos, tomó por lo más natural y justo del mundo secretas dádivas, que podían hacerse por las necesidades ineludibles del gobierno, pero que no pueden justificarse ante la opinión pública y menos ante la conciencia universal. De aquí el descenso de su popularidad en las muchedumbres y de su crédito en las asambleas. Pero ya deslizara el nombre de Polonia en los oídos del zar cuando la Exposición del 67; ya defendiera en el tribunal de Tours contra la familia de Pedro Bonaparte a la familia de Víctor Noir en las postrimerías del Imperio; ya declamase ante las reuniones públicas por la democracia y por la libertad en las luchas generadoras de la revolución del 4 de septiembre; ya dirigiera sus invectivas ciceronianas a Boulanger en discursos que parecían ecos de las frases dichas por Marco Tulio contra Marco Antonio; ya cruzara su fino guante de abogado con el guantelete férreo de tal competidor; ya propusiera revisiones constitucionales absurdas y divorcios entre la Iglesia y el Estado imposibles; no puede dudarse que a sus aciertos como a sus errores presidió siempre un móvil desinteresadísimo, dimanado, ya de sensibilidad harto exaltada o ya de doctrina muy errónea, pero nunca de personales intereses y menos de bajas pasiones. Republicano gubernamental yo y él republicano radicalísimo, estuvieron en discordia nuestras inteligencias, pero en concordia nuestros corazones, pues le debí una continua e inalterable amistad. Dios le haya recibido en su gloria. Dos muertes de poetas célebres en Portugal y en Francia. El poeta portugués, cuya muerte nos apena hoy, cantó el amor en todas sus exaltaciones, y sin embargo, supo consagrarse a la enseñanza en todos sus ramos; el poeta francés, cuya muerte nos apena también, supo cantar todos los deliquios de la religión, amén de todas las voluptuosidades y goces del sentido. Cuando lo que hay de animal en el hombre tiraba de él hacia los abismos de abajo, revolcábase como un hipopótamo en el estercolero inmenso de todas las inmundicias; pero cuando todo lo que hay en el hombre de ángel impelíale a los abismos de arriba, nadaba en el éter de la primera luz y oía el concierto de las esferas como los mensajeros hieráticos del Creador en los primeros días de la creación.

Contradicciones tales hállanse a cada paso en el Universo material, en el espíritu infinito, en la sociedad, en la Historia. Pero la muerte lo purifica todo y la inmortalidad solo se concede las a obras buenas y Hermosas en el mundo.

XV

Pocas veces los negocios de nuestro continente se han por tan estrecho modo enlazado con los negocios de las otras partes y porciones del mundo como ahora. En lo más extremo del Oriente la cuestión japonesa y en lo más extremo del Occidente la cuestión cubana; guerra de Portugal con las razas vecinas a su colonia de Lorenzo Marqués y sublevación terrible contra Portugal de las tribus indígenas extendidas por los dominios de Goa; combates de los holandeses con los britanos en la república del Transvaal; litigios, mejor o peor terminados, de Inglaterra y Francia sobre las riberas del río Amarillo, y litigios muy graves y confusos por terminar sobre las hieráticas riberas del río Nilo; proyectos acariciados por Alemania y su emperador Guillermo para un desembarque de tropas germánicas en el África meridional y apresamiento de las tropas italianas por el Nego abisinio Menelik, que las lleva en rehenes entre filas de soldados suyos, promoviendo grande anhelo en Italia que se había holgado ya con la ilusa esperanza de una paz definitiva y pronta; victoria del zar en la Manchuria que han abandonado a los moscovitas los ejércitos ocupantes y mayor victoria en Armenia, quien parece asirse a sus manos al par que se desase de las manos del Imperio turco; entrada en escena de los Estados Unidos, quienes pretenden arrogarse por interpretaciones absurdas y maquiavélicas del dogma de Monroe un arbitraje nato para dirimir pleitos entre las potencias americanas y potencias europeas, amén de un pontificado enriquecido con excomuniones y anatemas que se permiten con insolencia patente y sin derecho alguno sobre nuestro modo de combatir insurrecciones interiores, para el cual nos aconsejan humanidad como si ellos no presentaran ejemplos de crueldades e inhumanidades en los canes rabiosos azuzados contra los siervos de antaño y en los linchamientos bárbaros y en el exterminio de los pieles rojas tostadas dentro de los bosques incendiados por sus teas; competencias terribles entre Austria y Rusia por el futuro dominio de Serbia y Macedonia, como disolución del otomano Imperio, sobre cuyas resquebrajadas moles echan suertes los poderosos del planeta y libran esperanzas los privilegiados pueblos de la divina Grecia. El sentimiento de que algo muy grave y muy trascendental se prepara está en el ánimo de todos y a todos nos embarga. Como hay tantos intereses comprometidos y tan pocas ideas luciendo sobre su egoísta competencia, todos a una tropezamos en los negrísimos senos de un misterio impenetrable. No son estos aquellos tiempos en que los ejércitos europeos iban al son de las liras y de los coros como las antiguas legiones helénicas en pos de muerte gloriosa para en los campos de Misolonghi o Solferino redimir a las naciones sublimes, generadoras en lo antiguo de la ciencia y del arte. No son aquellos tiempos, en que un emperador recibía Venecia de otro emperador, y entregaba su posesión a Italia; o aquellos tiempos, en que un grande tribuno devolvía las islas jónicas a Grecia y todos nos regocijábamos de tal reconocimiento del principio salvador de las nacionalidades como si de nuestra propia patria se tratase. Hoy reina el derecho de conquista puesto en boga por el retroceso que delata en los afectos humanos los acaparamientos por la victoria ciega y por la fuerza bruta de Metz y Estrasburgo, usurpadas al imperio alemán contra todo el torrente de sus voluntades respectivas y contra todos los cánones y principios del humano derecho. Así parecen los gobiernos jaurías soltadas contra codiciables presas, que husmean a una con su olfato, atisban a una con sus ojos, perciben a una en sus oídos, ojean a una en sus ambiciones y exterminan a una en sus batallas. Este gobierno se queda con Chipre y Alejandría, cedidas como predios o bombardeadas sin piedad; el otro campa por las orillas del Mar Rojo disputando sus posesiones a los Maedíes y abisinios; esotro se alza con Madagascar y Túnez y grande porción de tierra amarilla, ejerciendo como conquistador y como guerrero, cuando es víctima de la conquista y de la guerra; el de más allá dilata con paso de tortuga pero con seguridad de triunfo su imperio hasta las puertas boreales de India, Persia y China; llegando el atrevimiento acaparador a extremos tales, que una oligarquía de azucareros quiere disputar a España los archipiélagos invenidos por su genio creador, y otra turba de mineros más o menos facinerosos menguar Venezuela y el Brasil y el Transvaal, como si la humanidad no tuviese más dios que el oro, más sentimiento que la codicia, ni más finalidad que allegar las granjerías del odio y del despojo.

XVI

Para ver cómo este retroceso de la política universal ha trastornado las inteligencias, basta considerar que anda o corre muy válida la inverosímil noticia de una cordial inteligencia entre moscovitas y turcos, o sea, entre ratones y gatos, entre milanos y palomas, entre lobos y corderos, entre las más enemigas especies. Yo comprendo a Turquía en potencia propincua de asirse al primer clavo ardiendo que le depare la suerte, después que ha perdido su amistad con Inglaterra, en cuyos senos antaño poseyera un verdadero seguro. Cuando los ingleses coincidieron en esto de proteger a los búlgaros, contra Turquía subvertidos, con los rusos; y al surgir de la insurrección búlgara una guerra oriental y de la guerra oriental un pacto como el célebre de Berlín, se alzaron sin escrúpulo con Chipre, como compensación de Besarabia, conseguida por el zar pontífice, y de Bosnia con Herzegovina conseguida por el emperador austriaco, todos entendimos cómo había terminado el principio de la integridad del Imperio turco entre los dogmas capitalísimos de la política internacional inglesa. Y si a esto se añade la grande agravación de haberse Inglaterra sustituido por fuerza de armas y por derecho de ocupación violenta en el patronato sobre la histórica región del viejo Egipto a Turquía, se comprenderá la pérdida por los turcos del antiguo arrimo de los ingleses y su resolución de vivir por sí mismos, en cuanto se lo permitan y toleren las innumerables fuerzas de atracción, que arrastran hacia las moles mayores y más poderosas a las moles menores o más débiles. Solo cuerpos fluidos y gaseosos como los cometas, carecen de órbita calculable y se van por esos espacios inmensos a su guisa y modo, atravesando desde unas fajas a otras fajas del inmenso espacio. Turquía no puede salir de este triángulo fatal: o con Inglaterra, o con Rusia, o con Alemania. Separada hoy de Inglaterra, cae por su propio peso en el radio de las atracciones rusas. Pero no cabe dudarlo; si alguna tradición prepotente y secular predomina en Rusia y si los rusos oyen alguna monótona y unísona voz de vocación suprema e imperiosa, es el llamamiento a expulsar de nuestra Europa cristiana la media Luna osmanlí en Oriente, como sintieron los españoles el llamamiento a borrar la herradura tradicional árabe aquí en Occidente. Y nada vulneró a los árabes, nada les dañó en su poder y su fuerza, nada los debilitó hasta disponerlos y aparejarlos para la expulsión, sino que tuvieron pactos e inteligencias con los monarcas cristianos de nuestra Península. Cuando los Alhamares iban a sitiar la Hispalis musulmana en compañía de San Fernando y luego pagaban tributo a Castilla y le rendían parias; expulsábanse de nuestro suelo ellos mismos antes de que los expulsase la victoria definitiva del cristianismo con la cruz, erguida por las manos del cardenal Mendoza sobre los adarves de Granada. Solo con que haya corrido esa noticia, se demuestra cómo corre Turquía desbocada y sin freno a su total ruina.

XVII

Más pujanza muestra el emperador Menelik de Abisinia, que el sultán Hamid de Constantinopla. Decidido a entenderse con Italia, se había por completo avenido a que la potencia, con quien acababa de aliarse, lo representara en las cortes y ante los gobiernos de nuestra Europa. Un tratado, convenido entre las dos naciones aliadas y llamado de Uccellai, arreglaba los términos de la cordial concordia. Pero como quiera que las lenguas abisinias sean ignoradas en Europa y las lenguas europeas en Abisinia, se cometieron erratas de traducción, las cuales han dado margen a mucho derramamiento de sangre. Mientras los abisinios creían haber firmado un mero convenio de alianza, los italianos creían haber cogido una tutela de protectorado. Y como en Roma no se leyó nunca el original abisinio y en Abisinia no se leyó nunca la traducción romana, duraron mucho tiempo las satisfacciones del negro africano por haber contraído una grande amistad con Italia y las satisfacciones del rey europeo por haber conseguido sobre tal poderoso señor un protectorado. Todo hubiera permanecido sin dificultad, si el extranjero no se mezcla en ello. Pero se mezcló por exigencias de cancillería, corrientes entre los pueblos más apartados en el mundo, si anudan y mantienen alguna relación diplomática. Un día recibe carta Menelik de colega tan eminente como la reina Victoria, y otro día del mismísimo emperador alemán. ¿Cuál no sería su asombro, viendo que una y otra le daban poco menos que por destronado, a causa de haber admitido la capitidisminución subsiguiente al predominio sobre su persona y sobre su imperio de un protectorado extranjero? La carta de Victoria guardaba consideraciones a su coronado compañero, si bien le descendía o rebajaba el tratamiento de majestad a tratamiento de alteza; pero la carta de Guillermo le borraba del número de los soberanos y procedía con él como si fuera un

subteniente. Los hombres de todas estas regiones, que si os profesan amistad, no parecen vuestros amigos, parecen vuestros siervos, en lo dóciles y flexibles, así que se ven pisoteados, tíranse contra quien los pisa con el áspid tijereteando de la serpiente, con la uña cavadora del tigre, con el sepulcral hocico de la hiena, con la quijada machacante y la gola rugiente del león, con la crueldad voraz del águila, con el furor ciego de la pantera, con los esfuerzos del elefante, con todos cuantos medios y recursos de combate y destrucción tienen a mano. Así Menelik declaró a los italianos la guerra, y en esta guerra no les fue a estos últimos tan favorable la fortuna como antes, al posesionarse de la colonia entera y someter la Kazaba de los mahedíes y conseguir un tratado con Abisinia en que Humberto se supo aparecer como protector de aquel vasto imperio africano. El mayor
Tosseli fue vencido y muerto en Dogali primero; después el comandante Galiano sitiado en Makallé. Tales incidentes han sacudido en alternativas horribles la fortuna de Crispi, ascendente unas veces hasta el cenit y otras descendente hasta el ocaso. Que los italianos quedan vencidos, pues requerimiento a que caiga Crispi, siquiera equivalga la rota en último término a una victoria por el heroísmo que han mostrado las tropas y por el sacrificio que han hecho digno de los antiguos Scévolas. Pero como a las noticias del desastre sucedan en seguida noticias de tratados pedidos por los abisinios, ascensión nueva del crédito de Crispi a las estrellas. Y como a estas noticias sigan otras de que los italianos se mueren por sed en el sitio de Makallé, nuevo descenso del nombre de Crispi; y como a las noticias de una muerte colectiva por sed suceda la noticia de una salida con todos los honores de la guerra, nuevo ascenso; y como esta salida se convierta en una especie de Cautiverio nómada en los partes subsiguientes, novísísimo descenso, hasta que ahora, como quiera se reduzcan las pretensiones de Menelik a restaurar el tratado de Uccellai tal como él cree haberlo firmado y no como lo han traducido las cancillerías, resurgen otras esperanzas nuevas y se cree posible una paz próxima que llegue a estancar en el erario de tanto malvertido tesoro y en el cuerpo de Italia tanta malvertida sangre. Bien lo deseamos nosotros, en el amor sincero nuestro a la paz universal.

XVIII

Aparecen de tal modo complicadas las especialísimas cuestiones europeas con las universales cuestiones planetarias, que se necesita un curso de geografía para conocer desde los problemas planteados en los glaciales desiertos de Siberia y sus anejos hasta los problemas planteados en los encendidos desiertos de Transvaal y sus anejos, o desde los problemas planteados en las cordilleras del Tauro y del Olimpo hasta los problemas planteados en la desembocadura del ardiente Orinoco y en los hielos eternos de la boreal Terranova. Así los discursos de las notabilidades inglesas, los discursos de Salisbury, de Chamberlain, de Balfour, parecen temas variados sobre Historia Universal. Decididamente Inglaterra no puede consolarse del desaguisado de Jameson y del triunfo de Kruger en el Transvaal. Aunque morales deberes háyanla obligado a maldecir del acto de un filibustero casi propio; la procesión en pro de este señor anda por dentro. Así, mientras el ministro de las Colonias, Chamberlain, telegrafiaba sus anatemas legales despedidos por un deber internacional sobre la cabeza del terrible invasor, con quien aparecía cómplice Inglaterra; el poeta oficial de la corte británica, Austin, designado a la reina Victoria, no por inspiradísimo, como deben ser los poetas, por conservador, cantaba en versos medianos la empresa de Jameson, como pudiera Homero cantar la cólera del valeroso Aquiles o Virgilio la piedad del bondadosísimo Eneas en versos divinos. Este cántico no aumenta la gloria de nación en poetas y naturalistas y matemáticos tan copiosa como Inglaterra; pero patentiza la distancia entre su probidad interna y su probidad externa, pues exalta en poesía donde resuena el sentimiento nacional público, lo que condena en política donde solo se atiende al interés y a la conveniencia del Estado. Verdaderamente hánselas en esta cuestión del Transvaal y el Cabo los ingleses con redomado político, el buen Kruger, muy campesino, casi un muletero, acostumbrado a los senos de la naturaleza y apartadísimo de la ciencia, pues a los trece años ni siquiera sabía escribir, pero con toda la fuerza de un colono bátavo, ido en la vida y en el mundo hasta los setenta y un años por sus fuerzas robustas, y llegado en política y gobierno a las cumbres del Estado y a la presidencia del país por su rural destreza en las complicadísimas artes del derecho y de la diplomacia. Conociendo que los montes de oro, sitos en su patria y abiertos y fáciles a una explotación más barata que la explotación de California, debían llevarle aventureros ingleses, muy codiciosos y no aprensivos, rodeóse de precauciones tales en las leyes, que le permitieron, después de haber arrancado las uñas al célebre leopardo sajón, cuando iba en guerra contra él como enemigo declarado y conseguido así la independencia de su República, no dejarle penetrar en ésta bajo el blanquísimo vellón de cordero pascual, o sea de ciudadanos libres, pues intentaría conseguir con sus votos aquello mismo que no había conseguido con las armas. Así dejó a los extraños el derecho a la seguridad completa de los hogares, el derecho a la seguridad también de los templos, el derecho a escribir lo que les pluguiera y a reunirse o asociarse, los derechos individuales garantizados por el Jurado, mas no la gobernación del país, para lo cual, con plena conciencia de lo que hacía y tras madura deliberación, a piedra y lodo les tapaba las puertas del Comicio y del Parlamento y del Estado. De aquí un pleito entre boeros e ingleses, del cual pleito es como un incidente la empresa y la derrota de Jameson y sus filibusteros contra Kruger y sus soldados. En este pleito se ponen unos y otros como no digan dueñas. El inglés le dice al boero que, por ejercer éste la industria de carretería y recelar del efecto producido por las locomotoras contra los carros, tardó mucho tiempo en admitir los ferrocarriles, y fue como una manzana de discordia y guerra civil el asunto de su planteamiento en el territorio de la República. El boero dice de los ingleses que se han quedado con carne suya entre las garras y le han cogido lo mejor de su dominio, el espacio entre sus restrictos límites de ahora y el Océano que le correspondía por toda clase de derechos. Y el inglés dice del boero que no le permite la ciudadanía en su república. Y el boero dice del inglés que quiere la ciudadanía del Transvaal, sin perder la ciudadanía británica, pretensión derogatoria de todos los principios de derecho, estando tan persuadidos ellos mismos de no ser ciudadanos boeros, que, cuando se ven éstos con frecuencia por los cafres atacados no pueden alcanzar tomen las armas aquéllos en defensa del derecho de todos. Así, el jefe de los torys, o sea, el primer ministro, ha comparado el Transvaal autónomo a lo que sería la Irlanda probablemente, si recabase por milagro su imposible autonomía, pues la gente luterana del Ulster haría con los irlandeses católicos, lo que ha hecho Jameson y sus camaradas sajones con los ciudadanos boeros. En realidad, el pleito que parecía concluido, está en curso; y habrá de tener muchas instancias. Y no solo sirve para que continúen riñendo en África boeros con ustlandeses, también sirve para que continúen riñendo en Europa ingleses con alemanes, a causa del cablegrama puesto por el emperador Guillermo al presidente Kruger, contra el filibustero Jameson. Como podrían creerse los relatos de tal batalla producto de mi fantasía, copio los sendos retóricos disparos de unos contra otros, tal y como corren por toda la prensa europea. «Es hora ya, dice un gran orador inglés en reuniones públicas, de que imponga la reina silencio al villano gansillo, a quien llaman su nieto.» El diputado Madean añade: «Ese filibustero cablegrama, puesto al presidente Kruger por el nervioso y voluble César germánico, constituye una violación del derecho de gentes mucho más grave que la por él condenada.» Y los alemanes responden a su vez en los diarios con frases como la siguiente: «Gruñe ahora el británico leopardo; pero no muerde tan despreciable bestia, porque tiene la costumbre de hacer cobardes reverencias en cuanto se oyen los chasquidos de un látigo.» Diríase que iban a empeñar una guerra.

XIX

Otra grave cuestión, y acabo con ella tan larga crónica, es el bautizo griego que se quiere propinar al príncipe Boris, heredero presunto del trono de Bulgaria, después de haberle antes dado el bautizo nuestro, como a la criatura más ortodoxa y católica del mundo. No conozco familias tan aparatosas en materia de alardeos tartufescos cual las familias reales, ni más dispuestas a cambiar de religión y de culto. Para casarse con el heredero de la corona helénica una hermana del emperador alemán cambió la religión protestante por la religión griega; y para casarse con el emperador de Rusia una nieta de la reina Victoria cambió también la religión protestante por la religión moscovita. No comprendo cómo se puede hacer esto. Frecuentísimo el caso de irse dejando en las zarzas del camino, por imposiciones del estudio científico y del combate político, la religión heredada de los mayores, pero cambiarla por otra, y obedeciendo, no a sentimientos de amor, que pueden justificarlo todo, a sentimientos de ambición, pues el amor apenas entra en matrimonios hechos por la cruel razón de Estado, cambiarla por estos motivos y en tal guisa, es incomprensible, aun para los que, habiendo perdido la religión en su conciencia, la guardan en su vida, y al dejar sus dogmas de lucir en las ideas interiores, aún componen y alimentan las costumbres atávicas. Tal extrañeza, ¡vive Dios!

de punto crece al saber que será cómplice de una tan terrible apostasía, joven infanta parmenia, que con las infantas modenesas constituyen la dinastía de beatas más intolerantes e intolerables del mundo, capaces de repartir escapularios milagrosos a los carlistas y de resucitar los viejos y crueles vendeanos. Y para que aun haya cosas más estupendas en este drama histórico representado a nuestra vista hoy por una parmesana y un Coburgo católicos, éste se parte a Roma, pretendiendo para tal guisado, repugnante al corazón y al estómago, la bendición del Papa más tolerante y más circunspecto y más sabio, pero más ortodoxo y católico, de cuantos han regido desde hace tres siglos la Sede altísima de San Pedro. La temeridad del príncipe búlgaro pretendiendo apostatar en representación de su hijo y obtener para tal infame apostasía una sanción del Papa, corre parejas con la temeridad increíble de su señor primo, el inexperto rey lusitano, pretendiendo que lo recibieran al mismo tiempo y con iguales honores en el Quirinal y en el Vaticano. Las mujeres de mi tierra, las que yo he tratado en Valencia, en Andalucía, en Aragón, en Cataluña, en Galicia, en toda España, desdeñarían sin excepción todas ellas, no ya la corona de Bulgaria, la mayor corona, si habían de cambiarla por el nimbo de los ángeles que todas ellas ven resplandecer en las sienes de sus hijos y sobre los altares de sus cunas; y no son Borbones, y no sienten discurrir la sangre de San Luis en sus venas, y no han pertenecido a la Liga de los Católicos que decretara la matanza de los hugonotes, ni han firmado con el puño y el sello de sus abuelos la revocación del Edicto de Nantes, ni han enrojecido con sangre so pretextos religiosos desde las cordilleras de Normandía y de Bretaña hasta las cordilleras de Cantabria: pertenecientes a familias liberales, creen que la libertad es religiosa, y que Dios la creara con el hombre y Cristo muriera en el Calvario por divinizarla sobre la faz del planeta, y no cambiaran por nada en el mundo sus creencias. La princesa de Parma no trocara el trono de su hijo por el infierno de Satanás, si creyera, como se cree aquí, de bulto y de veras al diablo. Pero es el caso que ni la mujer ni el marido consiguen cosa tal con el abandono de su fe, pues Bulgaria pende a la postre de Rusia, y este Imperio no se contenta y satisface con que cambie de religión el príncipe heredero Boris; quiere que abdique a toda prisa el príncipe reinante Fernando. Por manera que los dos infantes, la princesa de Parma y el príncipe de Coburgo, habrán reñido con Dios y cerrádose los cielos sin ganar en el mundo un trono, ni avenídose con el emperador de todas las Rusias, rey de los reyes y señor de los señores orientales. Así lo ha querido su nefasta estrella.

16. Marzo 1896

Descomposición del partido republicano español. Ideas del señor Pi y Maragall. Estado del mundo. Cuestiones coloniales. Horror a la guerra. Móviles que me impulsaron a escribir el Manifiesto a los americanos. Consignación en estas columnas del Manifiesto. Política internacional. Predominio de Rusia en la tierra. Aislamiento de Inglaterra. La cuestión del Transvaal. El doctor Jameson ante los tribunales de Londres. Cuestión de Bulgaria y de Abisinia. Grande agitación en Italia. Terminación

I

Lo hemos visto y apenas damos crédito a nuestros ojos. La extrema izquierda del elemento democrático español, con su jefe a la cabeza y su programa por lábaro, se ha dividido con fragor de las inútiles bandas revolucionarias y se ha francamente acercado al método de la legalidad, después de haberlo puesto como no digan dueñas y haberlo maldecido con excomuniones pontificias en veintitrés años de diarios combates. Un verdadero neologismo han inventado en esta metamorfosis para caracterizar sus propósitos, mal sonante al oído, por poca costumbre de recogerlo entre las palabras usuales, pero muy expresivo de una resolución sistemática en los procedimientos, el neologismo «legalista», que ahora tiene una circulación limitada, por incipiente, pero que llegara tarde o temprano a entrar en las costumbres y aún a recibir consagración legal en el Senado de nuestra Academia. Quien ahora leyera un antiguo documento electoral, aquella tan abominable alocución dirigida por mí el año 76 en enero, a los heroicos electores de Barcelona, encontraría palabra por palabra las ideas y frases hoy publicadas por los que, olvidando y eludiendo su apellido de pactistas, entran en la vigente legalidad con alardes y entusiasmos nunca sentidos por los que mantuvimos en el creador año 73 la República posible, como después del 73 la democracia legal con sus naturales caracteres históricos, y su propia esencia íntima. Es evidente, de toda evidencia, que las varias agrupaciones democráticas no se distinguen tanto por sus teorías ideales, como por sus procedimientos prácticos. Divídese la democracia, comprendiendo en ella desde las agrupaciones que han gobernado últimamente hasta los que profesan el socialismo y la federal, por este dilema: o pacífica o revolucionaria. Y prueba de que no importan las ideas, como importan los métodos, la tenemos al canto. Los krausistas se llaman mucho más avanzados que nosotros, fundadores de las teorías y de las agrupaciones conservadoras dentro de la democracia radicalísima; y sin embargo, prefieren al voto universal el voto cualitativo, resto de las teorías eclécticas, eco de aquellos tiempos en que Guizot, desde la Sorbona o el Colegio de Francia, y Donoso desde la cátedra del Ateneo de Madrid, proclamaban dogma político tan reaccionario como la soberanía de la inteligencia, oponiéndolo a la soberanía de la nación. Y lo que asevero del voto cualitativo, asevérolo también del concepto federal, que contiene reacciones económicas propias para resucitar el régimen de la tasa y de los gremios, como contiene reacciones regionalistas, de cuyos resultados únicamente podrían aprovecharse don Carlos y el absolutismo. Después que, por la proclamación de los derechos humanos, se ha realizado la soberanía individual; y de que, por el establecimiento de la magistratura popular llamada jurado y por la extensión del sufragio a todos los españoles, se ha realizado la soberanía nacional, no se distingue la democracia, tanto por su doctrina, como por sus procedimientos. Deploro ver a mis antiguos compañeros de gobierno en la República enterados tan tarde, tras veintiún años, de la eficacia del método legal y parlamentario, pues, habiéndolo seguido al iniciarlo yo, acaso adelantáramos en nuestro camino mucho más, y acaso consiguiéramos cosecha mucho mayor de principios democráticos, aunque no ha sido escasa la últimamente atrojada; pero nunca es tarde, si la dicha es buena; y yo, alejado del Parlamento y del gobierno para siempre, desde mi humilde condición de publicista, debo ayudar a los legales contra los revolucionarios, al federal de Madrid contra el federal de Cartagena, repitiendo a éste que una revolución jamás fue obra de una secta, sino de una época, cual una tempestad jamás fue obra de una botella eléctrica, sino de aéreas y celestes corrientes magnéticas; por todo lo cual debe aprender la democracia, no a subvertir y subvertirse, sino a gobernar y a gobernarse.

II

No hay más que cuestiones coloniales en el mundo: los franceses tienen la cuestión de Madagascar, los italianos la cuestión de Eritrea, los alemanes la cuestión del telegrama de su emperador al presidente Kruger, los ingleses las cuestiones del Transvaal y del Cabo, los españoles la cuestión de Cuba, los rusos la cuestión de Corea, como si el eje de la política se hubiera separado de nuestra Europa y quedaran sus dos polos en el Oriente y en el Occidente extremos pasando todo él por los mares, y no como antaño, por el continente nuestro, que ha ejercido una soberana hegemonía en el planeta por espacio de siglos y más siglos. ¡Cuántas consecuencias intrincadas traen tales gravísimos hechos y cómo andamos sobre todos ellos con el temor de que alguno estalle y abra volcanes asoladores en el suelo e incendie los aires con apocalípticas tempestades! Nada me repugna y me subleva en el mundo como la guerra, necesitada de organizar sus fuerzas en un verdadero despotismo; esgrimida siempre con violencia y siendo esencialmente un mal, aunque vuelva por el bien; olvidada por completo de todas aquellas nociones del derecho humano sin las cuales no tiene precio alguno la vida y vuelven las sociedades al período de los caníbales como si reinaran aún sobre nosotros los dioses del odio, los dioses antropófagos cuyas narices se abrían como las narices de los tigres al hedor de la sangre, cuyo exterminador espíritu encerrado en cielos de tinieblas se gozaba con los holocaustos cruentos y los sacrificios humanos.

III

Odiando yo por tal suerte los horrores de la guerra, ya comprenderéis cómo habrá conmovido y angustiado mi espíritu el horror de la presente guerra civil en Cuba y el horror de la probable guerra internacional con los Estados Unidos. Yo comprendo y explico, aunque lo deplore, combatir a sangre y fuego en el continente de lo pasado como Asia o en el continente de la barbarie como África; pero no comprendo, no puedo comprender guerras civiles o extranjeras en los dos continentes de la luz y de las ideas, en América y Europa, comprendiendo menos un choque mortal entre ambos, que sería tan terrible sobre la inmensidad del Océano como el choque de dos cuerpos celestes en la inmensidad del espacio. Viejo republicano, constante demócrata, liberal de abolengo, he prestado culto a las instituciones americanas toda mi vida y puesto entre los nombres de mis devociones laicas a los héroes de la libertad, de la República, de la democracia en el Nuevo Mundo. Hanlo reconocido y recordado así en estos angustiosos momentos los periodistas y escritores de la grande América del Norte, dirigiéndose a mí en demanda de un pensamiento y de un verbo sobre la probabilidad y las consecuencias de una guerra, entre nuestras dos naciones. Las Revistas, El Faro y El Norte; los periódicos El Herald y El World y El Journal, diputados y senadores, varias corporaciones hanme dirigido tantas consultas que me creí en la necesidad imprescindible de poner un cablegrama circulatorio, con quinientas ocho palabras inglesas, cuyo texto español copio aquí a la letra. Heles hecho, pues, a los americanos las debidas reflexiones sobre su temeridad en las líneas siguientes:

IV

«Decísme, americanos, que América escucha mi palabra. Creílo un tiempo. La vejez hame traído este desengaño: no me oís. Yo afirmé que nunca reconoceríais la beligerancia de los facciosos cubanos, y todavía creo que, siendo tal acto incumbencia del presidente, no lo realizará éste y le daréis el apoyo de vuestros afectos republicanos y por ende pacíficos. Así no vulneraréis, como vulnera vuestro Parlamento, el derecho internacional con declaraciones de beligerancia que atacan el principio de no intervención proclamado por la democracia toda y amenazan la integridad y la independencia de nuestra España. Si apoyarais al Parlamento, tendríamos que aborreceros, porque ser patriota es amar y aborrecer como ama y como aborrece nuestra patria. Imposible oiga vuestro primer magistrado a las Cámaras. Llamar ejércitos a facciosos sin disciplina y sin ley; Estado y Gobierno a cabecillas sin residencia posible; Congreso a juntas nómadas sin domicilio conocido; escuadras a barcos filibusteros sin filiación y sin bandera, derogando así todos los principios del humano derecho para cohonestar una impertinente ingerencia en conflictos de nuestra privativa soberanía y para fomentar una revolución criminal, funda todas sus esperanzas en el auxilio extraño y a extraños quiere sujetar la Isla en su mentido esfuerzo por una independencia ilusoria, y arremete contra la nación madre de todas las naciones americanas, es un error y un crimen colectivos, tan enormes, que habríais de pagarlos carísimos vosotros, si lo perpetran vuestros representantes, pues no pueden tolerar ni Dios, ni la humanidad este cesáreo y despótico atentado de la fuerza bruta y del interés mercantil a la justicia universal.

V

Quiere trastrocaros vuestra oligarquía belicosa de pueblo trabajador en pueblo guerrero por tristes resoluciones, que suman todas las violencias de una conquista armada con todas las perfidias de una diplomacia cartaginesa. La república conquistadora perecería en América como pereció en Grecia por Alejandro, en Roma por César, en Francia por Napoleón. Y perecería más pronto esa república conquistadora, si chocase con un pueblo inconquistable, como el pueblo español, a quien importan un ardite veinte años de guerra. Pero no habrá guerra entre nosotros, hermanos por los vínculos de la Historia toda y de las instituciones democráticas. Franklin, Washington, Lincoln, esos bienhechores de la humanidad, no pueden trocarse, no, en Jerjes, en Faraón, en Atila, esos azotes de Dios. La Flor de mayo, que todos los republicanos bendecimos, como saludan la rosa mística de sus letanías los devotos, no puede soportar un riego de sangre, ella que llevaba los peregrinos ansiosos de aplicar el sermón de la montaña y sus bienaventuranzas al nuevo mundo social.

VI

Volved en vosotros, como habéis vuelto durante los conflictos con Inglaterra, no se diga que retrocedéis ante los fuertes y arremetéis con nosotros porque somos débiles. Pues no lo somos, porque se han engañado todos cuantos, al creerlo así, nos han agredido, estrellándose contra un valor, cuya principal cualidad no está en el coraje, sino en la constancia. Y además no estaríamos solos. Al vernos el mundo desacatados por nuestros hijos de América, se sublevarían los afectos paternales de todos los corazones humanos y harían por los españoles, padres de la civilización americana, lo que hicieran por los helenos y por los romanos, padres de la civilización europea. La presencia de España en las Antillas recuerda que fuimos los reveladores del Nuevo Mundo, como la presencia en Filipinas recuerda que fuimos los reveladores de todo el planeta. Bien estamos, pues, donde estamos. No queremos nada más ahí; pero tampoco queremos nada menos.

VII

Y no invoquéis la doctrina de Monroe, desconociéndola y falseándola. Esta doctrina se revuelve contra la reconquista de América por Europa; mas reconoce la posesión secular de los territorios europeos en ese continente, y con especialidad del territorio antillano. No puede haber ni un continente solo, ni un pueblo solo. Y esas Antillas, separadas del continente nuevo y tendiendo al antiguo, representan la unión entre América y Europa, como representaban los archipiélagos griegos la unión entre Europa y Asia. Resulta, pues, un interés europeo el que las Antillas sirvan de comunicación entre los dos continentes y de áncora firme a la estabilidad del planeta. No estáis aislados en el mundo. Como todos los pueblos industriales, necesitáis cambiar, y mejor mercado encontraréis en Cuba española que en Cuba colonia vuestra, que no podríais someter, o en Cuba presa de las enfermedades consiguientes a una imposible independencia, que no podría conservarse.

VIII

Y Cuba es una democracia como España. Os lo dice quien pertenece a una generación, la cual ha suprimido la trata, la esclavitud, la intolerancia religiosa, el antiguo régimen colonial, y ha proclamado libertades que nos admiran y nos envidian todos los pueblos del mundo. Y casualmente hase erguido la insurrección parricida en Cuba, cuando acabábamos de dar leyes liberales por voto unánime de todos los partidos y nos preparábamos a concederle con amplia descentralización el gobierno oportuno de sí misma bajo nuestra gloriosa bandera y la posible libertad mercantil. Vosotros habéis nacido para descargar el cielo de asoladoras centellas, no para forjarlas y menos para blandirlas. Convivamos en paz. Cuando por el Virginius tuvimos la gran dificultad con vosotros, el más sublime senador vuestro, el abolicionista inmortal, mártir de la libertad, oponiéndose a la guerra en el Capitolio, dijo que si América concluía con la República en España, sucederíale lo mismo que le sucedió a la segunda república francesa cuando mató la república romana. Y vuestras Cámaras votaron un mensaje, reunidas en Congreso, aclamaron la República y la nación españolas. No somos hoy una República, pero somos la democracia más liberal de todo el viejo continente. Y a nuestra patria no podéis arrancarla de América, porque si esa tierra se hundiese en el Océano, sobre las ondas brillarían las estelas de nuestros descubridores navíos y en aquellas solitarias brisas eternamente sonaría el nombre de la creadora España.»

IX

Está pasando un fenómeno, que pocos advierten, y que influye con influencia soberana sobre todos: el aumento de la prepotencia moscovita en el mundo. Llámase al predominio de un territorio sobre las demás de cualquiera región hegemonía desde las edades, en que hubo la guerra del Peloponeso por la superioridad política o moral disputada entre Atenas y Esparta sobre toda Grecia. Pues Rusia no ejerce hoy hegemonía solo sobre nuestra Europa; la ejerce desde los muros de China hasta los mares de Cádiz, la ejerce indisputablemente sobre todo el Viejo Mundo, mayor, mucho mayor, que la ejercida por los Estados Unidos sobre todo el Nuevo. Que Francia dispuso de Europa desde los días primeros de la centuria expirante hasta el año 14, por medio de Napoleón; que dispusieron los reyes y emperadores del Norte desde la batalla de Waterloo en el año 15, hasta la cuádruple alianza en el año 34; que desde la cuádruple alianza entre Inglaterra y Francia y Portugal y España hasta la terrible catástrofe de Sedán, dispusieron franceses e ingleses, según lo demuestran en la guerra de Crimea como la guerra de Italia y en la guerra de Italia como la guerra de China; que desde la catástrofe de Sedán hasta la retirada de Bismarck dispuso Alemania de todos nosotros no cabe duda de ningún género, pues son fases del tiempo las así caracterizadas que se hallan reconocidas por todos cuantos estudian y conocen la historia contemporánea. Pero como lo más difícil va siendo el conocimiento de los hechos diarios, apenas enlazados unos con otros en la viveza y multiplicidad de nuestras emociones personales, impeditivas de toda sistematización regular, nadie nota cómo anda Rusia, cual no se nota casi cómo anda el tiempo y no se nota nada cómo anda el planeta. Mas, miradlo: un veto suyo ha detenido los japoneses en su marcha triunfal y los ha sacado, no obstante victoriosos, de la Manchuria vencida; otro veto suyo ha destruido la influencia de Austria en los Balcanes y logrado que príncipes tan católicos como el hijo de un Orleáns y de una Parma bauticen al primogénito de sus amores en la religión oriental más o menos ortodoxa búlgara, feudo religioso y político ya de la santa Rusia; otro veto suyo ha hecho que Inglaterra desistiera de sus pretensiones acerca del régimen favorable a la pobre Armenia y ha repuesto al sultán sobre su trono despótico cuando parecía casi depuesto; una maniobra suya se ha incautado del gobierno de Corea, constituyendo esta península misteriosísima so el protectorado ruso indirecto contra todos los esfuerzos y maniobras del Japón; demostrando así que Rusia crece hasta posesionarse de dos continentes amenazando a los occidentales con la realización de aquella profecía del emperador Napoleón, quien anunciaba en las previsiones del mirar suyo de águila que para la próxima centuria Europa sería o republicana o cosaca.

X

Así comprendo yo que Inglaterra se halle muy embargada por estos terribles síntomas del avance ruso y se aperciba con todos los medios posibles a procurarse un seguro venidero y una defensa enorme. Bien lo necesita, pues Rusia, que le iba cerrando antes por tierra desde las mesetas centrales del Asia tártara todos los caminos a Persia y a China y a India, se le cuela de rondón ahora en el mar y en el río Amarillo, disputándole con su largo cetro territorial el poderoso tridente oceánico. Mas no se duerme Inglaterra en las pajas. Fortalecida por el más potente factor de influencia que puede imaginarse, por su oro, y teniendo a su disposición aquella fuerza de que no pueden disponer ya los Estados, ni en Europa, ni en América, un presupuesto con superávit, no solamente ve crecer sus escuadras, sino aparejarse y moverse con una grandeza y una rapidez inexplicables. Tanto su ministro de las Colonias, Chamberlain, como su ministro de la Marina Goschen, aseguran, y no mienten, haber llegado el poder colonial y el poder marítimo de la Gran Bretaña en el mundo a términos que parecen soñados. Pero esta grandeza le suscita dificultades y conflictos no envidiables en las cinco partes del globo, muy propios para quitar el sueño a sus estadistas con frecuencia. Cola de cometa siniestro extiende la cuestión del Transvaal desde las riberas del Cabo hasta la desembocadura del Nilo y desde la desembocadura del Nilo hasta las orillas del Támesis. El grande africano Rhodes, una especie de Yugurta europeo, reinando so el regio manto y la imperial corona de Victoria, su reina, entre republicanas denominaciones y amaños, no se contenta y satisface, tras haber tendido a los pies de su ilustre soberana dominios innumerables y mapas que parecen como inscritos en los fantaseos de Las Mil y una Noches, no se contenta y satisface con esta obra fantástica, la cual cree pobre y pequeña en comparación de la intentada para lo futuro, y pretende acrecentarla, si quier en este acrecentamiento alguna vez tropiece con obstáculos invencibles y haga correr a la metrópoli, con su emperatriz y todo, riesgos o daños gravísimos. Los que conocen a este hombre, muy extraordinario, le atribuyen, al par de una codicia por el oro sin límites, una tan grande ambición que le suponen capaz de arrancar la corona cedida por necesidad a la reina, y coronarse, o César de un Imperio negro inacabable, o Cromwell de una República. Pero las gentes británicas, muy satisfechas del magno esfuerzo que supone todo esto en su patria y gente recelan dos cosas: bien un escándalo colosal, en cuya comparación quede lo del Panamá cosa baladí, bien una sarta de complicaciones intercontinentales como la surgida últimamente con el emperador alemán, en las que recaiga sobre su patria una responsabilidad tan enorme como la de haber encendido en el planeta una guerra, cuyos estragos pueden dar al traste con todas las grandezas de nuestra ilustre civilización y con todos los productos del trabajo universal. Y hay para temerlo, y mucho, visto lo visto, visto lo que ahora mismo está sucediendo entre Inglaterra y el Transvaal.

XI

Las peregrinaciones emprendidas por los jefes de las colonias del Cabo y al Cabo próximas, encierran tal número de instructivas enseñanzas, que no debemos, ni desatenderlas, ni descuidarlas, si deseamos comprender el complicadísimo asunto. Desde luego el explorador y gobernante, a quien los ingleses idolatran, este célebre Rhodes, cuyo nombre no podemos elidir un instante, por sus obsesiones al gobierno y al pueblo de Inglaterra, se había partido de sus Estados como reo, por causante de la última perturbación y vuelve a sus Estados cuando no ha podido aducir excusa de ningún género como vencedor. Después de haber sido el general y jefe supremo en la triste aventura del médico Jameson; después de haber tirado la piedra esconde la mano; y se reduce todo el castigo que le han impuesto a un viaje más o menos cómodo por aguas y arenales más o menos extensos, y a una conversación larga con el superior jerárquico más o menos embarazosa. En cambio el instrumento de sus maniobras, el verdugo cumplidor de sus sentencias, el cabecilla de sus irrupciones, Jameson, va preso desde el Transvaal a Inglaterra como reo de lesa nación y lleva consigo presos también y sometidos a la justicia histórica los que componen el ejército roto que tantas pesadumbres acaba de dar a Inglaterra y tantos males ha podido inferirle. Y se ha dado el rarísimo ejemplo de que mientras la policía los vigilaba y las cárceles se abrían a su paso para recibirlos y por ende penarlos, el pueblo les ofrecía palmas al paso y les atronaba los oídos con vítores. Vestían los insurrectos vestimentas ceñidas a su cuerpo en África y ostentaban las pruebas de convicción que debe atraerles el justo castigo. Y no solamente ostentaban todo esto, sino que hacían un relato casi homérico de sus hazañas, ennegreciéndose la conciencia y la memoria con la incomprensible jactancia de crímenes que no han cometido y de muertes que no han hecho. Doscientas ochenta víctimas se imputaban a su voluntad y a su nombre tan gárrulos criminales; y el gobierno a quien asaltaban y que los ha vencido no quiere la gloria consiguiente a un tal extraordinario esfuerzo y se venga con no haber tenido necesidad del sacrificio ni de una docena entre soldados suyos muertos y heridos para salvarse del tremendo enemigo. Mas sea de todo esto lo que quiera, si así reciben los ingleses al vencido, entre loores y aleluyas, ¿no puede recelar el vencedor que lo reciba a él entre denuestos y silbidos? Sin embargo, el íntegro y estoico Kruger, que hizo un viaje tres lustros ha, sacudiendo en él una parte de las obligaciones que le impusiera la gran Bretaña, se dirige hacia Londres en requerimiento de nuevas garantías, por las cuales puede presentar él en fianza un régimen más antinómico para los uitlanders y una participación más activa en el gobierno municipal para los ingleses que hoy explotan aquellas minas y que desistirán de proteger nuevas invasiones en cuanto alcancen una mayor libertad. Dondequiera que por grandes transacciones políticas se recaba un progreso pacífico y seguro, allí están siempre con sus adhesiones deliberadas y continuas, así nuestro corazón como nuestro pensamiento.

XII

Terminemos esta extensa revista deteniéndonos ante dos hechos capitalísimos, como son las transformaciones de Bulgaria y las guerras de Abisinia. Desde que mataron a Stambouloff, único estadista búlgaro capaz de comprender cómo Bulgaria no merecía el nombre de nación, si pasaba desde su antigua servidumbre bajo los otomanos a servidumbre nueva bajo los moscovitas; desde tal suceso comprendimos que la rusificación de los Balcanes tardaría poco tiempo, apoyada directamente por Francia contra sus propios intereses, e indirectamente por Alemania contra los intereses de la Triple Alianza. La inclinación a Rusia del primer ministro Stoiloff, la embajada del metropolitano Clemente a Petersburgo, la ida del príncipe Fernando a Roma en pos de imposibles cohonestaciones del catolicismo heredado con su apostasía próxima, el bautizo de su primogénito Boris por la mano del exarca Joseph, los padrinazgos de una comisión moscovita representando al gran padrino, al zar, la proclama de Fernando como feudatario del sultán y su reconocimiento en esta humillación por todas las potencias, enseñan cómo se ha rusificado Bulgaria; y esta rusificación enseña cómo hay un imperio extendido desde la Península coreana en estos meses últimos hasta la helénica Macedonia. Todo hubiera podido temerse del Coburgo adscrito a la humilde monarquía búlgara menos que apostatara de la religión católica y volviese las espaldas al Austria después de haberse casado con una rica infanta parmesiana, tan devota de los Papas romanos como de los viejos Hapsburgos. Los escritores, dispuestos a excusar cuanto los reyes hacen, recuerdan la célebre apostasía del renegado Enrique IV y la comparan a una con esta reciente apostasía de un Coburgo-Borbón. Pero Enrique IV apostató para que no reinaran en Francia los hijos de Felipe II y el Imperio español no se dilatase desde las aguas del Danubio hasta las aguas de Gades, sin contar sus dominios en todo el mundo conocido; y Fernando Coburgo apostata para que se dilate un imperio como el de Nicolás II, que va provocando las iras mil veces despertadas en la sucesión de los siglos por los aspirantes al dominio universal del planeta. Y los triunfos indirectos de Rusia son ya tan graves como los mismos triunfos directos. Y triunfo indirecto suyo es la campaña del Nego abisinio contra el ejército de los italianos en África, porque Rusia protege al vencedor so pretexto de ser el único rey africano de nuestra religión y pertenecer esta religión cristiana, o brazo de la religión cristiana en el árbol de nuestras creencias, a la religión oriental como la propia iglesia moscovita. Y lo de África trasciende mucho a Europa, y lo que sucede por Algalí, por Makallé o por Kasala repercute muchísimo en Italia, donde los ministerios a una oscilan y las Cortes con los ministerios al empuje de los telegramas eritranos. Así, viendo allí los ministros de Hacienda que la guerra puede traer aparejada la ruina, y alarmados por la terrible perspectiva de un Tesoro agotado y un presupuesto exhausto, se han decidido por convocar las Cortes, convocatoria muy combatida por Crispi, que quisiera presentarse al Parlamento, no con una dificultad aumentada, sino disminuida, merced a lo cual ha resistido cuanto ha estado en su mano las sesiones amenazadoras y los debates borrascosos. Pero las Cortes italianas se congregan en pésimas condiciones. Pocas veces he cerrado estas revistas bajo un dolor tan intenso, pues veo entrar en muy malos caminos a Europa y siento sobre mis ojos cargados por el insomnio la electricidad terrible de una voraz guerra. Encontrábame aquí próximo a cerrar estas reflexiones, cuando el telégrafo me comunica la desgracia de Italia en Abisinia, su general Baratieri vencido, diez mil de sus soldados muertos, las fortalezas próximas al sitio del desastre cercadas, los bárbaros aullando sobre la matanza y el exterminio, las manifestaciones en el pueblo italiano al saberse tal caso revistiendo carácter de revoluciones, el pueblo romano indignadísimo hasta maldecir a sus ministros como fieras de caza, las gentes echadas a los caminos para impedir la salida de tropas, y así la realeza como el rey pasando por tan espantosa crisis que nadie se maravillaría de ver triunfante la República en aquella desgraciada península. Si recorréis mis revistas, no podrán maravillaros tales sucesos, porque mil veces os he dicho que la demencia de su guerra en África traería una irreparable catástrofe a la infeliz Italia.

17. Marzo 1897
Cuestión de oriente. La religión musulmana. Un libro nuevo sobre tal religión. Edades propias del Mahometismo. Consecuencias terribles de la fatalidad musulmana. El dios musulmán. Irremediable decaimiento de las creencias musulmanas. La religión griega y la religión mahometana en Oriente. Mourawieff en Berlín. Agitación republicana en Moscú y entusiasmo ruso en París. Las reformas en Turquía. Los públicos juicios acerca del Sultán. Armenios y antiarmenios en Europa. Dos palabras sobre Creta. Conclusión

I

La cuestión de Oriente suscita un orientalismo natural en Europa, pues toda región terrestre donde se plantea un gran problema, y toda familia humana, conmovida por un progresivo ideal, despertarán vivo interés entre los mortales; y este interés irá creciendo a medida que los pueblos, por la rapidez de comunicaciones internacionales se acerquen unos a otros, y por el fondo común de sus creencias se identifiquen unos con otros, hasta convencerse de que todo el planeta es su natural habitación, como hijos de un solo Dios y hermanos en una sola humanidad. Este fenómeno revela una creciente atención al islamismo y al Islam, hoy nacida entre aquellos europeos, más dados, no ha mucho, en sus lucubraciones científicas, a prescindir de toda idea religiosa: en los franceses. Verdadero escándalo produjo todo un Doctor, nacido sobre tierras cristianas y educado por el Cristianismo, como el célebre diputado de Pontalier, al presentarse dentro de un recinto y espacio, tan poco hechos para liturgias y cánones, cual el Congreso francés, vestido como nuestro padre Abraham en el desierto, dándose abluciones del Sena para quitar con aguas lustrales toda mancha de su cuerpo, y abriendo los brazos, puesto de rodillas sobre las tablas, para dirigir en las horas coránicas una oración al cielo que le abra las puertas del Edén prometido y le granjee la misericordia de Alá. Huyendo del perejil, salióles a los franceses en la frente. Huyendo de Cristo han tropezado con Mahoma. Y no parece fenómeno singular este fenómeno. En París hoy mismo se publica una revista del Islam, y mientras se ha necesitado presuponer en los presupuestos oficiales cantidades crecidas para levantar la iglesia del Sagrado Corazón sobre la colina donde San Ignacio fundó la Compañía de Jesús, brotará espontáneamente por suscripciones voluntarias, una mezquita que se consagrará, con todos los ritos propios del culto mahometano, al Dios único, al único profeta. No debe, pues, maravillarnos que al regresar de reciente viaje por Argel haya escrito un grande orador, el Padre Jacinto, entusiasta libro acerca del Cristianismo y del Islamismo, y haya puesto en su dedicatoria estas palabras dirigidas a famoso héroe ismaelita: «Un francés, amigo de los árabes; un cristiano, amigo de los musulmanes.» Yo, muchas veces lo he dicho: si las líneas paralelas matemáticas no se juntan ni en lo infinito, los dogmas paralelos religiosos se encuentran en Dios.

II

Así, nada más lejos de mi ánimo que zaherir las apologías del mahometismo recientemente publicadas en Francia. Como debe preferirse a la nada el infierno, debe preferirse a cualquier ateo sistema cualquier dogma religioso. Curiosísimo el volumen publicado por Castries con este título: El Islam. Ario de raza, cristiano de religión, francés de nacimiento, Castries nos da la clave del precioso volumen al quejarse con tanto motivo del discurso de la plegaria cristiana, en que van los pueblos cultos y occidentales cayendo por su mal. Yo soy de su mismo sentir. Las almas pierden mucho aroma de poesía cuando bajo los fragores de las grandes ciudades no pueden oír, como por los campos, el toque de las campanas llamando al Ave-María entre los arreboles del último crepúsculo y los centelleos del primer lucero. Así comprendo la tristeza del noble francés, al contemplar en el desierto líbico los árabes, que le componían vistosa corte con sus cabalgatas, después de haber caracoleado en sus caballos tan ligeros como el aura y corrido la pólvora con sus arcabuces tan tonantes como el rayo, o desmontarse a la hora litúrgica, y sobre arenas relucientes como una vía láctea, bajo cielos azules teñidos por los rosáceos reflejos de un ocaso etéreo, mirando con arrobamiento hacia la Meca y como queriendo traspasar con sus ojos las líneas inflamadas del horizonte, entregarse de rodillas a las contemplaciones del eterno misterio, en rezos o salmos que compenetran lo finito con lo infinito, como se compenetra el tiempo con la eternidad, y aproximan Dios al hombre, quien, incapaz de comprender la muerte y enamorado de la inmortalidad, desciñe de todos los límites y de todas las contingencias el alma, persuadiéndola de que lo perfecto existe, y no solo existe, de que lo perfecto es asequible a nuestra pequeñez por la fe viva y por la esperanza inextinguible. Castries repite la escena del maravilloso poema músico en que Roberto, tentado por el mal y atraído por el bien, conoce necesitar, para vencer en aquella lucha, de otras fuerzas que las puramente humanas, y dice con plañidos sublimes: «¡Si pudiese rezar!». Tal advertencia, encaminada con arte a los ateos, tiene su muy saludable utilidad. Pero no la tiene, o no la veo yo, el tema con mucha ciencia desarrollado en este primer estudio sobre la sinceridad del Profeta. Yo creo inútil de toda inutilidad esa tesis. Por regla general, todos los reveladores han sido sinceros, y todos, dentro de sí, han experimentado la visita de un genio celeste, mientras aquellos hombres no partícipes de sus ideas han creído ver en ese genio el diablo. La religión mahometana fue un progreso evidente sobre la retrogradación en que habían caído los hijos de Ismael, cuando surgiera el gran Profeta: hoy no tiene defensa.

III

Mientras estuvimos en los períodos guerreros de la vida histórica, brilló el mahometismo con resplandor sin igual. Propio para aquel momento de la Historia, en armonía con aquel estado social, su espada abría surcos en la conciencia humana y sembraba multitud de ideas. Así, del choque de su alfanje salían centellas que iban a calentar las frías cenizas donde había quedado como atomizada la cultura antigua después de consumida por la tea de los bárbaros. Enfrente del África degenerada, enfrente de los godos españoles consumidos por el bizantinismo, enfrente de ese imperio de Constantinopla devorado por la fiebre teológica y reducido a la impotencia de una vida evaporada en continuas abstracciones, la voluntad enérgica, la disciplina severa, la religión militar, la propaganda por el sable debían prevalecer y triunfar. Junto a una ciencia de comentaristas, junto a un clero decadente, en los primeros siglos de la Edad teocrática moderna, la ciencia musulmana debía ser, como la faz del Dios de su Corán, el único luminar que difundiera su lumbre vivificadora en el espíritu humano, pues miraba a la tierra, consultaba a la experiencia, vivía en la realidad, mientras nuestra Europa se descaminaba y se perdía en los fantásticos ensueños y en las confusas visiones, producto de la maceración y de la penitencia, entre las estrechas paredes del claustro. Pero así que el mundo europeo sintió el primer calor del Renacimiento en la Edad Media, tuvo que retroceder el mahometismo en Occidente; y cuando, ya en la historia moderna, el mundo europeo sintió el calor de la filosofía, tuvo que estancarse el mahometismo en Oriente: tan cierto es que si las fuerzas rigen la materia, las ideas y solamente las ideas rigen la conciencia. Religión que miraba al temperamento de una raza, al carácter de un pueblo, a la temperatura de una región; como hija de unas circunstancias, con las circunstancias tuvo que pasar su prepotencia y caer por necesidad en irremediable decaimiento. Sus leyes no tienen el carácter de universalidad que deben tener las leyes morales, sino un carácter apropiado a los accidentes pasajeros de la vida y a las facultades exclusivas de una raza. Su gobierno y sus instituciones encuentran regulada la existencia en dogmas religiosos de una rigidez incontrastable. Una autocracia rige la sociedad. Una grande confusión entre el poder espiritual y el poder temporal caracteriza a esta autocracia. El fatalismo pone límites infranqueables a la libertad. El Corán a su vez imposibilita todo progreso, porque las leyes civiles, como las leyes políticas, no pueden ser más que comentarios de sus dogmas y derivaciones de sus principios. Así, la vida musulmana se corrompe como las aguas de un mar muerto. Así, el poder se petrifica como un gigantesco ídolo, en cuyas aras precisa ofrecer la más terrible de todas las inmolaciones, la inmolación de la libertad humana. Así, los pueblos que honraron en otro tiempo la tierra, vuelven a la inocencia de la infancia por exceso de vejez. Los mismos que tanto los enaltecen, confiesan que se han quedado fuera de la luz viva y asentados a la sombra de la muerte. Atribúyenlo a que la escritura semítica, progreso real sobre la escritura jeroglífica, opone hoy con sus complicadas letras, con sus innumerables puntos diacríticos, con sus varias vocales, insuperables obstáculos a la difusión de la ciencia. La escritura es jeroglífica, silábica y alfabética. La escritura silábica de los árabes aparece como un progreso respecto a la escritura jeroglífica de los chinos, que emplea ciento treinta mil signos para expresar una limitada cantidad de objetos. Pero con sus ochocientos caracteres tipográficos indispensables para la impresión de un libro o de un periódico, la escritura árabe tiene verdadera inferioridad respecto a nuestra escritura alfabética, que expresa con treinta caracteres a lo sumo todo cuanto puede concebir el pensamiento humano. No caben, pues, dentro de tan estrechos moldes el espíritu moderno, la rica variedad de nuestras ideas, los matices de nuestro pensamiento, el análisis prolijo de la filosofía europea, la nomenclatura de ciencias que debieran a la lengua del Corán su primera ilustración y que hoy del Corán se han separado para desarrollarse y crecer en lenguas más flexibles, más idóneas al progreso, más capaces de dar su expresión adecuada a todas las nobles aspiraciones del humano espíritu en este trabajo infinito por la verdad y por el bien. Una estrecha ortodoxia, que no existió jamás en los tiempos felices de Bagdad y de Córdoba, ha concluido por inmovilizar el espíritu musulmán. El movimiento es el calor, el calor la vida, y la transformación de las fuerzas el secreto de la mecánica y de la dinámica universal. Y lo mismo sucede en las sociedades humanas, donde se derivan de unas ideas otras ideas progresivas y todas juntas forman esa ley del progreso, fuera de la que solo reinan la esclavitud y la muerte.

IV

Delante de la enseñanza que al observador ofrecen estos pueblos musulmanes, podemos decir, alterando una de sus frases capitales: solamente la libertad es grande, solamente la libertad es fecunda. La causa primera de su atraso está en el absurdo fatalismo de su doctrina, bajo el cual parece como que se encorva y se humilla y se corrompe toda la vida. Muchos comentadores ilustres del Corán, y entre otros B. Saint-Hilaire, sostienen que el fatalismo no puede, en manera alguna, derivarse de la doctrina de Mahoma. Y aunque concediéramos este aserto, aunque proclamáramos el fatalismo como una inconsecuencia flagrante con la teología ismaelita, no podríamos negar que la supresión de la libertad ha llegado a ser como el dogma social de los turcos. El destino de estos fatalistas, escrito está en los cielos; sus acciones se arremolinan y se disipan como los huracanes en el aire y como los remolinos de arena en el desierto. Objeto mecánico que fuerzas ciegas dirigen y mueven, no tiene el turco responsabilidad, como no puede tenerla tampoco la máquina. Sus días se hallan contados en la eternidad, y su muerte de antemano señalada en el libro donde se escribe la suerte de todos los mortales. Las acciones caen de su voluntad como caen las hojas de los árboles. La vida corre con el ímpetu ciego de un torrente. Como un cuerpo impulsado por la mano presta el movimiento recibido a otro cuerpo que encuentra en su camino, las acciones de los hombres se mueven unas a otras, porque todas han recibido su movimiento primero de la mano misma de Dios. Una doctrina de esta clase destruye la mayor de nuestras energías, la voluntad; oscurece el mayor de nuestros luminares, la conciencia; suprime la ley más necesaria a nuestra naturaleza, la moral; arrebata el signo característico de nuestra superioridad sobre todos los seres, el libre albedrío; nos quita la gran dignidad humana quitándonos la virtud, que nace del sentimiento más arraigado en nosotros, del sentimiento de nuestra responsabilidad; y desde la esfera de las causas, donde por libres nos movemos como dioses, nos arroja a la baja esfera de los efectos, como seres inferiores, subordinándonos a un poder ciego, cuando nuestra actividad reina como una potencia creadora en la sociedad y en la naturaleza. La libertad es la facultad humana por excelencia. La libertad es el título verdadero de propiedad sobre nosotros mismos. La libertad nos es tan necesaria e indispensable, que hasta las buenas acciones no pueden satisfacernos sino cuando son verdaderamente nuestras, cuando nos pertenecen a nosotros mismos por virtud de la interior espontaneidad. El fatalismo musulmán, la predestinación luterana, el determinismo moderno, todos los sistemas, religiosos o científicos, que niegan el albedrío, dando a la voluntad divina fuerza avasalladora de la voluntad humana, o poniendo el motivo como impulsor mecánico de nuestras acciones, jamás destruirán el sentimiento íntimo arraigado en cada hombre de que forma su propia vida por sí mismo; de que determina sus actos por energías e impulsos interiores; de que delibera solicitado por ideas opuestas; de que acepta una razón sobre otra razón, y prefiere un motivo a otro motivo; de que elige el bien o el mal; de que procede en virtud de la energía más viva, en virtud del libre albedrío, causa primera de todas sus obras. Y cuando este gran sentimiento, cuando esta viva conciencia de la libertad se eleva desde el individuo a las naciones, ábrense a sus ojos horizontes infinitos en el pensamiento, y a sus trabajos interminables esferas en la vida. Las grandes instituciones se fundan, y a las grandes instituciones corresponden constantes e interminables progresos. Y, al revés, los pueblos que caen tristemente en el fatalismo, como el pueblo turco, se petrifican en la inmovilidad, que es al cabo la muerte.

V

Luego el Dios musulmán se aparta del mundo y se aísla en el retiro de su esencia inaccesible. Si alguna comunicación tiene con el universo, la tiene por medio de sus profetas y de sus ángeles. Gran diferencia entre esta semítica concepción del ser absoluto y la concepción griega, o mejor dicho, la concepción platónica, que sin dañar en nada a la libertad humana, ha difundido la esencia divina por las venas del hombre. El espíritu sintético de los griegos, personificado en su más alta expresión, personificado en el genio platónico, ha visto de un lado la perfecta inteligencia divina, y de otro lado la inteligencia humana; de un lado el ser invisible, y de otro lado la materia visible; de un lado la unidad absoluta, y de otro lado la variedad múltiple; y para unir estos dos extremos, ha difundido la idea del Verbo, vapor de la virtud celeste y difusión de la celeste claridad; a Dios unido, como el tiempo movible al espacio inmóvil y como el calor fecundante a la serena luz; de Dios emanado, pero en la humanidad inmanente, por cuya mediación la razón absoluta llega hasta nuestra razón, la idea increada hasta el seno de nuestra alma, y la sustancia del Eterno, sin perder nada de su esencia, como no pierde su llama la antorcha donde otras antorchas se encienden; comunícase con el movimiento de los hechos, con la vida de las cosas, con la sustancia de los espíritus, llevando por este medio misterioso la humanidad y el universo en su seno el mismo Dios que los ha creado. Así, al sentimiento de la libertad se une en los pueblos cristianos la conciencia de lo divino, mientras que el musulmán, desterrado por un Dios implacable a esta tierra desierta, alza sus manos al cielo suplicantes, atraviesa con sus ojos estáticos las rejas de su cárcel, para buscar lo divino, y, roto y quebrantado por tanto esfuerzo, vuelve a caer en la desesperación, bajo la pesada cadena del fatalismo, que le aplasta en su pequeñez, como nuestros pies a los insectos en el polvo. Y estos pueblos turcos crecen con rapidez, si el fanatismo los mueve y la guerra los solicita; pero así que vienen las épocas de razón y de trabajo, enfrente, sobre todo, de pueblos más progresivos, retroceden y mueren fácilmente. Pasma el extremo de su grandeza, unido al extremo de su rebajamiento. Una humilde tribu nómada origina a mediados del siglo XIII, cuando Bagdad había decaído y caído Córdoba, la nación de los turcos. El fundador de la dinastía de los sultanes, Osman, sueña con que la media Luna, surgiendo del seno de su amada, tan bella como un cielo de Oriente, se fija en su pecho y se graba sobre su corazón, mientras brota de sus riñones un árbol, cuyas hojas eran como hojas de alfanje, y de cuyas raíces bullen y corren los ríos más caudalosos de la tierra. A este sueño, la conquista le tienta y la guerra se convierte en su única ocupación y en su único ministerio. Su tío Dundar, anciano prudentísimo, le da consejos reflexivos de moderación, y el sultán le responde disparándole una flecha que le derriba muerto a sus plantas. Desde este momento, el Asia menor cae, como presa dócil, entre las garras del tigre, y la capital de la antigua Bitinia se rinde después de un sitio semejante al antiguo sitio de Troya. Desde este momento ya no hay resistencia. Galípolis, que une el Asia y Europa; Andrinópolis, que es la rival de Constantinopla; la antigua Sárdica y la hermosísima Nissa, que dominan toda la península helénica; los campos de Kassovo, donde el gran Amurat sucumbe asesinado por el puñal de un Abilosch, que le atisba como una pantera y se lanza sobre su pecho como un león; la Grecia toda, que cae desde su altísimo trípode de pitonisa en miserable esclavitud; la Bulgaria, comprendida en el centro montañoso de las cordilleras, ricas en pórfido, que forman como el núcleo de la península de los Balcanes; la Valaquia y sus fortísimas riberas sobre las aguas del Danubio; la Servia y sus valerosos hijos, capaces de defender sus hogares como las águilas sus nidos; la Aborea, el antiguo Peloponeso, en cuyos istmos, recamados por las olas de un mar incomparable, se alza la inmortal Corinto; la montañosa Bosnia, la santa Constantinopla, de cuyos muros se exhalaban letanías continuas mientras la devoraba el fuego de los sitiadores; la Crimea, aquel Ponto Euxino tan tristemente cantado por Ovidio; el Egipto mismo, la tierra de los misterios; regiones innumerables que la Historia se cansa de referir, y cuyas guerras de conquista exigirían los acentos de la epopeya, sucumben una tras otra durante tres siglos al poder de los turcos, los cuales, con su cimitarra en las manos, su media Luna en la frente, sus genízaros en derredor, sus siervos innumerables a las plantas, parecen, más que los dominadores, los dioses del Oriente.

VI

Pero la decadencia ha venido, y cuando el muezín levanta su voz en los altos minaretes de la mezquita, parece un Jeremías llorando y plañendo la muerte de una raza. Turquía se cae a pedazos. Cada tres o cuatro lustros, desde el día de la emancipación de Grecia, una de sus regiones suele apartarse del inmenso Imperio, conservando tan solo nominales e ilusorios lazos, que sirven para mostrar lo vano de la dominación en los dominadores y para exacerbar los recuerdos de la antigua servidumbre en los dominados. La población turca disminuye sensiblemente, atrofiada en el serrallo. Las emigraciones del Occidente al Oriente, de la Turquía europea a la Turquía asiática, se notan por todas partes. A cada soplo del aire, a cada rayo de la luz, algo antiguo, algo grande, algo religioso, algo tradicional se mueve en el inmenso Imperio. Los patriarcas, que conservan el culto a las ideas muertas, los santones, que murmuran a todas horas la ley de Mahoma entre dientes, se van al Asia en busca de un templo y de un hogar donde no les perturbe la amenazadora aparición de Europa. Hasta los muertos temen. Los testamentos ordenan frecuentemente depositar los cadáveres de los testadores en tierra de Escutari y no en tierra de Constantinopla. Sin duda, al morir, entre las revelaciones que descienden sobre las almas al aproximarse a la eternidad, con la intuición sobrehumana de la muerte, ven surgir en el templo de Constantino y de Justiniano, en la rotonda de Santa Sofía, que con la rotonda de San Pedro representa las dos cimas superiores del mundo cristiano, esa cruz griega despidiendo los resplandores de las ideas de Cristo, unidos a los resplandores de las ideas de Platón. Y no cabe dudarlo. Como aquellos que, al finalizar la historia antigua, iban sobre la Roma de los dioses paganos, eran los descendientes de los esclavos, los hijos de los gladiadores, los que ahora se levantan y amenazan la prepotencia de Estambul y la media Luna de Osman son también hijos de los esclavos: que para los oprimidos guarda siempre un día de justicia la providencia de Dios y una página de venganza el genio de la Historia.

VII

Vamos a otro asunto. El canciller Mourawieff, después de haber visitado a París, háse detenido en Berlín. Es cosa natural esta segunda visita, y en Europa nadie la extrañara de no haber insistido tanto los franceses partidarios de la inteligencia y alianza rusas en que no pasaría de ningún modo por Berlín el ruso canciller. Pues ha pasado. Y amén de pasar, se ha detenido tantos días como en París, aprovechados para departir sobre los problemas europeos, cada vez más dificultosos, y sobre las agitaciones orientales, cada vez más amenazadoras. Por cierto que periódicos franceses republicanos, muy republicanos, citando a Mourawieff, recuerdan la sangrienta pacificación de Polonia, hecha por su señor padre, allá en la década del 60, como si ya hubiéramos dejado de ser demócratas y nos apercibiéramos a inscribir nuestros nombres en las legiones exterminadoras, compuestas por los fatídicos soldados del zar. Yo no digo hagamos todo cuanto hicieron en París nuestros predecesores y maestros, cuando violaban por Polonia el Congreso nacional, o por la Ciudad Eterna promovían un movimiento revolucionario interior. Tristísimas experiencias nos han dicho, que así como en el siglo pasado nada se pudo hacer por salvar a Polonia, en este siglo expirante nada se puede hacer por resucitarla y reconstituirla. Pero del reconocimiento de tamaña triste imposibilidad a los elogios, cómplices y encubridores del crimen mayor cometido por la monarquía y por los monarcas, media una gran distancia. En el año 92, perpetrados ya el desmembramiento y descuartización de Polonia, propusiéronse hacer lo mismo con Francia en su nueva coalición los coronados descuartizadores. Y no pudieron, porque sí Polonia casó por aristocrática y monárquica, Francia se redimió por progresiva y libre.

VIII

No quieren otra cosa los rusos ilustrados que ser una democracia, y no envidian otra cosa que la República en Francia. Pero el carro de tanto imperio se atasca en el barrizal de la estepa, donde lo guarda inerte la superstición y la ignorancia del mujick, según llaman ellos al triste campesino moscovita. La esperanza de conmoverlo y sacarlo del atascadero late aún en el corazón de la juventud universitaria, sin duda porque han vivido poco aquellos jóvenes y no ha llegado aún a su frente la vespertina sombra del eterno desengaño. Quitadle al madrugador almendro sus flores y a la vívida juventud sus esperanzas. En la Universidad de Moscú no se dan clases hace un mes, porque creen los estudiantes justo aguardar alguna libertad moderna del zar, joven como ellos, y no pudiendo contener las grandes esperanzas liberales que les retozan por el cuerpo, las piden a gritos. De aquí una manifestación a diario, y en cada manifestación una muchedumbre de presos. ¡Infelices! Si pudieran transportar a la mente del pobre labriego su estado mental, no habría duda posible acerca de la transformación moscovita; vendría, como ha venido en pueblos de relativo atraso antes, como los uncidos al odioso yugo de las monarquías absolutas. Pero si en ciencia mandan los de arriba, los pensadores, nuncios de lo porvenir, en política mandan los de abajo, los labriegos, plantas del terruño apegadas a lo pasado. Y a medida que Rusia sea mayor y junte más pueblos bárbaros a su Imperio, mayores serán las esferas del despotismo. Mas esta convicción tristísima no empece a que los estudiantes rusos entre sí traben federaciones; designen federales consejos residentes en Moscú; envíen emisarios a Francia, los cuales den a esta nación, iniciadora y profeta, en rostro con que se prosterna de hinojos ante un régimen autocrático, y vayan en procesiones numerosas al cementerio de la Waganka, donde yacen los innumerables muertos inmolados por una imposible administración, para protestar contra ese despotismo que trae aparejadas tan tremendas catástrofes.

IX

Por manera que, no solamente se piden reformas en Turquía, se piden también reformas en Rusia. Mas, por el paso que llevan los hechos, tardarán muchísimo las reformas en Rusia, y descompondrán a Turquía, si llegan a realizarse alguna vez las hoy, según dicen, inminentes reformas. ¿Qué saben de reformas, ni pueden saber, los musulmanes? Cuando el sofista Pilatos oyó a Cristo hablar de la verdad, le preguntó: ¿Quid est veritas? Cuando las tribus germánicas avanzaban anhelantes y vengadoras sobre la Ciudad Eterna, los últimos Césares hablaban de libertad al pueblo-rey; pero este pueblo, embrutecido por cinco siglos de infame despotismo, preguntaba qué cosa era eso de libertad. No basta decretar las reformas; es necesario vivirlas. Y para que se vivan por los pueblos, es necesario que tengan éstos un aparato mental capaz de recibirlas y de asimilárselas. Dadle al más gallardo ciervo de la selva un higadejo de pato a lo Estrasburgo, y valiente regalo le habéis hecho si al mismo tiempo no le dais un aparato digestivo con que tragárselo y diluirlo por su cuerpo. Quien enajena su voluntad al fatalismo, su entendimiento a un libro revelado indiscutible, sus ideas a un Dios que todo lo sabe, su gobierno a un Califa que todo lo puede con su omnipotencia de monarca y pontífice, desde abriros las puertas del sepulcro hasta cerraros las puertas del Paraíso, no puede con la libertad y la soberanía como los llamados a la vida del derecho por seculares y hondas revoluciones, aunque lo mande un milagro.

X

El mundo se ha quedado atónito después de saber que los musulmanes habían inmolado trescientos mil armenios, al saber los tormentos indecibles con que agravaran estas inmolaciones. Y quien más de cerca vio todos estos cruentos sacrificios, que nos hacen retroceder a las tribus y a las edades antropófagas, es el sabio alumno de la Escuela de Atenas Mr. Berard, enviado allá para requerir de los naturales una información, y publicarla, por el profundo catedrático de la Sorbona, compañero mío en el Instituto de Francia, Mr. Lavisse, director de una gran revista europea, publicada hoy en Francia. Si personas de tal seso en su mente y de tal veracidad en sus informaciones varias no lo dijesen, nos resistiríamos a creerlo. El intento de suprimir Armenia suprimiendo los armenios, como un día los predecesores mongólicos del

Sultán suprimieron de Quío los griegos y los genízaros de Bizancio; la tala de ciento diecinueve burgos desarraigados de suelo por los exterminios de la matanza y del incendio, como se puede arrancar un árbol de raíz; las mujeres arrastradas a la cola de los caballos, con sus hijuelos en brazos; familias enteras conducidas a los mataderos, donde sus verdugos les cortaban las manos y los pies antes que las cabezas, para más atormentarlas; el horror llevado hasta el extremo de dar a las víctimas, para su alimento, la propia carne de su cuerpo, cercenada con el yagatán homicida; la circuncisión impuesta por el sable para llevar a Mahoma los fieles de Cristo; tantas crueldades increíbles demandan el desarraigo de un Imperio cuyo actos deshonran a la humanidad y pudren el planeta.

XI

Y de todo tiene la culpa el Sultán. Es una especie de Augústulo, que creía salvar en sus postrimerías a Roma, porque cuidaba dentro de sus gallineros imperiales con sumo interés una gallina que Roma se llamaba. Indispensable ver su retrato recién hecho por Bernard. La soledad absorbe al Sultán, que teme hallar un enemigo en cada semejante, y porque la soledad es lo más parecido a su alma y a su conciencia que puede haber. En cada cortesano ve un traidor, en cada guardián un asesino. A nadie confía los secretos de su alma. En persona ninguna tiene confianza. Su escudriñadora mirada solamente revela recelos. El mal escondido temblor que le sacude cuando habla con cualquier interlocutor, dice que de todos teme algo y en todos sospecha cualquier mala intención. Sus domésticos más cercanos ignoran dónde duerme, porque cada noche cambia su alcoba. Solamente sale de palacio los viernes para ir a la mezquita, y pone tal número de soldados y esbirros en movimiento, que le rodean dos ejércitos, uno a la vista y otro en el misterio. Dentro del coche lleva un hijuelo suyo sentado sobre sus rodillas, para que sea su escudo contra las balas, y en el pescante pone a Midhat-Bajá, por ser el héroe nacional, el defensor de Plewna, contra quien jamás se alzará un musulmán, por considerarlo el mayor enemigo de los cristianos y el mayor héroe de las creencias coránicas que ha tenido Turquía en los tiempos últimos. Le dominan dos consejeros, a cual más inhumanos, un árabe nubio, jamás de sangre saciado, y un sirio engañador, como perteneciente a la raza hechicera y mágica de antiguo, en la que tomaba Nerón los compañeros de sus fechorías, cortesano por atavismo y sustentador de esta doctrina: muerte al infiel.

XII

No conozco ninguna cuestión que sea tan controvertida en Europa como la cuestión armenia lo es ahora mismo, batallando con encarnizamiento entre sí las más encontradas creencias respecto de tan pavoroso problema. Si a un estadista del fin de un siglo como el anterior le dijeran que al fin de este nuestro siglo el Imperio ruso estaría por los musulmanes y el pueblo inglés contra los musulmanes, resistiríase con resistencia invencible a creerlo. Que un heredero de Pedro el Grande suspenda la marcha tenaz de los suyos a Constantinopla, y un heredero de lord Chatam disuelva el Imperio turco, fenómenos tales son, que hoy escandalizan nuestra vejez, porque pasaba en nuestra juventud a este respecto precisamente lo contrario. Inglaterra cree que quien protestó con fortuna tan grande contra las matanzas de Bulgaria, debe protestar contra las matanzas de Armenia. Gladstone llama todos los días, en profético lenguaje, asesino coronado al Sultán. Pero Rusia, que, natural redentora de los búlgaros, vio revolverse a éstos en su contra, no quiere por la parte asiática del Imperio turco ninguna Bulgaria. Dominando una parte considerable del territorio armenio, cedido a su grandeza unas veces por la Turquía y otras por la Persia, teme Rusia que los habitantes, a su dominio adscritos, pugnen por irse al nuevo Estado y al nuevo pueblo libre, lo cual podría traerle dificultades inmensas. Así quiere la estabilidad.

XIII

Para una gran parte de los publicistas europeos no hay problema ninguno en Armenia; cuantos factores y términos lo constituyen, se han elaborado en el magín y caletre de los ingleses. Así no perdonan Armenia y los armenios. De límites bastante inciertos, el territorio; con historia sobrado confusa, la vida; enemigos un día de Grecia y de los griegos, hasta invocar a los mongoles o turcos, y abrirles sin empacho las puertas asiáticas del bizantino imperio; cortesanos y aun favoritos de los sultanes, que los enriquecieron mucho; el odio, nunca muerto, redivivo siempre contra ellos en kurdos y en circasianos, proviene de haber estrujado a estas pobres gentes, exprimiendo todo el sudor de que sus cuerpos robustos son capaces sobre las usurarias cargas de tan voraces mercaderes, como los armenios, quienes absorben el oro ajeno, a la manera que absorben las aguas del aire los arenales del desierto. Así, quienes por tal modo discurren, equiparan al movimiento anti-armenio en Asia con el movimiento anti-semítico en Europa, asegurando carecer de todo carácter religioso y de todo carácter político, por lo mismo que tiene un carácter social como el que tuvieran en la Roma del Aventino las reivindicaciones plebeyas.

XIV

Así no se andan con escrúpulos estos enemigos de la nueva Bulgaria y de la nueva Servia que se dibujan en Oriente, proponiendo haga el Califa reinante con los armenios aquello que hizo Tito con los judíos en la toma de Jerusalén: trasladarlos a cualquier ciudad musulmana bien vigilada, como fueron trasladados los hijos de Israel desde las tierras palestinas al guetto latino. Hasta el nombre de los genízaros en este conflicto suena, y algunos proponen que se descabece a los armenios como se descabezó a los genízaros, mas con orden y método, para que resulte regular y hasta legal de suyo la matanza, no anárquicas, como las perpetradas este verano y las usuales hoy en toda el Asia Menor. Cuando se dicen estas enormidades contra la eterna justicia y el humano derecho sin pestañear a ningún escrúpulo y sin avergonzarse de sí mismo quien las dice, cabe pensar que tales efluvios concluyen por producir una peste tan asoladora como la guerra. El telégrafo dice que resuenan los primeros disparos en Creta y que se aparejan al combate las naves griegas. Dios nos tenga de su mano.

XV

Y ante la cuestión de Creta se devana uno los sesos, pensando cómo las potencias europeas meterán en el mismo saco a Turquía y a Grecia. No creo las muchas exageraciones que se dicen respecto del Sultán: aunque las refieran publicistas autorizados, parécenme tomadas en informes de los rebeldes, todos ellos conjurados para desacreditar a su Gobierno, y por ende todos ellos incapaces de hacer justicia imparcial a quien los combate y los persigue. De ser el Sultán como sus enemigos lo pintan, imposible durara tanto tiempo en trono considerado como una de las mayores y más robustas claves europeas.

Mas no creyéndolas, atribuyo a la difusión de tales reseñas un resultado tan adverso, como la imposibilidad completa de llegar hoy a un acuerdo entre Turquía y Grecia, resolviendo el problema por un pacto en que ganara el progreso humano, sin desdoro, sin mengua de la estabilidad europea. Si Europa mucho propende a Grecia, puede abrir la herencia del Imperio turco; y la herencia del Imperio turco puede costarnos las guerras de cuyas sirtes huye a todo huir el instinto de conservación en la gente contemporánea. Si Europa propende a Turquía demasiado, puede interrumpirse una obra tan saludable al mundo entero, como la resurrección y el restablecimiento de Grecia en el Oriente, necesarios para detener el terrible alud inminente de la irrupción esclavona. Nuestra cultura no puede cometer tanto crimen al fin de este siglo, sin dar un paso regresivo, un paso a la barbarie, cuando en la heroica guerra por Grecia comenzaran los primeros lustros del siglo. Yo bien sé cómo predominan los intereses y los cambios sobre los grandes afectos y las sublimes ideas en esta época, por lo cual no aguardo un Byron, que muera sobre su lira y sobre su espada en defensa de Grecia, ni un Fausto que bajo las bóvedas de santa catedral gótica evoque la imagen bellísima de Helena y le rinda un amor tan exaltado como el que sintiera el coro de los poetas europeos entero no hace un siglo todavía; pero no creemos que después de haberle debido las alboradas de nuestras ideas, las cuerdas de nuestras liras, el ritmo y proporción de las columnas tan músicas como una oda, el maravilloso lexicón y las luminosas etimologías de todo el saber humano, la estatua clásica hollando las especies inferiores bajo su forma triunfante de toda fatalidad, el alma de la Metafísica, el verbo de la Religión, todas nuestras artes, el Renacimiento, a cuyo soplo floreciera el espíritu humano, podamos consentir un aniquilamiento de Grecia, que sería terrible recaída en la esclavitud y eterna deshonra de nuestro nombre.

18. Septiembre 1897

Pérdidas irreparables. Oraciones fúnebres. Cánovas. Pretensiones carlistas sobre un gran espíritu. Testamento político de Cánovas. Necesidad evidente, para no recaer en las revoluciones, de impedir los retrocesos. Movimientos regresivos hacia las ideas muertas que deben impedirse. La cuestión lusitana.

Agitación de Portugal. Fenómenos sociales y políticos de nuestro tiempo. Consejos a Portugal. Observaciones sobre su estado político. Conclusión

I

Dicen por ahí las gentes que una larga vida cosecha celestes bendiciones y significa en quien la consigue, no solo robustez del cuerpo, fortaleza del alma. Sesenta y cinco años tengo yo; por causa y razón de mi salud, puedo prometerme algunos más en el discurso natural de este río sin reposo llamado la vida; y por grande bendición que los muchos años sean, créame quien me leyere, los temo, no los deseo. Y no deben desearse por nadie que de sentir afectos humanos se precie, si considera cómo bosteza el hambre de la eternidad a diario, tragándose allá en sus abismos insondables tantos y tantos seres queridos, que nos abandonan y nos dejan solos en las tristes playas del tiempo, cuando nos creíamos de ellos inseparables hasta por la muerte, cuya guadaña esperábamos en Dios se embotaría sobre lazos tenidos en nuestro corazón por indisolubles e inmortales. Yo he visto el cerebro de Cánovas, radiante un día y difundiendo éter ideal, atravesado por unos adarmes de plomo y roto en pedazos a manera de cualquier mísero ladrillo amasado con cal fría; yo he visto exangües, con amarillez de cirio mortuorio, aquellos labios rojos donde vibraba el verbo de la más alta elocuencia: no quiero ver más, pues experiencias y enseñanzas tales hacen desesperar del destino de nuestra especie, y temer se interrumpa en lo vacío la escala misteriosa de Jacob, por donde nos imaginábamos subir a lo infinito en busca y posesión de lo perfecto. ¡Cuántos muertos! Y a la vista de tantos muertos, en vano el Sol brilla, el cielo sonríe, la ola espuma sus aguas celestes en el escollo estriado como un diamante, las arboledas exhalan su oxígeno vivificador de la fresca fronda, visten las montañas del color de la violeta, los prados del color de la esmeralda; el Universo se nos aparece como un cruento campo de batalla donde reina la muerte con absoluto imperio, y los mortales se nos aparecen como tiburones, quienes después de haber devorado a sus semejantes más débiles, se comen unos a otros con resoplidos de cóleras, coletazos de combate, quijadas de exterminio, movidos todos a estas obras carniceras que de sangre tiñen el Océano, cubierto con disoluciones de levadura vital, por el genio de las tinieblas, diciéndonos cómo superan, no obstante, nuestras soberbias al amor, y a la caridad el odio inextinguible.

II

Tres muertos hemos llorado en estos días: Vacherot, Cánovas, Monescillo: gran filósofo el primero, gran estadista el segundo, gran prelado el último, los tres a una entrañables amigos míos en este mundo triste, donde tengo tantas y tan preclaras amistades juntamente con innumerables enemigos. Todavía recuerdo al Vacherot del año setenta y cinco, tan reflexivo en el pensar como claro en el exponer; sobre las playas de Normandía sentado, por los topes de las altas dunas, entre cuyas raíces el mar hervía; departiendo de lo invisible y de lo perdurable conmigo en un diálogo, que, por su parte, no por la mía, bien podíamos calificar de coloquio científico a lo Platón. Ciertamente no estábamos en el sitio donde los diálogos platónicos revelaron al mundo atónito el Verbo de Dios y la inmortalidad del alma; no se veían allí lucir bajo cielo meridional crestas opaladas del Hibla, henchido de áticas mieles y arrullado por las estivales cigarras y las áureas abejas; el aire no estaba cargado con el aroma voluptuoso de las rosas y de los jazmines helénicos; no corría entre adelfas de Apolo el arroyo cristalino derivado de la fuente ubérrima, en cuyos bordes los artistas se congregan y de cuyas aguas beben la inspiración los poetas: el horizonte gris, el helecho boreal, el olor de algas, el suelo compuesto por las mareas, al aire de tormenta cargado inspiraban tristezas profundísimas y tiraban del ánimo hacia consideraciones sobre la muerte. Añadíase a esto que acababa de caer Francia, en su derrota, bajo una República, cuyo primer lustro iba entonces cumpliéndose con suma inquietud y trabajo sumo. Reveses de tal gravedad influyen hasta sobre pensadores que han procurado aparecer como seres abstractos. Vacherot, discípulo de Hegel hasta Sedán, de Hegel, esencialmente germano, buscaba otra doctrina, la cual no hubiese nacido en tierras tan funestas para su patria como Alemania. Yo le felicité por su patriotismo, de todo corazón; pero le argüí por su filosofía de poco circunspecto. ¿Porque ganaron la batalla de Waterloo los ingleses sobre Napoleón habría que cambiar la ciencia del Cosmos a lo Newton, revelador verdadero, con cualquier otra explicación perteneciente a un sabio nacido en pueblo aliado de Francia? Vacherot me pronunció un discurso admirable de forma y fondo, para decirme había encontrado su nueva doctrina en la lectura y meditación del sabio Spencer, inglés. Debe notarse que aún reinaba en Egipto el condominio de Francia con Inglaterra. Ignoro si tras la exclusiva ocupación inglesa el gran maestro francés habrá de doctrinas cambiado, como se creyó en la obligación de cambiar tras el nefasto Sedán. Mas debemos recordar cómo, acogiéndose a Spencer, mi amigo ilustre no se preservaba de Hegel. Imposible una doctrina que sea prole sin madre. Toda idea produce otra idea. Si el dogma de la concurrencia vital fue trasladado por Darwin desde los principios fundamentales del mayor sistema económico moderno a la explicación del origen de las especies, el dogma de la evolución universal, explicado tan prolijamente por Spencer, al aplicarlo así a lo espiritual como a lo material, es un dogma recogido en las entrañas del pensamiento hegeliano. Si la ciencia de Kant y de Hegel no ha podido desasirse de Platón y Aristóteles tras tantos siglos; ¿cómo desasirnos ahora nosotros de Kant y de Hegel? Historiador fiel de las escuelas alejandrinas, a quienes alzó un verdadero monumento; profundísimo comentador de la filosofía contemporánea en sus diálogos científicos; político al modo sabio en su libro de la Democracia; como Vacherot cambió Hegel por Spencer en las ideas filosóficas, también en sus preferencias sociales cambió la República por la Monarquía, pero movido de honradas convicciones, y dejando nuevo ejemplo de una vida sin mancha de una honradez en el pensar y en el proceder sin desmayos ni eclipses.

III

Puedo discurrir con serenidad y aplomo de Vacherot, y no puedo discurrir de Cánovas con la misma serenidad y el mismo aplomo. Vacherot era un amigo del pensamiento; Cánovas era un amigo del corazón. Vacherot me llevaba muchos años de edad; Cánovas tenía poco mas o menos mis años. A Vacherot le guardaba un culto científico; por Cánovas sentía un afecto exaltado de camarada escolar. Imposible comparar el dolor sufrido a la muerte natural de Vacherot, con el dolor sufrido a la muerte violenta de Cánovas. Nuestra misma perpetua contradicción de ideas aproximaba nuestros perennes sentimientos. Eso de contradecirse y disputar a la continua sin reñir nunca, era un encanto. Si por espacio de un lustro llegamos a no saludarnos, obra fue de nuestros partidarios ésta, no de nuestros corazones. Hubo más canovistas que Cánovas y más castelaristas que Castelar, aun pasando los dos por muy pagados de las sendas personas nuestras, tenido él generalmente por soberbio a lo déspota y tenido yo por vanidoso a lo artista. Cuando leo estos juicios, no les contradigo; levanto los hombros y exclamo: todo sea por Dios. Una vez dije yo en cierto escrito que me había encontrado en mi vida con dos amigos ilustres, uno en Francia, otro en España, los cuales ejercieran poder omnímodo sobre sus dos Naciones: Gambetta y Cánovas, dotados por el cielo de cuantas cualidades concede a sus predilectos, pero aquejados uno y otro de cierta debilidad grave: no poder sufrir ninguna contradicción. El artículo se publicó en un periódico de la mañana y hubo en la embajada inglesa baile aquella noche, al que asistíamos los dos. Apenas en el salón entré di de manos a boca con Antonio, como le llamaba yo siempre cariñosamente y al verme clama: ¡Oh! ¿cómo, Emilio, te atreves a decir que no puedo sufrir ninguna contradicción, cuando hace cuarenta años que te estoy sufriendo a ti, contradicción perdurable conmigo, en el diario, en el libro, en el Parlamento, en el hogar? Pues yo, cuanto menos asentía en mis riñas intelectuales con él a sus ideas, más admiraba su genio incomparable. Cánovas fue toda su vida el primer polemista de la tierra. Leía refunfuñando contra el libro que pasaba por sus ojos aquel incansable lector. Amigo de sus maestros como nadie, les azotaba, mejor dicho, azotaba sus ideas en las academias sabatinas con una dialéctica realzada por su maravillosa facundia, pues las palabras abundaban tanto en él como las ideas, y en un aparente desorden predominaba el método y en unas amplificaciones perpetuas predominaba el pensamiento. Yo he visto inteligencias telescópicas que solo saben ver lo inmensamente grande, así como inteligencias microscópicas que solo saben ver lo infinitamente pequeño. Cánovas tenía un microscopio y un telescopio en su inteligencia. No continúo. Cuando haya traído el tiempo algún calmante a mi dolor, lo historiaré con fidelidad escrupulosa y le juzgaré con juicio sereno. Ahora lo veo tras mis lágrimas: dejad que lo llore.

IV

Don Antolín Monescillo ha muerto casi al par que Cánovas, y enterado del fin cruel de éste, cuando le asaltaba su postrer agonía, entre los estertores dolorosos del cuerpo y las beatíficas visiones del alma, escribió desde su lecho, parecido a un túmulo, pésames iguales a los que habían de suscitar su cuerpo y su recuerdo pocas horas después. Era un celtíbero Monescillo, en quien lo ibero y el ingenio ibérico predominaban sobre lo céltico y la metafísica celta. Erguido, corpulento, el traje talar le prestaba una verdadera majestad y le disponía mucho para el primero de los efectos oratorios, el efecto que sin necesidad de hablar produce una gallarda presencia, pues Monescillo, tanto al hablar como al escribir, era un orador verdadero. Así profesaba grande amistad a los del oficio, a Cánovas, a Moret, a mí, a todos los demás conocidos, con excepción de Pidal, a quien toda la vida detestara, por razones teológicas, creía él, en realidad por razones puramente políticas, esfera de la vida donde nunca se hallaron acordes tan grandes oradores, consagrados por sus sendos caminos al servicio de la religión y de los sentimientos religiosos. Estatura esbelta, gesto irónico, ojos penetrantes, labios finos, color pálido, pelo castaño, Monescillo, con la púrpura eclesiástica, me parecía siempre, por la distinción de sus maneras y por la brillantez de su inteligencia y por la facundia de su palabra y por la gracia de su trato, un prelado como los que dejara vivos el pincel de Pinturriceno en la divina librería de Jena. Hoy, que las clases altas no dan a la Iglesia en España príncipe ninguno eclesiástico, y que las clases medias solo dan uno que otro, sacándoselos sacerdotes del mismo seno de donde se sacan los soldados, del más humilde pueblo, Monescillo, aunque algo rural por su origen, mostraba distinción elegante, sin haber jamás pertenecido a la Corte y menos a los cortesanos. El objeto de toda su vida fue la mitra de Toledo, y con la mitra de Toledo en su frente ha muerto el gran prelado. Por obtenerla tuvo alguna impaciencia; pero no hizo jamás ninguna bajeza. Su primer escrito, pues era un escritor clásico, el que lo mostró resaltando entre nuestros más eximios doctores eclesiásticos, cuando había ya muerto Balmes, fue la refutación de los anatemas lanzados, a fuer de neófito, por el gran Donoso Cortés, sobre la humana razón; y las últimas palabras que yo le oyera, hoy hace dos meses, dentro de su palacio arzobispal, tendido en la cama donde había de morir, fue una elocuente apoteosis de León XIII, fundada en el amor de tan glorioso Pontífice a la libertad, y en los esfuerzos hechos por hermanar la República con la religión en Francia. Dicen los carlistas que fue siempre de don Carlos, y tengo documentos irrefragables para demostrar que perteneció a la democracia. Dejémoslo, pues, en paz.

V

Los espíritus excepcionales no se apagan al trasponer el horizonte sensible permitido a la vista y alcance de nuestros ojos; antes bien, desde la eternidad, es decir, desde los espacios del horizonte racional, donde se han ocultado, trascienden a la vida corriente de cada día, y nos dejan signos espirituales, no indescifrables enigmas, no jeroglíficos tallados sobre tumbas frías, focos de ideas luminosas y vivificantes, cual estrellas fijas, cual soles de primera magnitud en torno de cuyo disco los cuerpos opacos, planetas o satélites o aerolitos, habrán de girar, suspendidos a ellos, porque resultan en la mecánica social núcleos de misteriosas, pero visibles, llamas, centros de mágicas, pero reales atracciones. Las ideas no se alcanzan en sí mismas y por sí mismas se definen: se alcanzan y se definen por medio de sus contrarios. Las síntesis resultan de las antítesis. Los términos componentes de un juicio forman irreductibles antinomias. Toda grande afirmación trae aparejada su negación formidable como la verdad el error, como el mal el bien. Lo que no puede la razón abstracta demostrar, se prueba en la razón práctica. Toda vida corre al impulso de principios, que parecen falsos, vistos desde ciertos puntos en el espacio y en el tiempo, aparecen verdaderos desde otros puntos como las figuras, invertidas en una parte de nuestros órganos visuales, se rectifican luego y enderezan en la totalidad de nuestra visión. La pura lógica, irrealizable por completo en ciertos períodos y estados sociales, se cumple luego por manera fatal, como las leyes morales, cuyo cumplimiento no vemos a las primeras miradas, nunca están destituidas de su verdadera sanción en el conjunto infinito de la Historia. Nadie comprende a Cánovas como quien lo ha combatido, y al combatirlo, ha necesitado conocer y definir sus ideas para conocer y definir las ideas propias. Cánovas en los días de su muerte se preparaba, por una intuición connatural a su genio, la inmortalidad. Y muriendo muy fijo en los principios conservadores, para él inmutables, en la existencia y arraigo del trono histórico, en la supremacía del culto católico, en el respeto a las tradiciones antiguas, pensaba que todo esto no podía subsistir si no se aligaba con los derechos individuales, con el jurado popular, con el sufragio universal.

VI

Y ha permanecido en este juicio con firmeza, por más que le hayan muchos de sus correligionarios contrastado con furor; y deduzco esta fortaleza personal de Cánovas en sostener los principios democráticos, no de palabras oídas en privadas conversaciones, de las cuales no tengo derecho alguno a usar; lo deduzco del ejemplo visible dado por su política desde las alturas del Gobierno, donde siempre molestan, incomodan, marean los fragores tempestuosos y oceánicos de la libertad. Lo habrá tentado mil veces, entre los acerbos dardos despedidos sobre su cuerpo vivo por la calumnia en boga, tan homicidas como las balas del infame asesino, restaurar, disponiendo de mayorías propensas a la reacción, los códigos cesaristas del primer período restaurador, en que no pudo tener periódico suyo ningún correligionario mío, por causa de las previas autorizaciones, que convertían el derecho de todos en privilegio de algunos; pero si algún vértigo de tal género le prestaba cualquier malestar pasajero, su firme voluntad y su claro juicio se han sobrepuesto a todas esas insanas solicitudes, y la libertad de hablar, con la libertad de escribir, ha permanecido incólume, intacta, íntegra, entre los embates de la guerra y los estremecimientos del Estado. Cito la libertad completa de imprenta, por ser la más ruidosa de suyo, y a los estadistas todos la más molesta, siquier sea también la más necesaria; pero le ha sucedido lo mismo con otra libertad madre, por la cual reñimos antaño batallas terribles, con la libertad de enseñar en la cátedra, muy amenazada de conjuras formidables, y salva por completo en su postrero tormentoso Gobierno. Necesitaba tener muy segura cabeza y muy firme voluntad, circuido como se veía siempre de sectarios que prefieren se abra una taberna o un garito, a que se abra una iglesia o una escuela protestantes, para reconocer el derecho de un catedrático en Barcelona y el derecho de un catedrático en Salamanca, el uno anatematizado por su obispo y el otro despedido por su rector, para pensar y enseñar según sus creencias, con arreglo a los decretos sugeridos por la creadora revolución de septiembre, y dados en las expansiones mayores del readvenimiento y restauración de nuestra democracia bajo los Gobiernos liberales.

VII

Y hacía esto Cánovas, no por mera voluntariedad o arbitrario capricho; hacíalo por una honradísima convicción, que determinaba sus complejos actos en el último período de su vida y en la postrera fase de su espíritu; por la convicción de que necesitaba la política española en su derecha un partido alejado de la reacción, propia solo a generar guerras civiles y revoluciones continuas; un partido conservador a la inglesa, el cual combatiese a las ideas y a las leyes democráticas, mientras estuvieran en período de proposición y debate, con verdadera tenacidad para luego aceptarlas y sostenerlas con igual tenacidad, así que las admitiera el consentimiento público y las diluyese una larga práctica en las generales costumbres. El pensamiento humano tiene su natural tricotomía, y no se constituirá jamás una escuela política, ni se constituirá jamás una escuela filosófica, sin agruparse, cual si las ideas fuesen átomos y pasaran por las cristalizaciones de los átomos, en derecha, izquierda, centro; y como no puede menos de suceder esto, porque así lo quieren la química y la mecánica sociales, el partido conservador tiene su centro de todos conocido; su izquierda, cuyos extremos con los revolucionarios confinan; y su derecha, cuyos extremos confinan, por necesidad, con los íntegros y con los carlistas. Pues bien, Cánovas sustentaba el equilibrio entre todas estas fuerzas contrarias, la concordia entre todos estos espíritus discordes, pero inclinándose a la izquierda para mantener con ella los principios de la Constitución del sesenta y nueve, ingeridos, tras largos esfuerzos, en la doctrinaria Constitución vigente por un triunfo en toda regla de nuestra democracia. Un ejemplo reciente demostrará de modo evidentísimo este mi aserto incontestable. Se ha organizado un enorme Consejo de Instrucción pública, donde, por un absurdo frecuentísimo en nuestras corporaciones literarias, predominan los viejos principios llamados en el habla contemporánea regresivos, sobre los principios luminoso y progresivos que tarde o temprano se implantan en la realidad y encarnan en las leyes. Este Consejo votó un dictamen relativo a escuelas normales, contrario del todo al principio de los principios democráticos, a la libertad pura de conciencia, garantida por la declaración de que los españoles pueden optar a los cargos públicos, sean cualesquiera sus creencias, declaración derogativa de la intolerancia religiosa, contenida bajo el destruido antiguo principio de la unidad católica. Pues no prestó a este dictamen el Ministerio de

Fomento asenso. Y no lo prestó, porque tendía de suyo a contrastar la política de Cánovas, basada en escrupuloso respeto a las leyes democráticas vigentes sobre nuestra libre y progresiva sociedad. ¿Puede revelarse con mayor claridad la política del mártir a quien todos lloramos?

VIII

Y se necesita recordar esto, porque hay factores importantes de nuestra política, empeñados en promover una reacción legal, preñada, digan lo que digan y hagan lo que hagan, de innumerables catástrofes. No conozco labor de reacción más fina que la presentada con el aspecto modestísimo de reformar el Código penal; primero para ponerlo en verdadera consonancia con los adelantos de nuestras ciencias antropológicas modernas; segundo para ponerlo en consonancia con la Constitución vigente. In cauda venenum. Este último factor del razonamiento encierra el daño y el peligro de reacción, daño y peligro solo comparables a la proposición de forjar monarcas parecidos a los del siglo XV, cuando apenas puede tolerar nuestra patria los monarcas propios del siglo XIX, tan rebajados de talla, y cuando la madera en que modelar tales imposibles reyes de la Edad Media hoy solamente la guarda un político entre nosotros, solamente la guarda don Carlos. La democracia no se opone a que nuestro Código penal pueda reformarse con arreglo a los adelantos modernos, con cuya progresiva obra debe siempre compadecerse; mas si oye añadir a esto la congruencia del Código con la Constitución dice, como experta y experimentada, en sus adentros: a otro perro con ese hueso. La Constitución es doctrinaria y el Código es democrático. Se le quiere con grande habilidad reformar para restringir la libertad completa de creer, la libertad completa de escribir, la libertad completa de reunión; para deshacer el Jurado popular, para limitar el sufragio universal; y todo esto no puede suceder en España. Si hay que reformar el Código democrático para ponerlo en armonía con la Constitución doctrinaria, más natural es reformar la Constitución en sentido progresivo, que no reformar el Código en sentido represivo a príncipes por siempre apagados, a fetiches rotos para siempre. Se intentó esto mismo un día por la extrema derecha del partido liberal, que representaba en sus Consejos de Ministros un jurisconsulto ilustre; no se pudo conseguir, porque la unanimidad del partido liberal descansa en inconmovibles bases democráticas. Hemos pasado, y pasamos, por dos guerras, a cual más espantosa; hemos sufrido, y sufrimos, reveses con desgracias; bastantes en otro tiempo a producir desórdenes sin número; hemos tolerado, en medio de nuestra movilidad meridional, el gobierno continuo de dos partidos y dos hombres, aquí, donde tanto escasean las cabezas y tanto abundan los cabecillas; el culto de la estabilidad se ha en términos tales arraigado, que habiendo tenido el servicio militar obligatorio en la República, se piden y sacan los soldados solo del pueblo ínfimo bajo la Monarquía; y nadie se ha movido, ni con doscientos mil hombres a nadie le ha pasado por las mientes el fantasma de la dictadura pretoriana, triste aparición, facilísima en estas noches de ahora, donde solo se cuentan muertes y solo se oye por los aires el toque de ánimas; pero toda esta profunda tranquilidad proviene del triunfo de nuestros principios democráticos, y como los hemos establecido, si tocáis a un cabello no más de esa libertad, temed la revolución.

IX

Durante todo el transcurso de julio, y aun parte de agosto, la prensa europea nos tuvo en vilo, anunciándonos para fecha próxima, en plazo breve, una revolución lusitana. Estamos ya tan lejos del período revolucionario, que se necesitaría en los dos pueblos más dados a la revolución de todo el continente nuestro, en España y Francia, para de nuevo reabrirlo con fortuna, o la restauración de una política como la que precedió al destronamiento de Doña Isabel II, o la recaída en un error tan craso como aquel conflicto franco-prusiano, generado tan solo para dorar la diadema de una regencia e inaugurar el reinado de una minoridad. En Grecia, donde han sucedido tantas cosas horribles, no ha sucedido una revolución. Desastres sobre desastres en Macedonia, en Tesalia, en Epiro; aproximación de los turcos al desfiladero de las Termópilas y retroceso de los helenos, representados por su coronel Vassos, en Candía; dominio de una sociedad secreta sobre Atenas, como la Comunidad revolucionaria, que produjo en París a fines del siglo pasado la revolución del 10 de agosto y al último tercio de nuestro siglo la revolución del 18 de marzo; desengaños del pueblo respecto de la influencia del rey o de su dinastía en los regios e imperiales consejos europeos; calumnias al heredero de la corona por sus procederes en la guerra, que lo pusieron a dos dedos del deshonor y del suicidio; insistencias y persistencias de Turquía en guardar los despojos de su infame conquista; invasión de todos los elementos cosmopolitas revolucionarios, anhelosos por devorar, obedeciendo a sus instintos, un trono más; disgustos del ejército nacional, y subversiones del voluntario extranjero; condensación de la demagogia universal en aquel pueblo resquebrajado por la derrota cruel; todo esto ha sucedido en Grecia, y no se ha forjado entre mares tan extensos e intensos de copiosa electricidad, el rayo de una revolución fulminante, que parecían pedir las olas tormentosas de los más encrespados hechos y las profundas perturbaciones de los muy agitados ánimos. Y no se condensa el espíritu revolucionario en las alturas y no se cristaliza la revolución material en lo profundo porque falta el medio ambiente, o sea un medio social predispuesto y apercibido a la producción de tan espantosos fenómenos. Seguros los individuos de que nadie podrá los derechos humanos arrebatarles, y seguros los pueblos de que nadie podrá tampoco arrebatarles su inmanente soberanía colectiva; la reacción por completo conjurada; el régimen, apropiado a cada pueblo, ya establecido sin propensiones de ningún género al retroceso; republicana Francia, independiente Italia, redimidos los principados del Danubio, libre y democrática España, una Germanía, constitucionales y parlamentarios todos los Gobiernos escandinavos; no existen los productores de corrientes eléctricas que antaño cargaban el cielo de tempestades, y abrían vorágines sobre la tierra en profundos y continuados terremotos.

X

Así, por muchos motivos que para sublevarse Portugal tenga, no se subvierte ahora, se agita dentro del orden establecido y bajo las leyes vigentes. Ni hablarse puede, ni hablarse desde aquí, desde nuestro suelo, del tierno afecto sentido por todos los españoles hacia Portugal, sin que los portugueses exagerados atribuyan estos requerimientos de amistad a propósitos de conquista. Nada tan lejos del espíritu español, siempre, y mucho más ahora, en que nuestras desgracias nos reducen a limitadas ambiciones, como conservar el territorio sin disminución alguna ni mengua, tal y como lo recibimos en legado intangible de nuestros padres muertos. Pero los portugueses debían reconocer cómo el espacio y el tiempo, anejos, no al Universo exterior, al humano espíritu, que lleva en sí la cuenta y la medida, no pueden suprimirse, sino después de suprimirnos nosotros mismos. Y cómo un latido del corazón, afectado, ya sea por el amor, ya sea por el odio, ya por una sospecha de ambición, ya por un sueño de conquista, no pueden jamás borrar nuestra Geografía y nuestra Historia. No es dado evitar la identidad e identificación de nuestros dos territorios; no es dado evitar que las raíces de nuestros árboles se abracen, por los campos patrios; que las líneas de nuestras fronteras se borren por los territorios comunes; que las aguas de nuestros mares y de nuestros ríos se confundan en las mismas playas y en los mismos cauces; y no es dado tampoco evitar que nuestros siglos respectivos se identifiquen todos en la misma Historia y encuentren las mismas creencias en la misma religión, como si dijéramos que la misma eternidad sea centro de nuestras sendas almas. No estuvimos separados al tomar en los senos de las edades prehistóricas los inmanentes caracteres que perduran hoy en nuestro ser y esencia fundamentales; no estuvimos separados al extender desde Braga a Hispalis y desde Hispalis a Tarragona, y desde Tarragona a León, y desde León a Lugo, la espiral de una civilización iberolatina que fue un ornamento de Roma, y por consecuencia del mundo; no estuvimos separados, ni bajo el yugo árabe ni en la reconquista cristiana, ni al sentarse con sus Borgoñas las hijas de Alfonso VI en tronos feudales, aunque fueran estos tronos enemigos; ni bajo los reyes santos del siglo XIII y los reyes árabes del siglo XIV; ni en las invenciones intercontinentales e interoceánicas, ni en las grandezas del siglo XVI, ni en las jesuitadas del siglo XVII, ni en la filosofía del siglo último, ni en la libertad de nuestro siglo, porque no basta existan dos gobiernos distintos para dividir dos pueblos identificados en el espacio infinito por la Geografía en el tiempo eterno por la Historia, en el Universo material por la misma sangre y en el Universo moral por el mismo espíritu, provenidos unos y otros de idéntico protoplasma primordial de la vida y ascendiendo unos y otros en nuestras constantes ascensiones hacia el mismo cielo, hacia el eterno Dios de nuestros padres.

XI

Así no digo nada nuevo, si digo que los asuntos portugueses me interesan cual si fueran asuntos españoles. E interesándome así, paréccnme los males públicos en Portugal, no de carácter político, de carácter económico. Y los males económicos son de aquellos que no se curan o extirpan al hierro candente de la revolución. Para que produzcan remedios económicos las revoluciones, se necesita sean de suyo, no meramente políticas, sociales, muy sociales. Engrandeció a Inglaterra la revolución religiosa, porque trasladó las propiedades de los clérigos ortodoxos a los nobles; engrandeció la revolución universal a Francia, porque trasladó los bienes de los nobles a los burgueses, produciendo esa clase media que hoy sustenta la democracia, la libertad y la República. Pero no cabe hoy más revolución social que la evolución socialista. Y la evolución socialista, ensayada en pueblos imperiales por el poder omnímodo de un Ministro como Bismarck y por el genio multiforme de un artista como Guillermo II; ensayada en los pueblos soberanos por una libertad como la fecunda libertad de Inglaterra, y por una democracia directa como la democracia suiza, da tan poco y tan malo de sí, hasta donde hay en el Gobierno socialistas de suyo tan sabios como el inglés Chamberlain y republicanos tan sólidos como los que constituyen el Consejo federativo helvecio, que no valdría un coscorrón tan enorme cual el coscorrón de las revoluciones, un bollo tan mísero cual el bollo de unas cuantas reformas ya ensayadas, las cuales empeorarían el Tesoro sin aliviar al pueblo. Además, paréceme una vulgaridad insigne atribuir al hambre revoluciones humanas, promovidas todas por el ideal. Dentro del horrible sistema económico, propio del absolutismo, jamás gozó Francia prosperidad superior a la prosperidad alcanzada en tiempo de Luis XVI. La Enciclopedia fue causa permanente y primera de la revolución; fue causa ocasional y segunda, la correa. En la serie revolucionaria, como en todas las series lógicas, el aspecto económico es un término y nada más que un término, posterior, muy posterior al aspecto político.

XII

O ando yo muy trascordado en mis nociones políticas respecto de Lusitania, o era más fácil allí una revolución popular con los Gobiernos anteriores, que una revolución popular con el Gobierno presente. Hubo Gobiernos con aires de reacción y con procedimientos dictatoriales, más odiosos al pueblo que este Gobierno de ahora, un día sostenido y auxiliado por los republicanos mismos. Y se necesita conocer poco el mundo para ignorar que la pléyade brillantísima republicana se halla compuesta de insignes pensadores, polígrafos admirables, catedráticos e ingenieros de primer orden, factores componentes de luminosa escuela, más que políticos y estadistas dispuestos a componer un verdadero Gobierno. Cierto filósofo inglés, muy célebre, oyendo a otro colega suyo lamentarse de la poca ciencia conocida por aquellos gobernantes consolábale con esta observación: «A un filósofo henchido de ideal, podría en el Estado antojársele forzar la sociedad, concediendo derechos, tan dañosos a un pueblo atrasado, como sería sacar un animal nacido en atmósfera de hidrógeno, prometiéndole vida y salud en una para él irrespirable atmósfera superior de oxígeno.» No queramos que respiren hoy en el aire pueblos acostumbrados a respirar ayer en el agua. La filosofía y la religión pertenecen a todos los tiempos; la Historia pertenece a lo pasado, el arte a lo porvenir, a lo presente la política. Si Portugal necesita economizar, no conozco nada tan caro en el mundo como la revolución. Yo, republicano de toda la vida, he dicho cuando se han intentado revoluciones sin medida ninguna por conspiradores sin acuerdo: es más cara que una lista civil una guerra civil. La República debe ser fundada en paz y para continuar la paz. De las revoluciones se conocen los bienes tarde, muy tarde, como conocemos tras un siglo los bienes de la revolución francesa, como conocemos, tras cinco lustros, los bienes de la revolución española del mes de septiembre, que hoy proclaman próvida y santa los españoles más reacios a reconocer los bienes del progreso universal y a proclamar los principios del humano derecho. En toda revolución hay favorecidos y agraviados. Los favorecidos son siempre más que los agraviados. Pero como éstos experimentan el agravio pronto, gritan, y como aquéllos el favor tarde, callan, encontrándose así las revoluciones rodeadas de implacables enemigos, a los cuales nada tan fácil como promover una espantosa reacción.

XIII

Suceden fenómenos bien extraordinarios a nuestra vista. Mientras crecen los medios de comunicación, por el progreso de las ciencias aplicadas a la industria, menguan los cambios y las comunicaciones de productos. Los dos pueblos destinados a focos de luz en América y en Europa, los Estados Unidos y Francia, dos Repúblicas, se nos aparecen ahora, no como auxiliares del cambio libérrimo en la producción y en el comercio universales, como prohibicionistas chinos, llevando a sus respectivas cabezas dos reaccionarios en economía política, tan conocidos como el buen Meline y el buen Mac Kinley.

Un emperador, el joven utopista que reina sobre Alemania, capaz de probar y ensayar todos los progresos económicos para que contrasten la estabilidad, mejor dicho, la reacción imperial, concluye por entregarse y rendirse al arbitrio de los intransigentes feudales agrícolas, empeñados, no solo en impedir la circulación de los pensamientos humanos, sino también la circulación de los humanos productos: empresa tan vana, como si quisieran impedir el movimiento de la luz en los espacios, la circulación en nuestros pulmones del aire, la circulación de la sangre en nuestras venas. Y hasta Inglaterra hoy retrocede. Antaño llamábamos a esta nación gloriosa la patria de Cobden; hogaño, un individuo de la Cámara de Comercio en Manchester, la Roma del libre cambio, es osado a proponer se quite la efigie del apóstol de la libertad mercantil al salón histórico, donde se le prestaba culto análogo al prestado por los devotos en iglesias y cofradías al santo de sus devociones. Y alucinados los ingleses por el fantasma de un Imperio universal, compuesto con sus colonias unidas por un cambio interior de productos, como el existente hoy entre las provincias, merced a nuestras revoluciones que han producido la idea nacional y quitado las aduanas interiores, restringen la comunicación mercantil con el resto de la tierra y denuncian, a ruegos del Canadá, su tratado con Alemania en un sentido, digan lo que quieran, resuelta, francamente proteccionista. Y lo que pasa con la protección mercantil, pasa con el socialismo. Aquellos mismos para quienes apareció un tiempo como sistema odioso y abominable, lo cultivan ahora como un árbol, a cuya sombra puede prosperarse la triste condición del que tan impropiamente llama la jerga revolucionaria cuarto estado. Cuando el socialismo de la Cátedra, formulado por un catedrático tan famoso como Wagner y puesto en práctica por el colosal Bismarck, marra en Alemania, lo aplican suizos y sajones. Chamberlain, ministro eximio de las Colonias en Inglaterra, pasado desde las filas del partido radical a las filas del partido conservador, queriendo cohonestar con algún viso republicano su cambio, no progresivo hacia la democracia, regresivo hacia los torys, propone la célebre ley protectora del trabajo en las minas y del trabajador minero, sustituyendo al principio individualista viejo de la contratación libre una serie de intervenciones del Estado en la relación entre jornaleros y patronos, como las que piden los comunistas más exagerados y sueñan los innovadores más decididos contra el principio divino de la libertad humana. Y esto mismo hacen los radicales helvecios, idólatras de la entidad Estado, al proponer el seguro forzoso impuesto por las leyes al capitalista y al jornalero, como el que predicó Lasalle, propuso Wagner, realizó Bismarck y frustró la gran piedra de toque, así en economía como en política, la experiencia. Existen, pues, tres neurosis en nuestra Europa contemporánea: la neurosis del proteccionismo, la neurosis del socialismo, a la cual se une otra que llamo yo neurosis de la colonización. Por la nativa propensión del hombre a las imitaciones del simio, las tres entran en todos los pueblos, y no podrá evadirse a la moda Portugal. Las tres son muy caras.

XIV
Portugal debe comprender cómo todos estos caracteres de la sociedad contemporánea, todas estas corrientes de las ideas vivas, todas estas fases del espíritu reinante, todo esto que ahora predomina, razonable o erróneo, impone sobre los demás ideales el ideal económico, y embarga los pensamientos y los ánimos con finalidad singular, con la finalidad de mejorar el estado material de las clases sociales, si hay clases en pueblos como los nuestros, donde todo es accesible a todos, pero con especialidad de las clases, mejor dicho, de las gentes menesterosas. Y puesto que el ideal económico se impone hasta la extremidad de que soldadotes de hierro, como Bismarck, acepten remedios casi comunistas para las enfermedades colectivas, y un tribuno de la libertad, como Chamberlain, retroceda a la idolatría cesarista del Estado, vulnerando en bien más o menos efectivo de los pobres la facultad esencialmente humana de contratar libremente; los pueblos deben penetrar con resolución en la economía, y sacrificarlo todo al interés económico. Yo no pienso decir a Portugal que medite si le conviene o no le conviene mantener él solo un Estado carísimo, una representación dispendiosa, un ejército abrumador, el peso de colonias que lo arruinan, las cargas innumerables que lo matan: si la voluntad suya es que perdure todo eso, ya puede perdurar en buen hora, cueste lo que cueste. Hágase la voluntad del pueblo, así en la tierra como en el cielo. A la postre, contra la voluntad del pueblo nada puede intentarse. Pero sí puede una cosa decirse, y es que, aun estando los sentimientos portugueses tan apartados de los sentimientos españoles en esto de juntarse los dos pueblos; por la proximidad de sus respectivos territorios y por las analogías de sus sendas historias,

a las mismas causas perdimos nuestro cuantioso patrimonio continental en América ellos y nosotros: a causa de la funesta política que siguieron nuestros malhadados reyes absolutos, cuando disponían del pueblo, así los Braganzas como los Borbones. Si el mal nos coge igualmente a los dos pueblos, y en el mal podemos unirnos, ¿por qué no habría de hallarnos el bien unidos? Mas dejemos esto por ilusorio e imposible, y vamos al estudio de la fase económica en que hoy entra Europa y con Europa Portugal y todos los pueblos segundos, a quienes llamamos así, no porque a nuestros ojos aparezca secundario y subordinado su espíritu eminente, porque aparece pequeño su territorio en parangón, sobre todo, con las enormes potencias europeas. Queramos o no queramos, se impone a éstas el desarme, o sea la conversión de sus ejércitos de ofensa y conquista en ejércitos de defensa social dentro de cada pueblo, contra los perturbadores del orden, en ejércitos de seguridad interior. Tiene gracia que se halle armada Europa hasta los dientes y esos ejércitos de las grandes potencias, de Austria, de Francia, de Alemania, de Rusia, no sirvan para cosa ninguna, porque su excesivo número impone un respeto tal mutuo de los unos hacia los otros, que nadie se atreve a declarar la guerra y alzarse con la responsabilidad terrible de haberla declarado. Pues el comienzo de la fase contemporánea económica está en el desarme, y el desarme habrá de comenzar por una disminución en las cargas militares, y esta disminución de las cargas militares por una metamorfosis del ejército de ofensa y de conquista en ejército de defensa y de seguridad. Y para esto del desarme, para esto de la disminución en los presupuestos militares, sirven, como nadie, las naciones que llamamos nosotros naciones segundas. Tiene gracia lo que sucede ahora en Europa, de lo cual es un ejemplo vivo la sublime y desgraciada Grecia. Se hacen allí los mayores sacrificios para mantener la inviolabilidad del territorio contra los soldados extranjeros, y luego, por causa de estos mismos sacrificios, entran en el territorio, atropellando su inviolabilidad, irruptores más dañosos que los soldados a la independencia nacional, entran los usureros internacionales. Y la heroica Grecia, servida por soldados de una fibra increíble y de un valor incomparable, pierde por las armas un territorio que salva después por las ideas, por el entusiasmo sentido en todos los pueblos cultos, hacia la Musa divina del verbo, del pensamiento, del arte. Portugal se queja de lo mismo que Grecia, temiendo ver el extranjero entrar por las puertas del

Tesoro tras los enormes sacrificios hechos para que no entrase por las puertas del territorio. Pues no puede impedir tal irrupción, porque justo es pague quien deba, sino subordinándolo todo, Estado, diplomacia, ejército, a la economía. Mucho ha escandalizado a mis compatriotas el presupuesto de la Paz; pero yo lo sostengo, y lo sostendré mientras viva para mi patria, óigame o no me oiga. Pues Portugal, más que nosotros, lo necesita. Nada de guerras extrañas, y nada de revoluciones internacionales: economía, paz y libertad.

19. Enero 1898

Independencia del criterio nacional de todo influjo yankee. Las nuevas reformas son un producto español puramente. Desfavorables circunstancias que acompañan a estas reformas. Peligros de su improvisación; peligros mayores de las suspensiones del poder parlamentario. Torpeza en emplear para ocurrir a los males de nuestra grande Antilla, dos métodos tan contradictorios, como la reforma y la guerra. Revocación y llamamiento del General Weyler. Viaje y llegada de éste. Imposibilidad absoluta de que presida un Gobierno legal cualquiera e imposibilidad absoluta de que sueñe con la dictadura. Importancia excesiva dada por Weyler a las quejas de los proteccionistas y a sus protestas contra las autonomías arancelarias. Deseo de que acierte nuestro Gobierno. Promesas y esperanzas de acierto. El mensaje de la Presidencia sajona. Grande abuso de crítica por parte del Presidente. Protestas necesarias contra este abuso. Intervención indirecta. Negativas indispensables a toda intervención. La doctrina de Monroe falseada por Mac-Kinley. Insinuaciones de arbitraje de todo punto inadmisibles por nosotros. Parcialidad del árbitro en favor de los mambises. Amenazas de intervención material. Imposibilidad absoluta de semejante intervención. Reflexiones. Conclusión

I

Desde que comenzó el gran conflicto cubano, se adoptaron para conjurarlo dos métodos contradictorios a un mismo tiempo: el método de la guerra y el método de las reformas. Y no conozco período más difícil para las reformas, que un período de guerra, ni conozco guerra ninguna que se compadezca bien por sus violencias con el procedimiento y el genio de las reformas, siempre jurídicas y, por ende, necesitadas de paz y libertad. Pero desde que comenzó la guerra, los Gobiernos todos han empleado a una, sin excepción, ambos métodos. Fue mandado por el partido más gubernamental de nuestra patria el General Martínez Campos, a dirigir la guerra de Cuba; y este General se queja siempre de que no le mandasen las reformas desde Madrid o no las publicasen pronto en la Gaceta oficial, cuando estaba decretado por el Parlamento y sancionado por el monarca el plan puesto en vigor y convertido en ley por la sabia prudencia de Abarzuza. No compartió el partido más gubernamental de nuestra España las impaciencias de su General en jefe, y no publicó las deseadas reformas. Pero poco después de haber vuelto este General, cuando se mandaba el reemplazo de Weyler significando la guerra opuesta por nosotros a la guerra, de súbito en la Gaceta estalla un plan semiautonomista concebido y formulado por la reacción conservadora. Desde tal punto sabíase que los liberales, por fuerza, tendrían que acogerse al partido autonómico en sí, para continuar significando la izquierda progresiva del país que casi le acababan de llenar los partidos y los proyectos conservadores. Con efecto, el señor Sagasta, muy hábil estratega, de táctica superior en el combate político, avezado a conocer las manipulaciones y maniobras de sus contrarios, soltó el verbo de la situación, soltó el nombre mágico de autonomía completa.

II

El partido liberal tiene una extrema izquierda representada por el señor Moret, y una extrema derecha representada por el señor Gamazo. En estos dos polos de tal política, debía repercutir, por muy contraria y opuesta manera, la grave y trascendente frase. Así apercibiéronse sus seudos representantes a un verdadero combate, el cual era tanto más sabio, cuanto menos público. Y en este combate secreto pugnaron los dos combatientes por dar al programa, llamado autonomía, la correspondiente significación, por cada cual de ambos preferida. Y, con efecto, tras una larga serie de reflexiones, llegóse a otra larga serie de componendas. Una comisión del partido liberal se nombró, compuesta por los señores Gamazo, Moret y Abarzuza. En esta comisión representaba la autonomía diferida el señor Gamazo, y el señor Moret, por su parte, la autonomía inmediata. Arbitro entre ambos mi amigo Abarzuza, estadista de gran solidez y de completa circunspección, convino en que la palabra se aceptase, pero no como sacramental e improvisada, especie de fórmula cabalística incompatible con un método científico; no así como corolario de una serie lógica, en que precedieran varias mejoras y como corona de una paz definitiva e imperturbable. Mientras el señor Moret quería, dirigiéndose a Cuba, decirle toma las autonomías y daca la paz, el señor Gamazo y el señor Abarzuza cambiaron esa oferta en esta otra: daca la paz y toma las autonomías. Pero como esto no resolvió de ninguna manera el combate aquel en ningún sentido, aunque tuviese una significación muy clara contra las impaciencias de Moret, éste se aprovechó de la primer coyuntura ofrecida por los acontecimientos, y formuló en Zaragoza un proyecto de autonomía, el cual no solamente desconcertó las conciliaciones que habían Gamazo y Abarzuza concertado, borró por completo el manifiesto de Sagasta, donde aparecieran las autonomías diferidas y limitadas.

III

En esto sobrevino la muerte de Cánovas. Con la muerte de Cánovas sobrevino la disolución de los conservadores, y con la disolución de los conservadores sobrevino el regreso del partido liberal a la pública gobernación del Estado. Y no habiendo en la pública gobernación del Estado problema que se asemejara en gravedad al problema cubano, seguidamente dentro de la crisis ministerial y del tránsito de un Gobierno a otro Gobierno, estalló la grande contradicción entre unas autonomías diferidas y unas autonomías inmediatas. La gente se maravilló mucho de que no perteneciera el señor Gamazo al nuevo Gobierno, de que se hubiese ido en aquellas circunstancias a París desde Biarritz el señor Abarzuza, en vez de venirse a Madrid; pero extrañáronse las gentes porque juzgan por cierto con bien erróneo juicio a todos nuestros estadistas ambiciosos, y creen que hay en sus actos la menor cantidad de idealismo posible. Sin embargo, si estudiaran las gentes con algún cuidado las circunstancias políticas, vieran cómo había quedado diferido el programa de las autonomías aplazadas y victorioso el programa de las autonomías inmediatas. El combate se hallaba empeñado entre un manifiesto como el que pusieran Abarzuza y Gamazo a la firma de Sagasta y un discurso como el que pronunciara Moret en la insigne Zaragoza. Venido el bando liberal a la gobernación pública bajo las fascinaciones del gran orador que representa su extrema izquierda, y puesta en olvido la proclama del jefe que otros hicieron y no él, imponíase la solución

Moret, quedando vencida por completo la solución Gamazo. Y como se imponía la solución Moret, no cabe dudarlo, el partido liberal tuvo que abrazarse a ella, y omitiendo u olvidando la proclama del jefe, siempre dócil al impulso de los acontecimientos, admitió las autonomías inmediatas, que triunfaron en toda la línea.

IV

Yo no repugno el régimen autonómico. La distancia entre Cuba y su metrópoli; el opuesto carácter de sus contrarios climas; las especialidades varias que un medio ambiente lejano y diverso del nuestro imponen a sus naturales, justifican el reconocimiento a Cuba del derecho al gobierno por sí misma, con mayor amplitud y mayor descentralización que las demás regiones hispanas. Las leyes contenidas en los Códigos llamados de Indias por los tiempos del absolutismo, las especiales sustentadas aún por los Gobiernos más reaccionarios, no significan otra cosa que una proclamación indirecta del derecho de Cuba y los cubanos a gobernarse de una manera particular y por sí mismos. Así, pues, ni el Ministerio propio de Cuba, ni las dos Cámaras insulares, ni el reconocimiento en estos poderes de facultades para nombrar los funcionarios públicos me asusta, pues se hallan en verdadera y completa congruencia con los principios radicales sustentados por mí toda la vida y congénitos con los comienzos de mi vieja historia. Lo que me asusta, y muchísimo, es el conjunto de circunstancias particularísimas en que los decretos proclamando el régimen autonómico se dan y se promulgan. Ha precedido a ellos una impaciencia propia de cualquiera junta revolucionaria, y acompañándolos una serie de súbitas improvisaciones a cual más peligrosas. Las gestaciones rápidas traen aparejados consigo seres fugaces, los cuales, por lo mismo que ha costado poco su vida, se hallan muy expuestos a la muerte. Un Gobierno que gasta cuatro semanas en estudiar y formular el nuevo régimen de las Antillas españolas, y tres o cuatro sesiones de dos o tres horas cada una en aprobarlo, me parece, repito, cualquier Junta revolucionaria de aquellas que, tras un pronunciamiento victorioso, removían cielo y tierra en busca de innovaciones que, apenas decretadas, eran suprimidas. Así no he podido menos que indignarme cuando he visto a los autonomistas cubanos que sufrieran el antiguo régimen por tanto tiempo, impacientarse y pedir la improvisación del nuevo régimen autonómico en leyes, acaso tan rápidas en su existencia como rápidas han sido en su breve e improvisada formación.

V

Y no solo me asusta esto, me asustan más todavía las pretericiones sistemáticas, hechas por el partido conservador y por el partido liberal, de institución tan alta como la institución parlamentaria. Un siglo nos ha costado acreditar la idea de que la nación es por completo soberana, y de que solo en la nación reside con propia virtud el poder constituyente. Y al terminarse la centuria en que allegáramos y estableciéramos tan justos dogmas políticos, el poder real se arroga el poder constituyente y lanza una Constitución para parte considerable de nuestra patria, como pudiera lanzar cualquier decreto de aquellos reconocidos en el radio de su autoridad y hechura del legítimo número de sus prerrogativas. Una doble conjuración ha suspendido el poder parlamentario por mucho tiempo entre nosotros. Los conservadores lo han usado poco en su período último, por fatigarles las grandes discusiones a diario, y los liberales han cooperado a este enormísimo error de los conservadores, por apego al retraimiento revolucionario. Cuánto no hubiéramos ganado con que las deficiencias de nuestros Generales se apreciaran en Cámaras libres y no en camarillas oscuras; cuánto con que los gastos anualmente se hubieran examinado por aquellos mismos que los decretan y los tasan; cuánto con que se hubiera depurado en el seno de las Cámaras y por luminosos debates los programas de cada partido, en vez de depurarlos y mantenerlos en reuniones públicas sin la grande autoridad del poder parlamentario; así lo han querido los hados, la pereza del Gobierno conservador en reunir las Cámaras del país, y la impaciencia del Gobierno liberal en asaltar las cimas del Estado. Lo cierto es que han dejado nuestros partidos constitucionales a la Reina casi fuera de la Constitución, atribuyéndole prerrogativas jamás usadas por el despotismo de Fernando VII y demás reyes absolutos; porque todos estos tiranos recibían en herencia un poder ya constituido, y casi nunca se arrogaban el supremo poder constituyente. Así, cambio de situaciones, designación de Ministros, reparto de dispendios, grandes operaciones de crédito, metamorfosis de un régimen constitucional en régimen republicano, organización de poderes públicos en una parte considerable de nuestros dominios, nuevas Cámaras legislativas, nuevos Ministros extraños, nuevas transformaciones del veto real, todo esto ha dependido exclusivamente de la Reina, expuesta por ello a que le reclamen las responsabilidades de lo hecho y decretado, por sus temerarias usurpaciones, al advenimiento de las grandes desgracias, frecuentísimas durante todo nuestro siglo en los anales de las monarquías europeas. Las circunstancias, en verdad, son supremas y extraordinarias; extraordinariamente se ha procedido. Al cabo sucederá que si la victoria llega, como pedimos a Dios, sus rayos acabarán por borrar todas estas tenebrosas oscuridades del procedimiento. Que venga pronto la paz a Cuba. Ya la tenemos en Filipinas. Loores a la Providencia.

VI

Todavía tienen otra laca para mí las reformas. Y es la facilidad con que se atribuye su improvisación en la mente ministerial y su planteamiento en la Gaceta del Gobierno, a influjo y apremio de los Estados Unidos. La garrulidad de tantos corresponsales como improvisan exámenes rápidos y juicios ligeros de los hechos mas graves; las complacencias y docilidades serviles de algunos ministros con el Gobierno americano; la petulancia de los yankees, empeñados en hacer para todo el Nuevo Mundo la lluvia y el buen tiempo; la insolencia de algunos Embajadores ignorantes del alfabeto y del catecismo de la diplomacia, quieren acreditar de verdad cierta ese infame y erróneo aserto, contra el cual protestamos, porque no hay Gobierno alguno español capaz de semejante bajeza, y si lo hubiera impidiéramosla todos los españoles. Necesítase un descaro sin ejemplo, como el descaro de que adolecen los legisladores del Capitolio, para ostentar como la cosa más natural del mundo una intervención suya en los negocios peculiarísimos de nuestra nacionalidad y de nuestro Gobierno; pero así como está patente descaro tal, está por su parte patente también la resolución de todo Gobierno castellano a rechazar ingerencias incompatibles con nuestra sacra libertad y con nuestra histórica honra; no, aquí no queremos la intervención de los Estados Unidos, ni siquiera con apariencia de consejo, resueltos a conservar la independencia nacional y el gobierno propio, por los cuales tantos sacrificios hemos hecho en la más alta ocasión de nuestra historia. Daremos a los cubanos su autonomía, les reconoceremos todos los derechos connaturales a la especie humana, les consentiremos un ministerio propio y dos Cámaras, les concederemos el nombramiento de todos los funcionarios cubanos, pero por nuestra voluntad, por nuestro libre albedrío, por nuestra conciencia colectiva, por nuestro poder patrio y no por extrañas ingerencias, alguna vez ofrecidas en el desvarío de soberbia connatural a los yankees, pero siempre rechazada por nuestro pueblo y por nuestro Gobierno, independientes y autónomos.

VII

Y digo esto, no a humo de paja; dígolo con verdadera oportunidad, porque se ha querido atribuir acto tan propio de nuestra soberanía, como el llamamiento de Weyler, a ingerencias e influjos de los Estados Unidos. Desconoce la serie de los hechos políticos recientes quien desconozca la existencia de dos criterios en el partido liberal y en el partido conservador, criterios contradictorios respecto al gobierno de Cuba. Liberales y conservadores querían las reformas y la guerra, pero los conservadores ponían la guerra sobre las reformas, y los liberales las reformas sobre la guerra. Representaba el criterio conservador la personal del General Weyler y representaba el criterio liberal, por miles de circunstancias, la personal del General Blanco. Los conservadores, sin excluir la semiautonomía ya formulada por ellos en decreto, apreciaban más la fuerza, y los liberales, sin despreciar la guerra por su parte, apreciaban más que la guerra una pronta y completa y radical autonomía. Por estas razones dialécticas, Weyler gobernó a Cuba, desde que fracasara Martínez Campos, bajo la dirección del partido conservador y Weyler debió saber, en cuanto los conservadores cayeron, que, no pudiendo sustituirle allí el General Martínez Campos, le sustituiría un General de Martínez Campos tan próximo como el General Blanco. Por consecuencia, no hubo en el llamamiento de Weyler ninguna mediación americana; hubo lo que no podía menos de haber: el cumplimiento de un compromiso tomado por los liberales con su propia voluntad y conciencia. El no haberse aplicado en la guerra de Cuba un criterio único, el criterio nacional, y haberse dividido los factores fundamentales de nuestros Gobiernos en cuestión de suyo tan grave, nos ha traído este reemplazo de Generales cubanos según han ido reemplazándose los Gobiernos, y esta diversidad compleja de soluciones, las cuales debieron ampliarse más y generalizarse más para que fuesen obra de todo el pueblo y no de un solo bando.

Pero sea esto lo que quiera, la ingerencia de los extraños no ha tenido nada que ver con el llamamiento de Weyler.

VIII

Y así como no han tenido que ver cosa ninguna en el llamamiento de Weyler las mediaciones extrañas, tampoco el llamamiento y el viaje de Weyler han alcanzado las proporciones y trascendencias aguardadas por los factores natos de perturbación, tan inquietos y escandalosos en casi todas las naciones latinas. Despedidas un poco más o menos despechadas del Capitán General destituido; resistencias a dar posesión en el Palacio al nuevo personificador del poder público; manifestaciones más o menos entusiastas al adiós y partida de Weyler; recalar en un puerto cubano donde se tributan al viajero errante honores de General con mando; viaje por las soledades inmensas del Atlántico, llegada con grande aparato a la Coruña; circunvalación de la Península, ganando por mar el puerto de Barcelona, tan fácil de ganar desde la Coruña por tierra; entrada triunfal en Barcelona: todos estos incidentes no han revestido la importancia excepcional temida por los ministeriales y esperada por la oposición. Mucha palabrería en el General, mucha más de la que acostumbran los Generales en todas las naciones europeas; desahucio del proyecto que acariciaba Romero Robledo al ofrecer a Weyler un partido hecho y derecho de que pudiera ser cabeza; zalamelechg a los carlistas y a los republicanos por sus aclamaciones, aunque abriendo más el oído a los primeros que a los segundos; consejos al partido conservador para que se reorganice pronto, insinuando al mismo tiempo no pertenecer a tamaño partido; grande fervor y entusiasmo hacia la protección y los proteccionistas, acompañados de protestas vivas contra las autonomías arancelarias; todo esto ha ofrecido el General Weyler en su peregrinación y de todo esto no pueden adivinarse todavía las naturales consecuencias en medio de la confusión traída por los últimos cambios de nuestra tormentosa política.

IX

No puede haber ya en España Gobiernos presididos por los Generales, al modo y manera históricos y antiguos. El predominio militar llevó en la cabeza un golpe fortísimo al proclamarse la República y verse que podían dirigirla entre tantos escollos hombres de pura complexión y de puros caracteres civiles. Tal sentimiento de adhesión a Ministerios presididos por oradores y publicistas, se afianzó durante la Restauración. Así, los dos grandes partidos que han gobernado España los últimos lustros, presididos fueron por dos grandes parlamentarios. Ni el General Martínez Campos, ni el General Jovellar, los dos únicos presidentes militares de Ministerios en los veintidós años últimos del reinado de Don Alfonso y de la Regencia, llegaron a constituir otra cosa que situaciones interinas. Ni el General Serrano, con todos los recuerdos que despertaba, ni el General López Domínguez, con todas las esperanzas que promovía, llegaron a presidir jamás una situación liberal dentro de las restauraciones. Cualquier Ministerio que venga presidido por un soldado, contará los pocos días del Ministerio Azcárraga, siquier este General fuese tan popular y estuviera en el concepto público tan acreditado. Así no puede soñar el General Weyler con presidir ninguno de los Gobiernos que se organizan para lo futuro y que se columbran en las perspectivas actuales. Si no puede presidir un Ministerio regular, menos puede prometerse de nuestra política la imposible, aunque por muchos aguardada en vano, dictadura militar, que no consienten los altivos afectos de nuestra grandiosa patria. Entre tantas guerras civiles como hemos atravesado, a la oscilación de pronunciamientos tan propicios a un poder anormal y revolucionario, magüer los caudillos que nos han ganado batallas gloriosas en los conflictos perdurables, ninguno de estos caudillos ha optado a la dictadura, y menos podía optar a ella y conseguirla el General Weyler.

X

Hoy mismo aparece árbitro de nuestros destinos un orador tan popular y tan parlamentario como el fecundo e inspirado Moret. Todo a su voluntad se pliega. Él designó los Ministros; formó la situación, dando de mano a sus émulos y rivales; impuso por programa ministerial su arenga de Zaragoza; revocó a Weyler para nombrar a Blanco, porque representaba el primero la guerra implacable y representaba el segundo la conciliación posible, llegando al extremo de leer rápidamente hoy una Constitución en el Consejo de Ministros, y ponerla mañana en los fastos de la Gaceta oficial. Por consiguiente, los fantasmas de la dictadura militar son fantasmas soñados y la realidad viva es, que si no mandan los Parlamentos, mandan los parlamentarios. El regreso de Weyler, pues, ha pasado a la categoría de los hechos que no dejan estela ninguna en lo presente, dirigida con seguridad al porvenir. Moret da su autonomía política, su autonomía económica, su autonomía administrativa, sin obstáculo de ningún género, que solamente surgen de la autonomía estimada por él más indispensable, de la autonomía arancelaria. Y tengo que decirlo con toda lisura: mientras los cubanos todos carecen de razón en absoluto para quejarse de un derecho político el cual aventaja con mucho a todos los derechos reconocidos en las Constituciones modernas, se quejan y se quejan a una, con justo motivo, en la cuestión arancelaria. Les hemos obligado a recibir todos los productos peninsulares, y nos hemos resistido a sostener la recíproca en los productos insulares. Sobre todo, los derechos puestos al azúcar y a los alcoholes para mantener industrias cismarinas de bien poco fuste, merecen la reprobación universal y piden un pronto radicalísimo remedio.

XI

Y, sin embargo, donde más resistencias ha encontrado el señor Moret al proyecto de su Constitución autonomista es en este punto, donde todo le daba la razón, lo mismo a él que a los principios por él representados. Estas resistencias han tenido tal carácter de gravedad, que muchos las creen capaces de producir una revolución radical en las ciudades catalanas y una guerra civil en los desfiladeros. Digo de todo esto lo que antes decía de las esperanzas puestas por los perturbadores en el regreso de Weyler. Los principios democráticos injertos por los republicanos en la Constitución española, con tantos esfuerzos y tantas dificultades, han dado una solidez al suelo y una serenidad al aire nacional, que no pueden temerse ni terremotos abajo ni arriba tempestades. Mucho se podrán mover los carlistas y los demagogos, bajo su bandera flordelisada los unos y bajo su bandera roja los otros: el pueblo está contento con sus libertades y fía el desarrollo de sus intereses y el advenimiento de novísimos progresos a la conciencia y a la voluntad colectivas. Equivócanse los proteccionistas al creer posibles grandes sacrificios por los intereses, que solo se hacen por las ideas. El privilegio de algunos jamás interesará como el derecho de todos. Puede muy bien el señor Moret dejar a Cuba que busque sus mercados y envíe sus productos donde más le plazca; los proteccionistas elevarán protestas, pero no engendrarán revoluciones. Únicamente puede generarlas un marro de la obra con tanta dificultad erigida y una frustración de las esperanzas por él inspiradas, porque sería terrible, al despertar, el desengaño. Tráiganos, pues, la paz, como nos la ha prometido, con su autonomía, y no miraremos las abdicaciones que hayamos hecho en aras de tal paz. Que venga pronto después de habérnosla prometido con tan honrada seguridad. Si así sucede, que Dios se lo premie, y si no sucede, que Dios se lo demande.

XII

Con el asunto gravísimo de China, compite hoy en la opinión e interés europeos el Mensaje americano. Debo decirlo con toda sinceridad. El Presidente de la Unión ha defraudado las esperanzas puestas en él por todos cuantos le creíamos de tradición y sangre puritanas y, por lo mismo, incapacitado de guardar serviles complacencias con los jingoes, y de extender ningún relampagueo guerrero sobre los dos más progresivos y cultos continentes de nuestro planeta. Por mucho que la obra de reconstrucción americana se haya empeñado en soldar las dos secciones de aquel mundo, los Estados del Norte y los Estados del Sur quedan divididos, no ya por oposiciones de sus viejas historias, por creencias y dogmas del tiempo corriente. Grandes enemigos entre sí, generados y generadores de una perpetua discordia, en el Norte se halla la pura liturgia escocesa, la tradición que desde Holanda pasó a Ginebra, y desde Ginebra pasó con Knox a Edimburgo; el amor a la libertad y a la república; el aroma de aquella flor de mayo que perfumará eternamente los Estados Unidos, envolviéndolos en sacra nube de mirra e incienso; las ideas progresivas que abren los inmensos horizontes de lo porvenir, y prometen a los pueblos un régimen de trabajo e industria en que reinen la paz y la libertad, perfectas cristalizaciones sociales del revelador cristianismo. Todo al revés en el Mediodía, donde las tierras vendidas como predio por sus antiguos poseedores a los Estados Unidos; la perdurable permanencia de un crimen social enorme como la esclavitud; el arribo a las playas aquellas de los antiguos filibusteros que pirateaban por todos los mares y amenazaban las sacras propiedades de todos los pueblos, han cooperado a reunir una hez de sangre hirviendo en ambiciones, achaque natural de las oligarquías negreras, que pugnan, como las especies inferiores, crueles y exterminadoras, por la conquista y por la guerra.

XIII

Perteneciente a un estado medio entre las tierras del Norte y las tierras del Sur, el primer personificador de la gran República sajona debió inspirar su política en la tradición cristiana de los puritanos y no en el despotismo guerrero de los piratas. Leyendo el Mensaje suyo con atención, se nota en seguida que todo él, desde la cruz a la fecha, tiene por objeto explicar a los oligarcas del Sur, cómo aunque los asista la razón y la justicia no puede hacer cosa ninguna por ellos en materia cubana el Presidente, atado al duro banco de su autoridad, muy restringida por la Constitución de los Estados Unidos y las relaciones de los Estados Unidos con los demás pueblos de la tierra. Perdón por no haber intentado más en pro de los mambises; apercibimiento de que hará muy poco en lo sucesivo; demostraciones de que ni la conquista podría suceder en derecho, ni la beligerancia y su reconocimiento podría reportar ninguna ventaja; críticas acerbas e infundadas de nuestro régimen, desconocido por completo en América o falseado por la superstición universal contra nosotros; mención fría e indiferente de las grandes reformas hechas por nuestro Gobierno, como si estas reformas no alcanzaran importancia inenarrable y no tuvieran trascendencia perpetua en lo porvenir; bomba final prometiendo lo que no podría jamás cumplir: una intervención material en nuestra grande Antilla, intervención cuyas consecuencias serían, sin que nadie lo pudiera remediar, un choque tremendo entre los dos más cultos continentes del planeta, un inmediato desastre de la República sajona, convertida de industrial en conquistadora, un retroceso de todos los adelantos, una ruina de toda la civilización. He ahí el Mensaje.

XIV

Parece imposible se hallen tan ensimismadas las razas inglesas del Nuevo Mundo, que no comprendan las relaciones de unos pueblos con otros pueblos, y el respeto debido al derecho, gozado por todos, de gobernarse a sí mismos, en plena independencia y absoluta soberanía, según les convenga y les plazca. Esa temeridad con que un Presidente desde el Capitolio trata en su orgullo a los demás pueblos, maldice de su política, entra en el seno de sus privativas instituciones, combate los Gobiernos que le parece, dirige las amenazas que le pasan por la mollera, zaja y corta y tunde cualquier organismo social, caído por incidencia en sus manos o complicado con sus intereses; esa temeridad no puede continuar, porque la crítica solemne por un Estado hecha, de otro Estado amigo, no debe tolerarse ni consentirse, pues dentro de tal proceder se halla un asomo de intervención, al cual se resistirán siempre todas las naciones. Indudablemente la primera y más necesaria de cuantas reclamaciones deben dirigirse a los Estados Unidos, la capital, es aquesta: la reclamación justa y necesaria de que callen la boca y no se metan donde no los llaman, dando el Presidente con el tornavoz de su alta sede resonancias increíbles a los artículos de oposición, escritos contra nuestra patria por periódicos, los cuales no publican comentarios justos y serenos; publican, para encender la manigua y perpetuar la guerra, artículos incendiarios, abortos del odio, indignos, por lo mismo, de quien habla desde un sitio sacro santo, al cual habíamos creído todos los republicanos faro de justicia encendido por el progreso para iluminar las vías del derecho humano y de la libertad universal.

XV
Cada Estado se gobierna como le place y nadie tiene derecho en ese Gobierno a mezclarse con advertencias indiscretas, con vejámenes odiosos, con frases incendiarias, desde la jefatura del Estado, cuando le quedan las vías diplomáticas abiertas a sus reclamaciones y a sus quejas. Para intervenir los austriacos en Venecia y Milán; para intervenir los rusos en Buda y Pest; para intervenir los imperiales en México; para intervenir los cien mil hijos de San Luis en España; para consumar todas las escandalosas violaciones del derecho humano e impeler atrás las sociedades progresivas, no han seguido los déspotas otro proceder que criticar el Gobierno constitucional de los pueblos libres, como dicen ahora los Estados Unidos, que no se puede vivir en Cuba regida por España, quien ha dado a su colonia una prosperidad, una riqueza, una ilustración, una paz, un gobierno, como jamás los tuvieron entre las regiones de América, ni las más libres, ni las más felices, ni las más alabadas. El Presidente, para criticarnos así, para criticar administradores y administraciones que no le conciernen, para criticar procedimientos de mando que no

le importan, para poner fuera del derecho de gentes soldados muy superiores en humanidad a todos sus soldados, en verdad, antes de lanzar tales páginas a la voracidad política, debió llamar su representante de Madrid, debió despedir nuestro representante en Washington, notificándonos los asomos de una guerra, menos agresiva y menos afrentosa que sus desplantes sin motivo, sus salidas de tono sin razón, sus amenazas sin consecuencia, sus acusaciones sin fundamento, esa tremenda fiscalización para la cual no tiene derecho reconocido en la jurisprudencia consuetudinaria y común que rige a las naciones, ni puede ofrecer más excusa que la de hallarse muy lejos insultando sin riesgo, con España, también a Europa entera, como los valientes que se meten, sin escrúpulo y sin empacho, con enemigos resueltos a no admitir un duelo y no contestar a un reto por no permitirlo fatales e invencibles obstáculos.

XVI

Para todo esto invoca el tópico, ya insufrible por gastado, del Mensaje de Monroe a las Cámaras, estableciendo a su gusto y guisa las relaciones entre Europa y América el año 23. Lo hemos dicho mil veces y nunca nos cansaremos de repetirlo, ya sea oportuna ya sea inoportunamente, como decía San Pablo. La doctrina de Monroe no corta el cable que une los viejos continentes con el nuevo y no desconoce la maternidad histórica por un derecho natural casi, correspondiente a nuestra madre España con sus dos Antillas. Todo lo contrario: la doctrina de Monroe proclama la unión eterna e indisoluble de Cuba con su gloriosa Metrópoli. Ahora, que para conocer el sentido de una doctrina es necesario penetrarse del momento en que la doctrina brota. El infame Fernando VII, aquel monstruo puesto por la humanidad en el infierno donde yacen los Nerones y Calígulas, acababa de consumar la más infame de todas las reacciones el año 23. Y como ya hubiese vendido muchas tierras americanas y traspasádolas cual si dispusiese de su propio patrimonio, susurróse iba el tirano a pagar los servicios prestados por sus primos de París, regalándoles como esmeralda de su corona restaurada la isla de Cuba, y entonces Monroe dijo que no consentirían los Estados Unidos y América tal cesión a Francia ni a ninguna otra potencia europea, porque Cuba debía estar bajo el dominio de la gran Metrópoli, quien le diera el ser, el espíritu, la religión, la vida. Sabiendo esto, no viene a cuento la doctrina de Monroe, conmemorada en un discurso que comienza por establecer una especie de tribunal crítico sobre nuestros actos y concluye amenazándonos con la intervención, con esa maldita intervención, la cual sería una de tantas irrupciones como las muchas que ha maldecido la Historia y que Dios ha castigado en su implacable justicia.

XVII

Una monotonía increíble aqueja en estos momentos a los Gobiernos americanos. Parapetados tras una especie tan infundada como la especie de que rechaza Cuba el dominio español, ofrece una intervención, una especie de arbitraje, muy natural y muy legítimo en los combates internacionales, muy escandaloso e injusto en los combates nacionales. El anterior Presidente disfrazaba esta pretensión infame, atentatoria por completo a nuestra honra y ataque brutal a nuestra independencia, con unos visos de interés y de amistad por España, contradictorios con los actos y con los procedimientos de su administración. Las mediaciones afectuosas presuponen una grande amistad por las dos partes contendientes, y esta grande amistad no pueden mostrarla de modo alguno los Estados Unidos por nuestros rebeldes, sin desdorarse a los ojos del mundo y sin delatar ante los tribunales de la conciencia humana su complicidad con la insurrección criminal, contra un Gobierno a quien llaman los americanos amigo, y que, lejos de merecer esas reprobaciones insensatas de América, tiene derecho a la consideración que se guardan todos los pueblos entre sí cuando no están en guerra, y al respeto universal de su integridad y de su independencia. La triste ligereza, mostrada por los Estados Unidos en estas proposiciones de intervención, ya sea hostil o amistosa, muestra cómo no alcanzan a medir la trascendencia de lo que dicen. Cuba no es la primera, ni la única región americana en guerra perdurable. Hay República del centro de América, donde las revoluciones caen periódicamente como las lluvias; hay Presidencias en otros puntos que duran un relámpago, y a su generación y a su muerte dejan rastros de sangre inextinguible. Diez años duró el sitio de una ciudad, como el sitio de Troya; Chile anteayer; ayer el Brasil; hoy Guatemala; mañana cualquier otro pueblo, arden, y los Estados Unidos nada dicen. ¿Por qué? Porque no los codician y codician a Cuba. He ahí la triste madre del cordero. Pues nosotros hemos sido los enemigos de todos los conquistadores, y para medirse con nosotros se necesita ser o César o Napoleón en la Historia. ¿Cuántos Napoleones y cuántos Césares tienen los Estados Unidos entre sus jingoes y entre sus filibusteros?

XVIII

La verdad es que débiles, muy débiles en estas circunstancias los conservadores y los republicanos de América, se dejan imponer por torpe turba de inquietos demagogos, preferencias hacia una política de intervención, repulsiva en todo a sus íntimos sentimientos y a su heredado espíritu. Estos jingoes, nacidos en una piratería verdaderamente atávica, aterran a los santos cuáqueros que han predicado en los desiertos y en las poblaciones el dogma evangélico de la paz y de la libertad humana. Y no hay demostración tan palmaria de nuestro aserto, como las frases empleadas por el discurso de la presidencia en examen de nuestras palabras y de nuestros actos. Mientras la parte juzgada por los americanos abominable de nuestro proceder y de nuestra conducta se pone de relieve y de bulto con amplísima insistencia, la supuesta ferocidad de los combates, las calamidades múltiples de la concentración y las demás plagas connaturales a una guerra; todo cuanto se ha hecho en verdadera consonancia con las constantes aspiraciones del pueblo americano, autonomía, cámaras, gobierno colonial, libertad mercantil, administración propia, municipios parecidos a las comunidades helvecias, todo esto se pone con habilidad en orden y sitios tan secundarios, que no resalta ni su mérito propio, ni el mérito de aquellos estadistas que lo han realizado, con riesgo de su popularidad, en bien y provecho de la paz americana. Quien así propende del lado de nuestros enemigos y así manifiesta su nativa hostilidad a nosotros, no puede aspirar a un arbitraje mediador, muy recusable, primeramente porque su mediación violaría los derechos españoles, y después porque su mediación resultaría en bien de nuestros enemigos y de su horrorosa e implacable guerra.

XIX

La parte del Mensaje referente a la beligerancia, corrobora más y más el aserto de que tendríamos españoles y rebeldes, si cupiese reconocer un oficial y solemne litigio entre lo verdaderamente legítimo y lo ilegítimo, siendo esto segundo un crimen, árbitro muy parcial en la Presidencia y Gobierno de los Estados Unidos. No ataca el Mensaje la beligerancia por irracional, por injusta, por imposible, por vulnerar el derecho de gentes, por intervenir en los conflictos ajenos, por carecer una parte de los beligerantes del Gobierno, del Estado, del sitio necesario a una capitalidad, de todo cuanto constituye un organismo regular, capaz de ser reconocido entre los demás regulares organismos extranjeros: atácala, con un cinismo sin ejemplo, fundado en la razón inverosímil de que tal reconocimiento de beligerancia por los Estados Unidos cedería en bien de nuestra España y en daño de la desastrosa insurrección. Cuando tal aserto se puede aducir sin género alguno de reserva y de contemplaciones, tenemos derecho a creer que no se halla en América un Gobierno amigo, un Gobierno aliado, un Gobierno con obligación de socorrernos en nuestras desgracias moralmente, y de ayudarnos a extinguir el incendio con solo detener los incendiarios salidos de sus costas, las teas humeando en los puños; nos hallamos ante un poder hostil, resuelto a toda clase de usurpaciones, interviniendo allí donde no le llaman y no le necesitan; aleve mantenedor de la guerra civil, so pretexto de que dura mucho, como si en América no fuesen perdurables las guerras; indigno de nuestra grande amistad por su alevosía y por su perfidia; merecedor de que lo delatemos ante la conciencia humana como el principal agente de nuestras desventuras, como el principal autor de nuestras desgracias. Y si cupiese duda de ningún género, ahí está el final de su Mensaje con la dinamita de una intervención, formulada sin restricciones y sin escrúpulos.

XX

¡La intervención! ¿En qué podría fundarse tal atentado sino en un crimen como el cometido por los déspotas en Polonia, escándalo verdadero de todas las generaciones, mancha indeleble caída sobre todos los siglos? Yo sé muy bien que así como se apela entre los turcos al panislamismo, entre los moscovitas al paneslavismo, se apela entre los americanos al panamericanismo, el cual quiere decir extensión de los sajones desde el Potoma hasta la Patagonia. Pero los sajones no comprenden la diferencia de los sueños conquistadores y de los Apocalipsis guerreros entre una República y un Imperio. Todo Imperio se fortalece combatiendo, como se fortalecen el tigre y el león matando; pero una República como la República del Norte americano, venida para prosperar el trabajo y la industria, no puede guerrear por sistema sin caer al pie del cesarismo en deshonroso e irreparable suicidio. Para intervenir en Cuba, tendría que armarse hasta los dientes América; tendría que poner una formidable escuadra en sus mares del comercio y del trabajo; tendría que aumentar su presupuesto al nivel de los presupuestos cesaristas; tendría que convertir sus creadoras legiones de jornaleros en legiones exterminadoras, como los ángeles malditos del juicio final; tendría que indisponerse con todos los americanos españoles, amenazadísimos en la integridad e independencia de sus respectivos territorios; tendría que indisponerse con todo el mundo civilizado, resuelto a protestar de la conquista; tendría que perder su libertad, su democracia, su República y que convertir el Capitolio, donde se presta culto a todos los derechos, en una ergástula de siervos que manchase toda la tierra y deshonrase a toda la humanidad. Lo más fácil para el mundo americano y para su representación augusta, es abstenerse de toda ingerencia en nuestros privativos asuntos; celar las expediciones salidas de sus costas en daño de nuestra patria; persuadir a los filibusteros conciudadanos suyos a que desistan de conjuras y cruzadas criminales contra un pueblo amigo; cerrar el horizonte de las esperanzas del insurrecto, asegurándole que no puede hacer en lo humano nada por él sin desdoro de su nombre y sin peligro de su patria, dejándonos así concluir la guerra con nuestros propios esfuerzos y coronar la paz con nuestros santos derechos.

20. Febrero 1898
El nuevo Gobierno de Cuba. Su Presidente. El Ministro de la Gobernación. El Ministro de Hacienda. Los demás Ministros. Consejos a los autonomistas. Composición del Ministerio cubano. Necesidad en que se halla éste de procurar a toda costa y a toda prisa una saludable concordia. Asuntos de Francia. Observaciones. Conclusión

I
Consideremos y estudiemos el régimen autonómico en Cuba y sus principales mantenedores, tal y como he tenido ahora que estudiarlos ante los problemas presentados a la consideración general. Hablemos de las personas con las cuales gusto siempre de usar más mi natural benevolencia que la implacable

justicia. Yo no las conozco mucho, porque razones de todos sabidas me alejaron de los partidos antillanos en la vida pública, y porque, dispuesto a resolver el problema interior de la libertad y de la democracia, no presté quizás en los veinte años últimos desde mi sede parlamentaria el interés y atención debido a los problemas coloniales. Pero sé del señor Gálvez, a quien hemos nombrado jefe de la situación autonomista recién creada, que no ha caído nunca en veleidades revolucionarias y que siempre ha confiado en la virtualidad y eficacia de las ideas progresivas sustentadas dentro de una legalidad tan amplia como nuestra legalidad española. Estos caracteres latinos, apartados de las propensiones al combate, que distinguen nuestra heroica raza, sobre todo en la creadora y audaz familia española, me tientan mucho al respeto y admiración, no solo porque el amor a la legalidad y a los medios legales sea una virtud, porque tal virtud significan los caracteres y calidades indispensables a la mayor y más honrosa de todas las dignidades humanas, a la dignidad de ciudadano verdadero dentro de un pueblo progresivo y libre. Si, como sus amigos me han dicho, Gálvez jamás cedió a tentaciones belicosas o revolucionarias y siempre se mantuvo dentro de la legalidad más estricta, merece mi respeto por demostrar en ello un carácter político, el cual llevaréle como de la mano a defender la legalidad triunfante con aquel arte mismo con que ha sabido hacer lo más difícil: respetar la legalidad enemiga, consagrándose a mejorarla dentro de las leyes y por las leyes mismas.

II

Me dicen, y no quisiera equivocarme, que su colega, Ministro de la Gobernación y de la Justicia, señor Govín, no posee calma igual a la del señor Gálvez, y no se redime y exenta de ciertas supersticiones coloniales a que podríamos llamar cubanas, contra la madre patria, que debían amar por igual todos sus hijos, con especialidad aquellos hijos criados en los últimos extremos hasta donde se dilata y extiende su manto celestial. No quiere decir esto que tal conspicuo personaje, abogado y orador de nota, cuyo renombre ha venido hasta la Península, se haya hecho reo de ninguna veleidad revolucionaria o belicosa, incompatible con su carácter de sabio jurisconsulto. Pero sí quiere decir que ha desconfiado muchas veces de que nuestra España pudiese llegar en sus Antillas a los últimos límites del progreso, cuando todos los días nuestra prensa libre, nuestras reuniones públicas, hechas unas verdaderas asambleas populares, nuestro Jurado soberano, nuestro comicio establecido en el sufragio universal, nuestra libertad de creencia y de enseñanza, nuestro inviolable hogar, debían decirle cómo se han abierto nuestros senos patrios a todos los vientos del cielo, y cómo, dada la igualdad característica de nuestra España, no podía menos ésta de dilatar sus derechos hasta las Antillas, con la circunstancia y en las condiciones muy especiales reclamadas por su índole particular, por su geografía y por su historia. La desesperación de Govín llegó hasta el extremo de irse y expatriarse cuando creyó extremada la defensa española, y con la defensa española triunfante una reacción implacable. Pero si esto hizo en muestra de una congénita desesperación, supo refrenarla no lanzándose de cabeza en el mar donde resuellan los tiburones filibusteros, reteniéndose dentro del respeto a sí mismo, en absoluta neutralidad, apartado de todas las parcialidades, y con una resignación y una paciencia, las cuales le han valido una enseñanza y una revelación bien diversa de sus presentimientos y de sus prejuicios: la enseñanza y la revelación del sentimiento progresivo, que reina y reinará siempre sobre la patria española, una de las primeras entre los pueblos o naciones redentoras del mundo. Que Govín perfeccione y complete su amor a la libertad con el amor a la Metrópoli. España no puede ser un ave de paso en Cuba; España es la misteriosa grande ave que ha empollado en sus nidos todas las regiones y todas las nacionalidades del Nuevo Mundo.

III

De Rafael Montoro podría omitir todo juicio, pues dentro de la Península es tan popular como en Cuba su nombre, y dentro del Parlamento se alza su figura brillantísima entre los primeros y más oídos de nuestros grandes oradores. Prestancia suma, natural aptitud, ademán muy compuesto, voz muy entera, palabra muy abundosa y sencilla; el raciocinio frío, mezclado, cuando así le conviene, al entusiasmo ardiente; la doble facilidad con que analiza cuando requiere el análisis la materia oratoria y con que vuela por los cielos de la síntesis cuando tiene a su disposición una materia sintética; la bondad nativa del carácter, la elevación muy natural del verbo, su cortesía en las contradicciones, su pureza y sobriedad en el estilo, hanle dado una fama que nadie ha contradicho, que no se ha puesto ni siquiera en duda, felicidad no gozada ni aun por los príncipes y por los primates de nuestra gloriosa elocuencia. La historia política de Montoro se ha discutido mucho más y se ha puesto más en tela de juicio que su altísima elocuencia. Desde luego las gentes se quedaron muy sorprendidas cuando le vieron aceptar un dije de tan escaso valor para él y para su mérito como el título de Marqués, aquí rara vez recibido ni usado por hombres políticos de su elocuencia y de su talla. Luego, cuando la cuestión del mando de Weyler y de sus proyectos militares, se levantó una cuestión de disentimiento y controversia entre los partidos, políticos innumerables negaron a Montoro su carácter liberal y le creyeron cortesano de la fortuna o del Poder. Pero en este último punto yo lo defiendo, porque lo creo libre, no digo de toda mácula, de toda sombra que pudiera deslustrarle. Comprometida España en guerra, empeñado el combate continuo y cruento en la manigua, no se podía controvertir la conducta del General en jefe con libertad allí, y menos asestarle una oposición implacable como la que aquí le asestaban en hora tan suprema y difícil, sin grave y profundo detrimento de la madre patria y lesión enormísima de su ejército. Así, el silencio de Montoro ante la conducta de Weyler merece la aprobación de todos los españoles que aman el deber, y muestra cuán cívico valor el grande publicista posee, cuando, después de haber combatido frente a frente las suicidas tentaciones guerreras, supo respetar lo que no podía patrióticamente contradecir, sosteniendo al partido conservador al personificar éste la defensa nacional, autorizándose así para ejercer con tino su autoridad y desempeñar con acierto su ministerio.

IV

Poco espacio podemos consagrar a los demás Ministros, no porque dejen ellos de merecerlo, porque necesitamos rendirnos a las exigencias del tiempo, de todo punto incontrastables. Zayas, médico eminente; Dolz, orador abundoso y galano; Rodríguez, comerciante de inteligencia y de fortuna, desempeñan tres carteras: el primero la de Instrucción pública, el segundo la de Comunicaciones, el último la de Comercio. Para su cargo, tiene Zayas títulos y aptitudes sin cuento. Hombre de ciencia, consagrado desde la niñez al estudio, muy dueño de un saber escogido, predomina en su profesión, médico, el carácter positivista de los pensadores americanos, quienes rechazan la metafísica con frecuencia o de lo metafísico prescinden. El señor Zayas pertenece, con el señor Govín, a la parte más exaltada y radical del partido autonomista. No así los señores Dolz y Rodríguez, que pertenecen ambos al partido reformista. Joven el primero, entusiasta en sus afectos, pagadísimo de sus ideas, con un carácter efusivo, con una elocuencia rica, muy apóstol y muy predicador, partió de la legalidad para sostener los debidos progresos en serie, y no quiso pertenecer a ningún partido insular mientras se compusiera solo de criollos o de peninsulares, y ha entrado en este Gobierno creyendo que este Gobierno representa la reconciliación entre los padres y los hijos. El señor Rodríguez, único peninsular perteneciente al nuevo Ministerio, no ha cortado nunca sus lazos con la madre patria y ha sostenido siempre una estrecha unión entre la metrópoli española y la colonia cubana. Tales son los ministros que forman el Gobierno cubano, por lo menos tales se muestran a nuestros ojos. Y así, permitidme que después de haberlos examinado en sus individualidades, los examine y defina en su conjunto.

V
Definamos, en su conjunto, el Gobierno autonomista.
Y para definirlo en su conjunto, debo dar a los nuevos Ministros una mala noticia. Por más radicales que se crean en sus ideas, se han hecho, desde su exaltación al poder, irremediables conservadores. Y si no aceptan con franqueza esta ley de la necesidad, pasaráles aquello mismo que les pasó a los convencionales franceses, y como éstos perdieron la República sin remedio al pie de Bonaparte, perderán ellos sin remedio su autonomía reciente al pie de los jingoes o de los negros. Al surgir por vez primera la República en Francia, cada hecho grave aumentaba más y más el odio de los revolucionarios entre sí mismos, y con el odio de los revolucionarios entre sí mismos, las causas generadoras del desastre definitivo de la Convención, deshonrada poco después de nacida. Y este combate horroroso trabábase no solo en el Parlamento, en la prensa, en los clubs, en los jardines públicos, en las sociedades literarias y científicas, en el teatro, en la Universidad, en todas partes. El feudalismo con todos sus errores, los nobles con todos sus privilegios, aquellos caballeros del puñal, tan maldecidos, aquellos guardias de Corps tan acosados por la plebe revolucionaria, la realeza con su dinastía, el clero con sus injuramentados, la emigración traidora, las irrupciones germánicas, parecían cosa baladí a los

convencionales, según las desdeñaban o preterían, acordándose solo unos de otros, de Robespierre, de Vergniaud, de Roland, de Danton, de Marat y sus monstruosidades todas. En pocos días la decoración política por completo cambió, los sentimientos de las fracciones y partidos tomaron carreras contrarias a las traídas de antiguo. Aquellos marselleses, generadores de la República, se convirtieron, a los ojos de la plebe revolucionaria, en los mayores enemigos de la República, porque la querían ordenadísima y sensata, con todos los frutos de la libertad y todos los resortes del Gobierno. Aquellos girondinos, precursores del nuevo régimen, bautistas del Mesías prometido a todos los amantes del derecho, verbos de las nuevas encarnaciones sociales, trocáronse para los parisienses exaltados en formidables reaccionarios, únicamente porque atajaban el paso de Robespierre a la dictadura y porque maldecían los crímenes sin ejemplo ni nombre del bruto Marat.

VI

Las sociedades políticas y literarias donde se preparara el 10 de agosto y se convirtiera el antiguo sentimiento monárquico en novísivo sentimiento republicano quedaban desiertas y destituidas del espíritu popular, porque ya no estaba en su ministerio traer el nuevo estado social, sino dirigirlo y conservarlo. Es uno de los fenómenos más curiosos que guarda la Historia esta conversión de los tribunos, de los profetas, de los reveladores, de los videntes, en estadistas. Ellos no cambian; ellos profesan las mismas ideas que antes de su exaltación al Gobierno; ellos hacen desde las alturas sociales aquello mismo que prometían y formulaban en los sociales abismos; ellos permanecen por fuerza en el punto donde se hallaban colocados al ejercer la oposición y cultivar el ideal; mas la sociedad ha dado una vuelta, y en esta vuelta, de teorizantes se han convertido en administradores, de filósofos en políticos, de metafísicos en economistas, de profetas que anunciaban la buena nueva, en ministros imposibilitados de hacer entrar esta pura buena nueva dentro de la impura y rebelde realidad. Por esto hemos pasado todos cuantos hemos traído a una sociedad vieja e histórica nuevos gérmenes de ideas y nuevas formas de gobierno. Tal variación de la sociedad explica por qué Mirabeau muere monárquico parlamentario después de haber derribado la monarquía tradicional, sin que nadie comprenda en él su lógica rigorosa consecuencia; explica por qué los girondinos, después de haber formulado y traído la República, mueren todos en el cadalso por enemigos del ideal que habían formulado e impuesto; explica por qué se cayeron las dos alas de Lamartine, como las dos alas de Ícaro, al pasar el gran orador desde la tribuna de su Congreso a la sede procelosa de su Gobierno; explica por qué nosotros mismos los republicanos españoles, antes del 73 fuimos profetas radicalísimos, y después del 73 fuimos a los ojos de todo el mundo, sin razón y motivo que justificase tan extraño juicio, conservadores impenitentes, y en concepto de nuestra vieja secta y de nuestros antiguos fieles, hasta reaccionarios implacables.

VII

Por estas razones, fundado en estos recuerdos antiguos y experiencias propias, dígoles a los Ministros de Cuba que marrarán en su obra si no se resignan a ser profundamente conservadores y no se ocupan en atraerse las clases conservadoras, fuertes en todas partes, fortísimas donde hay tanto trabajo y tanta riqueza como en Cuba. Y así debo decirles no ha sido de mi aprobación el que se hayan encontrado al subir a sus altas sedes, con que, hallándose Cuba en estado de guerra, no se habían aplicado al periódico las leyes de la guerra y éste podía decir de partidos y de jefes en armas lo que solamente puede consentirse cuando los partidos y sus jefes se hallan en la plena y tranquila posesión del Derecho. Yo no atestiguo con los muertos, yo corroboro lo que defiendo con el ejemplo. Ante la guerra cantonal en Cartagena, la guerra separatista en Cuba, la guerra horrible y reaccionaria en el Norte, apliqué a todo el país la ley de Orden público, suspendiendo facultades y derechos, los cuales no pueden existir en el estado febril de guerra, desemejante del todo a los estados legales y pacíficos. Yo quiero la completa y absoluta libertad de imprenta, mas en una situación normal, cuando todas las leyes se practican y todos los ciudadanos a las leyes se sujetan. En medio del desorden, del incendio, del asedio, del asesinato, del exterminio, quiero y deseo que se oponga enérgicamente a la fuerza la fuerza, y a la guerra la guerra. Si hubieran hecho esto los nuevos Ministros, si hubieran proclamado la ley de Orden público, evitaran los reprobables artículos de crítica sobre milicia y militares, cuando milicia y militares se hallan en guerra; con estos artículos se hubieran evitado manifestaciones tumultuosas, condenadas por todos los hombres sensatos, reprobables de suyo y dañosas a la patria, pues no solamente pueden infligirnos un grave conflicto nacional, pueden infligirnos un grave conflicto internacional, que debemos los españoles evitar a toda costa, si amamos, cual se merecen, la independencia y la integridad de nuestra España.

VIII

El Ministerio cubano se ha compuesto con todos los elementos avanzados de la isla, desde la derecha conservadora o sean los reformistas, amigos de la evolución y de la serie, hasta la extrema izquierda, que ha deseado improvisar el Gobierno autonómico, cual si fuera fórmula cabalística. Pero ya formado el Gobierno, ya compuesto, entrando en el ejercicio de sus funciones, debe considerar que no puede dividirse por manera ninguna sin en el acto suicidarse. Tres factores capitalísimos lo han compuesto: el factor reformista, el factor radical histórico, el factor radical intransigente. Pertenecen a los reformistas, el Ministro de Comunicaciones con el Ministro de Comercio; pertenecen a los radicales históricos, el Ministro de Hacienda y el Presidente del Consejo; pertenecen a los radicales intransigentes, el Ministro de Justicia y el Ministro de Instrucción. La naturaleza de cada grupo, su índole peculiar, su historia particularísima, los combates reñidos entre todos ellos antaño y hogaño, las tendencias al fraccionamiento connaturales con todos los pueblos poco dispuestos y apercibidos a gobernarse por si mismos, no sugieren una confianza plena en la estabilidad y en la unidad del Gobierno. Ya lo dijo quien mucho supiera en materia de agrupaciones sociales: cualquier grupo que fundéis, se dividirá por sí mismo en derecha, centro, izquierda. Pero esta división irremediable, natural y aun provechosa en los Cuerpos deliberantes que han de legislar, en los Gobiernos que han de proceder y ejecutar es por todo extremo inconveniente y dañosa. Si una parte del Gobierno tira del Estado hacia el centro; si otra tira del Estado hacia la derecha; si otra tira del Estado hacia la izquierda, enfangarán el carro en un atolladero y no podrán abrirle vía desembarazada y amplia. No hay más remedio que ceder para gobernar, no hay más remedio que apechugar con todas las transacciones y huir de todos los combates. La guerra tienta mucho en pueblos de temperamento y origen guerrero, de historia épica, de carácter indómito, de luchas continuas en los campos; mas la guerra no sirve para cosa ninguna en política, donde se necesitan las componendas y las transacciones. No importe a los nuevos ministros que les llamen pasteleros, con tal que su pastel, bien condimentado, procure a Cuba la libertad y la paz.

IX

Los asuntos de Francia se han, a última hora, sobrepuesto en interés a los demás asuntos europeos; por manera, que no puedo callarlos sin cometer un delito de omisión imperdonable a los historiadores de veracidad y de conciencia. El asunto Dreyfus ha tomado proporciones tales, que los espíritus se han dividido y una guerra civil ha estallado en las calles, todo cuanto una guerra civil puede allí, en Francia, estallar, pueblo tan progresivo y culto. Empéñanse unos ánimos en que Dreyfus era inocente, y ha sido castigado por su carácter de israelita; empéñanse otros ánimos en que Dreyfus ha sido culpado, y su culpa coge a todo el pueblo judío, enemigo de la humanidad y de la patria, con anhelos por vengarse del cautiverio perpetuo y de la humillación misérrima en que lo han tenido las gentes europeas, desde que Vespasiano y Tito lo trajeran esclavo a las ergástulas romanas. La cuestión así, ha tomado, sin que nadie pueda remediarlo, dos grandes caracteres: el carácter político y el carácter religioso. Todos aquellos, y son muchos en Francia, anhelosos por destruir las instituciones republicanas, conocen a una tener éstas su base más amplia y su seguro más inexpugnable dentro del gran principio de la libertad religiosa, y pugnan por destruirlo indirectamente, acusando y persiguiendo directamente a los judíos. Así los liberales franceses, muy pagados de aquella noche del 4 de agosto, en que vino la libertad al mundo, noche tan beatificada y bendecida como aquélla en que vino al mundo el Redentor, no pueden pasar porque se intente convertir un proceso más o menos legal y una sentencia más o menos justa en ariete contra la libertad de pensamiento y de conciencia, inaugurada sobre nuestro continente, como todos saben, por su inspirado Concilio democrático, por su primer Asamblea soberana, uno de los mayores ornatos del planeta y uno de los mayores timbres del tiempo.

X

Pero id con ésas a los dos enemigos capitales de la República en Francia; id con ésas al partido pretorianesco y al partido teócrata, deseoso el uno de acabar con todo Parlamento, deseoso el otro de acabar con toda libertad. Así reaparecen aquellos antiguos sicarios de la dictadura militar, en Boulanger personificada un día, y tan parecidos por su índole, por sus conjuraciones, por sus tumultos, por su enemistad con todos los derechos, por su amistad con todos los despotismos, a los pretorianos de Marco Antonio sobreviviendo al Imperio de César y preparando el Imperio de Augusto. Hace mucho tiempo que se buscan pretextos por los empeñados en una gigantesca reacción cesarista para desacreditar el Parlamento, y tras las innumerables desgracias que ha sufrido éste, llégale ahora la sospecha infundada y temeraria de que piensa revisar el proceso a un traidor, tan solo por servir la eterna traición judía y por minar el ejército en favor del extranjero, ese aclamado ejército, férrea base de Francia y única seguridad de reintegración en sus antiguos territorios. Y lo mismo que pasa con los pretorianescos pasa con los teócratas. No conozco tierra donde las sectas ultramontanas alcancen la fuerza que gozan hoy tales elementos reaccionarios en Francia. Inútilmente ha querido el Papa condenar este ultramontanismo exagerado, que intenta devorarlo so pretexto de quererlo, predicando a los teócratas la sumisión a las leyes civiles voluntaria y el reconocimiento de la República, fórmula consagrada y respetable de la legalidad. Los teócratas han desoído a su Pontífice y han llegado a celebrar novenas, rezar rosarios, ofrecer exvotos y dirigir rogativas para que Dios toque en el corazón a León XIII y lo convierta, pues son ellos más papistas que el Papa y más eclesiásticos que la Iglesia. Imaginaos, pues, con cuál regocijo habrán tomado por los cabellos esta ocasión de servir las reacciones europeas, predicando y sosteniendo contra los israelitas la intolerancia religiosa, el mayor de cuantos males antiguos se quieren ahora reproducir y reanimar.

XI

Las letras y las artes hanse mezclado a este dificilísimo problema y hanle traído la famosa resonancia de sus cien áureas trompetas. Un escritor de tan discutida reputación, pero de tan ruidosa fama como el célebre por sus obras naturalistas, llamado Emilio Zola, se ha metido en el asunto y ha sacado su pluma, cortante como una espada, por el infeliz reo abandonado de Dios y de los hombres en la terrible isla del Diablo, como aquellos condenados de la Edad Media para quienes inventaban toda clase de tormentos y para quienes la vida se convertía en un verdadero infierno, sin redención y esperanza. Zola, enemigo de la metafísica en filosofía, enemigo de la idealidad en literatura, buscando siempre lo particular, el individuo y el hecho, no se ha movido por causas universales primeras, como suelen hacer los grandes pensadores; háse movido por un caso concreto, excepcional, aparte, en que puede conseguir algún resultado muy beneficioso a una persona, sin trascendencia de ningún género a toda la humanidad. Háse querido comparar el caso de Zola defendiendo a Dreyfus, con el caso de Voltaire defendiendo a Carrá. Se ha dicho aun más: se ha dicho que tal ejemplo y recuerdo le tentarán y le movieran a participar de un problema cuya solución puede traerle, como su problema le granjeó a Voltaire en vida, una grande apoteosis rayana en las divinizaciones antiguas. Pero Voltaire defendiendo a Carrá, defendía una causa interesante a todo el género humano: la causa del pensamiento libre, que a todos los espíritus interesa, y todos los humanos tenemos cada cual un espíritu. Pero imaginaos que Zola consigue salvar un traidor, no ha salvado todos los traidores; imaginaos que solo consigue perder más y más a un inocente, no ha perdido a todos los inocentes, no; tan concreto y particular es el caso. Pero las muchedumbres, empeñadas en proclamar a puño cerrado la traición del pobre militar preso y en perseguir con este motivo a toda la gente israelita, hoy abomina de Zola en escandalosas manifestaciones, amenazándole a la puerta misma de su casa con desacatos inenarrables y con amenazas indecibles de mortales golpes. Recuérdanle que proviene de Grecia, que su padre naciera en Italia, que acaso por sus venas discurre la sangre semito-aria de los antiguos dorios, que no puede querer a Francia, que trabaja por Alemania y por Italia, y defendiendo al traidor defiende la propia traición, escondida como un áspid en su pecho. Zola, injustamente tratado así por la pasión, allí difusa, defiende su causa con grandísima entereza y muestra tener, no solo un gran talento, innegable, cualesquiera que sean sus errores, un gran valor cívico, cualesquiera que sean sus móviles.

XII

Las manifestaciones antisemíticas han perturbado, con esta ocasión y motivo, así las calles de París como las calles de cien ciudades francesas. Yo no comprendo tales manifestaciones. Aunque nuestra patria expulsó los judíos el siglo XV y la nave que transportaba los heroicos descubridores de América se cruzó en españolas aguas con la nave que transportaba los postreros proscriptos a Tánger; no teniendo, por tanto, nosotros los españoles una gota de sangre judía en las venas ni una semita clase a quien defender, protestamos de todo corazón y en plena conciencia contra esas bárbaras reacciones que perderían los mejores frutos de la revolución francesa y nos volverían al caos feudal y teocrático de la horrorosa Edad Media. Yo creí el antisemitismo una enfermedad oriental, una enfermedad de los moscovitas, una enfermedad de los croatas, una enfermedad de los rumanos, una enfermedad de los vieneses, una enfermedad imposible de adquirir aquí, donde nuestra sangre se colora y calienta en el oxígeno de la libertad. Comprendo que Viena y Petersburgo imiten siempre a París; no comprendo que París imite a Viena y Petersburgo. Los beocios pueden imitar a los atenienses, mas los atenienses no pueden imitar a los beocios. Ese socialismo cristiano del célebre alcalde vienés, conocido por su judíofobia, que mezcla las exageraciones católicas a las tendencias demagogas, que pide con la destrucción del capital también la destrucción del derecho, que fanatiza los ánimos como aquellos frailes exterminadores, tan frecuentes en las guerras religiosas, puede aparecer entre los combates de germanos y esclavones como una extravagancia morbosa, pero no puede contagiar a la capital del humano espíritu, no puede contagiar a París sin que la humanidad pierda sus mayores timbres y se desquicie sobre sus bases de hoy nuestro luminoso y progresivo planeta. Tendría que ver las estatuas de los grandes pensadores demolidas en París; el trinquete de Versalles, donde se prestara el salvador juramento, a piedra y lodo cerrado; rasgada en pedazos la Constitución; borrado de los ánimos franceses el Derecho; sustituyéndose y reemplazándose todo con inmensas procesiones de flagelantes, yendo al resplandor de las antorchas por aquellos benditos espacios donde brotaran la Constituyente y la Convención a conducir, envueltos en sus hábitos frailescos, el rosario al costado, en los puños el crucifijo, reos con coroza, herejes y relapsos condenados a la hoguera por no comer tocino. El mundo no retrocederá jamás a esa barbarie.

21. Marzo 1898

España y los Estados Unidos. Recelos de conflictos entre ambas potencias. Imposibilidad de toda intervención militar americana en Cuba. Visita de los buques yankees a la Habana. Crisis peninsular. El partido conservador español a la muerte de su jefe. Política tradicional de Cánovas. Rebeldía contra esta política de los conservadores unionistas. Temeridad de reformar el Código penal en sentido reaccionario. Mayor temeridad de toda reacción intelectual. Se necesita que los partidos gobernantes no aspiren a partidos extremos. El socialismo cristiano. Crítica de tal teoría. Incidente Dupuy de Lome. Demasiado silencio en público y demasiada garrulidad en secreto. Alejamiento del conflicto. Catástrofe del Maine. Reflexiones. Conclusión

I

Pocas veces en grado tan extraordinario se han los nervios de la nación española conmovido como en estos días últimos, y pocas veces la perturbación ha tenido tan justo y justificado fundamento. Estábamos aún los más pesimistas confiados en que un régimen, como el régimen autonómico, tan democrático de suyo y tan en armonía con las instituciones americanas, habría de concluir por desarmar las increíbles cóleras de los Estados Unidos contra nosotros, y por traernos, en amplia reconciliación, una grande y durable amistad de su parte. Apoyaban estas esperanzas, manifestaciones recientes, no registradas por la prensa europea, pero sí acaecidas en el seno de la gran República sajona. Los Sindicatos capitalistas de primera importancia, se habían reunido en New York bajo la presidencia del Presidente de la República, y habían dicho que tocaba la prosperidad general en sus últimos límites, pudiendo tasarse a uno y medio el descuento, por no haber en el cielo anuncio alguno de internacionales conflictos. Los allí reunidos hacían votos por la conservación del talón de oro, y proferían protestas contra los proyectos de bimetalismo, anatematizando a los jingoes, por creerlos partidarios de guerras y conquistas, que solo servirían para destruir la prosperidad americana y levantar allí un militar y cesáreo despotismo. Únicamente cierto pesimista orador aludió a Cuba, calificando la cuestión cubana de pequeña o imperceptible nube. Tras estas manifestaciones tan entusiastas por la paz, como enemigas de la guerra, habló el Presidente, y abundando en la opinión de los pacíficos, aseguró que no había temor alguno de guerra, ni se dibujaba en las perspectivas del tiempo corriente ningún asomo de conflicto cercano con Europa.

II

¿Cómo tras estas seguridades hemos estado a punto de sufrir un penoso conflicto? Pues por aquella temeraria manifestación política de la capital cubana contra los periódicos, cuyos estragos morales hicieron temer por la seguridad de los cónsules en sus respectivos palacios y por la seguridad de los buques en aquella espléndida bahía. Estaba dispersa la flota sajona, reducida, por lo menos, a maniobras o alardeos puramente aparatosos y teatrales, cuando la temeraria manifestación estalla y los buques americanos se concentran en espacio que conocemos con la denominación de islotes de las Tortugas. Ningún buque, sin embargo, se había expedido a Cuba para visitarnos, y ningún alarde se había hecho que pudiera ofendernos. Mas, a los pocos días del desaguisado habanero, muy de mañana, recibe Mac-Kinley, madrugador como todos los buenos trabajadores, un telegrama urgente, anunciándole mentida y falsa repetición de las manifestaciones en Cuba. Y al recibirlo, presa de grandísimas emociones el Presidente, sin encomendarse a Dios ni al diablo, da orden telegráfica de que un buque salga con celeridad al primer puerto cubano y de que, sin alardes de odio y enemistad, cele y vigile nuestras costas, por lo que pudiera tronar. Con esta ocasión y motivo, una parte del sentimiento público nuestro se ha mucho alarmado, creyendo traían estas navales manifestaciones conatos patentes de una intervención inmediata. Nada, sin embargo, más lejos por ahora, digan cuanto quieran los pesimistas, del propósito de los americanos. Sus embajadores y diplomáticos en Madrid, han dado cuantas excusas eran dables y sus Cámaras en Washington, magüer la repetición de los discursos y de los proyectos jingoístas, han expedido las intervenciones y demás zarandajas del partido revolucionario a las calendas griegas, pues no está el pueblo americano fuera del planeta y no puede violar impunemente por antojos despóticos las leyes universales del derecho.

III

¿Cómo había de violarlas? Imposible una declaración de guerra en este momento a nosotros, cuando nosotros nada hemos hecho, ni pensamos hacer contra los Estados Unidos, más que dolernos y quejarnos de sus constantes agravios. Eso de intervenir se dice muy pronto, pero se hace muy tarde o no se hace nunca. Para intervenir tendrían los Estados Unidos que intentar un desembarco; y para intentarlo, tendrían que contar con las grandes fuerzas materiales por nosotros presentables a su infame atentado, y contar con la conciencia humana y la opinión general, cuyos gritos ahogarían el infame y desatentado proyecto. Los sindicatos numerosos que se han fundado para comprar la isla de Cuba unos, y para explotarla otros; el papel moneda que se ha emitido, muy semejante a los chanchullos de Jameson en el Transvaal y de Law en el pasado siglo; los periódicos diarios empeñados en desconocer la existencia de nuestra España, como un Gobierno genuinamente americano en las Antillas y sus acusaciones insensatas de que pretendemos lanzar el Viejo Mundo europeo sobre el Nuevo Mundo, siempre nuestro; las suscripciones abiertas en todos los establecimientos públicos a favor de los insurrectos; las ofensas escupidas a nuestro glorioso nombre; todo esto, y otras muchas cosas más, han engendrado la idea de que América intenta una conquista en Cuba, cuando yo creo que solamente se propone cansarnos, para ver si puede reducirnos a lo que nunca recabará de nosotros, a la renuncia de nuestra dominación antillana. Y ya es bastante crimen este crimen, pues con él basta para suscitar el sentimiento universal de todos los pueblos cultos contra los Estados Unidos, tan caprichosos, tan arbitrarios, tan abusivos de sus fuerzas como cualquier tirano y como cualquier tiranía. Pero no pintemos el cuervo más negro que las alas, y no creamos ni en un desembarco de los marinos sobre Cuba, ni en una declaración de inmediata guerra.

IV

Los asuntos cubanos van poniéndose cada día mejor. Aquellas crisis del nuevo Gobierno, anunciadas por los intransigentes de la derecha, no se han presentado; y aquellas discordias entre los ministros no han sobrevenido. Aunque se aguardaban desarmes voluntarios, no cumplidos, de los rebeldes, el castigo al matador del mártir y héroe Ruiz, los encuentros últimos de nuestro valeroso ejército con las bandas facciosas de Calixto García; el viaje de Blanco, tan provechoso a la salud y a la organización de aquellas sufridas tropas; el paso de grandes fracciones políticas militantes que simpatizaban con los rebeldes a la nueva legalidad; los choques dentro de la facción por evitar deserciones y las medidas violentas tomadas por el generalísimo contra los desertores, prueban de un modo evidentísimo y prometen para fecha próxima, en tiempo breve, un quebrantamiento de la guerra, obligada por sus contratiempos a encerrarse dentro de la banda oriental y a recluirse tras la trocha de los antiguos tiempos, donde tendrán tarde o temprano que rendirse los facciosos y entregarse a la nación española. He ahí lo que principalmente hallo de condenable y adverso en la visita naval americana. Cuando las fuerzas de los insurrectos decaen, ella la rehace; cuando la entrega se aproxima, detiénela con sus alardes ella; cuando, antes de terminarse la corriente seca, se podría terminar el conflicto, ella parece decir a la insurrección que persevere, pues al retornar las lluvias se renovarán las protestas americanas contra la perduración del combate y se hablará de intervenciones fantásticas e imposibles. Un buque de potencias amigas, ido a nuestros puertos, significa grande amistad entre todos los pueblos cultos en el planeta, pero no tienen que preceder a estas visitas maniobras como las maquiavélicas de los jingoes, mensajes como el escandaloso de Mac-Kinley, discursos como los que se pronuncian en el Parlamento americano. Unos buenos consejos a los mambises y una represión de tantas conjuras como en New York se urden, importarían más que todas las visitas para obtener nuestro agradecimiento.

V

Tras todo esto, convirtamos el pensamiento a la Península, pues en la Península existe una crisis curiosa, digna de que todos los estadistas y todos los sociólogos la estudien, por encerrar fenómenos sociales y políticos de la mayor importancia. Me refiero a la crisis del partido conservador, empeñado en formarse de nuevo, no bajo la tradición que dejara Cánovas como su testamento irrevocable, bajo innovaciones reaccionarias, las cuales a guerra civil huelen, como huelen a azufre los demonios, pues no se dará un paso atrás en sentido reaccionario sin empezar alentando las terribles aspiraciones de don Carlos y sin concluir trayendo una revolución inevitable. Se dice que no importan los jefes en política y que los partidos pueden perseverar y continuar en su trabajo, si quier hayan perdido aquellas cabezas ilustres que se hallaban a su frente y de su dirección disponían. No lo creo yo así. La importancia de los jefes hállase manifiesta nada menos que en Inglaterra, es decir, en el pueblo donde tienen más fuerza las instituciones y menos fuerza las personas. Había en Inglaterra un partido tan glorioso por su programa y por su historia como el partido wigh, autor de todas las grandes reformas británicas, que han sido como los timbres de aquel Parlamento y como las glorias mayores de nuestra gloriosísima centuria. Pues aquel partido perdió la jefatura de Gladstone, y desde que perdió la jefatura de Gladstone a nadie se le ocurre pueda volver hoy al Gobierno, aunque cada día parezcan más evidentes las derrotas y las torpezas de los torys. Pues lo mismo ha pasado en España desde que Cánovas ha desaparecido del mundo al golpe de un horroroso crimen: el partido conservador ha desaparecido con él y no hay medio ninguno de rehacerlo y de reorganizarlo.

VI

Cánovas era un verdadero conservador a la inglesa. Mientras las reformas democráticas estaban en litigio, combatíalas con todas sus fuerzas y por todos los medios legales; mas en cuanto las reformas democráticas eran decretadas por las Cortes y sancionadas por la Corona, creíase, como buen conservador, en deber estricto de mantenerlas y hasta de prosperarlas. Nadie habrá olvidado la declaración que hizo en febrero de 1888 contestando a mi discurso último en el Parlamento español, para decir que mucho le repugnaba el sufragio universal, mucho el jurado popular, mucho las libertades absolutas por nosotros mantenidas, pero que si al Poder llegaba, no tocaría tales instituciones ni con intento de mejorarlas, dejando las mejoras factibles a los gobiernos liberales. Así, lo primero que hizo, cuando, tras la crisis del 90, entró por julio en la pública gobernación del Estado, fue formular sus propósitos de conservación rigurosa y de tenaz estabilidad, serenando así los ímpetus de la democracia y devolviéndole su calma interior, tan saludable a la paz y a la libertad de nuestra patria. Cánovas no reformó el Jurado, a pesar de las obyurgaciones reaccionarias contra esta grande institución; Cánovas no restringió el sufragio, a pesar de que la escuela conservadora maldice la universalidad del voto; Cánovas dejó las asambleas populares a su libertad plena sin prohibirlas y menos refrenarlas; Cánovas devolvió sus cátedras a profesores que lanzara la teocracia de Barcelona y de Salamanca por sus ideas racionalistas; Cánovas se opuso a las declaraciones del Consejo de Instrucción pública pidiendo pertenecieran los maestros normales a la Iglesia católica por fuerza, como tributo pagado a la intolerancia religiosa; Cánovas salvó la iglesia protestante de los Cuatro Caminos, amenazada por las piquetas clericales; Cánovas no restringió la imprenta de modo ninguno, aunque tenía para restringirla el motivo de la guerra; Cánovas se revolvió airadísimo contra Silvela, cuando su antiguo compañero y subordinado propuso la reforma en sentido reaccionario del Código penal, proclamando como jefe de los conservadores que la estabilidad y la conservación españolas se hallan en el pacto establecido entre los derechos del pueblo y los privilegios del Trono.

VII

Toda política conservadora, en mi sentir, debía fundarse sobre base tan amplia, y debía tender a guardar programas y procedimientos, con cuya virtud hemos logrado y establecido la completa pacificación del país. De las tres fracciones en que ha quedado dividida la vieja escuela conservadora, fracción Elduayen, fracción Romero, fracción Silvela-Pidal, las dos primeras mantienen el criterio liberalísimo de Cánovas; pero la última, la más numerosa, la más cercana quizás del Gobierno, lo revoca y lo contradice, con grave detrimento del pueblo. Tres puntos capitales encierra el programa de aquellos que se dicen la unión genuinamente conservadora. Primer punto, las vaguedades regionalistas de Silvela; segundo punto, las amenazas reaccionarias de Pidal; tercer punto, las fórmulas socialistas nuevas de que uno y otro se muestran muy prendados, acaso por ser este último dogma capital que los confunde y los identifica. Siempre me han parecido mal, muy mal, y así con franqueza se lo he dicho, las vaguedades regionalistas de Silvela, rayanas por su derecha con la utopía del carlismo, y rayanas por su izquierda con la utopía del pacto general sinalagmático. Siempre que se ha presentado alguna ocasión de tratar las legislaciones particulares hispanas, las ha encarecido Silvela; y siempre que se ha tratado de reformas administrativas, ha querido Silvela sustituir a las ya viejas provincias, las más viejas regiones. En este punto yo he preferido siempre, desde que toqué la desorganización traída por las utopías federales a nuestra patria, el organismo de la revolución francesa, copiado y traducido por nuestros liberales progenitores a esas regiones, independientes casi, donde pondría su trono don Carlos o su tribuna la federal, por culpa de los sofistas que parecen ser nuestro castigo, según el daño que quieren inferirnos, y que nosotros debemos evitar a una, todos cuantos hemos traído a España, y en España organizado, los principios salvadores, por progresivos, de las modernas democracias.

VIII

Otro de los puntos en que de Silvela disiento y que más de Silvela me apartan, es la reforma del Código penal, so pretexto de armonizarlo con los adelantos de la jurisprudencia contemporánea, como si estos adelantos en término postrero, por su carácter fatalista sacado del materialismo contemporáneo, no fuesen abominable retroceso, que quiere convertir los crímenes en ordinarias enfermedades y gobernar la sociedad por insufrible mecánica. Pero lo que Silvela requiere de la política, no es el progreso penal, es todo lo contrario, un maquiavélico acto de arruinar el Código promulgado por la revolución, a cuya sombra se han puesto por obra y han vivido nuestras venerandas libertades. Como en el Código no sean delitos las predicaciones republicanas, y la Constitución sea monárquica, Silvela quiere que las predicaciones republicanas cesen por completo en los periódicos y en los Congresos, no consintiéndose ninguna especie contra el sistema político doctrinario y contra la Carta otorgada, sobre cuyas vetusteces hemos puesto nosotros la fecunda vegetación democrática. Y no sabe, no, el ilustre orador, que puestos en pugna el Código político de la restauración y el Código penal de la democracia, éste concluiría por vencer a la postre, pues en el mundo las victorias parciales suelen ser de los intereses egoístas y sectarios alguna vez; pero las victorias definitivas y supremas son siempre de los grandes y luminosos principios. Si el partido reaccionario pretende poner en armonía la Constitución y el Código, destruyendo este último, el partido democrático presentará la proposición de poner en armonía el Código fundamental y el Código penal, modificando el primero con arreglo a las tendencias y aspiraciones del espíritu moderno. Lo mejor es no tocar a nada, y vivir en este pacto, escrito por los liberales, y por los conservadores observado durante los últimos tiempos. Han prescrito la democracia y la libertad; nadie puede acercarse a malherirlas, sin por completo en su fuego consumirse.

IX

Si me parecen peligrosas las reacciones jurídicas y regionales de Silvela, todavía me parecen más peligrosas las reacciones piadosísimas de Pidal. Este ilustre orador, de antiguo pertenece a la escuela ultramontana extremísima, que intenta empujar las sociedades modernas allende la centuria decimotercia y establecerlas inertes, bajo la sombra de un pontificado ceñido con tiaras eclesiásticas y con coronas reales. Para Pidal los reyes filósofos del pasado siglo, solo merecen anatemas por innovadores y revolucionarios; los reyes absolutos del siglo XVII y XVI, solo merecen anatemas por regalistas y atentadores a la integridad del derecho eclesiástico. Este nuestro mundo, debe saltar sobre los esplendores paganos del Renacimiento, sobre los grandes Concilios de Basilea y de Constanza, sobre la cautividad pontificia de Aviñón, sobre la Reforma luterana y sobre la realeza laica, no retrocediendo en sus vías regresivas hasta topar con un retroceso tan enorme como el pontificado de Inocencio III y el pontificado de Gregorio VII. Lo más penoso y lo más temible que hay en esta grande amenaza de reacción, es el ataque al bien más preciado de nuestra cultura, el ataque a la libertad intelectual y el propósito de volvernos, so color de proteger la enseñanza libre por caminos tortuosos, al dominio absoluto del clero, suprimiendo las Universidades y escuelas del Estado. Yo sé muy bien que ninguna de estas retrogradaciones podrá prevalecer después de la filosofía moderna, de la enciclopedia francesa, de la revolución universal, del establecimiento de Italia, de la supresión definitiva del poder temporal de los Papas, pero las temo; temo su exaltación al Gobierno, en verdad, no porque puedan jamás triunfar, porque pueden traernos a los procelosos términos de una guerra civil angustiosa.

X

Y deploro el carácter tomado últimamente por los conservadores, o por su núcleo mayor, a causa de que pone un partido, dispuesto para turnar en el Gobierno, fuera casi de la realidad, y allá lejos, donde se hallan los partidos extremos. Hay escuelas políticas dispuestas a tomar el Poder por coincidir con la legalidad y las instituciones existentes; como hay escuelas imposibilitadas de tomarlo, bien por propender a la extrema derecha, bien por propender a la extrema izquierda. El signo característico de la situación política entre nosotros estriba, no me cansaré de repetirlo, en el pacto entre la democracia y la Corona. Y así como el partido liberal no podría ser Gobierno bajo estas instituciones y esta legalidad si prescindiera de la Corona, el partido conservador no puede ser Gobierno si prescinde por su parte de la democracia. Es necesario que los partidos gobernantes se diferencien mucho en lo accidental, pero se confundan en lo esencialísimo de la política. Y así como los liberales tienen el ministerio de ir ganando elementos avanzadísimos para el trono, los conservadores tienen el ministerio de ir ganando elementos reaccionarios para la democracia. Y no podrían uno y otro realizar estos sendos ministerios, si no se hallan colocados en el horizonte sensible de la política, y desapareciendo de nuestra vista, huyen al apartado e invisible horizonte racional, donde formulan sus recuerdos o sus esperanzas de imposible realización inmediata los partidos idealistas y extremos. Al exagerar el sistema reaccionario en sus proyectos y programas, como lo ha exagerado la unión extrema conservadora, se junta, sin saberlo y sin quererlo, con los íntegros o con los carlistas, en una metafísica clerical completamente incompatible con nuestras instituciones, y ajena, por no decir contraria del todo, a nuestro espíritu.

XI

Agrava mucho el estado que podríamos llamar utópico de la unión conservadora, una de sus más sobresalientes invocaciones: la invocación al socialismo cristiano. Esta palabra es una palabra exótica, y puede asegurarse pasa con ella lo que pasó en su tiempo, según decía Larra, con la palabra el despotismo ilustrado. No lo querían las gentes liberales por ser despotismo, y no lo querían las gentes reaccionarias por ser ilustrado. Los socialistas no quieren el socialismo cristiano por ser cristiano, y los cristianos, a su vez, no lo quieren por ser socialismo. Esa frase la inventó el triste comunero, alcalde mayor de Viena, y no había para qué traducirla en el habla nacional, careciendo, como carece, de aplicación a nuestra patria. Quítenselo de la cabeza los ultramontanos: jamás los errores políticos se validarán por que los proteja la Sede pontificia, siquier se halle ocupada por un filósofo y un político tan eminente como nuestro incomparable León XIII. Podrá éste formular en sublimes encíclicas una especie de socialismo teórico, muy aplicable a la moral y a la religión de nuestra vida, por completo inaplicable a la política y a las instituciones sociales; el socialismo se ha probado en Alemania, en Inglaterra, en Suiza, en Francia misma; y doquier se prueba, se frustra. Todo el poder de un hombre como Bismarck, todo el entusiasmo de un joven como Guillermo II, toda la ciencia de un economista como Chamberlain, toda la democracia del cantón de Vaud, en Suiza, se han estrellado contra lo imposible y no han podido conseguir mejora ninguna de las condiciones sociales; más bien las han agravado, exigiendo del pueblo tributos onerosos, los cuales no podían procurarle alivio ninguno en su condición, y dictando leyes, tan enemigas del derecho y tan opuestas al bien de la democracia, como las leyes económicas del antiguo régimen, por ende amenazadas de una completa ruina y de un absoluto descrédito.

XII

No hay posibilidad ninguna de fundar un partido católico en España. Todos aquí somos católicos; y todos nos tomamos la libertad de interpretar el catolicismo tan a nuestra guisa y sabor, que un académico ilustre se llama sin escrúpulo católico y hegeliano, no creyendo faltar ni a su ortodoxia propia, ni a su íntima conciencia. Las cuestiones religiosas aquí jamás apasionan a las gentes, si la religión católica no amenaza a la libertad política o a la libertad intelectual. El elemento democrático ha entrado en un período reflexivo tan fecundo y una experiencia tan grande aquistado, que no se sublevaría hoy contra mí, como se sublevó el año 73, porque restableciera yo las relaciones con el Pontífice de Roma y nombrara sabios obispos para las Sedes vacantes. Aquí en la herejía se cae, y en el delirio febril, y en las convulsiones religiosas, y en las guerras civiles, cuando la religión quiere cátedras desempeñadas necesariamente por ultramontanos confesos y diarios escritos bajo la censura eclesiástica. Prometer y formular una reacción intelectual, amenazando los derechos de las Universidades y queriendo rehacer los privilegios de las órdenes religiosas, equivale a traernos una guerra civil. Por no haber querido aceptar el mismo don Carlos reacciones tan temerarias, se ha fundado sobre su derecha el partido integrista, quien prefiere a la vieja tradicional monarquía, la vieja y tradicional teocracia. No se resucitan los muertos; y tan muerta está la censura en fines del siglo, como estuvo muerta la Inquisición, del siglo en los comienzos. Hay que dejarse los conatos reaccionarios, porque su práctica traería una revolución inmediata. No le pedimos al partido conservador que innove, que progrese, que ande; pedímosle tan solo que conserve la inspirada tradición de su ilustre jefe, y que viva con él en comunidad completa de ideas, pues la muerte separa los cuerpos, confunde los espíritus.

XIII

Aquí debería cerrar este artículo y lo hubiera cerrado, a no reabrirlo un grave incidente, cuya importancia exige interés y atención, como todo aquello que a las relaciones entre América y España se refiere hoy, en estas críticas y supremas circunstancias. El señor Dupuy de Lome, destinado a sobrellevar en sus hombros el peso de la difícil inteligencia diplomática entre los Estados Unidos y la nación española, cesó en su cargo, con general asombro. En otro tiempo, hecho tan vulgar como la renuncia de sus funciones por un funcionario cualquiera, pasaba sin observación y sin comentario, como lo más natural y lo más corriente del mundo. Pero dado lo vidrioso y delicadísimo de las relaciones diplomáticas entre los anglo-sajones del Nuevo Mundo y nosotros, la renuncia del ministro plenipotenciario parece un combustible más echado al inmenso brasero, donde se alimentan las discordias entre dos pueblos nacidos para fraternizar en una comunidad grandísima de intereses, y ya irreconciliables enemigos para siempre, por culpa de las ambiciones y de las maniobras jingoístas. Una carta privada y particular, ha determinado la súbita resolución de Dupuy. En tal carta, por nuestro ministro al señor Canalejas dirigida, desde Washington a Cuba, quejábase con razón el diplomático de la doble cubiletería con que Mac-Kinley intenta calmar a los jingoístas y satisfacer a los españoles, burdo maquiavelismo, triste obra de un político, cual el Presidente, a quien califica la carta de bajo y embustero. Naturalmente, habíala escrito su autor sin recordar que hay en el mundo esbirros pagados, fondos secretos, infidencias múltiples, gabinetes negros, secuestros de correspondencias, curiosidades insanas, gentes empeñadísimas en enemistar a dos grandes pueblos, conjuras y conspiraciones que apelan, para recoger los apetecidos resultados, a la falsedad, al odio, al crimen, si es preciso. Y como esto sea muy recordable, sobre todo muy recordable cuando se desempeña un cargo como el cargo de ministro plenipotenciario nuestro entre los yankees, el haberlo ahora olvidado merece la pena que a sí mismo se ha impuesto Dupuy de Lome: la pérdida y renuncia de su cargo.

XIV

Yo comprendo muy bien que al oír o leer nuestro ministro el Mensaje de MacKinley pidiese audiencia indispensable al secretario de Relaciones exteriores y le dijera, de silla a silla, cosas durísimas, pues nunca podrá calificarse con la dureza merecida una insolencia tan grave como la perpetrada por el primer magistrado sajón en sus desvergonzadísimas palabras y en sus temerarios e infundados juicios. Yo comprendo que cualquier ministro español, agraviado por las frases de un Presidente quien se dice nuestro amigo y aparece como nuestro censor, echara por el atajo y pidiera sus pasaportes hasta sin conocimiento y venia de su Gobierno; mas no puedo comprender la puerilidad que se calla las acerbidades merecidas oficialmente por el Gobierno americano tras su oficial denuesto, y luego escribe a un amigo particular, en privada correspondencia, lo que ha callado cuando quizás fuera necesario haberlo dicho, para dar, por un extravío y por una interceptación de su carta, fundados motivos de quejas a quien verdaderamente no tienen razón alguna de quejarse, pues el ofensor, al agraviar y ofender, se halla expuesto a que se le pague con usura en la misma moneda y se le dirijan ofensas y agravios. La carta particular acerba, una vez publicada por infidencias que debieron temerse y aguardarse, no podía menos de quitar la razón a quien la tiene y de dársela por entero a quien jamás la tuvo, pues ni el silencio en la esfera oficial se comprende, ni la garrulidad privada de sus epístolas en un verdadero diplomático. Dupuy de Lome así lo ha comprendido con su clara inteligencia, y presentando la dimisión antes de que las circunstancias se agravaran hanos resuelto un verdadero conflicto, que pudo traernos pésimas consecuencias y abocarnos a un rompimiento de relaciones, muy peligroso en estas difíciles circunstancias.

XV

¿Cómo se ha extraviado esta carta? Las más contradictorias noticias intentan en vano explicar el extravío. Unos dicen que la carta se sustrajo del gabinete particular de nuestro ministro, y se vendió a precio de oro en pública subasta; otros dicen que la carta se interceptó en las Casas de Correos americanas y

Mac-Kinley pudo leerla en su texto propio y entregarla después de leída, sin empacho, al diario que acaba de hacerla pública; muchos imputan el secuestro de tan singular papel al nuevo Gobierno cubano, que por el estado de guerra se halla en la necesidad acaso de no respetar ningún derecho; pero lo más inverosímil, aquello que parece ya averiguado, es lo siguiente: que llegó la carta en una de las ausencias del señor Canalejas, ocasionadas por sus visitas al interior de Cuba, y que, puesta en la taquilla del hotel, como se hace con la correspondencia de los ausentes, al ver un sello como el de nuestra Legación en América, y un sobre, por nuestro Plenipotenciario escrito, se robó y se sustrajo el documento, para entregarlo por tasa y precio a la voraz publicidad americana. Verdaderamente, cuando se daban y pedían explicaciones acerca de las maniobras navales; cuando se iban Plenipotenciarios o comisionados de nuestras Antillas a preparar inteligencias mercantiles con los Estados Unidos; cuando se trataba de hacer acepto el nuevo Gobierno y el nuevo régimen a las ciegas resistencias de los yankees, emperrados en que no concede nuestra nación a sus colonias ventaja ninguna, un hecho como la dimisión del ministro español en Washington, y su regreso a la Península, nada tiene de agradable, por haber producido todo esto una incomprensible indiscreción privada, una ciega confianza en el secreto de los correos y en el arribo de las correspondencias a sus respectivas direcciones. Pero no creemos, como creen muchos, que puedan por esto agravarse nuestros conflictos y encenderse más malditas guerras. Dios así lo quiera.

XVI
Parece imposible; mas, a cada minuto surge una incidencia fatal y funesta en las relaciones entre nuestra patria y los Estados Unidos. El buque Maine, de cuya visita se hablara tanto en la última quincena, por un caso fortuito e inevitable, acaba de cortarse, a una explosión, en fragmentos, de los cuales unos han volado por los aires, otros se han sumergido en el mar. Eran las nueve y media de tranquila noche, y comenzaban a tomar su correspondiente reposo las tripulaciones marineras, cuyos dormitorios estaban en la proa del magnífico acorazado, cuando un trueno enorme como el estallido colosal de cien tempestades, un enorme incendio semejante a erupciones volcánicas, unos remolinos análogos con las trombas de alta mar, un sacudimiento que

solo puede compararse con los terremotos, una catástrofe como las catástrofes naturales, sucedieron en nuestra espléndida bahía de la Habana, donde anclaba el buque americano, perdido y destrozado sin remedio. Atribúyese la causa del incendio al mismo impulso determinante del célebre incendio que causó tantas víctimas en la feria celebrada para socorrer y auxiliar el Hospital de la Caridad en París; atribúyese al dinamo de la electricidad, el cual pegó fuego a la pólvora y a los cartuchos, que se hallaban almacenados muy cerca. Trescientos hombres han muerto en este horrible caso, y un buque magnífico se ha borrado de la marina militar americana, como si lo borrara un soplo de cólera infernal. Nadie pudo atentar a un barco tan sigilosamente vigilado por sus propias tripulaciones, y solo explosivos internos, almacenados en sus bodegas y encendidos a una eléctrica corriente, han causado tan enorme desgracia, en la cual han procedido nuestras gentes con su caridad ardorosa y su heroísmo legendario, socorriendo a los infelices que aún permitían socorro, y salvando a los náufragos que aún permitían salvación, bajo amenazas a sus propias vidas, porque los estallidos parciales, tras el gran estallido, han menudeado mucho, y las inmersiones han sido lentas, terribles, numerosas. Ni una sombra de sospecha puede caber a nadie respecto de nuestra lealtad. Pero como los jingoes se han empeñado en que ha de rabiar el perro, ya promoverán alguna reclamación, ya suscitarán alguna dificultad. Descansemos nosotros en la pura y serena conciencia española.

22. Octubre 1898
Factores de nuestra perdición. Reflexiones sobre nuestras desgracias. Insistencia en la imposibilidad de todo concierto nuestro con las alianzas europeas. Examen de conciencia. Diferencias entre la Revolución y la Restauración en el conflicto cubano. Errores cometidos por todos. Errores y deficiencias del último período. Volvamos atrás la vista, sustituyendo a los estragos de la guerra los beneficios del trabajo. Reflexiones. Conclusión

I
Contando los factores de nuestra perdición y ruina, se cuentan ya las conjuras y maniobras de los yankees; la indolencia del Gobierno nuestro y sus partidarios en todo lo referente a reformas ultramarinas, las cuales, en los

últimos lustros pudieron emprenderse con calma en meditados Códigos y cumplirse con mesura en series progresivas; la impaciencia de los radicales cubanos con su empeño suicida del cumplimiento milagroso de su programa, queriendo que se hiciera tamaño ideal, como Dios hizo la luz, con una palabra; las intransigencias de los incondicionales, rémoras del régimen y del método reformista, quienes pudieron a una conciliar, como sintéticos nexos, a las dos extremas de la política cubana, y convertir aquella revolución asoladora en segura evolución pacífica; las deplorables propensiones de una parte del elemento hispanoamericano a favor de quien estuviera siempre, por hereditario atavismo, frente al interés de su raza y patria; causas todas adversas a nuestra estabilidad en el Nuevo Mundo, y generadoras de la inmensa catástrofe, bajo cuya pesadumbre la estabilidad ha hoy sucumbido, y quedan para lo futuro nuestros intereses allí completamente aplastados. Hay que añadir aquí la indiferencia de Europa, trastocada en algunos pueblos, como el pueblo inglés, hasta la más completa hostilidad. No conozco problema de suyo tan complejo, como el problema de nuestras alianzas internacionales. Por lo mismo, no conozco injusticia mayor que la cometida en los cargos despedidos sobre nuestros dos mayores gobernantes por no haberlas anudado, cuando estaban en la imposibilidad absoluta de anudarlas. Recuérdese cómo la opinión llegó a sublevarse, airadísima, el día nefasto en que concurrió Don Alfonso XII a las maniobras militares germánicas, y cómo al tratado mercantil con Francia, generador en algunas regiones de breve malcontento, satisfizo después a todas, contándose como una época milenaria de felicidad el período que duró tal tratado, y por esto se verá cómo la nación quería modestas alianzas económicas, mientras repugnaba ruidosas alianzas políticas. Y tenía sobra de razón el sentimiento público en sus adivinas intuiciones. Para tener aliados, o hay que ingresar en la duple alianza franco-rusa, o hay que ingresar en la triple, germano-italo-austriaca. Si entramos en la duple, ¿cómo resistir a Inglaterra? El sueño de Chamberlain sobre la unión de los ciento setenta millones de ingleses, por el mundo esparcidos, realizaríase, y nuestra ya horrible catástrofe se hubiese agravado de una manera espantosa. Si entramos en la triple, ¿cómo vivir aquende los Pirineos con la hostilidad sistemática del gran pueblo y del gran Gobierno de allende? Italia no tiene una frontera con Francia tan dilatada como nuestra frontera pirenaica, corriendo de mar a mar; no tiene partidos extremos tan poderosos como los nuestros, a pesar de la última fiebre revolucionaria en Milán; tampoco tiene por la derecha carlistas semejantes a los españoles, apercibidos siempre para la guerra civil implacable, como los albaneses de Turquía; no tiene por único mediador plástico entre su territorio propio y el europeo continente a Francia, y, sin embargo sus intereses han adolecido de tal manera por las inteligencias con los Imperios de Alemania y Austria, que allí existe un partido formidable, propenso, muy propenso, a una estrecha relación y amistad con Francia. Tiene razón este partido, porque de nada le sirvieran en África las alianzas europeas. Sus aliados han propendido más que al rey de Italia, según ahora mismo se ve, al rey de Abisinia. Ningún don recibió Italia del connubio con los Imperios, y a la rica Inglaterra le ha dado Kassala, según dice nuestro refrán, a la mar agua. Cuenta Grecia por su dinastía con el Príncipe de Gales, con el emperador de Alemania, con el zar de todas las Rusias. ¿Cuál servicio le han prestado? Dejarla por completo a merced y arbitrio del Sultán de Constantinopla, que a punto se halló de reconquistar Tesalia y no quiere soltar Creta. En la posición difícil de nuestro Estado nacional ante América, imposible presidiéramos o suscitáramos una coalición de potencias europeas contra las potencias americanas. Hubiéramos aparecido ante los Estados, verdadera generación española, con aspecto de reconquistadores, perdiendo moralmente nuestra América, después de haberla perdido materialmente. Nunca se ofreció tan propicia ocasión de constituir una liga europea contra los pueblos americanos, como al invadir tres grandiosos Estados, cual Francia, Inglaterra y España, México. ¿Y qué consiguieron? España hurtó pronto el cuerpo; siguióla Inglaterra; y el Imperio francés, más perseverante, se marchó de allí a una señal de los yankees, dejando Austria fusilar al más generoso y más inteligente de sus Príncipes, sin decir una sola palabra. Las alianzas han pintado mal a nuestra patria. Desde Felipe I a Felipe V nos hallamos confundidos con Austria, que nos llevó a la rota de Rocroy, la que tan cara nos costó, y a la paz de Westfalia, cuyo tratado acabó con nuestra hegemonía católica en Europa. Desde Felipe V a Fernando VII nos hallamos confundidos con Francia, que nos llevó a la rota de Trafalgar y a la pérdida, por nuestro pacto de familia, del dominio español en América. Para no subir tan alto, ¿de qué sirvieron en la guerra de África nuestras amistades con Francia e Inglaterra? El Gobierno inglés nos prohibió el paso desde los desfiladeros del Fondach a Tánger, y nos hizo devolver Tetuán; el Imperio francés nos armó el motín de la Rápita para quedarse con las Baleares. A un pueblo de tantas expansiones seculares como el nuestro, expansiones que llamaría yo una continua explosión, le conviene dentro de sí mismo encerrarse, prosperando un estado económico bajo el cual crezcan la paz y la libertad.

II

Hagamos ahora un examen de conciencia en lo relativo al procedimiento, predecesor de la guerra civil y de la guerra internacional. Llevábamos una dirección económica, resultado necesario de haberse concluido con el sufragio universal toda evolución política: súbitamente viramos en redondo hasta promover inoportuna guerra, tan injustificada en sus móviles y dañosa en sus resultados como la guerra de Melilla. Tamaño cambio de orientación política, en mal hora concebida, nos privó de un presupuesto nivelado, con el cual hubieran descendido los cambios a cero, puéstose nuestro papel sobre la paz, facilitádose una conversión de nuestra Deuda y abiértose un crédito a nuestro Estado que le hubiera permitido alcanzar todos los progresos modernos, inclusos los indispensables al material de guerra y a la organización del ejército. Aunque no pertenecía quien primero propuso este programa ni a ningún Gobierno existente ni a ningún partido militante, se revolvieron airados contra él todos los intereses malheridos, aunque malheridos en mero programa y plan, maltratándolo cual no se maltrató jamás a quien diera un consejo, que se podía seguir o no seguir, sin carácter alguno de mandato que hay necesidad de obedecer. Por un maquiavelismo burdo se presentó el presupuesto de la paz frente al presupuesto de la guerra, como si hubiese algún estadista o político de tan poco seso que pudiera prescindir del ejército, indispensable al organismo social como la fuerza muscular es indispensable al organismo humano. A los cinco años de presupuesto de la paz, ¿dónde hubiéramos estado y dónde hubiera estado el ejército? A los cinco años de presupuesto de guerra, ¿a dónde estamos y dónde está nuestro ejército? Yo atribuyo todos nuestros males al cambio de la orientación económica en orientación guerrera, y por tal razón creo raíz del estado presente la empresa de Melilla, cuyos propósitos siempre reprobé con todo el ardor de mi corazón y reprobaré hasta el día de mi muerte. Al cambio de orientación respecto de lo económico se unió la incertidumbre y la perplejidad respecto de lo político. En las reformas cubanas y en el presupuesto nivelado encontrábanse por aquella sazón las claves de todas cuantas situaciones quisieran los liberales fundar o mantener. Abandonada la orientación económica, e incierto, por los embates conservadores y por las inercias fusionistas, el plan de reformas, la situación liberal flaqueaba por su base como todo aquello inobediente a las causas de su origen y a las finalidades de su destino. Imposible vivir en un pueblo donde los partidos no se forman al modelo de la idea que une y organiza los cuerpos sociales como el alma los cuerpos humanos, y predominan los intereses y las pasiones destinados a corromperlo y perturbarlo todo. En aquel espantoso aquelarre producido por los proyectos de las reformas cubanas, muchas fuerzas liberales se iban a una con el partido incondicional intransigente, mientras muchas fuerzas conservadoras propendían al autonomismo y a los autonomistas. Así hemos visto que dentro del partido liberal se produjo una reacción extrema, con su correspondiente personificación en el Gobierno, contra las reformas, y que dentro del partido conservador se acarició la idea radical hasta el punto de publicarse, bajo los conservadores, un esbozo del régimen autonomista en la Gaceta de Madrid. Por fin se llegó a una transacción, que votaron en las dos Cámaras desde los federales a los carlistas. Pero al votarse tal fórmula progresiva cayó de la gobernación pública el partido liberal que la produjera con sumo trabajo, y fue a la gobernación pública el partido conservador, que había representado la reacción cubana. ¡Gravísimo error el retroceder aquí sin meditar cómo se imponía el avanzar allí, pues las sociedades tienen sus motores como sus frenos, y no hay que poner el freno cuando apenas se ha ensayado el motor! Entre tales incidencias estalló la rebelión, y cuantas personas de seso había entre nosotros anunciaron, según sus experiencias, en sus presentimientos, que otra tercera guerra no podía concluirse y desenlazarse sino por una tremenda catástrofe.

III

Y aquí empezó la nueva fase del problema cubano. Recordemos la Historia para que nos sirva su experiencia de verdadera enseñanza. La Revolución se halló también de manos a boca con una guerra civil en Cuba; y disminuyó su gravedad, no dándole nunca la importancia dada bajo la Regencia, en estos días, a tal fenómeno; cuando nunca conviene aumentar una enfermedad con las aprensiones y cavilosidades del enfermo. ¿Qué hizo la Revolución? Dos cosas de la mayor importancia: primera, proveer el ejército, destinado a la guerra tropical, con recluta voluntaria, cuyas deficiencias, y únicamente las deficiencias, se cubrían y llenaban por grados y en la necesaria medida con el ejército de línea; segunda, decidir que, manteniendo Cuba la guerra, se pagara tan extraño gusto. No debe darse a las guerras civiles coloniales el carácter importante que toman las guerras civiles internas. Holanda tiene una guerra de veinte años en Sumatra; Portugal una guerra periódica en el continente africano del Mediodía, fomentada por codicias germánicas y britanas; Inglaterra otra en el Afganistán y en Pamir, perdurables: no le hacen caso. Siempre me pareció un error grave asemejar una guerra colonial en las Antillas a una guerra civil en las provincias. El foco de la guerra cubana estuvo en Oriente. Con haber dispuesto la suficiente fuerza para impedir el paso de los insurrectos del Oriente al Centro y al Ocaso de la Isla, terrenos feraces y crasísimos, estábamos del otro lado. Con haber impedido, distribuyendo una fuerza de cincuenta mil hombres, a lo sumo, para preservar los centros capitales de la isla e impedir a los insurrectos la posesión de un poblado en que hubieran podido darse aires de beligerantes, todos los deberes nuestros y todos nuestros ministerios con nuestras finalidades se hallaban de sobra cumplidos. Pero una opinión pública extraviada tomó como el non plus ultra de la guerra el envío de doscientos mil hombres, número propio de las grandes guerras, contra una intangible nube de insurrectos, la cual, evaporadísima siempre y no condensada nunca, ni frente daba por nuestro mal a los soldados, no hacía otra cosa que agitar la isla estérilmente, presentando pretextos al mundo americano para proceder a la injusta intervención y decidir sus continuas mediaciones. Y no se había contado con el clima. El plomo de los mambises no mataba soldados españoles, o mataba pocos; los mataban aquellos microbios tropicales recluidos en el agua de las bituminosas marismas, mares muertos y mortales parecidos a las vorágines del infierno. Regimientos, que por marzo de este año corriente contaban allí mil hombres, por abril descendían a trescientos. Y este combate, no con los hombres, con los elementos, donde la derrota sin gloria y sin esfuerzo provenía de un clima sin piedad, elaborando para los hijos de las zonas templadas, no el oxígeno de la vida, el hálito de la muerte, hizo recaer la opinión sobre un retroceso militar, debido a la serie de reacciones con que se inauguró para nuestro mal y desgracia el período de la Restauración, sobre la redención por dinero, excluyendo del servicio, mediante rescate, a las clases acomodadas, y defiriendo el cuidado de la patria y la formación de su ejército a los más desdichados y míseros, comidos por la miseria y colocados en el dintel de la mendicidad, cuando el servicio universal entra ya en el sentido común de los pueblos contemporáneos como el deber imperioso puesto al reverso del sufragio universal, explicándolo y completándolo. Daba satisfacción en tiempo de la República, organizadora del servicio universal, ver soldados, muy distinguidos por su aire, llevando el uniforme militar, igualitario, en los coches de la tradicional nobleza y de la nueva banca, demostrando así cómo todas las clases se juntaban y confundían en la igualdad de sus deberes como en la igualdad de sus derechos. En cuanto las familias pobres experimentaron la falta de sus hijos inmolados por un enemigo invisible, comenzaron a comprender que se habían enviado las prendas de su corazón por pobres, y a producir un movimiento a favor del servicio universal obligatorio, en apariencia puramente militar y técnico, en el fondo muy democrático, por no decir muy republicano. Si el servicio se hubiera extendido a todas las clases acomodadas, éstas hubieran cuidado de que sus corazones, la sangre de su sangre, las entrañas de sus entrañas, no hubieran sido devorados por los ardores del trópico, formándose coloniales ejércitos de indígenas fieles, como aconseja la ciencia y como tienen otros pueblos más adelantados y felices que nuestro propio pueblo. El movimiento resultó tan formidable, que lo tomó en consideración el Poder legislativo. Y tal error proviene de haber dejado en los últimos cinco lustros despreciado el servicio militar obligatorio, y de no haberse nada hecho absolutamente, o haberse muy poco hecho en materia de fuerzas coloniales. ¡Cuántos problemas han surgido de la guerra cubana! ¿Cómo habrá la nación de ocurrir a resolverlos, si no queremos acompañe o suceda un remedio a nuestra disolución colonial, nuestra disolución interior?

IV

No podía complacer a nadie la guerra tal y como se conducía en el primer período. Empezaron los gobernantes aquellos por propensiones de reconciliación y por materiales reminiscencias del Zanjón, cuando se necesitaba quizás caer con golpe tremendo sobre la insurrección y aplastar con furia española sus gérmenes; acabaron por símbolos de intransigencia y de cóleras menos comprensibles cuanto más vigilados nos veíamos y más requeridos a procedimientos, llamados por la perfidia de nuestra enemiga la sociedad yankee, humanitarios, mientras se apercibía ella con cautela indudable a comenzar y a sostener el más horrible atentado que han conocido los tiempos en su ira cruel y bárbara. Mas, fueran acertados o no fueran acertados los procedimientos en el primer trienio seguido, ninguno trajo las consecuencias esperadas con anhelo general; ninguno trajo la pacificación pronta, ni el método primero de conciliación más o menos aparente, ni el método segundo, más o menos aparente, de intransigencia y rigor. La enfermedad continuaba en gravedad suma, complicándose a cada paso con la cuestión exterior, exacerbadísima por un Presidente propenso, muy al contrario de su eminente antecesor, hacia la guerra y hacia la conquista. Entonces la miopía de ilusiones y esperanzas forjó para concluir la guerra civil, amén del método natural o del método guerrero, dos otros métodos, conocidos con los nombres de método diplomático y método político. Mala para mí toda guerra, pero entonces preferible a procedimientos de una verdadera indefinición en sus términos y de una imposible práctica en sus aplicaciones. El método diplomático significaba tratos con los Estados Unidos y con las primeras potencias del mundo a la hora en que los Estados Unidos y las demás potencias del mundo estaban más intratables. El método político significaba reformas improvisadísimas, inoportunas en medio de la guerra, muy saludables de haberlas puesto por obra dos lustros antes, trocadas, por su inoportunidad manifiesta, de medicina en extremaunción. Por estas razones me opuse yo, conociendo como el partido liberal no traería remedio, sino agravaciones del mal, a que subiese hacia un Gobierno en que solo podían aguardarle catástrofes, aunque solo reservase sus fuerzas para el remedio en lo posible de esta catástrofe, cuyo estallido tocaba por decreto providencial a sus predecesores en suerte, y no había para qué participar de tal suerte adversa. Pero nadie me hizo caso. Aquí hace tiempo gobierna un poder anónimo e irresponsable de las Convenciones republicanas y de las Asambleas constituyentes, una prensa muy temida, y esta prensa llevó los liberales como de la mano al Gobierno por cambiar de postura en el triste lecho de nuestra irremediable agonía y por hacer que hacemos. Cosa inconveniente cambiar los tiros de una diligencia en medio del vado, aunque parezca el vado fácil. Los conservadores se ufanaban de tener casi concluida la guerra, y aunque fueran estas creencias ilusiones del deseo, creyéronlas muchas gentes, sobre todo creyólas a pies juntos la oposición, quien forma en España la mayoría de los opinantes, y constituye, por ende, a su guisa y gusto, la opinión universal. Se complicaron los tres métodos, embarazándose unos con otros, como tres clases de medicinas propinadas a un enfermo grave, las cuales únicamente sirven ya, en tales extremidades, no a procurar el remedio, a precipitar el desahucio. Si con el cambio de dirección y de procedimiento en la guerra; con las dos constituciones autonómicas dadas por el poder real convertido en poder constituyente; si con el triste arribo de los radicales y de los exagerados al gobierno cubano se conseguía la paz, bien hecho estaba todo; pero si, al revés, nada se conseguía; cuanto se agravaban nuestros males con reformas progresivas dadas en tiempos tan opuestos a todo progreso, cual son los tiempos de guerra, litigio armado y violento en que un despotismo se opone a otro despotismo, huyendo de sus cruentísimos senos la libertad y el derecho. Toda guerra es pésima; lo son las mismas guerras libertadoras, que si suelen traer a la larga buenas consecuencias, por el pronto lo perturban todo y proscriben la libertad y el derecho. Si para intentar y conseguir la paz internacional se han tenido que suspender las garantías constitucionales aquende los mares ¿como allende se aplicó el más amplio régimen de gobierno propio y propio derecho, reinando una guerra, y una guerra cruel? El método político tenía que marrar por inoportuno, y tenía que marrar el método diplomático por imposible. Ni las constituciones autonómicas, ni los trabajos diplomáticos, dieron fruto de ningún género: las unas, recrudeciendo aquella grande agitación y reanimando la guerra entre incondicionales y avanzados, produjeron las manifestaciones ocasionales de la entrada del Maine, buque nefasto, en nuestra grande bahía colonial, mientras las otras concluyeron atrayendo al fin y la postre una injustificada e increíble declaración de guerra. Fueron ambas medidas como esos pararrayos que, teniendo soluciones de continuidad en sus hierros o interposición de materias malas conductoras del fluido eléctrico, no conjuran las incendiarias centellas, las atraen y llaman. Así de golpe horroroso en golpe horroroso, nos encontramos con una declaración de guerra, cuya responsabilidad no toca ni puede tocar a ningún estadista ni a ningún Gobierno español, cuya responsabilidad toca y pertenece a quien la concibió sin razón y la declaró sin motivo, por un acto de voluntad tan arbitrario como el que pudiera concebir y poner por obra el capricho de cualquier déspota endiosado. Creíamos que solo eran emperadores, dioses y bestias al mismo tiempo, los Ciros, los Sardanápalos, los Baltasares, los Jerjes, los Nabucodonosores; sonlo también los pueblos, y los pueblos republicanos, cuando pierden su naturaleza propia y reniegan del fin y objeto para que fueron criados. Después del ultimatum requiriéndonos para que abandonáramos Cuba, no podíamos de modo ninguno abandonarla sin una declaración solemne de nuestro derecho y sin una protesta moral en armas. Pero, como ahora los conservadores aseguran que jamás hubieran llegado hasta la guerra, debe lamentarse no precedieran a las conferencias habidas entre nuestro Gobierno y los llamados por la opinión estadistas y conspicuos al hacerse la paz, otras semejantes al declararse la guerra. Quizás entonces alguno propusiera una manifestación de nuestras fuerzas frente a las fuerzas contrarias; de nuestros recursos frente a los recursos enemigos; de nuestra posición en el golfo mexicano frente a la posición americana, y propusiera una dejación de nuestro derecho en Cuba, so intimaciones incontrastables, sin esgrimir un arma y apelando a la conciencia universal. Pero una cosa es pensar desde abajo y otra ordenar desde arriba. Cualquier Ministerio español, colocado en la situación del Ministerio gobernante ahora, hiciera lo hecho por éste: aceptar una guerra no querida por él e impuesta por ese conjunto de fuerzas a cuyo resultado y suma llamamos fatalidad.

V

Lo he dicho arriba y me ratifico en ello: ningún Gobierno español es responsable de una guerra, declarada por la voluntad sin freno de un Gobierno extranjero sin escrúpulo. Pero, en la dirección y desarrollo de la guerra, se han visto deficiencias que han exacerbado mucho el sentimiento público y traídonos una desconsideración universal hasta respecto de virtudes y calidades que creíamos congénitas al carácter y al temperamento nacional. ¿Cómo no advertimos la escuadra yankee del Asia, que debía causar nuestros primeros desastres? ¿Cómo no teníamos impedimento alguno frente al enemigo en el canal que abre paso a la bahía de Manila? Nuestros enemigos han podido quemar una escuadra en Cavite; armar los rebeldes tagalos y volverlos contra nosotros; llamar sobre la ratonera de Santiago nuestros primeros barcos, para perderlos uno a uno en su salida o quedarse con ellos; acabar pronto con un sitio como el de la banda oriental cubana, que con solo durar los hubiera exterminado; quedarse con Cuba sin disparar por ella un tiro; convertir en conquista heroica el paseo militar por Puerto Rico; rematar una rebelión que apenas mantenían unos quince mil hombres con programas de reclutamientos nunca comenzados, y con columnas en el papel de números fantásticos, y no de soldados en carne y hueso. El motín sanitario hecho por los yankees en la vencida Santiago, para salir por cualquier camino de aquel horno devorador, enseña cuáles resultados obtuviéramos de resistir un poco, como se suele resistir en esta nación de los sitios, y hacer algunas segundas salidas tan heroicas como fueran las primeras, de cuya fuerza y empuje nos prometimos títulos inmarcesibles de gloria con esperanzas seguras de triunfo. Pero todo marró en verdad. Y marró, porque siempre carecimos de un presupuesto suficiente a satisfacer las exigencias de nuestro vasto Imperio y las obligaciones con este Imperio contraídas. Yo recuerdo las miles de calumnias esparcidas en este país de la envidia por los innumerables envidiosos, aquí existentes, contra el ferrocarril central de Cuba. Si en los veinte años últimos se hubiera hecho, como debió hacerse, ¿tuviéramos tan desprovista de víveres y pertrechos a Santiago, como la hemos tenido? El combate verdaderamente titánico de Manila enseña cuánto se puede hacer con voluntarios y soldados españoles cuando se les dirige bien, siendo complexión y temperamento natural de nuestras gloriosísimas tropas del heroísmo. Pero, empeñados en una guerra marítima, perdimos al primer golpe todos nuestros barcos, y no podíamos mantener ésta en el mar, porque nadie puede lo imposible.

VI

Necesitaríanse las quejas de Job y los plañidos de Jeremías para llorar nuestras desgracias. Manila incendiada y puesta en trance de muerte por el infame ayuntamiento de los yankees voraces con los tagalos rebeldes; cortadas las comunicaciones entre la Metrópoli y el Archipiélago; falto éste de todo recurso y desesperado de todo auxilio; sumergidas en el mar o acaparadas por la violencia nuestras naves, factores capitales de la defensa territorial; prisioneros o muertos los marinos; rotas las navales máquinas a que fiáramos nuestra salvación y en que consumiéramos nuestros ahorros; el pabellón estrellado extendiendo sus nefastas estrellas desde la mar de los Caribes a la mar de los indochinos, sin protesta y sin resistencia posible de nuestra parte; Santiago entregada con todos los ejércitos del Oriente cubano y entregada o caída, para más dolor, al ejército derrotado en sus trincheras improvisadas y consumido por los ardores del trópico; bloqueada Cuba sin los auxiliares necesarios marítimos, y sin esperanza de provisionarse para bien defenderse del hambre, la incontrastable fuerza sitiadora; Puerto Rico asaltado; amenazadas las Canarias; amagando un bombardeo desolador los primeros puertos de nuestras costas; nada tan difícil como la continuación de una guerra internacional, equivalente a temorosísimo suicidio. Yo sé cuánto le duele al temperamento español hacer declaraciones de conformidad con el hado adverso y con el destino implacable. Nuestra patria es como patria del elemento psíquico por excelencia: de la voluntad. Un poeta español fue quien dijo: «La causa del vencedor agradó a los dioses; la del vencido a Catón.» Como hemos hecho lo imposible, creámoslo posible todo en el mundo a nuestro esfuerzo. Solos combatimos al continente asiático y al continente africano, por lo menos a los musulmanes, extendidos desde el estrecho gaditano hasta la Meca, en el combate de los siete siglos; solos descubrimos y nos apropiamos el Nuevo Mundo. Así no hemos contado nunca nuestros enemigos, ni en las guerras catalanas con Oriente, ni en las guerras nacionales con Bonaparte aquí en Occidente. Bajo el imperio de tales recuerdos, ni distinguimos de circunstancias sociales, cual debemos distinguir, ni estimamos cual debemos estimar el medio ambiente. Como aquellos ejércitos feudales, que no querían tomar en cuenta la invención del explosivo por excelencia, de la pólvora, y después de hallada remitían a su brazo y a su lanza y a su armadura la defensa personal; nosotros no hemos tenido en cuenta para el gran litigio armado nada mas que nuestro valor personal y en este valor hemos librado nuestra esperanza de contrastar, si no de vencer, al pueblo más químico y más mecánico que hay en la tierra, el pueblo de las grandes invenciones contemporáneas, que, si no ha descubierto el vapor, se ha servido del vapor como nadie, y si no ha descubierto la electricidad, ha con saber milagroso aplicado la electricidad al pararrayos, al telégrafo, al fonógrafo, a la iluminación de nuestras noches en maravillosas magias. Así nuevamente se ha visto en esta guerra que, al tratarse del valor de cada combatiente, a nuestros contrarios aventajáramos en toda ocasión, y al tratarse de las fuerzas físicas y mecánicas, que agrandan tanto el valor, hemos sufrido una inferioridad indecible. Compárense las máquinas de guerra y los explosibles que tenían en sus barcos nuestros enemigos, con las máquinas de guerra y los explosibles que teníamos nosotros en nuestros barcos, inferiores por su número a los suyos, y dígaseme luego si la ciencia y la industria no vencerán siempre a la tradición y a la rutina. Por mucho que nos cueste, necesitamos y debemos declarar cómo España está vencida. Se anuda la garganta, se detiene la pluma, diciendo de palabra o por escrito nuestra derrota, pero hay que decirla, por ser verdad, y para ver si en tristes experiencias conseguimos algún reconocimiento de nuestros errores por nosotros mismos, y enmendamos con enmienda pertinaz y sabía todas nuestras faltas y todas nuestras culpas. Del enemigo, bajo cuyos atropelladores pies hemos caído, no hay que aguardar ninguna consideración, por ser naturalmente inconsiderado; no hay que aguardar ninguna piedad, por ser naturalmente despiadadísimo. Parece imposible, tras cuatro mil años de civilización histórica en el planeta; los hijos del cristianismo y de la revolución, después de haber proclamado y conseguido aquellos derechos humanos, protectores del alma y de la vida, hechura de la justicia universal, estamos en el caso de repetir las palabras de los vicios conquistadores clásicos: ulla salus victis, nullam sperare salutem. Lo que ahora se ha visto no se había visto nunca; no se había visto, convencida en principio la paz y preparado el protocolo, perseguir los vencedores a sus beligerantes cuando rotos y vencidos se proclamaban; asediar en el Oriente cubano las poblaciones casi rendidas y arremeter con los soldados ya inermes casi; bombardear e incendiar a Manila, merecedora de otra suerte por su heroico martirio; seguir la invasión injustificadísima de Puerto Rico, siempre fiel a su España, todo ello, como no tienen los vencedores más razón que su fuerza, ni más título que su victoria, todo ello en requerimiento y busca de algún pretexto con que justificar sus procedimientos prehistóricos, propios de tiempos bárbaros, que nos hacen descender a todos en las gradas del organismo hasta las especies inferiores, una salvaje conquista. Han conquistado nuestras Antillas; no tenemos más remedio que sufrir la dura ley del vencedor y conformarnos con la horrible suerte del vencido.

VII

Estamos volviendo atrás la vista siempre. Convirtámosla hoy adelante. Nuestros barcos sumergidos, nuestros máuseres por el vencedor acaparados, nuestro ejército roto en tierra y roto en mar, nuestra Deuda en proporciones aterradoras aumentada, nuestros desahogos económicos en las colonias cortados o suspensos, la miseria consiguiente a una guerra que trae aparejada la peste misma, el estado de completa desorganización en que acaban de caer los partidos gobernantes, las reconvenciones consuetudinarias entre vencidos y la rebusca de responsabilidades hacen indispensable trazar para lo porvenir una línea política, cuyos puntos en el espacio sean otras tantas ideas en el espíritu, formando su resumen un inflamado luminoso ideal, a que necesitemos sujetarnos en nuestros pensamientos y en nuestros actos. Yo sé muy bien cómo la traidora reacción, acechándonos a la continua, imputa el marro de la dominación colonial a las ideas democráticas y a los Gobiernos progresivos. No conozco especie política tan infundada como esta vulgar especie. Si son elementos precisos de nuestra nacionalidad los principios reaccionarios, hay que despedirse, no ya de las colonias, de la nación misma, pues imposible toda vida social para los pueblos cultos fuera del espíritu moderno, como imposible toda vida natural para los hombres todos fuera del aire atmosférico. Yo no acostumbro a exigir tremendas responsabilidades, solo exigibles por la opinión y por la Historia. Pero, cuando con frecuencia leo y escucho la imputación de que nos ha perdido en Cuba y Filipinas el elemento progresivo de nuestra sociedad, declaro habernos perdido el elemento reaccionario. Con solo citar la oligarquía negrera en Occidente y la oligarquía teocrática en Oriente, basta para persuadirse a creer la reacción causa primera y exclusiva de nuestros desastres. Si mal del grado de los egoístas negreros diéramos en Cuba el gobierno a los cubanos de sí mismos, no triunfan como han triunfado los mambises; y si diéramos en Filipinas la desamortización eclesiástica, mal del grado de nuestros intolerables frailes, no combaten como han combatido los tagalos. Aun admitiendo lo contrario de la verdad, aun admitiendo que masones y demócratas dominaron Cuba y Filipinas, tenían mucho que hacer para desarraigar los efectos producidos por cuatro siglos de frailes y negreros. ¿Quién ha dicho que comenzara la pérdida de nuestras colonias con el régimen liberal y parlamentario? Perdió Felipe II los Países Bajos; perdió Felipe IV, Portugal; perdió Felipe V, Gibraltar; perdió Isabel de Farnesio, Nápoles y Sicilia; entregaron los Braganzas, Tánger a Inglaterra, y dividieron de Portugal el Brasil; empiezan a perderse para la Península Ibérica los dominios lusitanos cuando muere Don Sebastián en el desierto; empiezan a perderse los dominios americanos con Carlos III, que pelea por sujetar territorios antiguamente españoles a los yankees, asistidos en su rebelión colonial por los reyes absolutos de Francia y España, unidos con el pacto de familia; y al nombre nefasto de Fernando VII va unida la separación del continente americano de nuestro patrio techo. Aunque la desesperación por todas partes nos asalta, yo fío en Dios no perderemos los dos únicos bienes interiores que nos quedan: la paz y la libertad. Debemos estar afligidos; no debemos estar desesperados. Peor que nosotros se veía Italia después de Novara; peor que nosotros Francia después de Sedán; peor que nosotros Prusia después de Jena. Y, sin embargo, se han reconstituido, agrandándose y extendiéndose de una manera desmedida. Lo que importa es optar por una política de sabia reconstitución económica y de buen carácter administrativo. Pueden preferirse a estos consejos míos los propósitos ambiciosos de quienes, ilusos eternamente, sueñan todavía con grandes alianzas europeas y con cruentos desquites americanos. Pero yo habré de recordar a quienes así piensan que tal política exige ríos de oro, los cuales no pueden allegarse por nuestro pueblo sino un siglo después de haberse renutrido con el trabajo en sus grandes manifestaciones de arte y ciencia, de agricultura e industria. Cuando el organismo se desmedra y enflaquece, no hay más medio de restaurarlo en su antigua robustez que renutrirlo, pues con la renutrición sus nervios se aplacan, sus músculos se aceran, sus vísceras se regularizan, y puede usar, no solamente de su inteligencia y de su corazón, puede usar de sus fuerzas corporales, cuando en los conflictos de la vida el honor o la necesidad le reclaman a la pelea que muchas veces suele imponerse a las conciencias más serenas y a las voluntades más pacíficas. Si abrazamos una política nacional, y no de secta o de partido; si establecemos aquellas relaciones mercantiles que han sustituido a las relaciones diplomáticas en los pueblos modernos; si pensamos, ajenos a toda veleidad de reconquista, en que nuestra hegemonía histórica y moral sobre el Nuevo Mundo español no se ha perdido porque se hayan perdido allí nuestros bienes materiales; si damos por el pie a todos los ruinosos dispendios y entramos con resolución en todas las útiles economías; si constituimos un presupuesto con sobrantes de una manera muy vigorosa, y satisfacemos nuestros compromisos y pagamos nuestras deudas; si podemos regular y moralizar nuestra imposible administración pública, bien mostrenco de los nuevos señores feudales llamados caciques por nuestro pueblo, que se cree tratado por ellos como si fuera un pueblo de indios y de negros; si con las seguridades dadas a los intereses promovemos industrias y suscitamos industriales que recuerden cómo aquí, en el extremo de la Europa continental se halla un territorio, el cual comprende todas las riquezas continentales como en el extremo superior de nuestro cuerpo se halla la cabeza que compendia todos los nervios y mueve todos los músculos, aún podemos, no obstante los libros de caballería metidos en los sesos y el romanticismo connatural a nuestra complexión histórica, ser en este tiempo de los intereses aquello mismo que fuéramos en el tiempo de las creencias, y con el arado abriendo surcos, las lanzaderas manteniendo fábricas, en las minas nuestras piquetas, en el mar nuestros barcos mercantes, aún lograremos sacar de nuestro suelo una corona de metales preciosos que se enlace con nuestra corona de racimos y espigas y olivos, alzándose cada día con más esplendor sobre campos redimidos por el trabajo, sobre ricos productos atesorados merced a la industria y movidos por el comercio, un ideal correspondiente con nuestras tenaces aspiraciones y concordante con las obras colosales que hemos realizado para bien de todos los pueblos en el seno de la humanidad, para continuar nuestro renombre glorioso en la Historia universal.

Libros a la carta

A la carta es un servicio especializado para
empresas,
librerías,
bibliotecas,
editoriales
y centros de enseñanza;
y permite confeccionar libros que, por su formato y concepción, sirven a los propósitos más específicos de estas instituciones.
Las empresas nos encargan ediciones personalizadas para marketing editorial o para regalos institucionales. Y los interesados solicitan, a título personal, ediciones antiguas, o no disponibles en el mercado; y las acompañan con notas y comentarios críticos.
Las ediciones tienen como apoyo un libro de estilo con todo tipo de referencias sobre los criterios de tratamiento tipográfico aplicados a nuestros libros que puede ser consultado en Linkgua-ediciones.com.
Linkgua edita por encargo diferentes versiones de una misma obra con distintos tratamientos ortotipográficos (actualizaciones de carácter divulgativo de un clásico, o versiones estrictamente fieles a la edición original de referencia). Este servicio de ediciones a la carta le permitirá, si usted se dedica a la enseñanza, tener una forma de hacer pública su interpretación de un texto y, sobre una versión digitalizada «base», usted podrá introducir interpretaciones del texto fuente. Es un tópico que los profesores denuncien en clase los desmanes de una edición, o vayan comentando errores de interpretación de un texto y esta es una solución útil a esa necesidad del mundo académico.
Asimismo publicamos de manera sistemática, en un mismo catálogo, tesis doctorales y actas de congresos académicos, que son distribuidas a través de nuestra Web.
El servicio de «libros a la carta» funciona de dos formas.
1. Tenemos un fondo de libros digitalizados que usted puede personalizar en tiradas de al menos cinco ejemplares. Estas personalizaciones pueden ser de todo tipo: añadir notas de clase para uso de un grupo de estudiantes, introducir logos corporativos para uso con fines de marketing empresarial, etc. etc.

2. Buscamos libros descatalogados de otras editoriales y los reeditamos en tiradas cortas a petición de un cliente.

www.ingramcontent.com/pod-product-compliance
Lightning Source LLC
Chambersburg PA
CBHW020322170426
43200CB00006B/245